굶주리는

세계

WORLD HUNGER: Twelve Myths
by Frances Moore Lappé, Joseph Collins, Peter Rosset with Luis Esparza
Copyright ⓒ 1998 by The Institute for Food and Development Policy
All rights reserved.
Korean translation copyright ⓒ 2003 by Changbi Publishers, Inc.
This Korean edition was published by arrangement with
Food First Books, Oakland through Korea Copyright Center, Seoul.

굶주리는 세계
식량에 관한 열두 가지 신화

초판 1쇄 발행 • 2003년 10월 15일
초판 13쇄 발행 • 2018년 4월 18일

지은이 • 프랜씨스 라페 외
옮긴이 • 허남혁
펴낸이 • 강일우
편집 • 염종선 김태희 김경태 김미영
펴낸곳 • (주)창비
등록 • 1986년 8월 5일 제85호
주소 • 10881 경기도 파주시 회동길 184
전화 • 031-955-3333
팩시밀리 • 영업 031-955-3399 편집 031-955-3400
홈페이지 • www.changbi.com
전자우편 • human@changbi.com

한국어판 ⓒ (주)창비 2003
ISBN 978-89-364-8520-7 03300

프랜씨스 라페·조지프 콜린스
피터 로쎗·루이스 에스빠르사 지음

허남혁 옮김

굶주리는
식량에 관한 열두 가지 신화
세계

창비
Changbi Publishers

이 책의 한국어판은 한국의 농민들, 특히 한국농업경영인중앙연합회 전 대표였던 고 이경해씨에게 바친다. 그는 세계무역기구(WTO) 제5차 각료회의에 항의하기 위해 한국에서 온 농민·노동조합 방문단의 일행이었다. 2003년 9월 10일 멕시코 깐꾼(Cancún)에서 전세계 농민과 민중들을 빈곤하게 만드는 신자유주의와 무역자유화 정책(이 책 8장을 보라)에 대한 민중의 큰 승리를 앞두고 스스로 생을 마감했다. 그의 희생은 값싼 수입농산물 때문에 농산물가격이 폭락하는 상황에서 농사로 생계를 유지하기가 점점 더 어려워지고 있는 가족농들의 곤경을 전세계에 알린 용기있는 행동이었다. 그가 말했듯이, 우루과이라운드와 WTO 출범 이래로 "생산비 이하의 턱없이 낮은 가격밖에 받을 수 없었고, 어떤 때는 가격이 갑자기 평상시의 1/4로 떨어지기도 하였다." 이렇게 되면 농민들은 자기 땅에서 떠나지 않을 수 없다.

　그는 계속 말을 이었다. "일찍이 농사짓기를 포기한 농민들은 도시의 빈민으로 전락하였고 이러한 악순환을 벗어나고자 끝까지 노력했던 농민은 감당할 수 없는 부채로 도산할 수밖에 없었다. (…) 나는 감당할 수 없는 부채를 비관, 농약을 마시고 자살한 집에 달려간 적이 있었지만 역시 그 부인의 울부짖음 소리만 들을 뿐 어찌할 수 없었다. 당신이라면 어떤 기분이었겠는가?"* 이 책의 서문 「죄책감과 공포를 넘어서」에서 굶주림을 일으키는 주된 동력이라고 설명한 '무력감'을 이경해씨는 이렇게 표현한 것이다.

그러나 그는 수일간의 시위중에 커다란 전환점이 되었던 상징적인 행위를 통해 그러한 무력감을 초월할 수 있었다. 그리고 결국 WTO 협상 결렬이라는 믿기지 않는 민중의 승리를 가져왔다.[**] 그의 희생이 없었다면 깐꾼의 시위가 성공을 거두지 못했을 것이라는 데 대부분의 사람들이 동의한다. 오늘 이경해씨는 영웅이며, '비아 깜뻬씨나'(www.viacampesina.org)처럼 국제적으로 조직화된 농민운동의 순교자이다. 그의 정신은 굶주림을 종식시키려는 전세계의 투쟁에 활력을 불어넣고 있다. 우리는 이 한국어판 서문을 이 투쟁에 삼가 바치고자 한다.

미국 캘리포니아 오클랜드
푸드퍼스트(식량과발전정책연구소) 공동 소장
피터 로쎗

---

[*] 이 글의 모든 인용문은 이경해, 「진실을 말하라, 그리고 WTO에서 농업을 제외하라!」 Korea AgraFood 34호, 2003. 4 (www.agrafood.co.kr)에서 가져왔다.

[**] Rosset, Peter, "WTO Derailed at 'Second Seattle' in Cancún," Food First Daily Report, September 14, 2003 (www.foodfirst.org/wto/reports/2003-09-14PR.php) 참조.

'푸드퍼스트'(Food First)라는 별칭으로 더 잘 알려진 식량과발전정책연구소(Institute for Food and Development Policy)에서 이 책의 초판을 발간한 지도 어느덧 12년(1986년)이 되었다. 『열 가지 신화』라는 그 이전 판이 나온 건 더 오래 전이다. 그동안 우리는 이 책 덕택에 말 그대로 인생이 바뀌었다고 말하는 사람들을 무수히 보았다. 많은 사람들이 학생 시절 이 책을 읽고 인생의 목표를 바꾸게 되었다고 했다. 어떤 사람은 교회의 사회활동이나 공부모임에서 읽었고, 또 어떤 사람은 서점에서 직접 고르거나 친구의 권유로 읽게 되었다고 한다. 우리에게 연락하는 사람들은 거의 모두 이 책을 읽고 각자 나름대로 행동을 취하게 되었다고 했다. 자신의 삶에서 어떤 것을 변화시키기도 했고, 활동가가 된 경우도 많았다. 우리는 이렇게 영향을 미치게 된 것이 자랑스럽기도 하고 조심스럽기도 하다. 굶주림과의 싸움에 기여했다는 점에서 자랑스럽긴 하지만, 세상이 그토록 필요로 하는 변화를 이끌어내야 하고, 또 그렇게 할 사람들은 보통사람들이라는 것을 아는 까닭에 또 조심스럽다.

이제 이 책의 개정판이 나올 때가 되었다. 초판이 나온 이후, 우리는 냉전의 종식, 가속화하는 전지구적 경제 단일화, 제3세계 국가들에 대한 지원 감축과 자유무역의 강요, 북아메리카 사회보장 프로그램의 심각한 축소, 그리고 인구증가율이 전세계적으로 떨어지고 있다는 인식 등 세계적으로 굵직한 변화들을 많이 겪었다. 무엇보다도 2판을 준비하면서, 이러한 새로운 변화에도 불구하고 우리의 기본적인 주장은 십여년 전과 마찬가지로 오늘날에도 여전히 유효하다는 것을 알게 되었다. 하지만 상황이 달라졌으므로 우리의 관점을 뒷받침하는 새로운 증거들이 생겨났다. 우리는 2판이 이 책을 처음으로 읽는 독자들뿐 아니라 초판 독자들에게도 여전히 중요할 것이라고 생각한다.

누구보다도 이 책이 나오는 데 기여한 식량과발전정책연구소의 연구원들(개빈 포스트, 싸이먼 무이, 어네트 블라우, 마크 헙스트, 아비콕 리악, 난디타 자베리, 데이비드 실버버그, 리 컹 포, 제니퍼 백넬, 후유끼 쿠라사와, 마이클 메이스, 소치틀 알바레스-폰세, 캐시 유, 쇼너 올슨)에게 깊이 감사한다. 마리아 엘레나 마르띠네스와 메릴린 보차트, 데보라 톨러, 아누라다 미탈, 마틴 보크, 마사 카틱백 등의 직원들에게도 커다란 공을 돌린다.

만일 이 책에 오류가 남아 있다면 그건 두말할 나위 없이 전적으로 필자들의 책임이다. 2판을 포함하여 어떠한 푸드퍼스트의 저작도 이들의 도움 없이는 불가능했을 것이다. 이들 모두에게 진심으로 고마움을 전한다. 또한 우리의 연구를 지원해주고 있는 재단과 교회에도 감사드린다.

차례

일러두기

1. 각 장 본문 뒤에 실린 해설은 한국 독자들의 이해를 돕기 위해 옮긴이가 새
   로 집필하여 삽입한 것이다.
2. 참고문헌 및 관련단체는 한국 독자들을 위해 옮긴이가 새로 작성하였다.

죄책감과 공포를 넘어서

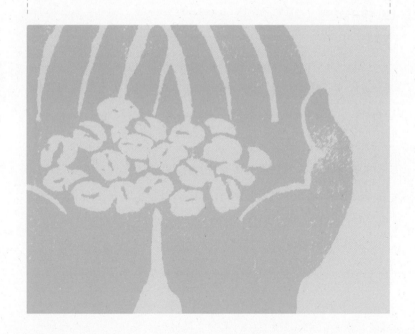

25년이 넘게 우리는 풍요로운 세계에 굶주리는 사람이 존재하는 이유를 이해하려 노력해왔다. 우리는 우선 이전에 갖고 있던 지식을 버리는 것에서부터 공부를 시작해야 했다. 굶주림에 대한 단순하고도 무시무시한 통념들을 떨쳐버리고 나니 몇가지 놀라운 사실을 확인할 수 있었다.

• 세계의 어떤 나라에도 희망은 존재한다. 인구가 너무 많다고 생각되는 나라도 국민들을 굶주림에서 벗어나게 할 수 있는 자원을 충분히 보유하고 있다.
• 한 나라의 식량생산이 늘어난다고 굶주리는 사람 수가 줄어드는 것은 아니다. 굶주리는 사람이 늘어나도 1인당 식량생산량은 증가할 수 있다.
• 미국 정부의 대외원조는 굶주리는 사람들을 도와주기는커녕 도리어 해가 될 때도 있다. 우리는 수많은 다른 방법을 통해 도움을 줄 수 있다.
• 가난한 사람들은 우리의 이해관계에 짐이 되지도, 위협이 되지도 않는다. 겉보기에는 아닌 것 같지만, 미국인 대다수의 이해관계는 전 세계의 굶주리는 사람들의 이해관계와 겹치는 부분이 많다.

이 책에서 우리는 이 놀랄 만한 결과들에 관해, 그리고 굶주림에 대한 죄책감과 공포에서 벗어날 수 있는 근거들에 관해 설명하고자 한다. 먼저 우리는 얼핏 보기엔 초등학교 수준의 질문을 던져야 한다. 굶주림이란 무엇인가? 많은 사람들이 이미 굶주림에 대해 알고 있고, 느끼고 있고, 읽은 적이 있으며, 텔레비전에 나오는 굶주린 사람들의 이미지에 충격을 받았다고 생각한다. 하지만 전세계 식량문제의 원인과 해결책을 찾아내는 데 가장 커다란 장애물은, 이 기본적인 물음에 대해 진지하게 고민하는 사람이 거의 없다는 사실이다.

굶주림이란 • •
무엇인가

굶주림을 생각하면 가장 먼저 텔레비전에 나오는 이미지들이 떠오른다. 뼈밖에 없는 앙상한 몸, 죽 한 그릇을 타려고 기다리는 긴 줄, 이것이 바로 누구나 떠올리는 기근이라는 심각한 형태의 굶주림이다.

하지만 굶주림은 또다른 얼굴을 갖고 있다. 거의 8억명의 사람들이 고통받고 있는 일상적인 굶주림이 그것이다.[1] 만성적인 굶주림 자체는 저녁 뉴스거리가 되지 못하지만, 기근보다도 더 많은 생명을 앗아가고 있다.

이처럼 보이지 않는 굶주림, 그리고 이 굶주림에서 비롯한 예방 가능한 질병들 탓에 매일 5세 이하 어린이 3만4천명이 죽음으로 내몰리고 있다.[2] 1년으로 따지면 1천2백만명 — 제2차 세계대전 때 죽은 사람 수보다도 더 많다 — 이나 된다. 사흘마다 히로시마 원폭희생자의 수와 맞먹는 어린이들이 숨지는 것이다.

이러한 통계수치는 우리를 망연자실케 한다. 충격이자 경고이다. 하지만 몇년 전부터 우리는 그 숫자의 효용성에 대해 의문을 가지기 시작했다. 숫자는 우리의 감각을 마비시킬 수 있다. 또 실제로는 우리와 매우 가까운 것을 멀게만 느껴지게 한다. 그래서 우리는 우리 자신에게 물었다. 굶주림이란 정말로 무엇인가?

우리가 한 끼 식사를 거를 때 느끼는 위를 쥐어뜯는 듯한 고통인가?

만성 영양실조로 고통받는 사람들의 피폐한 육신인가? 텔레비전 기아 구호 광고에 등장하는 아사 직전 어린이의 맥없이 풀린 눈빛인가? 그렇다. 하지만 그 이상이다. 육체적인 척도만 가지고는 굶주림을 그 근원부터 진정으로 이해할 수 없을 것이다.

우리는 인간의 보편적인 감정 차원에서 굶주림을 생각한다는 것은 무엇을 의미하는지, 그것은 우리 모두가 인생에서 한때 경험했던 그 배고픈 느낌을 말하는 것인지 자문했다. 이제 우리의 생각을 전하기 위해 그러한 감정들 중 네 가지만 언급하고자 한다.

공군 조종사이자 베트남전 참전용사였던 찰스 클레멘츠(Charles Clements) 박사는 엘쌀바도르에서 농민들과 함께 1년을 보냈다. 그는 그가 어떻게든 도우려고 했던 어느 가족——아들과 딸이 열병과 설사병으로 목숨을 잃었다——에 대해 이렇게 말했다. "까밀라(Camila)와 남편이 아이들을 배불리 먹이는 데 돈을 쓰지 않고 수확의 절반에 맞먹는 소작료를 내기로 결정한 지 몇해 만에 두 아이 모두 목숨을 잃었다. 해마다 선택은 같았다. 이들이 소작료를 내면 아이들의 목숨이 위태로웠다. 그러나 그렇게 하지 않았다면 소작을 빼앗겼을 것이다."[3] 굶주린다는 것은 고통을 의미한다. 즉 불가능한 선택이 주는 고통이다. 하지만 그 이상이다.

몇년 전에 우리는 니까라과에서 가난한 농촌 여성 아만다 에스뻬노사(Amanda Espinoza)를 만났다. 그는 그때까지 한번도 가족들을 배불리 먹이지 못했다. 여섯번을 사산했고, 다섯 아이가 채 돌도 되기 전에 죽는 아픔을 겪었다고 했다. 아만다에게 굶주린다는 것은 사랑하는 사람들이 죽어가는 것을 지켜보고만 있다는 것을 의미한다. 이는 슬픔이다.

세계 어디서나 가난한 자들은 자신을 원망하도록 강요받는다. 필리핀의 어느 농가에 도착해서 우리가 처음 들은 말은 집이 누추해서 미안하다는 것이었다. 굶주린다는 것은 또한 굴욕적인 삶을 의미한다.

고통, 슬픔, 그리고 굴욕은 굶주림이 의미하는 것들의 일부이다. 그러나 전세계적으로 점차 굶주림의 네번째 차원이 드러났다.

과떼말라의 산지에서 우리는 가난한 농민 두명을 만났다. 이들은 미국 오클라호마에 근거지를 둔 원조단체 세계이웃(World Neighbors)의 도움을 받아서, 부유한 지주들이 독점하고 있는 계곡의 평지에서 밀려나 가파른 비탈땅에서 농사짓는 이웃들에게 어떻게 하면 토양침식을 줄일 수 있는지 가르치고 있었다. 2년 뒤에 우리는 이들 중 한명은 피신을 하고 한명은 살해당했다는 것을 알게 되었다. 부유한 사람들에게 이들은 이웃에게 더 나은 영농기법을 가르친 죄인이었던 것이다. 빈민들이 대농장의 저임금 일자리에서 멀어질 수 있게 만드는 어떠한 변화도 과떼말라 독재체제는 위협으로 받아들인다.

굶주림의 네번째 차원은 공포이다. 고통, 슬픔, 굴욕, 그리고 공포. 우리가 굶주린 사람들의 수를 세는 대신 이러한 보편적인 감정의 차원에서 굶주림을 이해하려고 노력하면 어떨까?

굶주림을 이해하는 방식이 그 해결책에 대한 생각을 좌우한다는 것을 우리는 알게 되었다. 굶주림을 숫자로만, 즉 칼로리 섭취량이 적은 사람의 수로만 생각한다면, 그 해법 또한 숫자──식량원조량이 몇톤인지, 아니면 경제원조 금액이 얼마인지──로 나타날 것이다. 그러나 일단 우리가 굶주림을 가장 고통스러운 인간 감정에 직면한 사람들로 이해하기 시작한다면, 그 근원을 생각할 수 있게 된다. 그러면 "이런 감정을 우리는 언제 경험했는가? 우리 자신의 삶을 통제하지 못할 때 느끼는, 우리 자신과 사랑하는 사람들을 보호하지 못하는 무력함 같은 감정이 아니었던가?" 하고 묻기만 하면 된다. 결국 굶주림은 무력한 상태를 상징한다.

무력함의 원인 ● ●

굶주림이란 자신과 사랑하는 사람을 보호할 수 있는 가장 기본적인 힘을 빼앗기는 것이라고 이해하는 것이 첫번째 단계이다. 잘못된 이해를 걷어낸 다음 던져야 할 질문은, 굶주림의 밑바탕에 무력함이 있다면 굶주림의 원인은 무엇인가 하는 질문이다.

분명 먹을 것이 모자라서는 아니다. 1장에서 보겠지만 지금 세계는 먹을 것으로 가득하다. 자연재해 탓도 아니다. 가장 단순하게 말하자면, 굶주림의 근본 원인은 식량과 토지의 부족이 아니라, **민주주의의 부족**에 있다.

민주주의가 굶주림과 무슨 상관이 있냐고 반문할지도 모르겠다. 하지만 우리 시각에서는 모든 것이 다 상관있다. 민주주의에는 책임의 원칙이 있다. 민주적 구조란 자신들의 복지에 큰 영향을 미치는 결정들에 대해 할말을 할 수 있게 하는 구조이다. 또 지도자의 역할이란 다수의 필요에 대해 책임을 지는 것이다. 반면에 반민주적 구조는 권력이 집중되어 있어서 대다수의 사람들이 전혀 할말을 못하는 구조이다. 지도자도 권력을 지닌 소수만을 책임진다.

미국에서는 민주주의를 엄격하게 정치적인 개념으로 간주하기 때문에, 토지 · 식량 · 일자리 · 소득 같은 경제문제에 이를 적용하는 것이 부자연스러워 보일지도 모르겠다. 정치적 민주주의는 시민으로서 원하는 곳에서 살 권리, 투표할 권리, 시민적 자유를 유지할 권리 같은 특정 권리들을 보장해준다. 다른 많은 사회들과 달리 미국사회는 보편적인 정치적 시민권을 당연한 것으로 여긴다.

그러나 다른 사회들과 마찬가지로, 경제적 시민권이라는 개념은 확립되어 있지 않다. 보편적인 정치적 권리는 누리면서도 생명유지를 위한 자원에 대한 권리나 경제적 의사결정에 참여할 권리 같은 보편적인 경제적 권리는 누리지 못하고 있다.

이 책에서 우리가 보여주려는 것은 이러한 민주주의의 기본개념—어떤 결정을 내리면 그에 따라 가장 큰 영향을 받는 자들에 대한 책임—이 경제생활에 결여되어 있는 한, 사람들은 무력한 상태에 빠질 수밖에 없다는 점이다. 가정이나 마을, 그리고 국가 수준에서, 나아가 국제적 상업·금융에 이르기까지, 우리는 경제생활의 모든 측면에서—생명체들이 먹고살기 위해 재배하고 분배해야 할 것, 즉 식량에 관해서도—의사결정이 계속 집중되고 있음을 목격하게 될 것이다. 빈곤과 굶주림은 해마다 수백만명의 삶을 파괴할 것이며, 그보다 더 많은 수억명의 삶에 상처를 입힐 것이다.

이러한 단계마다 반민주적인 의사결정 때문에 민중들이 삶에 대한 권리를 어떻게 빼앗기는지 간략하게 살펴보도록 하자.

첫째, 가족 내에서 누가 식량자원을 통제하는가? 여성들은 전세계 식량의 적어도 절반을 생산한다. 여성들이 식량작물을 생산하는 데 필요한 자원이 가족의 영양상태를 좌우한다. 그러나 식민지시대부터 시작된 토지 사유화와 수출작물 중시정책으로 많은 여성들은 토지이용에 대한 권한을 잃어가고 있다. 환금작물 재배를 위한 신용대출은 거의 남성들이 차지하고, 식량작물 재배는 정체되었다. 가족 내의 이러한 변화는 굶주림의 증가를 설명하는 데 도움이 된다.[4]

둘째, 마을 차원에서 누가 토지를 통제하는가, 그리고 토지가 전혀 없는 가구는 얼마나 되는가? 이 문제에 관해서는 대다수 국가가 비슷한 현상을 보인다. 즉 소수의 사람들이 점점 더 많은 농토와 목초지를 통제하게 되고, 그에 따라 점점 더 많은 사람들이 토지를 전혀 가질 수 없게 된다. 1993년의 한 연구자료에서는 토지가 없거나 생계유지에 충분치 않은 토지를 가진 농촌가구의 비율이 놀랄 만한 정도라는 것을 보여준다. 그중에서도 뻬루는 75%, 에꽈도르 75%, 꼴롬비아 66%, 케냐 32%, 그리고 이집트는 95%에 달한다.[5]

셋째, 국가 차원에서 공공자원이 어떻게 배분되는가? 사람들이 굶주리는 곳에서는 어디나 굶주림을 책임지지 않는 사람들이 권력을 쥐고 있다. 이러한 반민주정부는 엘리뜨들에만 신용대출, 보조금, 기타 지원을 제공한다. 그런 정부들은 공평하게 식량생산자원을 통제하려는 어떠한 개혁에도 폭력적으로 대처한다. 브라질의 무토지농민운동 (MST)은 놀고 있는 거대한 땅을 토지 없는 가구들에 돌려주기 위해 투쟁을 벌이고 있다. 1995년과 96년에 적어도 86명의 무토지농민, 그 가족, 그리고 MST 활동가들이 부유한 지주들의 사주를 받은 전투경찰에게 살해당했다.[6]

민주주의를 찾기 힘든 네번째 영역은 국제적인 상업과 금융 부문이다. 몇 안되는 기업들이 제3세계에서 피땀흘려 생산한 상품들의 세계무역을 지배하고 있다. 상품가격을 잘 받으려는 제3세계 정부들의 노력은 거대 무역회사의 무소불위의 권력과 산업국가의 무역정책에 막혀 계속 실패해왔다. 산업국가들은 연간 600억 달러어치의 식량을 제3세계에서 수입한다.[7] 하지만 이윤은 대부분 무역·가공·판매업자들의 몫이다. 미국 소비자들이 엘쌀바도르에서 생산되는 멜론을 사는 데 지출하는 1달러 중 1센트도 안되는 돈만 농민들에게 흘러간다. 반면, 무역 · 선적 · 소매업자들은 88센트를 거둬간다.[8]

국제원조기구와 민간은행에 엄청난 부채를 지고 있는 제3세계 국가들은 또한 산업국가의 자본가들이 결정하는 정책——이들의 빈곤 심화를 가져오는——에 휘둘리고 있다.[9]

굶주림의 반민주적 근원을 밝혀내기 위해 우리는 가족 단위에서 국제적 상업과 금융 수준에 이르기까지 살펴보았다. 이제 다시 가족 단위로 돌아옴으로써 순환을 마무리해보자.

대중들을 책임지지 않는 사람들이 경제적 결정을 내리기 때문에 수백만의 사람들이 더욱 불안정해진다. 남자는 일거리를 찾아 집을 떠나고 실업은 가정폭력을 일으키고 가족을 해체한다. 경제적 압박이 가정의 유대를 갈기갈기 찢어버리는 것이다. 가정의 책임을 홀로 떠안아야 하는 여성들이 점점 더 늘고 있다. 전세계적으로 전체 가구의 1/3은 이제 여성이 이끌고 있다. 이들은 빈곤의 짐을 짊어진 채로 여성에 대한 차별의 장벽에 직면해 있다. 전통적인 가족제도의 붕괴는 이들에게 해방을 가져다주지 않는다. 오히려 더한 역경을 뜻할 뿐이다. 전세계에서 굶주리는 사람들은 대부분 여성들이 돌보고 있는 또다른 여성과 아이들이다. 해마다 굶주림으로 죽어가는 건 대부분 아이들이다.

이제 우리는 문제점을 확인했다. 식량과 토지의 부족 때문이 아니라, 민주주의의 부족 때문에 굶주림이 생긴다. 여기서 민주주의는 삶과 죽음에 관한 경제적 문제를 포함하는 것이다. 그러나 더 깊이 파헤쳐야 한다. 왜 우리는 해마다 수백만명의 목숨을 앗아가는 이러한 과정을 방치해왔는가?

굶주림에 대해
　　　우리는 어떻게 생각하는가　어려운 시절일수록 사람들은 세상을 이해하는 방법을 찾고자 한다. 우리는 끝없이 복잡하고 분주한 세상사를 해석하는 데 도움이 되는 사회구성의 원리를 밝혀낸다. 이는 먹는 것만큼이나 자연스러운 과정이다. 그러나 효과적으로 사느냐 그러지 못하느냐 하는 것은 그 원리가 현실을 얼마나 잘 반영하는가에 달려 있다.

　불행하게도 많은 사람들이 세계의 굶주림에 대해 생각하면서 만들어낸 원리들은 현실적인 해법을 찾아내는 데 장애가 된다. 이 책은 그러한 원리들을 중심으로 구성했다. 우리는 이를 '신화'라고 부른다. 이 중 상당수는 다소 타당한 면이 있다. 하지만 문제는 이것들이 사회구성의 원리로 기능하고 있다는 사실이다. 이 원리들은 우리가 굶주린 사람들을 어떻게 도울 것인지 정하는 것을 방해할 뿐 아니라, 정당한 관심 또한 흐리게 한다. 어떤 것은 현상을 기술하긴 하지만 이를 설명하지 않기 때문에 별 쓸모가 없다. 또 몇몇은 편파적이어서 우리들을 막다른 길로 인도하고 있고, 몇몇은 아예 사실이 아니기도 하다.

　우리는 전세계 굶주림의 원인과 치유책에 대해 사람들이 가정하고 있는 것을 조사하고자 한다. 왜냐하면 사람들이 **굶주림에 대해 생각하는 방식이 굶주림을 종식하는 데 가장 큰 장애물**이라고 믿기 때문이다.

　이 책을 읽은 뒤에 독자들이 굶주림에 대한 나쁜 소식들에 더이상 귀를 막지 않고 마주 대할 수 있기를 바란다. 독자들의 경험에 거스르는 좀더 현실적인 이해의 틀이, 쓸데없이 확산되고 있는 이러한 인간의 고통을 끝내는 진정한 선택을 할 수 있게 도와줄 것이기 때문이다.

　이 책은 당신이 가장 소중하게 품고 있는 신념을 뒤흔들지도 모르고, 가장 깊은 직감과 경험을 더욱 확고하게 만들어줄지도 모른다. 무엇보다도 이 책을 통해, 가장 기본적인 인간의 문제, 즉 누구나 살아가는 데 필요한 먹을 것을 어떻게 보장할 것인가 하는 문제를 해결하기 전에는 우리 스스로를 완전한 인간으로 간주할 수 없다는 점을 독자들이 확신하기를 기대한다.

myth

식량이 충분치 않다

첫 번 째 신 화 1

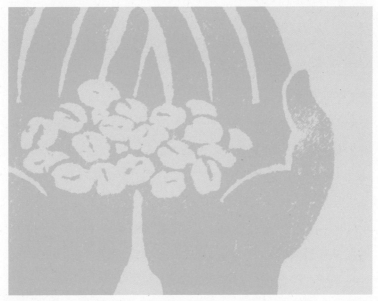

신화

전세계적으로 식량을 생산할 수 있는 가용자원이 한계에 달해서 충분한 식량을 공급할 수 없다. 따라서 불행하게도 일부는 굶주릴 수밖에 없다.

오늘날 전세계는 지구상의 모든 사람들에게 하루에 3500칼로리를 공급할 수 있을 만큼 곡물을 생산한다.[1] 이는 거의 모든 사람을 비만하게 만들고도 남을 정도이다. 게다가 이 추정치는 채소, 콩, 견과류, 뿌리작물, 과일, 초식 가축과 생선 같은 다른 식량자원을 합산하지 않은 것이다. 이 모든 것을 합산하면 한 사람이 매일 적어도 2kg의 식량을 공급받을 수 있다. 여기에는 곡물 · 콩 · 견과류 1.1kg, 과일 · 채소 0.45kg, 육류 · 우유 · 계란 0.45kg이 포함된다.[2]

오늘날 전세계 식량현황을 설명하는 데에는 부족하다는 말보다는 풍부하다는 말이 더 적합하다. 지난 35년 동안 이룩한 식량의 생산증대로 전세계 인구는 16% 증가했다.[3] 실제로 세계시장에서 팔리지 않은 곡물이 산더미같이 쌓이면서 곡물가격은 크게 떨어졌다.[4] 기상조건의 악화와 과잉생산 감축정책으로 1990년대 초에 잠깐 오른 적은 있지만, 60년대와 70년대 중반의 최고가에 비하면 여전히 한참 낮은 가격에 머물러 있다.[5]

이러한 상황에 대해 '그러한 광범위한 상황이 우리에게 말해주는 것은 별로 없지 않은가? 전세계적으로 볼 때 굶주리는 사람들은 식량부족으로 허덕이는 라틴아메리카, 아시아, 특히 아프리카에 살고 있지 않은가?'라고 생각할 수도 있다.

식량이 풍부한데도 굶주림이 존재하는 것은 제3세계의 두드러진 현상이다. 세계식량농업기구(FAO)에 따르면, 1950년대 이래로 식량생산 증가분은 아프리카를 제외한 모든 지역에서 인구증가율을 앞지르고 있다.[6] 미국고등과학진흥회(AAAS)의 1997년 연구에 따르면, 개발도상국에서 영양실조에 걸린 5세 이하 어린이들 중 78%가 식량이 남아도는 나라에 살고 있다.[7]

가장 굶주린 나라들조차도 당장 국민들에게 충분히 공급할 수 있는 양의 식량을 보유하고 있다. 이러한 결과는 공식통계에 근거한 것이다. 전문가들은 한 세기 전 미국에서 밀 생산량의 1/3이 통계에 잡히지 않았던 것처럼 개발도상국의 통계도 농가 생산량을 과소집계하고 있다고 경고한다.[8] 게다가 불평등한 자원소유로 인한 엄청난 비효율 때문에 식량생산 잠재력을 최대로 발휘할 수 없는 나라도 많다. 이에 대해서는 4장과 6장에서 논의할 것이다.

마지막으로, 굶주림이 만연한 나라들에서는 농업 관련 상품의 수출량이 수입량보다 훨씬 많다. 서구국가들이 주로 식량을 수입하는데, 이들의 수입량은 1992년 전세계 수입식량 총액의 71.2%를 차지한다.[9] 반면 전세계 30대 빈국의 수입량은 전세계 식량 및 농산물 무역량의 5.2%에 불과하다.[10]

굶주림이 만연한 국가와 지역 들을 좀더 면밀히 살펴보면, 굶주림의 원인이 식량부족은 아니라는 점이 분명해진다.

인도 인도는 전세계 3대 농업수출국 가운데 거의 1위를 차지하고 있다. 적어도 2억명의 인도국민들이 굶주리는데도[11] 1995년에는 2대 주식인 밀·밀가루 6억 2500만 달러어치, 쌀 13억 달러어치(500만톤)를 수출하였다.[12]

방글라데시 1970년대 초 기근이 들면서 방글라데시는 인류가 식량자원이 고갈되면서 겪어야 하는 끔찍한 결과들을 보여주는 상징이 되어버렸다. 하지만 공식적으로 방글라데시의 연간 쌀 생산량——전문가들은 심각하게 과소집계되었다고 말하는[13]——은 모든 국민에게 하루에 곡물 450g, 즉 2000칼로리를 공급할 수 있는 정도이다.[14] 거기에 채소와 과일, 콩류를 조금 더하면 모두 굶주림에서 벗어날 수 있다. 하지만 방글라데시 전체 인구의 1/3을 차지하는 극빈층은 기껏해야 하루에 1500칼로리——건강한 삶에 필요한 기준치에 심각하게 못 미치는 정도——를 공급받는다.[15]

1억 2000만명이 넘는 국민이 북한만한 면적에 살고 있는 방글라데시는 어떠한 기준에서 보아도 과밀한 편이지만, 높은 인구밀도만으로 만연한 굶주림을 명쾌하게 설명할 수는 없다. 방글라데시는 천혜의 농업환경인데도, 1995년 쌀 생산량은 아시아 전체평균에 한참 못 미쳤다.[16] 이 나라의 풍부한 충적토와 수자원이 갖고 있는 엄청난 잠재력은 거의 발휘되지 못하고 있다. 관개시설의 잠재력이 제대로 발휘된다면 쌀 생산량이 두 배에서 세 배는 증가할 것이라고 전문가들은 예측한다.[17] 방글라데시는 총 칼로리 필요량에서 6% 정도밖에 부족하지 않기 때문에,[18] 적정 영양수준은 충분히 달성할 수 있는 목표로 보인다.

브라질 브라질은 1994년 130억 달러 상당의 식량을 수출(개발도

상국 중 제2위)했지만, 7천만에 달하는 브라질 국민들은 넉넉히 먹지 못하고 있다.[19]

아프리카 2억 1300만명이 만성 영양실조 상태인 사하라 이남 국가들이[20] 식량을 계속 수출하고 있다는 사실을 알면, 독자들 중 상당수는 놀랄 것이다. 1980년대를 거치면서 이들 국가의 수출은 수입보다 훨씬 더 빠른 속도로 증가해왔으며,[21] 1994년 11개 국가가 여전히 식량 순수출국으로 남아 있다.[22]

기근이 이어지는 지역으로 잘 알려진 서아프리카의 사헬(Sahel)지역 국가들은 심지어 가뭄이 가장 심각했던 기간에도 식량 순수출국이었다. 가장 극심한 가뭄으로 기록된 1960년대 후반과 70년대 초반, 이 지역은 10억 2500만 달러어치의 농산물을 수출했는데 이는 수입된 곡물액의 세 배에 달했다.[23] 그런데 이 수치는 상당량의 수출 누락분이 감안되지 않은 것이었다.[24] 1982년에서 85년까지 계속된 가뭄에도 이 국가들은 식량을 수출했다.[25]

수출을 할 만한 생산능력이 있음에도 불구하고 1990년까지 거의 20년 동안 1인당 식량생산량은 통계상으로는 감소하고 있었고,[26] 1995년엔 아프리카대륙의 곡물 소비량 가운데 1/3 이상을 수입했다.[27] 우리가 여기서 '통계상'이라는 단어를 쓰는 것은, 가족 내에서 그리고 친분관계를 통해 비공식으로 교환되는 식량뿐 아니라, 가내 소비용으로, 특히 빈곤 여성들이 재배하는 식량은 공식통계에서 과소집계되거나 완전히 무시되는 경향이 있기 때문이다. 그래서 사실상 정확한 평가는 불가능하다.[28] 실제로 미국고등과학진흥회 보고서는 사하라 이남지역의 굶주림이 남아시아보다 덜 심각하다고 주장하고 있다.[29]

아프리카의 농업 실패와 그로 식량수입 의존도 증가에 대해 여러 보고서에서는 한정된 자원을 두고 경쟁하는 인구가 너무 많다고 전제한다. 높은 아동 영양실조 비율에서 보듯, 아프리카의 식량위기는 실제 상황이다. 하지만 위기의 원인에 대한 이러한 가정이 과연 얼마나 정확한 것일까?

아프리카는 아직 이용되지 않은 엄청난 식량생산 잠재력을 보유하고 있다. 유럽과 북아메리카의 최대 잠재 수확량보다 25~35%나 더 큰 수치이다.[30] 수확 잠재력도 그렇지만, 경작 가능한 토지 역시 광대하다. 예를 들어 차드에서는 전체 농지 가운데 생산에 심각한 제약이 없다고 평가된 10%만 경작하고 있다. 또 기근으로 악명 높은 에티오피아·수단·소말리아·말리 같은 나라들에는 실제로 경작되고 있는 면적의 몇배에 달하는 양질의 미경작 농지가 있다.[31] 이러한 사실을 보면, 자원은 희소한데 인구가 너무 많다는 생각에 의문을 제기할 수밖에 없다.

아프리카의 농업개발 과정을 오랫동안 지켜본 전문가들은 아프리카 식량문제의 진짜 이유는 새로운 데 있는 것이 아니라고 말한다.[32] 다만 아프리카의 식량생산 잠재력이 다음과 같이 왜곡되고 축소되어왔기 때문이라는 것이다.

• 현대까지 계속된 식민지적 토지소유가 농민과 농업생산을 좋은 토지에서 한계토지로 내몬 결과, 좋은 토지는 대부분 수출용 환금작물 생산에 이용되거나 놀리는 땅이 되었다.[33] 게다가 식민통치자, 그리고 국가와 국제기구 들은 생태적으로 적합한 영농체계에 관한 농민들의 다양한 지식들을 불신했다. 이들은 생태파괴적인 현대기술을 장려하

는 동시에,[34] 아프리카의 식량생산자들을 자신들의 생존에 가장 큰 영향을 미치는 경제적 결정에서 배제해왔다.

• 연구 및 농업금융을 포함한 공공자원이 수출용 작물에 집중되고, 수수·조·뿌리작물같이 농민들이 생산해온 식량작물은 지원대상에서 사실상 배제되어왔다. 1980년대 들어 외채 이자를 상환하기 위해 수출 압력이 커지면서 이러한 불균형은 더욱 심화되었다.[35]

• 여러 아프리카지역에서 여성은 가장 주요한 식량생산자이다. 하지만 식민정책, 그리고 잘못된 대외원조와 투자 프로젝트는 토지이용과 금융지원에 관해 결정하는 데 여성들을 배제했다. 이는 많은 경우 식량작물보다 환금작물을 선호함을 의미하며, 그 결과 토지이용과 투자는 환금작물에 집중되었다.[36]

• 아프리카 농업생산자와 목축민을 감안하지 않고 일반적으로 비용이 많이 드는 대규모 프로젝트를 선호하는 원조정책은 아프리카 농업생산자와 목축민의 요구를 무시해왔다. 아프리카는 역사적으로 농업에서는 다른 대륙보다 원조를 적게 받아왔으며, 대부분의 곡물생산이 의존하는 비관개 천수(빗물)농업에는 지원이 미치지 못했다.[37] 원조는 대부분 관개농업, 수출지향 생산, 그리고 엘리뜨가 통제하는 생산에 집중되었다.

• 내부 요인과 함께 외부 요인 탓에 아프리카 정부들이 저가식량정책을 유지하고 있어 농민들은 생산한 농산물의 제값을 못 받고 있다. 또 생산을 (특히 공식적인 시장유통 속에서) 지속할 유인도 없다.[38] 이러한 정책을 택하는 요인들에는, 아프리카시장에서 인위적으로 낮은 가격에 거래되는 선진국 잉여식량의 덤핑, 수출작물 생산에서 이윤을 보장하기 위해 저임금을 선호하는 선진국의 이해관계, 값싼 곡물로 생

산한 육류와 낙농제품에 대한 아프리카의 중산층 소비자의 수요, 그리고 도시의 정치적 불안에 대한 정부의 우려 등이 있다.[39] 그에 따라 지역의 식량생산이 압박을 받으면서 통계에 잡히지 않는 비공식 시장으로 산물이 이동하게 된다.

• 최근까지도 많은 아프리카 정부들은 자국 통화를 평가절상함으로써 수입식량을 인위적으로 저가로 유지해 수수·조·카사바 생산자들에게 불리한 여건을 조성해왔다. 최근의 정책 변화로 통화가 평가절하되면서 이 지역에서 생산된 식량은 어느정도 경쟁력을 갖추었다. 하지만 뒤따른 자유무역정책 때문에 선진국에서 점점 더 많은 양의 값싼 식량을 수입하면서 긍정적인 영향은 거의 상쇄되고 있다.[40]

• 입맛이 도시적으로 바뀌면서 수입곡물, 특히 아프리카에서는 경제적인 이유로 거의 재배하지 않는 밀에 대한 수요가 급증하고 있다. 30년 전에는 사하라 이남지역 도시민의 일부만이 밀을 먹었다. 오늘날에는 대다수가 빵을 주식으로 하고 있어, 빵과 기타 밀 생산물 수입량이 이 지역 전체 곡물 수입량의 1/3을 차지한다.[41] 미국의 식량원조와 다국적기업의 광고("그는 영리해질 것이다. 그는 성공할 것이다. 그는 빵을 먹을 것이다"[42]) 또한 선진국이 팔아야 하는 상품에 아프리카인들의 입맛을 맞추는 데 한몫을 하고 있다.[43]

따라서 아프리카의 식량상황에 대해 '부족하다는 진단'의 밑바닥에는 여러가지 인위적인(주로 서구의 영향을 받은), 그래서 앞으로 뒤집을 수 있는 원인들이 놓여 있다. 3장에서 살펴보겠지만 아프리카의 높은 출생률조차도 별개의 문제가 아니라, 출산 결정에 영향을 주는 사회현실과 관련있는 것이다.

　　　　정말 부족한가　한 세기를 끌어온 논쟁이 최근 다시 불붙기 시작했다. 우리는 지구의 한계에 얼마나 근접한 것인가?

　미래의 인구를 지탱할 수 있는 지구의 잠재력에 대한 연구들은 다양한 결론을 내놓았다. 1995년 출간한 책에서 록펠러대학의 조엘 코언(Joel Cohen) 교수는 지난 400년 동안 나왔던 추정치들을 모두 조사하였다.[44] 지구의 수용능력, 즉 지구가 지탱할 수 있는 인구 수라는 매우 논쟁적인 개념에 대해,[45] 1970년의 한 연구가 내놓은 최소치 10억명에서부터 1967년 최대치 1조 220억명까지 다양한 결과가 나왔다. 1990년에서 94년 사이에 발표된 연구를 보면, 현재 인구인 55억보다 훨씬 적을 것이라는 폴 에를리히(Paul Erlich) 등의 연구에서부터 최고 440억에 달할 것이라는 네덜란드 연구팀의 추정까지 나왔는데 대부분 100억에서 140억 사이이다.[46] 반면 1996년 UN은 세계인구가 2050년에 93억 6000만명으로 정점에 달한 후 안정될 것이라는 예측[47]을 발표했다(미래의 최대인구에 대한 추정치는 지난 몇년 동안 조금씩 내려가고 있다). 이는 전문가들이 지구의 수용능력으로 보는 수치 내에 있는 결과이다.

　오늘날 풍부한 식량공급, 그리고 이 장과 6장에서 제기되는 생산 잠재력을 보면서, 우리는 인구 대재앙에 대한 비관적인 예측들에 의문을 제기한다. 50년 전만 해도 중국전문가들은 기근에 찌든 이 나라가 절대로 국민을 먹여살릴 수 없을 것이라고 예측했다. 그런데 미국에서 이용되는 1인당 농토의 1/4밖에 되지 않는 땅에서[48] 그때의 2배가 넘는 사람들이 오늘날 충분히 잘 먹고 있다.[49]

　비관적인 예측을 가볍게 보자는 것은 아니다. 그런 예측은 하나같이 자원이 유한하다는 현실을 강조한다. 이를 통해 우리는 자원의 오용, 고갈, 그리고 급격한 인구증가 같은 문제에 내재한 근본 원인을 시급하게 다루어야 한다는 생각을 가져야 한다.

미국에서 얻는 교훈

마지막으로, 굶주림과 식량부족 사이의 연관성을 탐색하면서 미국에서 얻을 수 있는 교훈을 간과해서는 안된다. 3천만명이 넘는 미국인들이 건강한 식사를 감당할 여력이 없다. 미국 어린이 중 8.5%가 실제로 굶주리고 있으며, 20.1%는 굶주림의 위협에 처해 있다.[50] 이에 대해 누가 식량이 충분치 않기 때문이라고 주장하겠는가? 분명 미국 농민들은 아니다. 이들에게는 과잉생산이 계속 골칫거리이기 때문이다. 엄청난 양의 치즈·우유·버터 재고가 있는 미국 정부도 아니다. 1995년 미국의 대외원조 물량 가운데는 3백만톤 이상의 곡물과 그 산물이 포함되어 있으며,[51] 그중 2/3는 밀과 밀가루이다. 이는 미국 내 모든 굶주리는 어린이들에게 해마다 600개의 빵을 구워줄 수 있는 양이다.[52]

제3세계에서와 마찬가지로 미국 내 굶주림의 실태는 분노를 자아낼 만하다. 이건 정말로 말도 안되기 때문이다. 신문의 머릿기사, 텔레비전 이미지들, 피상적이고 상투적인 통념들을 넘어선다면 굶주림은 현실이고 식량은 부족하지 않다는 것을 알 수 있을 것이다.

식량부족의 신화에서 벗어날 때에만 우리는 굶주림의 진짜 이유를 찾을 수 있을 것이다. 그것이 바로 우리가 이 책에서 탐구하는 것이다.

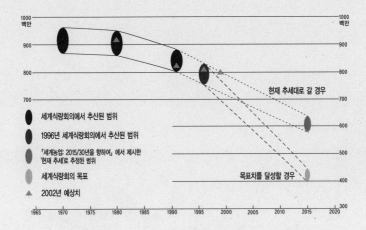

주: FAO의 기아인구 추정치는 불충분한 정보에 근거하고 있으며, 따라서 ±5%의 범위만을 제시한다.

출처: FAO, *The State of Food Insecurity in the World 2002*, 2002
　　(http://www.fao.org/docrep/005/y7352e/y7352e00.htm)

　위의 수치는 개발도상국의 기아인구만 합산한 것이어서 전세계 기아인구를 추정하는 데 한계가 있다. 선진국에서도 소득격차의 확산으로 인하여 기아인구가 늘고 있는 실정이다. 따라서 이 그래프만 가지고 세계의 굶주리는 사람 수가 줄어들고 있다고 낙관하기엔 이르다.

세계의 굶주림 지도

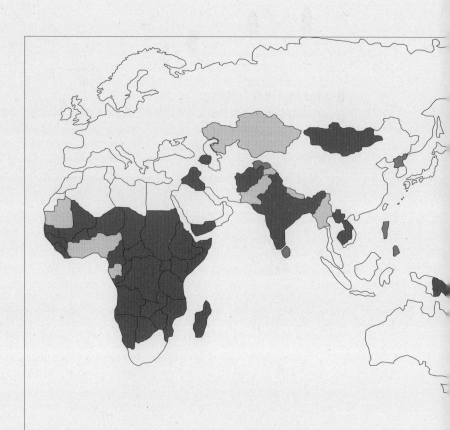

■ 인구의 20% 이상이 영양실조이며, 천명당 75명 이상의 어린이가 5세 이전에 사망하는 국가

■ 인구의 20% 이상이 영양실조이며, 천명당 75명 이하의 어린이가 5세 이전에 사망하는 국가

■ 인구의 20% 이하가 영양실조이며, 천명당 75명 이상의 어린이가 5세 이전에 사망하는 국가

□ 그밖의 국가

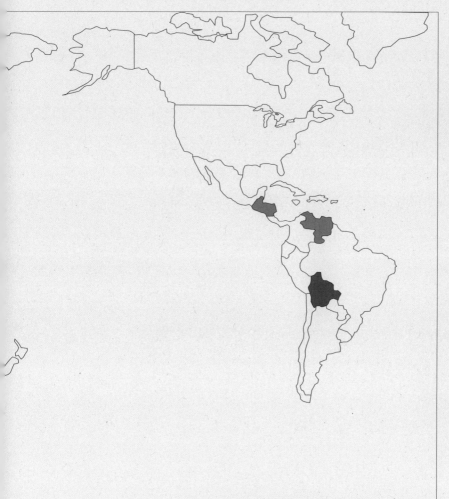

출처: FAO, *The State of Food Insecurity in the World 2002*, 2002
(http://www.fao.org/docrep/005/y7352e/y7352e00.htm)

myth

자연 탓이다

두 번 째   신 화   2

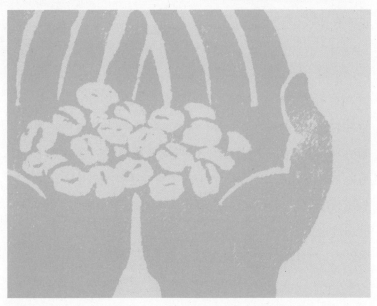

신화

가뭄, 홍수처럼 인간의 통제력을 벗어난 자연재해들이 기근을 발생시킨다.

1994년 1월 22일, 『시카고 트리뷴』(*Chicago Tribune*)에는 "온기가 전혀 없는 집에서 시체 발견"이라는 기사가 실렸다. 기사에서는 이 사망자를 "한파로 인한 네번째 희생자"라고 불렀다. 이 기사를 쓴 기자는 분명 날씨 때문에 네번째 사망자가 생겨났다고 믿지는 않았을 것이다. 죽은 사람은 가난해서 난방비를 낼 수 없었을 것이다(어떤 사람들은 아예 자기 집도 없었을 것이다). 1985년 400명의 노숙자들이 시카고 거리에서 사망했다.[1] 하지만 누가 정말로 날씨를 원망할 수 있을까? 미국에서는 너무도 가난해서 자기 집도 없고 난방도 못하는 사람들만 나쁜 날씨에 쉽게 피해를 본다.

아일랜드의 '감자 대기근'으로 1845년에서 1849년 사이에 1백만명이 넘는 아일랜드 사람들이 희생되었고, 또다른 150만명이 미국으로 이주하였다. 공식적인 역사에서 이 기근은 감자역병으로 인한 자연재해로 기술되고 있다. 하지만 당시 아일랜드가 식량수출국이었다는 사실은 거의 알려져 있지 않다. 똑같은 역병이 유럽 전역에서 감자 농사를 망쳤는데도 아일랜드에서만 엄청난 아사자가 발생했다.[2]

1846년 이 사태의 조사관들이 총리에게 전한 서신에는 "46년 동안 아일랜드 사람들은 최상질의 농업 및 목축 생산물로 영국 사람들을 먹여살렸다. 이들이 자신들의 풍성한 밀과 쇠고기를 수출하는 동안, 정착 아일랜드의 식량사정은 점점 악화해갔다. 이제 농민 대다수가 감자에만 의존할 수밖에 없는 상황에 이르게 되었다"라고 씌어 있다.[3] 아일랜드국민 대다수는 감자역병에 쉽게 영향을 받을 수밖에 없었다. 영국통치하에서 가난 때문에 감자밖에는 먹을 것이 없었기 때문이다.

우리는 대부분 오늘날 제3세계의 사정은 다르다고 생각한다. 기근으로 죽는 사람들을 가뭄이나 홍수 같은 자연재해의 희생자라고 생각하는 것이다. 하지만 좀더 자세히 살펴보면 그 사정이 앞서 언급한 것과 그다지 다르지 않음을 알 수 있다. 가뭄, 홍수 및 기타 자연재해들에 대한 스웨덴 적십자와 국제공익단체인 어스스캔(Earthscan)의 연구는 오늘날 제3세계에서도 재해 자체보다 재해에 대한 취약성이 더 큰 문제임을 보여준다. 연구자들은 연간 자연재해 희생자 수가 1960년대와 70년대에 6배로 증가한 것을 발견했는데, 이는 자연재해 증가율보다도 훨씬 더 높은 수치이다.[4] 80년대에도 상황은 비슷하다.[5] 재해가 빈번해진다기보다 사람들이 재해 앞에서 더 약해지고 있는 것이다.

인간이 만든 요인들이 인간 자신을 자연의 변덕에 더욱 취약하게 만들고 있다. 가뭄에 취약한 한계토지로 밀려나거나 아예 토지를 빼앗기면서, 수확물의 대부분을 요구하는 대금업자와 지주들에게 빚을 지면서, 일자리가 없거나 임금을 제대로 못 받아서 아무것에도 의지할 수 없게 되면서, 그리고 만성적인 굶주림으로 약해지면서 수백만명이 굶어죽는다. 자연재해가 원인이 아니다. 다만 최후의 일격을 날릴 뿐이다.

방글라데시 ● ●
　기근에서 얻는 교훈　　1974년 가을, 현대의 가장 심각한 기근 중 하나로 기록된 방글라데시 기근에 국제적인 관심이 쏠렸다. 언론에서는 10만명의 목숨을 앗아간 기근이 수확을 망친 홍수 때문이었다는 방글라데시 정부의 주장을 받아들였다.

　하지만 당시 많은 노동자들과 연구자들은 홍수에도 불구하고 방글라데시는 식량이 부족하지 않았다고 주장한다. 한 농민은 자신의 마을에서 일어났던 일을 이렇게 묘사했다. "많은 사람들이 굶어죽었다. 부유한 농민들은 창고에 쌀을 쌓아두었지만 가난한 사람들은 이를 구경도 못했다." 마을에 식량이 충분했는지를 묻자 다음과 같이 답했다. "식량이 많지는 않았겠지만 만약 잘 나누었다면 아무도 죽지 않았을 것이다."[6]

　1974년의 방글라데시 기근은 예외적인 것이 아니다. 현대 기근에 대한 연구로 잘 알려진 하바드대학의 아마르티아 쎈(Amartya Sen) 교수는 기근이 식량부족으로 일어나는 것이 아니라 식량에 대한 접근성에 문제가 생길 때 일어난다는 사실을 밝혀냈다.[7] 식량을 재배하는 자원을 빼앗기거나 가족의 필요를 충족할 수 있는 수확물을 얻지 못하는 상황에서, 그리고 구매력, 즉 돈으로만 추가 식량을 구할 수 있는 상황에서는 소득이 줄어들거나 식량가격이 폭등하면 많은 사람들이 굶주리고 심지어 굶어죽게 된다.

　생산수단을 잃게 되면 소득은 급격하게 감소한다. 예를 들어 가족 중에 죽는 사람이 생기면, 아니면 한번 흉작으로 엄청난 빚을 지게 되면 가난한 농민들은 토지나 가축을 팔아야 할 것이다. 방글라데시에서 발생한 기근 사망자들의 이면에는 이렇게 가진 것 전부를 헐값에 팔아야 하는 경우가 많았다.[8] 이들이 생산한 농산물의 값이 급격하게 떨어지면서 식량을 살 여력이 충분치 않았던 것이다. 또 소득수준이 높은 집단의 소득이 급격하게 증가하면 식량가격 또한 급격하게 상승하여 흉작이 아니어도 가난한 사람들이 감당할 수 있는 범위를 넘어서게 된다.

사실이건 거짓이건 간에 미래에 부족사태가 올 것이라는 풍문만으로도 부농들과 상인들은 식량을 축적할 것이고 실제로 부족사태가 발생하여 이들에게 다시 엄청난 이익을 가져다줄 수 있다. 방글라데시 농촌을 오랫동안 관찰해온 두명의 연구자는 1974년 기근에 대해 "대다수 사람들에게 식량부족은 고통을 의미했지만 어떤 이들에게는 이익을 의미했다"라고 말했다.[9]

우간다의 한 대농은 어떻게 200ha의 땅을 모으게 되었는지를 솔직하게 설명했다. "1980년의 기근이 결정적이었다. 사람들은 절박한 상황이었다. 처음으로 땅과 소를 팔려고 했다. 평상시에는 꿈도 꾸지 못할 일이었다."[10]

아프리카 사헬지역에서 ● ● 빈발하는 기근

1970년대 초반 서아프리카의 사헬지역 국가들에서 발생한 기근이 언론에 많이 알려지면서 우리 연구소의 존재가 부각되었다. 언론이 부추긴 전제는 기근은 가뭄이 길어지면서 발생한다는 것이었다. 하지만 FAO의 문서는 심지어 기근중에도 사헬지역 국가들은 한 나라만 빼놓고는 모두 전체 인구를 먹일 수 있는 충분한 곡물을 생산하고 있었음을──원조를 요구하는 국가들은 이 사실을 못마땅하게 여겨서 제대로 알리지 않았지만──보여주고 있다.[11] 게다가 엄청난 양의 면화, 채소, 땅콩(식용기름과 가축사료용) 및 기타 수출용 농산물을 기를 수 있을 만큼 물도 충분했다. 가뭄 동안 주로 유럽의 잘 먹는 소비자들을 대상으로 한 사헬지역의 농산물 수출은 실제로 증가했다.[12]

1980년대 중반, 가뭄과 기근이 다시 한번 이 지역을 강타했다. 빈농들이 가장 고통스러웠다. 부농과 상인들에 빚을 져서 이들은 수확기에 농산물을 가장 낮은 가격에 팔지 않으면 안되었고, 그래서 충분한 식량 없이 '춘궁기'를 견뎌야만 했다. 식량을 살 돈도 없었다. 상인들이 식량부족을 이용해서 값을 올렸기 때문이다.[13] 흉작으로 농민들 대부분은 빚 수렁에 빠져 있었기 때문에 비가 때맞춰 내려줘도 이를 고마워할 상황이 아니었다. 사헬지역 농민들을 죽인 진짜 범인은 날씨가 아니라 빚이었다.[14]

사헬지역의 사막화로 농업과 목축에 종사하는 사람들은 더욱 취약해졌다.[15] 하지만 사막화 자체는 취약한 토지를 잘못 이용하는 데서 생겨난 인재이다. 식민지시대에 시작되어 최근 더욱 강화하고 있는 수출용 환금작물 재배경향으로 지력이 고갈되고 농민들은 가뭄에 취약한 땅으로 내몰리고 있다. 그곳에서는 과도한 방목과 부적절한 경작으로 자연식생이 파괴된다.[16]

서아프리카의 식량상인들은 경제력이 없는 사람들이 굶주리게 된다는 것을 실증했다. 1984년의 가뭄으로 말리의 곡물 수확량은 기대치보다 40만톤이 모자랐다. 하지만 네곳의 주요 민간 상인들은 그만큼의 양을 이웃의 꼬뜨디부아르에서 가져와서는 돈을 낼 수 있는 사람들에게 별 어려움 없이 공급했다.[17] 한 서아프리카 농민은 캘리포니아대학 지리학과 마이클 와츠(Michael Watts) 교수에게 "시장에는 항상 식량

이 있다. 우리에게 돈이 없을 뿐이다"라고 말했다.[18]

아사의 직접 원인은 가뭄이 아니다. 주변에 충분한 식량이 있어도 굶어죽을 수 있기 때문이다. 이 지역에서 다년간 경험을 쌓은 미국 농업과학자 존 셔링(John Scheuring)은 흉작으로 한 지역이 황폐해질 때 그리 멀지 않은 다른 지역에서 풍작을 거둘 수도 있다고 말한다.[19]

단순히 자연을 원망하기엔 너무도 약아빠진 많은 서구 전문가들은 자신들이 믿고 있는 사실, 즉 토지의 수용력을 넘어서는 인구와 가축 수의 증가가 서아프리카 굶주림의 근원이라고 지적한다. 이 때문에 자연을 원망할 수 없다고 이들은 말한다.

하지만 이러한 지적은 해답뿐만 아니라 많은 질문들을 회피한다. 4장에서 우리는 여러 인위적인 원인들이 자연과의 불균형을 야기한다는 것을 살펴볼 것이다. 1970년대 사헬지역 기근에서 분명히 드러났던 인위적인 원인들은 이후에 제대로 다루어지지 않았다. 그러고 보면 80년대 들어 기근——가난한 사람들에게 가장 큰 타격을 입히는——이 재발한 것은 놀랄 만한 일도 아니다.[20]

대외원조 프로그램을 잘 살펴보면 기근이 왜 빈발하는지를 이해하는 데 도움이 된다. 달러는 대부분 수출상품 재배를 위한 값비싼(그리고 종종 기술적으로도 의심스러운) 대규모 관개시설 계획으로 흘러들어가며,[21] 따라서 식량생산과 농민 대다수에 영향을 미치지 못한다. 그렇기 때문에 1982년에서 85년 사이의 가뭄 동안 사헬지역의 많은 국가들에서 식량생산량은 줄었는데도 수출은 증가할 수 있었던 것이다.[22] 1984년의 가뭄에도 기록적인 양의 면화가 수출되었다.[23]

1980년대 냉전 시기에 강대국들은 많은 아프리카 국가에서 식민통치기부터 시작된 긴장을 더욱 악화시켰으며 전쟁과 갈등을 야기했다.

냉전 이후까지 계속되고 있는 이러한 갈등은 안 그래도 복잡한 이 지역 사회경제망을 파괴하고 굶주림과 기근에 대한 취약성을 증대시키는 데 한몫을 하고 있다.[24]

에티오피아의 인재 ● ●

1980년대 초 에티오피아의 아사를 다룬 언론은 가뭄이 기근의 원인이라는 생각을 더욱 강화했다. 우리는 텔레비전에서 봤던 광범위한 고통의 근원을 찾아내기 위해 1985년 1월과 2월 에티오피아 고원 마을을 방문했다.

먼저 우리는 에티오피아의 가뭄이 나라 전체, 또는 대부분에서 발생했다는 생각이 얼마나 잘못된 것인지를 알게 됐다. 우리가 탄 지프가 산간도로를 올라가면서 봤던 어느 계곡은 비가 적당히 와서 좋은 수확을 거두었던 반면, 그 옆의 계곡은 비가 적게 왔다. 그리고 그 옆 계곡에는 가뭄에 강한 수수를 재배할 수 있을 만큼 충분한 비가 내렸다. 에티오피아는 국토면적이 넓고(한반도의 다섯 배) 지리 여건이 다양해(저지대 속에 군데군데 위치한 고원지대) 어떤 가뭄이나 기상조건이 전국적으로 영향을 미친다는 것은 극히 어려운 일이다.

몇몇 농학자들이 그러한 우리의 짐작을 확인시켜주었다. 즉 1982년에서 85년의 가뭄은 기껏해야 에티오피아 농토의 30%에만 영향을 미친 것으로 추정된다.[25] 에티오피아의 농업전문가는, 배수시설만 갖추면 비옥하지만 침수되어 있는 계곡 아래쪽 토지들도 경작지로 쓸 수 있을 것이며, 그러면 아마도 경작지 면적이 두 배로 늘어날 것이라고 말했다.[26] 비교적 물 공급이 잘되는 아와시(Awash)강 계곡을 여행하면서 우리는 엄청나게 넓은 비옥한 토지에서 수출용 면화와 사탕수수가 재배되는 것을 목격했다. 또 가뭄이 있기 8년 전부터 여러 마을에서 식량생산이 이미 줄어들고 있었음——전국 평균 1인당 20% 가량——도 알게 되었다.

만약 나라 대부분이 가뭄의 영향을 받지 않았다면, 그리고 식량생산이 그 이전부터 이미 감소했다면, 분명 가뭄은 1985년 30만명의 사망자를 낸 식량부족사태를 설명해주지 못한다.[27] 이러한 비극을 우리는 어떻게 이해할 수 있을까?

1974년 군사쿠데타가 하일레 셀라시에(Haile Selassie) 왕정을 뒤엎었을 때 젊은 장교들은 가뭄이 아니라 봉건지주제, 사재기, 그리고 정부의 무관심이 1970년대 초반의 기근을 일으켰음을 제대로 지적했다. 새 정부가 지주-소작 관계를 종식시킬 토지개혁을 입안하자 농민들은 희망에 부풀었다. 그러나 불행히도 정부가 분리주의 집단들과의 군사적 갈등으로 정신이 없게 되자 농민 중심의 농촌발전은 곧 의제에서 사라졌다. 식민권력은 지역사회의 지리적 구성과는 상관없이 자의적으로 경계선을 설정했고, 그 때문에 독립 이후 수십년 동안 자치를 위한 폭동이 계속되었다.[28] 새 정부는 결국 예산의 절반 이상을 군사력에 소비했다.[29]

1976년에서 80년 사이에 정부는 소련에서 20억 달러어치 이상의 무기를 수입했다.[30] 그 때문에 외채에 대한 엄청난 이자부담이 발생해 식량작물보다는 수출작물에 집중하지 않을 수 없었다. 동시에 아프리카를 두고 미국과 소련이 영향력 경쟁을 벌이면서 미국은 1978년부터 에티오피아와 전쟁중이던 인접 소말리아의 군사력을 증강했다. 미국의 정책은 에티오피아의 자원이 농촌발전이 아니라 군비로 흘러들어가도록 하는 데 확실한 근거가 되었다. 정부는 군량미를 공급하는 국영농

장에 비정상적으로 과다한 투자를 쏟아부었다.[31]

30만명 이상을 거느린,[32] 사하라 이남에서 가장 큰 규모의 군대가 농업노동에 필요한 젊은 장정들을 징발해갔다. 1985년 정부는 반군에 우호적인 지역에 거주하는 농민 70~80만명을 강제로 재배치했다.[33] 내전은 결국 1991년 맹기츠(Mengistu) 정권이 몰락하고 에리뜨레아(Eritrea)가 독립하면서 끝났다.[34]

국민이 겪는 고통의 근원이 가뭄이 아니라 전쟁 같은 외부 요인 탓이긴 에티오피아나 아프리카의 다른 기근 국가들이나 마찬가지이다. 1980년대 초반 가뭄의 영향을 받은 31개 사하라 이남 국가들 중에서 모잠비크·앙골라·수단·차드·에티오피아 5개 국가만 기근을 겪었다.[35] 각각의 기근은 전쟁의 와중에서 발생했으며, 갈등의 근원은 강대국들의 지정학, 그리고 구 식민권력의 영향으로 거슬러올라갈 수 있다.

역사를 통해 볼 때 인간사회는 자연의 변덕에 맞서 스스로를 보호하기 위해 노력해왔다. 특히 아프리카의 대부분 지역에서 주기적으로 발생하는 가뭄은 인간의 생존을 늘 위협했다. 그것에 대처하는 것은 언제나 문화의 일부분이었다. 구약성서에도 7년간의 고난 끝에 온 7년간의 풍족한 시기에 대한 기록이 있을 정도이다. 아프리카 대부분 지역에서 농민들은 전통적으로 기근을 방지할 수 있는 여분을 비축해야 한다는 것을 알고 있다. 아프리카 반건조지역의 농민과 유목민 또한 오랫동안 가뭄 같은 자연재해에 대처할 수 있는 방법들을 고안해왔다. 이들에게 삶은 절대 쉬운 것이 아니었다. 굶주림도 빈번했을 테지만, 봉건왕조시대의 에티오피아를 제외하고는 대규모 아사사태는 없었다. 그러나 기근을 예방해왔던 노력과 농업 관행들은 유럽 식민지배권력의 단기적인 이해 때문에 무너지고 말았다.

인간 본성과 종족갈등?

1990년대에 르완다가 주목받은 계기가 된 학살, 내전, 그리고 굶주리는 피난민 같은 사건들은 인간이 만든 재앙인 전쟁의 파괴력을 잘 보여주었다.[36]

그런데도 가뭄과 관련된 기근을 '자연재해'의 직접적인 산물로 보는 전통적인 관점에 따르면 르완다 사태는 또다른 '자연의 힘'의 산물일 따름이다. 즉 종족간의 갈등으로 표출된 인간 본성(human nature)의 문제라는 것이다.[37] 종족 요인의 중요성을 부정하는 것은 아니지만, 재앙을 촉발한 힘은 에티오피아에서 갈등을 야기했던 것과 유사한 식민정치에 의한 갈등이었지[38] 절대 자연적인 것은 아니었다.

1980년대 말까지 르완다는 작고 가난하지만 경제적으로는 건전하고 자족하는 나라로 묘사되었다. 돌려짓기(윤작)와 사이짓기(간작)에 기반하면서 고도로 정교한 의사결정 규칙에 따르는 전통적인 영농체계로 지난 수십년 동안 농민들은 생계를 유지할 수 있었다.[39] 하지만 소수의 부유한 지주들의 토지소유권 독점으로 수대를 거쳐 내려온 소농들의 파편화는 전통체제를 한계에 다다르게 했다. 그 속에서 농업만으로 살아남을 수 있는 농민은 몇 되지 않았다.[40]

전통적으로 생계농업과 수출용 환금작물을 결합해온 농촌국가[41] 르완다는 점차 커피에 의존하게 되었다.[42] 커피 가격은 80년대 중반부터 떨어지기 시작했고, 1992년에는 1986년 수준에 비해 75% 폭락했다.[43] 경제는 위기에 봉착했다.

예전에 르완다 경제는 국제 관측통 사이에서 비교적 성공한 것으로 평가받았다.[44] 하지만 커피위기로 국제수지 문제가 커지고 서방국가들의 강한 압박을 받으면서 르완다 정부는 1990년 국제통화기금(IMF)과

세계은행의 '구조조정' 프로그램에 서명하지 않을 수 없었다.

"거시경제의 안정과 국제경쟁력 향상"을 달성한다는 표면적인 목적을 갖고 있던 이 프로그램은[45] 1992년 르완다 프랑화를 15% 평가절하 (1990년의 40% 평가절하에 더하여)하면서 시작되었다. 또 막대한 정부 재정삭감, 농민과 도시빈민을 위한 보조금 중단, 농민과 중소기업인에게 높은 국내금리 적용, 수입장벽 대폭 완화, 커피 생산자들을 위한 가격보장 중단, 국영기업의 매각 등을 강요했다.[46] 이것이 경제와 생활수준에 미친 영향은 엄청나게 파괴적인 것이었다.[47]

빈곤선 밑에서 살아가는 국민의 비율이 1982년 9%에서 1989년 15%로 증가하더니(남부지역에 부분적으로 기근이 있었다)[48] 1993년에는 31%로 급증했다. 아울러 식량생산이 급감하면서 식량원조에 의존하게 되었다.[49]

이 와중에 일어난 전쟁은 급속하게 파괴되어가는 상황에 내재되어 있던 여러가지 형태의 폭력이 가장 분명하고도 급진적으로 표출된 것으로, 인구의 상당수를 절망에 빠뜨린 여러 사건들 중에서도 가장 극단적인 사건이었다.

1993년 1월과 2월, 르완다애국전선이라고 불리는 반군집단이 정부를 전복하기 위해 움직였다. 이들은 르완다에서 가장 비옥한 지역을 공격했고, 전 인구의 13%에 달하는 사람들이 집단 탈출했다. 그 결과 시장에 나오는 농산물은 15% 감소했다.[50]

반란과 전쟁으로 식민지의 유산이면서 종족간의 커다란 계급차이로 더욱 심해진 종족갈등이 촉발되었다.[51] 초기의 종족갈등은 다급해진 정부가 이를 이용하여 종족 지지기반을 만들었다. 학살과 그에 뒤따른 궁핍으로 50만명의 목숨을 잃었다.[52]

종족문제의 복잡성을 인정한다 하더라도 국민의 급격한 빈곤화가 종족관계를 극단으로 치닫게 한 것은 분명하다.[53] 정부관료들은 폭발성을 지닌 이 상황을 이용하려 들었으나, 결국 그 시도는 스스로도 지키지 못하고 무위로 끝났다.[54]

전쟁의 결과, 르완다의 주요 제도와 사회조직, 그리고 경제는 완전히 붕괴했다. 커피와 식량생산은 농민의 이동으로 급격하게 줄었다.[55] 르완다인 7명 중 한명은 가장 비옥한 지역에서 탈출했으며,[56] 갈등은 모든 지역에서 통신, 산업 및 기타 경제활동을 붕괴시켰다.[57] 무장세력이 커지면서 다른 목적에 필요한 가용자원은 더욱 줄어들었다.[58]

이는 '자연적'이고 불가피한 종족갈등에 관한 이야기가 아니라 세계 커피시장과 외부에서 강요되는 경제정책의 변덕 탓에 말 그대로 '미쳐 가고 있는' 나라에 대한 이야기이다. 한 나라의 사회조직이 위기를 겪는 동안 해체되면서 이전에 만들어진—이 경우에는 식민지 유산인— '차이'를 따라 찢겨져나간 것이다.

기근에 대한
단상들   기근은 신이 내리는 자연재해가 아니라 인간이 저지르는 사회적 재해임이 밝혀졌다. 자연을 원망하게 되면 인간의 제도가 다음 사항들을 좌우한다는 사실을 놓치게 된다.

• 누가 식량에 대한 권리를 가질 것인가 사람들이 시장을 통해서만 식량을 구할 수 있는 한—즉 소득과 가격 변동이 심하다면—아무리 많은 식량이 생산된다 하더라도 사람들은 기근을 겪으면서 죽어갈 것이다.

• **누가 만성적으로 취약해지는가** 일반적으로 기근은 빈곤층에는 재난이지만 부유층에는 기회가 된다. 가뭄 끝에 단비가 내리거나 홍수가 진정되더라도 대부분의 사회에서 식량생산자원에 대한 접근성은 이전 수준으로 회복되지 않는다. 자연재해 이전에 이미 취약했던 빈농들은 재해가 끝나도 더욱 불안정한 상태에 놓이게 된다.

• **가뭄을 비롯한 자연재해들에 대한 농업체계 자체 ── 토양 · 배수 · 종자 ──의 취약성** 경제적인 압력으로 농민들이 토양을 과도하게 사용하고 오랫동안 검증되어온 보전 관행이 중단되면 수확은 더욱 줄어들게 될 것이다.

• **누가 누구에 대하여 굶주림을 이용하는가** 식량은 종종 전쟁의 무기로 사용되고 굶주림은 항상 그 산물이다.[59]

기근이 자연의 변덕으로 발생하는 것이라고 믿으면 무력감에 빠져 아무 일도 할 수 없다. 기근이 인재라는 사실을 알게 되면 우리는 희망을 발견할 수 있다. 아무도 날씨를 바꿀 수는 없지만, 좀더 안정적인 영농체계를 확립하고 경제의 규칙을 바꿈으로써 식량에 대한 접근이 항상 보장되도록 만드는 것은 가능하다.

이러한 방향으로 나아가야 우리는 인류의 오랜 희망인 안정적인 식량확보를 추구할 수 있다.

1990년대 후반 북한에서 발생한 엄청난 규모의 식량위기에 대해서, 대부분의 언론과 전문가들은 90년대 중반에 지속적으로 발생한 가뭄과 홍수라는 자연재해가 치명타를 주었다는 점에 초점을 맞추었다. 그에 더해 북한의 비효율적인 '집단농업'체제가 문제의 근원이라고 했다.

북한의 농업이 자연재해 때문에 치명타를 맞고 완전히 붕괴된 것은 누구도 부인할 수 없는 사실이다. 하지만 우리는 그 이면에 내재해 있는 역사적인 근원을 좀 더 파헤쳐 볼 필요가 있다. 비효율적인 '집단농업'체제가 문제였다면 왜 그 전에는 농업생산에 문제가 발생하지 않았던 것일까?

북한 농업에 대해 일반인들이 잘 모르는 한 가지 사실은, 1960년대에서 80년대에 이르는 동안 북한의 농업이 남한의 농업만큼이나, 아니 오히려 더 에너지(전기)와 석유 집약적인 구조였다는 점이다. 북한농업 근대화의 핵심기치는 수리화 · 화학화 · 전기화 · 기계화였으며, 6·25전쟁 후에 남한보다도 훨씬 앞서서 이러한 기반을 빠르게 구축해갔다. 그 원동력은 소련과 중국 등 사회

〈표〉 동아시아 각국의 단위 면적당 비료 사용량 비교 (kg/ha)

	연도	N(질소)	P(인산)	K(칼륨)	합계
일본	1972	138	135	113	386
중국	1972	39	13	1	53
	1990	208	63	18	289
베트남	1972	28	13	4	45
	1990	78	19	4	101
한국	1972	166	76	46	288
	1990	211	103	101	415
북한	1972	121	56	17	194
	1990	319	77	9	405
	1994	146	10	1.5	157
	1996	35	10	0.3	45

출처: FAO 각년도 연감

주의 우방국에서 값싸게 들여오는 석유, 풍부한 매장량을 갖고 있던 석탄, 그리고 대형 댐에서 얻는 수력전기였다. 이러한 점을 단적으로 보여주는 것이 남한 못지않게 많았던 면적당 화학비료 사용량이다. 또 한 가지 북한 농업의 특징은 남한과 유사한 홑짓기(단작) 씨스템이었다. 쌀과 옥수수 생산에 총력이 기울인 결과, 이 두 품목이 북한의 주식이 되었다. 이러한 농업의 근대화로 북한은 식량을 풍족하게 자급할 수 있는 상황에 이르렀다.

북한의 쌀·옥수수 생산량 추이

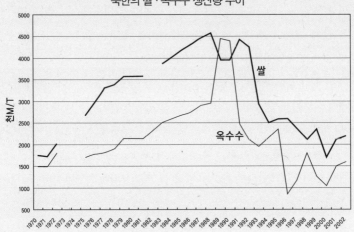

주 1) 북한의 식량생산 통계는 발표기관(미국·한국·북한·FAO)에 따라 커다란 차이를 보인다. 이 그래프는 FAO의 통계이다.

  2) 그래프가 끊어져 있는 곳은 자료가 없는 연도이다. 하지만 대략적인 추세는 확인할 수 있다.

출처: FAO 자료; 김완배 엮음, 『북한농업연구백서』서울대학교 출판부 2001, 439~41면에서 재인용; 1996년 이후 자료는 FAO자료를 필자가 추가.

그런데 80년대 들어서면서 에너지 집약적 농법은 한계에 봉착하면서 생산량이 정체하게 된다. 이에 조급해진 북한 당국은 다락밭 개간과 '밀식재배'를 지시한다. 이른바 김일성 교시에 의한 '주체농법'의 산물이었다. 산비탈에 옥수수 재배를 위한 다락밭 개간 면적이 늘어났고, 특히 옥수수가 지력을 크게 고갈시키는 대표적인 작물이라는 점에서 그렇지 않아도 척박한 산비탈 토양의 지력은 화학비료의 계속된 사용과 밀식재배로 인해 갈수록 고갈되었다. 북한의 사회와 자연이 점점 더 자연재해에 취약한 구조로 변해갔던 것이다.

이러한 에너지·석유 의존체제가 80년대 후반 사회주의권의 붕괴와 함께 위기를 맞게 되었다. 전기생산량이 급감하면서 전기로 움직이는 북한지역 대부분의 관개씨스템은 무용지물이 되었고, 화학비료 사용량이 급감하면서 농업생산량도 떨어지게 되었다. 무용지물이 된 관개시스템은 가뭄이나 홍수를 방어할 수 있는 능력을 상실해갔다. 연료가 부족해지자 삼림 벌채가 어쩔 수 없이 대규모로 이루어졌다. 그에 따라 토사의 유출도 계속되었고, 강바닥도 높아져갔다. 그런데 북한 당국은 이런 위기상황에서도 인식의 전환을 보여주지 못했고, 아무런 대책도 내놓지 못했다(5장의 '꾸바 사례'와 비교해보라).

1995년에서 97년 연이어 발생한 가뭄과 홍수는 이처럼 약해질 대로 약해져버린 북한의 사회·자연 씨스템을 완전히 붕괴시켜버렸다. 이미 민둥산이 된 산과 수위가 높아진 강들은 홍수에 속수무책이었고, 농경지들은 산에서 내려오는 토사 때문에 쑥대밭이 되지 않을 수 없었다. 결국 '북한의 비극'도 자세히 살펴보면 자연적인 요소와 사회적인 요소가 복합적으로 축적되어온 위기가 자연재해로 인해 한꺼번에 터져버린 것이다.

이처럼 식량위기의 역사적인 근원을 들여다보면, 앞으로 북한 농업을 어떤 방향으로 재건해야 할 것인가 하는 점도 조금은 분명해질 것이다. 핵심은 에너지·석유 의존체제에서 탈피하여 새로운 대안을 모색하는 것이다.

참고문헌

김완배 엮음, 『북한농업연구백서』, 서울대학교 출판부 2001.

Meredith Woo-Cumings, *The Political Ecology of Famine: The North Korean Catastrophe and Its Lessons*, ADB Institute Research Paper 2002. (www.adbi.org/PDF/wp/rp31.pdf)

myth

인구가 너무 많다

세 번 째 신 화 3

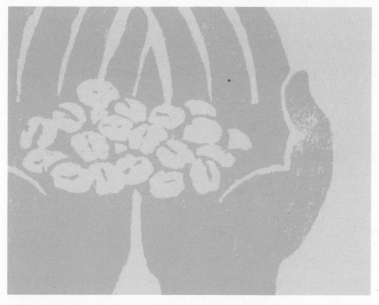

신화

굶주림은 자원은 한정되어 있는데 사람이 너무 많기 때문에 생겨난다. 이를 없애려면 인구증가를 억제해야 한다.

지난 25년 동안 교육에 힘써오면서, "인구가 너무 많아서 굶주리는 사람이 생기는 것 아니냐"는 질문보다 더 많이 받아본 질문도 없다. 우리는 아니라고 답해왔다. 하지만 몇몇 사람들은 이런 대답이 인구증가를 무책임하게 회피하는 것으로 여긴다.

너무도 많은 인간들이 지구를 지배하면서 다른 생명체들을 밀어내고 이제는 불모지라도 이용하지 않을 수 없게 된 시대에, 그리고 먹고 살고 따뜻하게 지내려는 단순한 투쟁 때문에 더 고차원적인 목표는 추구하지 못하고 있는 상황에서 인구에 대한 전망은 간단하게 생각할 문제가 절대 아니다.

인구문제는 워낙 중요한 것이라 이 문제를 다룰 때엔 약간의 모호함이라도 있어서는 안된다. 그래서 우리는 이러한 신화가 제기하는 가장 중요한 질문 세 가지에 초점을 맞추려고 한다. 세계인구의 증가세는 '통제할 수 없을 정도'인가? 인구밀도와 인구증가율이 굶주림의 원인인가? 인구증가의 완화와 기아 해결 사이에 어떤 연관성이 있는가, 있다면 그 성격은 어떠한가?

인구증가세는 과연 • •
통제할 수 없을 정도인가　1997년 11월 23일 『뉴욕타임
즈 매거진』은 머릿기사에서 "인구 폭발은 끝났다"라고 주장했다.[1] 이
기사를 쓴 기자는 인구학자들이 한동안 알고 있던 사실, 즉 인간의 출
산능력과 인구증가율이 예전에 상승하던 속도만큼이나 급격하게 떨어
지고 있다는 주장을 정리했다. 실제로 하단 머릿기사는 "지구가 텅 빌
것이라는 전망이 새로운 문제들을 만들어내고 있다"라는 것이었다.[2]

　우리가 이 책의 초판을 발행한 이후로 인간의 출산능력과 인구증가
율이 급속하게 떨어지고 있다는 사실은 더 분명해졌다. 1950년대 초반
인구폭발이 임박했음을 경고하는 토머스 맬서스(Thomas Malthus)의
외침을 듣기 시작했을 때, 전세계의 총 출산력(fertility, 여성 1인당 자녀
수)은 5명으로 보충률(안정적인 인구규모를 유지할 수 있는 수치) 2.1명의
두 배가 넘었다.[3] 1970년대 후반에는 4명으로 떨어졌고, 1990년대 중
반에는 2.8명이었으며 그후로 점차 더 떨어지고 있다.

　유럽과 북아메리카의 출산력 수치는 1955년에 최고조에 달한 이후
꾸준히 떨어지고 있으며, 유럽은 이제 보충률보다 한참 더 낮다. 아시
아와 라틴아메리카에서도 그 수치는 1950년대의 6명에서 1995년에는
3명 이하로 꾸준히 떨어지고 있다. 아프리카에서는 1960년대 초반
6.75명으로 가장 높았다가 60년대, 70년대, 80년대, 그리고 90년대를
거치면서 서서히 떨어지고 있다. 1995년엔 5.7명을 기록했는데, 이는
남아시아와 라틴아메리카에서 20년 전에 기록한 수치이다. 이 지역에
서는 이후 출산력이 급격히 감소했다.

이러한 모든 것들은 1950년 이전의 두 세기 동안 오늘날의 선진국에서 처음으로 관찰되었던 '인구 변천'(demographic transition)이라는 개념과 잘 들어맞는다.[4] 이러한 변천 이전에 선진국은 높은 사망률과 함께 높은 출생률을 경험했고, 그 덕분에 비교적 안정적인 인구규모가 한동안 유지되었다. 하지만 1950년대부터 생활수준과 공중보건의 개선으로 사망률이 감소했고, 이후 출생률이 점차 떨어지기 시작해서 1970년대에 다시 한번 사망률과 비슷해지게 되었다. 사망률 감소와 출생률 감소 단계의 사이에 선진국의 인구는 네 배 증가했다. 하지만 이런 추세는 오래 전에 끝이 났고, 대부분 이제 미래에 인구가 감소할 것으로 예측하고 있다.[5]

인구학자들은 오래 전부터 오늘날 제3세계 국가들도 비슷한 변천과정을 겪게 될 것이라고 주장해왔다. 사실 제2차 세계대전 이후 개발도상국에서는 사망률이 급격히 감소했다. 인구 변천 모델이 예측하는 대로 인구증가의 물결이 크게 일었다.[6] 그리고 예측했던 대로 사망률 감소 이후 이를 보완하는 출생률의 감소가 뒤따랐다. 이 과정이 완성되는 데 이제는 두 세기가 아니라 한 세기도 걸리지 않을 것으로 보인다.

출산율 감소에 관한 새로운 자료들에 근거하여 UN이 내놓은 2050년 인구규모 예측치는 93억 7천만명으로 현재 인구보다 50% 증가한 것이다.[7] 이 숫자가 커 보이긴 하지만 110억 1600만명이라는 20년 전 예측치보다는 줄어든 것이다.[8] 그 이후 인구는 115억 밑에서 안정될 것으로 예측되고 있다.[9] 1장에서 언급했듯이 이는 전문가 대부분이 지구가 충분히 부양할 수 있는 수준이라고 예측한 범위 안에 들어 있다.

그렇다면 왜 이렇게 다들 난리인가? 인구학자가 아닌 많은 사람들이 인구 변천의 성격을 알지 못하거나 아니면 제대로 이해하고 있지 못하기 때문인 것 같다. 대규모 기근과 전염병으로 제3세계의 인구가 주춤할 때까지 계속 폭발적으로 늘어날 것이라고 가정하면서 그러한 기하급수적 증가 예측에 놀란 분석가들이 경고성 예측들을 남발하는 것이다. 1968년 폴 에를리히는 그의 베스트셀러 『인구 폭탄』(*The Population Bomb*)에서 "인류 전체를 먹여살리는 전투는 이제 끝났다. 1970년대에 세계는 기근을 겪게 될 것이다. 수억명의 사람들이 굶어죽게 될 것이다"라고 쓴 바 있다.[10] 지난 수십년 동안 이와 비슷한 글들을 월드워치연구소(Worldwatch Institute)의 레스터 브라운(Lester Brown) 같은 사람들이 발표하고 있다.[11] 에를리히가 예견했던 규모의 아사가 일어나지 않았는데도 그는 1990년 『인구폭발』(*The Population Explosion*)에서 그러한 경고를 되풀이하고 있다.[12]

역설적으로, 이러한 경고는 인구학자들이 세계의 나머지 지역에서 출산율이 감소하기 시작했다——인구 변천 마지막 단계의 시작——고 발표했을 때 등장했다.[13] 물론 출산율이 감소하여 인구성장률이 떨어지려면, 지금 아이들이 성인이 되어 아이를 갖게 되기까지 얼마간의 시간이 있다.

인구 변천의 마지막 단계가 이제 세계 모든 곳에서 시작된 것으로 보이지만 그 변천의 속도, 그리고 되돌릴 수 없다는 데에 대한 걱정은 여전히 남아 있다. 이전에 기근과 환경재앙을 피하기 위해 산아제한 프로그램을 옹호했던 단체들은 이제서야 바로 그 프로그램 덕분에 출산율이 떨어지고 있다고 말하고 있다. 이들은 이러한 성과가 사라지지 않고 인구증가율이 속히 감소되어 그 사이에 너무 많은 아이들이 태어나지 못하게 산아제한 노력이 배가되어야 한다고 주장한다.[14] 이러한 우려를 해결하려면 우리는 다른 국가들보다 더 빨리 인구 변천 단계를 거쳐온 몇몇 국가의 특수한 메커니즘에 대해 검토해야 한다. 이 장의 뒤에서 출산력 감소의 원인을 알아볼 것이다.

하지만 이 절의 결론으로 우리는 인구증가율이 떨어지고 있으며 결국엔 멈출 것이라는 여러 증거들이 있다고 확실히 말할 수 있다. 인구 증가세는 절대 통제불능 상태에 있지 않다. 많은 제3세계 국가들에서는 앞으로도 수십년 동안 인구가 계속 빠르게 증가할 것이지만, 그렇다고 인구밀도나 증가율 때문에 굶주림이 발생한다고 말할 수는 없다. 이에 대해 다음 절에서 살펴보도록 하자.

'인구과잉'이 굶주림을 발생시키는가

우리의 두번째 질문을 이제 "애초에 인구가 너무 많아서 굶주리는 사람들이 생기는 것인가?"라고 조금 바꿔보자. 만약 그렇다면 인구밀도를 감소시키면 굶주리는 사람 수도 줄일 수 있을 것이다. 한 요소가 다른 요소 발생의 원인이 되려면 이 둘은 항상 동시에 발생해야 한다. 그런데 인구밀도와 굶주리는 사람 수는 그렇지 않다.

굶주림은 토지를 같이 쓰는 사람들이 너무 많아서 발생하는 것이 아니다. 중앙아메리카와 카리브해지역을 예로 들어보면, 5세 이하 어린이의 발육부진 비율은 트리니다드 토바고가 가장 낮고, 과떼말라가 가장 높다(거의 12배). 하지만 트리니다드 토바고의 1인당 경지 면적—인구밀도를 나타내는 핵심지표—은 과떼말라의 절반도 되지 않는다.[15] 꼬스따리까는 1인당 경지 면적이 온두라스의 절반밖에 되지 않지만 영양상태를 말해주는 지표인 평균수명은 11년이 더 길다.[16] 이는 서구국가들에 근접한 수치이다.

아시아에서는 한국이 방글라데시의 1인당 농지 면적의 절반밖에 되지 않는다.[17] 하지만 누구도 한국에서 인구과밀로 굶주림이 발생한다고 말하지 않는다.

전세계를 조사해봐도 인구밀도와 굶주림 사이에 어떠한 직접적인 상관관계도 찾을 수 없다. 인구밀도가 높으면서 굶주리는 사람이 많은 방글라데시 같은 나라도 있고, 1인당 식량자원의 수치가 상당한데도 굶주리는 사람이 존재하는 나이지리아·브라질·볼리비아 같은 나라도 있다.[18] 아니면 1인당 토지 면적이 매우 적어도 굶주리는 사람 없이 많은 양의 식량을 수출하는 네덜란드 같은 나라도 찾아볼 수 있다.[19]

그러면 인구는 왜 증가하는가? 급속한 인구증가와 굶주림 사이에 명백한 상관관계가 없는가? 의심의 여지 없이 굶주린 사람들은 대체로 최근 인구가 가장 빠르게 증가한 아시아·아프리카·라틴아메리카에 살고 있다. 이와같이 굶주림과 급속한 인구증가의 연관은 분명 둘 사이에 상관관계가 있음을 제시한다. 그러나 우리가 찾고 싶은 것은 그러한 연관의 성격이다. 급속한 인구증가가 굶주림을 발생시키는가, 아니면 둘 다 비슷한 사회현실의 결과이기 때문에 같이 발생하는가?

1989년 코넬대학의 사회학자 프레드릭 버텔(Frederick Buttel)과 로라 레이놀즈(Laura Raynolds)는 93개 제3세계 국가들의 인구증가와 식량소비, 그리고 기타 변수들에 대한 자세한 연구결과를 발표했다.[20] 이들은 통계분석에서 급속한 인구증가가 굶주림을 발생시킨다는 어떠한 증거도 찾아내지 못했다. 이들이 발견한 것은 빈곤국가에 사는 사람들과 최빈곤층 20%가 국가의 총소득에서 차지하는 비중이 낮은 국가들이 식량부족을 겪는다는 것이었다. 다른 말로 하면 빈곤과 불평등이 굶주림을 발생시킨다는 것이다.

버텔과 레이놀즈는 높은 인구증가율의 원인을 탐구하지는 않았다. 하지만 미시건대학의 생태학자 존 밴더미어(John Vandermeer)는 1994년 자료를 이용해 명시적으로 이 문제를 다루는 추적조사를 시행했다.[21] 그는 불평등과 빈곤이 급격한 인구증가를 가져오는 핵심요인임을 밝혔다.

 빈곤과 인구증가: 미국의 과거에서 얻는 교훈　이제 미국의 인구학적 역사를 살펴봄으로써 그 원인을 알아보도록 하자. 몇세대 전까지만 해도 미국에서 사망률은 지금의 제3세계 국가들만큼 높았다. 여성들이 집 밖에서 일할 수 있는 기회는 제한되어 있었다. 과거 미국사회는 모든 가족 구성원들이 농장에서 일해야 했던 농업사회라고 할 수 있다. 예를 들어 이 책을 함께 쓴 라페의 할머니는 아이를 9명 낳아서 작은 농장에서 혼자 키웠고, 그중 6명만 살아남았다. 이 이야기는 오늘날 인구가 빠르게 늘어나고 있는 제3세계 국가들에서는 전혀 낯설지 않다. 모든 것이 부족했기 때문에 가난한 집에서는 아이들이 농장에서 일을 거들어야 했고, 높은 유아사망률 때문에 필요한 가정 규모를 유지하기 위해서는 아이들을 더 많이 낳아야 했다.

미국에서 두 자녀 가정이 보편화한 것은 유아사망률이 낮아지고 여성들이 집 밖에서 일할 기회가 생기고 농업사회에서 산업사회로 옮겨감으로써 가족들이 더이상 아이들의 노동에 의존하지 않아도 되었을 때였다. 라페의 할머니 이야기를 오늘날 도시 중산층 가정과 비교해본다면, 이전에는 필요 노동력의 원천이었던 아이들이 이제는 등록금, 독방, 새 농구화, 그리고 베이비씨터 비용 등 갖가지 큰돈이 들어가는 골칫덩이가 되었다는 사실을 알 수 있다.

미국은 정교한 피임기술이 등장하기 전 정부가 산아제한에 상당히 부정적이었을 때부터(1965년까지도 일부 주에서는 피임기구 판매가 불법이었다)[22] 이러한 사회적 변화에 따라 출생률이 감소하는 인구 변천 단계를 거쳐왔다.

빈곤이 더욱 극심하고 광범위하게 퍼져 있는 제3세계의 급속한 인구증가를 이해하기 위해 이러한 미국의 경험을 바탕으로 굶주림과 높은 출산력의 연관성에 대한 우리의 가설을 확장해볼 수 있다. 즉 굶주림과 높은 출산력은 시민 대부분의 복지와 기회를 부정하는 사회에서 존속하는데, 그런 곳은 유아사망률이 높고 적절한 토지·일자리·교육·보건·노인복지가 대다수 사람들에게 제공되지 않으며 여성들이 집 밖에서 일할 수 있는 기회가 거의 없다.

미래를 보장할 자원이 없으면 믿을 것은 자기 가족밖에 없다. 따라서 가난한 부모들이 아이를 많이 낳는 것은 생존을 위해 합리적인 계산을 하는 것이다. 높은 출생률은 강요된 빈곤에 대한 방어적인 대응이다. 생존의 한계선상에서 살아가는 사람들에게 아이들은 불충분한 소득을 보충하는 노동력을 공급해준다. 한 연구는 방글라데시에서 남자아이가 6살이 되면 이미 노동력과 수입을 제공한다는 것을 보여주고 있다. 12살이 되면 소비하는 것 이상을 벌어온다.[23]

인구 연구자들은 제3세계 국가에서 아이들이 부모들에게 제공하는 이득은 단순히 노동시간이나 추가소득으로 측정될 수 없다고 말한다. 눈에 보이지 않는 것들 또한 중요하다. 가족이 많을수록 지역사회 내에서 비중이 높아진다. 눈에 띄게 사정이 나아질 수 있게 해줄 의지할 만한 연줄이 없는 경우에, 부모들은 다음 아이는 똑똑하거나 운이 좋아서 교육도 받고 도시에서 일자리를 가질 수 있을 것이라는 실낱같은 희망에 의존하게 된다. 실제로 많은 나라에서 도시의 일자리 하나에서 얻는 소득은 농촌에 사는 가족 전체를 부양할 수 있을 정도이다.

그리고 가난한 부모들은 늙어서 자신들을 돌볼 아이가 없을 경우 빈털털이가 된다는 것을 알고 있다.[24] 또 아이들을 많이 낳지 않으면 이러한 이득을 볼 가능성이 거의 없다는 것도 알고 있다. 굶주림과 의료 혜택 부족으로 성인이 되기 전에 많은 수가 죽기 때문이다. 세계보건기구(WHO)는 소득이나 가족 규모와는 상관없이 아이들의 실제 사망과 사망에 대한 공포 때문에 부부의 출산력이 높아진다는 것을 보여주고 있다.[25]

마지막으로, 높은 출생률은 빈곤층의 생존을 위한 계산일뿐더러, 여성들의 상대적인 무력함도 반영한다. 많은 여성들은 가족 내부, 그리고 사회 내의 권력관계 때문에 집 밖에서 능력을 발휘할 기회가 거의 없다. 결국 아이를 계속 키우는 것만이 이들의 유일한 '선택'이 되는 것이다.

여성 교육의 영향에 대한 다양한 연구들은 여성의 무력함이 높은 출산력의 원인이라는 것을 잘 증명해준다. 여성 교육이 출산력 감소를 예견하는 강력한 지표임을 여러 연구에서 볼 수 있다. 여성의 교육이 늘어나면 출산력은 보통 떨어진다.[26]

물론 이러한 결과들을 두고, 여성들이 배우는 교육의 내용이 어떻게 출산을 조절할 것인가에 관한 것이라고 문자 그대로 해석하는 데 대해서는 조심해야 한다. 현대적인 산아제한 방법들이나 정부의 가족계획 프로그램이 있건 없건 상관없이 자신들이 원하는 수의 아이를 갖는 경향이 있음을 보여주는 연구도 많다.[27] 오히려 여성들이 교육받는다는 사실은 여성들에게 힘을 부여하고 일터에서 여성들에게 기회를 제공하는 등 사회 내의 변화가 다양해진다는 점을 반영한다.[28]

무력한 여성들이 가정과 사회에서 종속적인 지위에 있다는 사실이 높은 출생률을 일부 설명해주긴 하지만, 여성 위에 권력을 쥐고 있는 남성들도 사회 내 종속집단의 일부라는 사실 또한 알아야 한다. 가난한 남성들이 자존심을 유지할 근거도 없고 생산적인 노동으로 돈을 벌 수도 없다면, 여성들보다 우월한 지위를 이용해서 더 많은 아이들을 원하게 될 수 있다.[29]

출산력 감소, 좋은 경우와 나쁜 경우　따라서 급속한 인구증가는 빈곤과 무력함, 가족노동이나 아이들이 벌어오는 수입의 필요성, 높은 유아사망률, 그리고 여성의 교육과 기회의 결여 등에서 비롯된다. 출산력 감소에 대한 우리의 가설은, 인구 변천 과정에서 인구증가율은 대체로 사회의 엄청난 변화를 통해서만 감소한다는 것이다. 불행하게도 이러한 변화들은 긍정적일 수도 있고 부정적일 수도 있다.

긍정적인 측면은, 경제 · 정치변화를 통해 유아사망률이 낮아지고, 가정의 범위를 넘어서는 사회안전망들——일자리 · 보건의료 · 노인복지 · 교육(특히 여성)——이 생겨 대가족이 아니어도 안정적이거나 더 나은 기회를 보장받을 수 있다고 대다수가 확신하는 경우이다. 사람들이 잘살게 되면서 아이들이 덜 필요한, 그래서 출산력이 감소하는 긍정적인 상황이라 할 수 있다.

다른 한편으로는 사람들이 빈곤과 굶주림에서 벗어나지 못한 상황에서 아이가 가족에 이익이 되는 대신 비용부담만 가중시키는 방향으로 빈곤과 무력함의 성격이 바뀔 수도 있다. 이 역시 출산력을 낮출 수 있지만 부정적인 방향이다. 말 그대로 '상황이 너무도 악화되어 사람들이 아이조차도 감당할 수 없는 경우'라고 할 수 있다.

출산력 감소의 부정적인 씨나리오 또 한 가지는 추가로 아이가 필요한 경제구조는 변하지 않은 채 산아제한이 강제될 경우에 발생한다. 그러면 사람들은 경제적인 이유로 아이를 더 가져야 함에도 어쩔 수 없이 아이를 적게 갖게 될 것이다. 이러한 상황은 '자기를 부양해줄 자식도 없고, 아이를 더는 낳을 수도 없는 가난하고 늙은 여성의 비극'이라고 할 수 있겠다.

긍정적인 변화와 출산력 감소 초창기의 가장 극적인 출산력 감소의 경우는 생활수준이 광범위하게 변화하면서 발생했다. 그러한 사례들을 살펴보자.

스리랑카 제2차 세계대전 이후 1978년까지 스리랑카 정부는 무상공급, 배급 및 가격보조 등의 방식으로 기초식품, 특히 쌀의 소비를 지원해왔고[30] 그 결과 장기적으로 출산력이 줄고 인구증가율이 낮아졌다.[31]

꾸바 식량작물의 배급과 가격상한제를 바탕으로 1959년 혁명부터 1989년 경제위기까지 꾸바국민들에게 기초식량을 안정적으로 공급해왔다.[32] 모든 국민이 충분한 쌀, 콩, 식용유, 설탕, 육류 및 기타 식품을 통해 하루에 1900칼로리를 공급받았다.[33] 또 보건과 교육을 광범위하게 제공한 결과 꾸바의 출생률은 4.7명에서 1.6명으로 줄어들었다.[34]

인도 케랄라 주 1만1천개의 국영상점들이 쌀과 석유 같은 생필품 가격을 빈민도 구입할 수 있는 정도로 유지하고 있다. 이러한 보조는 케랄라 주 빈곤가정 총소득의 거의 절반을 차지한다.[35] 인구밀도는 인도 전체평균보다 세 배나 더 높지만[36] 굶주림과 빈곤 지표로 널리 사용되는 유아사망률·평균수명·사망률 등은 대부분의 저소득국가들보다 좋게, 인도 전체와 비슷하게 나타나고 있다.[37] 문맹률과 교육수준도 다른 주보다 월등하게 나은데 특히 여성들의 경우가 그러하다. 여성의 문자해독률은 인도 전체평균보다 두 배 반이나 더 높다.[38] 그런 까닭에 케랄라 주 출산력과 인구성장률이 전후 급속하게 떨어지고 있다는 사실은 그리 놀랍지 않다. 1991년 케랄라 주의 출생률은 인도 전체평균의 1/3 수준이었다. 이는 저소득국가들 전체평균의 절반이며 미국보다 약간 더 높은 수준이다.[39]

이러한 사회들에서 소득분배는 다른 많은 국가들보다 왜곡이 덜하다. 예를 들어 스리랑카의 가구당 소득분배는 인도네시아, 인도, 심지어 미국보다도 더 공평하다.[40]

일찌감치 출산력 감소를 경험했던 타이·필리핀·꼬스따리까 같은 나라들의 건강 및 기타 사회지표를 통해 그 이유의 단서를 찾을 수 있다. 유아사망률은 비교적 낮고(특히 꼬스따리까에서) 평균수명은 높다(여성의 경우 65세에서 76세 사이). 아마도 가장 중요한 것은, 필리핀과 꼬스따리까에서는 대단히 많은 여성들이 교육을 받으며, 필리핀과 타이에서는 다른 제3세계 국가들보다 여성들의 사회진출 비율이 비교적 높다는 점일 것이다.[41]

출산력 감소에 관한 과학적 문헌들을 신중하게 검토해본 결과 지금까지 전세계적으로 관측된 결과들엔 '그럴 만한' 이유가 있다는 결론을 얻게 되었다. 앞에서 언급했던 밴더미어의 연구는 빈곤과 불평등의 감소가 핵심요인이라는 것을 보여준다. 1994년 예일대학에서 실시한 연구는 여성에 대한 교육이 68개 저소득국가들에서 출산력 감소를 예견하는 가장 좋은 지표임을 밝혀냈다.[42] 이 연구에서 연구자들이 불평등과 빈곤에 대해선 검토하지 않았지만, 여성교육의 확대가 불평등과 빈곤의 감소와 직결된다고 가정하는 것은 충분히 납득할 수 있다.

부정적인 변화와 출산률 감소 불행하게도 빈곤층의 조건이 개선되는 일반 유형과는 다른 출산력 감소 사례도 있다. 1980년대 후반과 90년대 초반에 케냐를 비롯한 몇몇 아프리카 국가들에서 출산력이 매우 급격히 줄었다. 얼핏 보기엔 인구 변천 개념과 들어맞는 것 같았다. 1970년대와 80년대 초반 유아사망률이 낮아지고 여성들의 교육률이 높아졌다.[43] 하지만 1980년대 후반과 90년대 초반 들어 실질적인 감소는 외부에서 강요한 '구조조정' 정책이 불러온 심각한 경제위기와 함께 발생했고 그속에서 빈민들이 가장 큰 타격을 입었다.[44] 한 평론가는 "부모들이 실질소득 감소, 양육비용 증가, 그리고 아이들에 대한 기대수준 저하 등으로 고통받았다"라고 말한다.[45] 그 결과 사람들은 아이를 더 낳는 것을 미루거나 아예 안 갖기로 결정했다.

　일부 평론가들은 어떤 정책 수단들보다 경제위기가 가장 좋은 피임약이라는 놀라운 결론을 내놓기도 했다.[46] 다른 분석가들은 인구증가율을 낮추기 위해 빈곤을 줄이는 힘든 일을 더이상 맡을 필요가 없다고 공표했다.[47] 하지만 이러한 주장은 다음 세 가지 차원에서 볼 때 받아들이기 어렵다. 첫째, 경제위기 때는 잠시 출산을 미루었다가 일단 상황이 나아지면 그동안 미루었던 자녀를 가지게 될 확률이 높다. 둘째, 경제위기는 그 영향을 예측하기 힘들다. 아프리카에서와 달리 꼬스따리까에서는 1980년대 중반 구조조정이 몰고 온 위기가 출산력의 상승을 가져왔다.[48] 가장 중요한 셋째, 우리의 주된 초점인 굶주림에 대해 주의를 기울여야 한다. 경제위기가 출산력을 낮추는 좋은 방법이라 하더라도 굶주림을 해결하는 데는 전혀 도움이 되지 않는다.

그럼에도 출산력 감소와 위기에 대한 증거는 대체로 사람들은 자신들이 원하는 수의 아이를 갖는다는 우리의 처음 주장을 뒷받침한다. 그렇다고 해서 이것이 예외적인 상황에서 사람들이 보통 용인되는 것보다 적게 아이들을 갖도록 강요되거나, 또는 그렇게 하도록 돈으로 보상받거나 교육받거나 하지 않는다는 것을 의미하지는 않는다.

하지만 우리에겐 시간이 없다 지난 수년 동안 우리는 우리 가설의 핵심, 즉 출산력을 낮추는 가장 좋은 방법은 빈곤을 줄이는 것이라는 점을 강연해왔는데, 청중 가운데 적어도 한 사람은 늘 이런 질문을 던졌다. "우리에겐 시간이 없다! 빈민들에게 혜택을 줄 수 있을 만큼 사회 전반에서 변화가 일어날 때까지 기다릴 시간이 없다. 그건 너무 오래 걸린다. 인구 폭탄이 지금 바로 폭발하려고 하는데 말이다."[49]

그 폭탄의 뇌관이 거의 제거되었지만 증가하는 속도를 더욱 빨리 줄이기 위해 우리가 지금 할 수 있는 일은 해야 한다. 그것은 바로 빠른 인구증가율에 맞선 가족계획 프로그램에 자금을 지원하고 증진하는 것이다. 다른 방법으로는 불가능하다.

우리의 대답은 두 가지이다. 첫째, 인구학자들은 빠르게 성장하는 사회에서는 평균 가족규모가 내일 당장 절반으로 줄어든다 해도 다음 세기가 되기 전까지는 인구증가가 멈추지 않을 것이라고 말한다. 따라서 가족계획 프로그램을 포함한 모든 해결책들은 장기적인 것들이다. 여기에 빠른 해결책은 없다. 두번째는 좀더 놀라운 것이다. 가족계획 프로그램을 통해 단순히 산아제한 기술을 제공하는 것은 인구증가에 큰 영향을 주지 못한다.

1984년 미국 인구조사국의 결혼·가족통계부장 D. J. 에르난데스(D. J. Hernández)는 가족계획 프로그램이 출산력 감소에 어느 정도 기여하는가를 판단하기 위해 이용할 수 있는 모든 연구결과들을 검토했다. 그는 83개국의 인구변화에 관한 연구들을 검토한 끝에, 가장 우수한 연구들이 밝혀낸 것은 가족계획 프로그램의 자체 효과가 거의 없다는 사실이라고 결론을 지었다. 그는 "가족계획 프로그램만으로 얻은 효과는 1960년대 후반과 70년대 초반 제3세계의 출산력이 나라별로 최대 10% 최소 3% 변화한 것에 불과하다"라고 언급했다.[50]

자연히 그는 가족계획 옹호자들에게서 두루 공격을 받았다. 그러나 그의 비판세력이 가장 많이 인용한 1978년 94개 제3세계 국가들에 대한 연구조차도 산아제한 프로그램 자체만으로는 출산력 전체 감소분의 15~20%에 불과했으며, 나머지는 대체로 사회·경제요인 때문이었다고 결론을 내리고 있다.[51] 1994년 다른 연구자들이 발표한 후속 연구들 또한 에르난데스 연구와 같은 결론에 도달했다. 가족계획이 출산력 감소에 기여하는 정도는 사회적·경제적 변화와 비교해볼 때 미미한 정도라는 것이다.[52]

가족계획 프로그램이 인구에 미치는 영향이 비교적 적다는 사실을 보여주는 결과를 우리가 주목한다고 해서 이러한 프로그램의 잠재적 가치를 무시하는 것은 아니다. 피임수단이 보편화하고 여성이 그것을 사용하는 데 제약받지 않도록 돕는 것은 자유의 확장, 특히 여성이 자신의 생식을 통제할 수 있는 자유라는 측면에서 중요하다. 그러나 피임기술의 수행에만 협소하게 초점을 두면서 인구증가율을 보충률 밑으로 떨어뜨릴 수 있다는 생각이야말로 이룰 수 없는 꿈이라는 것을 이러한 결과들은 확인해준다.

경제적 불평등이 상존함에도 출생률이 떨어질 수 있다는 것을 몇몇 국가들의 사례에서 볼 수 있지만, 전세계 인구변화에서 나타나는 확실한 인구감소 유형은 그와는 다르다. 빈민들이 아이를 적게 갖겠다는 선택을 할 수 있기 이전에 보건·사회보장·교육의 중대한 개선으로 이들의 삶, 특히 여성들의 삶이 바뀌어야 한다. 일단 사람들이 자녀 수를 줄이겠다는 동기를 갖게 되면 가족계획 프로그램이 출산력 감소를 가속화할 수 있다. 하지만 그게 전부이다. 그것만으로 자녀 수를 줄이겠다는 결정을 이끌어낼 수는 없다.[53]

자금지원 늘리기 　많은 정부와 국제기구들은 이러한 결과들이 담고 있는 함의를 인정하기를 거부하면서 효과도 별로 없는 가족계획 프로그램에 자금지원을 더욱 늘리고 있다. 삽입하거나 이식하는 장기적인 피임기구, 불임수술, 그리고 금전적 보상과 벌칙을 포함하는 더욱 강력한 프로그램을 고안하고 있는 것이다.

한 가지 사례가 삽입형 피임약 데포-프로베라(Depo-Provera)이다. 미국에서는 일반인에게 너무 위험하다고 평가되었음에도 제3세계 국가에서는 광범위하게 공급되었다. 알려진 단기 부작용만도 월경불순, 피부병, 두통, 체중증가, 우울증, 탈모, 복부 불쾌감, 성욕 감퇴, 생식기능의 느린 회복 등이다. 그리고 장기적인 부작용은 한동안 알려지지 않겠지만 예비 연구들에 따르면 이 약은 분명 자궁경부암의 위험성

증가와 관련이 있다.[54] WHO와 국제가족계획협회(IPPF)는 미국에서는 금지된 데포-프로베라의 제3세계 사용을 승인했다. 인구과잉 탓에 "개발도상국들에는 완전히 새로운 의학적 기준이 필요하다"라고 주장하면서 말이다.[55] 또다른 사례는 사용자 64.7%에게서 부작용이 발견되었음에도 불구하고 제3세계에서 사용이 늘어나고 있는 호르몬 이식제 노플란트(Norplant)이다.[56]

많은 제3세계 국가들에서 여성들의 불임수술은 서구의 재정지원을 받으면서 산아제한 수단으로 계속 이용되고 있다. 의사·간호사·군의관에게 달성해야 할 불임수술 목표치가 있는 나라도 많다. 인도와 방글라데시에 대한 연구는 의사와 간호사들이 목표달성에 쫓기는 나머지, 환자들의 필요와 불평도 무시해가면서 위험하고 경솔하게 행동하고 있음을 잘 보여주고 있다. 게다가 불임수술이나 피임기구 사용을 감내할 수 있도록 다양한 방법으로 물질적인 보상을 하고 있다.[57] 이러한 유인책을 옹호하는 측에서는 이들이 자발적으로 사용하는 것임을 강조한다. 하지만 당신이 굶주린 상황이라면 과연 얼마나 많은 선택을 자발적으로 할 수 있겠는가?

스리랑카 학자 아소카 반다라지(Asoka Bandarage)는 "가난한 사람들은 적절한 정보를 얻지 못할 뿐 아니라, 대개 절박한 빈곤 탓에 현금이나 여타의 보상을 받으려고 피임이나 불임수술에 동의하게 된다. 그러한 경우 선택은 없다. 몇몇 국가에서는 직접적인 물리력이 사용되고 있는 것으로 보고된다. 하지만 단순히 직접적인 힘을 사용해야만 강요는 아니다. 개인의 생식에 관한 결정이 식량·주거·일자리·교육·건강 등과 같은 생존의 원천들과 결합될 때 좀더 교묘한 형태의 강요가 발생한다"라고 말하고 있다.[58] 예를 들어 타이에서는 도로·교통수

단·화장실 등이 피임의 수용과 결합되어 있다.[59]

공익 캠페인, 목표수치, 그리고 교활한 강요가 만들어낸 아마도 가장 슬픈 결과는 뿌에르또리꼬의 경우일 것이다. 미국이 1898년 스페인에게서 이 섬을 빼앗은 이후 미국 설탕기업들은 소농들을 몰아내고 재빨리 거대한 농장들을 세웠다. 1925년까지 2% 미만의 인구가 토지의 80%를 차지했으며 인구의 70%는 토지를 갖지 못했다. 많은 사람들이 일자리에서 밀려나고 생계의 위협을 받으면서 뿌에르또리꼬는 급속하게 미국의 식민지관료들이 주장한 '인구과잉' 문제를 안게 되었다.[60]

1940년대 전구제조산업이 값싼 노동력과 낮은 세금을 찾아 미국 본토에서부터 옮겨왔다. 젊은 여성들은 노동력의 핵심이자 '유순한' 노동자들이었지만, 임신 때문에 (고용주의 관점에서는) '손실'을 일으킬수 있었다. 그 결과 미국 정부의 자금지원을 받은 지방정부와 국제가족계획협회의 광범위한 불임수술 캠페인이 실시되었다. 여성들은 불임수술을 받을 것을 강요받거나 회유받았다. 수술 후 복원할 수 없다는 사실은 알려주지 않았다. 그 결과 1968년까지 가임여성의 1/3이 생식력을 상실했다.[61] 광범위한 불임수술이 광범위하게 실시되고, 경제불황으로 해외이주자가 급증하면서 뿌에르또리꼬의 인구는 사실상 줄어들기 시작했다. 하지만 그에 따른 생활수준의 향상도, 환경의 개선도 일어나지 않았다.[62]

TV 다큐멘터리 「오뻬라시온」(La Operación)은 사람들이 빠져나간 뿌에르또리꼬의 한 마을에 사는, 아이 없는 중년여성들을 보여주었다.[63] 고독한 삶에 대한 이들의 피맺힌 증언을 목격한다면 이러한 프로그램을 가장 기본적인 인권침해로 간주하는 아소카 반다라지와 생식권(reproductive rights) 활동가 벳시 하트먼(Betsy Hartmann)에게 공

감하지 않을 수 없을 것이다.[64]

멕시코와 미국 국경지대에서 일어나고 있는 비극이 다른 곳에서도 일어나고 있다. 마낄라도라(maquiladora)에 위치한 미국 소유의 많은 공장들은 젊은 여성들에게 고용조건으로 임신테스트 음성반응을 요구한다. 몇몇 공장에서는 일자리를 지키기 위해서 여성 노동자들에게 매달 생리대를 감독자에게 보여줄 것을 요구하기까지 한다.[65]

미국에서도 이 프로그램과 비슷한 망령이 존재한다. KKK단의 일원인 데이비드 듀크(David Duke)를 포함한 여러 주 의원들이 노플란트 삽입제를 사용하도록 금전적으로 유도하는 법안을 제안하였다. 법안은 통과되지 않았지만 노플란트가 몇몇 도시의 공립학교 양호실에 도입되었다.[66] 실제로 미국에서 소수 인종의 '10대 임신'에 대한 비난은 제3세계의 인구과잉에 대한 주장들과 비슷하게 인종주의 및 잘못된 정보와 관련있다.[67]

산아제한에 대한 투자가 광범위한 사회적·경제적 변화 없이도 출산력을 감소시킬 수 있을까? 「오뻬라시온」 사례는 그러한 실험을 되풀이하지 않아야 함에도 그렇게 될 수 있다는 사실을 보여준다. 오늘날 많은 가족계획 옹호자들은 방글라데시 마트랍(Matlab)지역의 경험을 모범사례로 든다.[68]

가족계획과 관련해 가장 유명한 '사회적 실험'은 국제설사병연구쎈터가 서구의 자금지원으로 마트랍에서 수행했다. 이 지역은 다른 모성·양육 씨스템으로 '오염되지 않았기' 때문에 선택되었다.[69] 이 프로젝트는 1977년 지역 내 마을의 절반에 집중적인 가족계획 써비스, 즉 보건의료 및 가족계획 요원들의 격주 방문 등을 제공하면서 시작되었다. 나머지 절반의 마을에는 아무런 특별한 써비스도 제공되지 않았다. 1990년 집중 써비스지역의 피임기구 이용률은 비교마을의 두 배이상이었고, 출산력은 그것보다는 적지만 1/4정도 낮았다.[70] 이 실험은 집중적인 가족계획 자체만으로 다른 변화 없이도 출산력을 감소시킬 수 있다는 것을 입증한다. 그러나 재정비용이 워낙 많이 들어서— '출산 포기' 1건당 120달러, 이는 1인당 국내총생산(GDP)의 120%[71] — 이 결과는 "개발도상국은 물론이고, 국가차원에서는 실시할 수 없는" 것이었다.[72]

이러한 우려 때문에 연구자들은 실험 비용의 절감에 나섰으며 최소한의 수단들만 조합하더라도 피임률을 높이는 것은 여전히 가능하다는 것을 보여주었다. 예를 들어 산전 관리와 산파 교육은 불필요하며 설사로 고생하는 유아들을 위한 수분섭취요법에 대한 교육이 피임 교육과 서로 겹치기 때문에 이 또한 제외되어야 한다는 결론을 내렸다.[73] 그 의미는 크다. 벳시 하트먼은 이렇게 평가했다. "인구 당국은 방글라데시를 모델로 삼으면서 발전에 대한 개념 전체를 바꾸고 있다. 빈민들이 아이들을 적게만 낳는다면, 계속 가난해도 괜찮다는 것이다."[74] 이것이 우리가 앞서 '출산율을 줄이는 부정적인 방법'이라고 한 것이다.

중국의 해법? 인구증가의 해법으로 가족계획 프로그램에 집착하는 사람들은 중국의 현재 경험에 주의를 기울여볼 필요가 있다.[75]

토지와 식량의 광범위한 재분배, 노후보장, 보건의료과 산아제한 기업의 육성을 통해 중국은 이제껏 없었던 출생률 감소를 이룩하였다. 1979년 이래로 중국은 다른 전술을 택했다. 인구증가가 여전히 현대화를 방해하고 있다고 판단한 중국 정부는 전세계에서 가장 제한적인 가족계획 프로그램을 시작하였다. 모든 부모가 한 자녀만을 갖도록 하기 위해 물질적 보상과 형벌을 집행하고 있다. 캘리포니아대학 버클리분교 보건학과 존 랫클리프(John Ratcliffe) 교수에 따르면,

'비공식적으로' 아이를 가진 부모들에게는 엄청난 사회적·공식적 압력이 가해진다. 이러한 지속적이고 무거운 압력을 이겨내는 사람은 거의 없다. 결국 대부분 유산한다. 공식적으로 이런 강제를 용인하는 것은 아니지만, 이러한 방식은 본질적으로 같은 결과를 가져온다.[76]

동시에 그는 1979년 이후 중국의 몇몇 경제정책에 따라 고용 및 노후보장이 줄었다는 점을 지적했다. 이 때문에 농촌가정에서는 다시금 자신들의 노동자원에 의존하게 되었고, 따라서 대가족—특히 남자아이—이 가족의 경제적 자산이 되었다.

그래서 결과가 어떠한가? 세계에서 가장 엄격한 인구조절 프로그램에도 불구하고 1980년 이후 중국의 출생률은 한 자녀 정책이 도입되기 전보다 더 느리게 감소하고 있다.[77] 메씨지는 명백하다. 사람들은 국가가 뭐라고 말하건간에 자신들의 안정과 경제적 기회를 의탁할 아이를 가질 것이다.

더욱 권위적인 수단을 옹호하는 사람들은 중국뿐 아니라 증가율을 2% 밑으로 감소시킨 다른 빈곤한 사회들의 경험을 잊고 있는 건 아닌지 모르겠다. 여기엔 꾸바, 인도 케랄라 주, 스리랑카 등이 있다. 이들 중 어떤 곳도 사회적 강요나 금전적 유인에 전적으로 의존하지 않았다. 예를 들어 모든 국민들이 보건의료 써비스를 이용할 수 있게 되면서 금전적 유인은 말할 것도 없고 가족계획에 대한 공공교육 캠페인 같은 것 없이도 꾸바의 출생률은 떨어졌다.

높은 인구밀도가 가져오는 결과를 하찮게 생각해서는 안된다. 몇몇 아프리카 국가에서 낮은 인구밀도가 지속가능한 농업발전에 장애물이 되었던 반면, 많은 국가에서는 높은 인구밀도 때문에 굶주림을 없애기 위한 사회적 · 경제적 재건이 어려웠다.[78] 그러나 우리가 추구하는 것이 굶주림의 일소라면, 우리는 그 위에 있는 빈곤, 불평등, 그리고 무력함을 먼저 없애야 한다. 이것들이 높은 출산력과 급격한 인구증가의 원인이라는 점에서 더욱 그러하다. 생활수준의 향상과 불평등의 개선, 그리고 여성에 대한 교육 등이 출산력을 낮추는 가장 좋은 방법이라는 것은 이미 증명되고 있다.

우리 앞에 놓인 도전 ● ●

이 장에서 인구 문제를 논의할 때마다 늘 혼란스럽지만 그래도 중요한 논점들에 대해 개략적으로 살펴보았다.

- 출산력과 인구증가율이 전세계적으로 감소하고 있다.
- 인구밀도는 오늘날 세계 어디에서도 널리 퍼진 굶주림을 설명해 주지 못한다.
- 급속한 인구증가는 굶주림의 근본 원인이 아니다. 그러나 굶주림과 마찬가지로 다수 빈곤층, 특히 아이를 적게 낳겠다는 선택에 필요한 안정과 경제적 기회를 여성에게서 빼앗아가는 사회적 불평등의 결과이다.
- 인구를 경제자원 및 환경과 균형을 이루게 하려면, 토지 · 일자리 · 먹을거리 · 교육 · 보건의료 같은 자원에 대한 접근성의 극단적 불

균형을 개선해야 한다. 이것이 우리의 진정한 과업이다.

• 가족계획은 인구감소에 박차를 가할 수는 있지만 인구증가 자체를 억제할 수는 없다. 가족계획은 행동을 통제하기보다 인간의 자유와 기회를 넓혀주는 보건의료정책의 포괄적 개혁의 일부일 때 가장 잘 이바지할 수 있다.

인구증가는 중대한 문제이기 때문에 소용없는 대책들로 시간을 낭비해서는 안된다. 우리는 단호하게, 오늘날 가난한 대다수의 운명에 세계의 운명이 달려 있음을 드러내는 증거들을 바로보아야 한다. 이들의 복지가 개선되어야만 굶주림을 제거할 수 있고, 출산력 또한 지속적으로 감소할 수 있다. 빈곤의 원인과 사회 일부의 무력함을 문제삼지 않고서 높은 출생률을 탓하는 것은 무익한 일이다. 이는 우리의 작은 지구로서는 감당할 수 없는 비참한 길로 빠져드는 것이다.

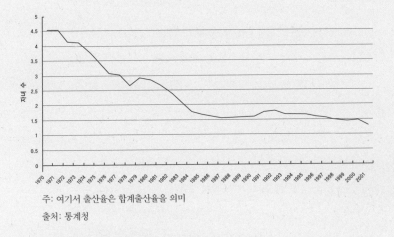

주: 여기서 출산율은 합계출산율을 의미
출처: 통계청

이 그래프를 보면 70년대를 거쳐 1984년까지 빠르게 감소를 보이던 출산율이 그 이후에 정체하지만 조금씩 계속 떨어지고 있는 것을 볼 수 있다(1960년에는 6명이었다). 1980년대 초반까지도 인구증가율 억제정책을 펴면서 대도시 곳곳에 '인구시계탑'을 세우고 '한가정 한자녀 갖기' 가족계획을 계속 펴온 결과일 것이다. 그런데 최근에는 출산율이 1.5명 밑으로 떨어지면서 한국사회가 너무 급속하게 노령화사회로 접어드는 것이 아닌가 하는 우려가 제기되면서, 이제 역설적으로 출산을 '장려'하는 정책으로 급속하게 전환하고 있다(그래프에는 없지만 2002년의 출산율은 1.17명을 기록했다).

실제로 2020년 경에는 인구가 정체상태로 접어들고 그후로는 감소하게 될 것이라는 것이 일반적인 예측이다. 그에 따라 정부에서는 출산과 육아에 대한 보조금을 지급하여 젊은 여성들에게 출산에 대한 경제적인 유인을 제공하려고 한다. 하지만 근본적으로 경제활동에 나서고 있는 가임기 여성들에 대한 산전 및 산후휴가와 공보육시설 확충 등 출산과 육아문제에 대한 사회적 보장 제도가 구축되지 않는 한, 출산과 육아문제에 대한 사회경제적인 부담이 늘어나는 추세 속에서 앞으로도 출산율이 쉽사리 회복되기는 어려울 전망이다.

myth

식량이냐 환경이냐

네 번째 신화 4

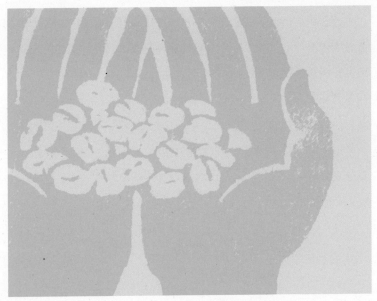

신화

전세계를 먹여살려야 한다는 압력이 커지면서 식량을 재배하는 데 필요한 자원 자체가 파괴되고 있다. 굶주린 사람들을 먹여살리기 위해 토양침식이 우려되는 한계토지에서까지 농작물과 가축을 생산하고, 오래된 열대우림을 파괴하며, 농약으로 환경을 오염시키고 있다. 분명히 우리는 기아 문제와 환경보호 두 마리의 토끼를 다 잡을 수는 없다.

이에 대해 우리는 경각심을 가져야 한다. 환경이 다방면으로 파괴되면서 식량생산의 바탕인 자원이 손실되고 있다. 환경과학자들은 다음과 같은 위협을 경고하고 있다.

• 전세계적으로 농업에 이용되는 건조지 52억ha의 약 70%——지구 총 토지면적의 약 30%——가 사막화 위협을 받고 있다. 현재 135개국 10억명 이상의 사람들이 이 땅에 의지하고 있다.[1]

• 현재속도로 계속 파괴될 경우에 전세계 열대우림은 2031년이면 모두 사라지게 될 것이다.[2]

• 50년 전에는 전혀 없었던 전세계 농약 사용이 현재 연간 47억톤으로 증가하여[3] 전세계적으로 적어도 1분마다 6명이 농약에 중독되고 있으며, 해마다 22만명이 목숨을 잃는 것으로 추산된다.[4]

환경위기가 식량생산자원을 갉아먹으면서 우리의 건강을 위협하고 있다는 사실은 신화가 아니다. 하지만 신화와 사실이 뒤섞여서 위기의 근원에 대한 인식과 문제 해결을 위한 노력을 어지럽히고 있다.

세계 여러곳에서 한때는 생산력이 높았던 땅들이 황폐해져가고 있다. 하지만 인구증가와 과잉방목이 사막 확산을 야기하고 있다는 주장은 목구멍이 찢어진 사람이 과다출혈로 죽었다고 말하는 것만큼이나 아무 소용이 없는 주장이다. 어떤 일이 일어나고 있는지 설명해줄 수는 있지만 왜 그런 일이 발생하는지를 이해하는 데에는 아무런 도움이 못된다. 상황을 설명하지 않고 단지 묘사하는 데 지나지 않는 접근 때문에 기아 해결을 위한 농약 사용의 필요라든가 열대우림이 파괴되고 있는 이면의 원인에 대해 더욱 헷갈리게 된다. 또 환경과 식량의 필요가 필연적으로 대립하는 관계가 아니라는 사실을 직시하지 못하게 된다. 대안도 있고 할 수 있는 것도 분명 많다. 실제로 환경적으로 건전한 대안이 환경파괴적인 것들보다 훨씬 더 생산적일 수 있다. 이번 장에서는 이러한 가능성에 대해 탐색해볼 것이다.

사막화 ● ●

지난 수백년 동안 서아프리카 사헬지역, 그리고 대부분의 반건조지역에 사는 농민과 유목민은 식량작물 재배와 숲, 목축이 서로 결합된 방식을 발전시켜왔다. 대부분 이러한 씨스템은 토양의 비옥도를 유지해왔으며, 토지가 바람과 물에 침식되지 않도록 했다. 다양한 토지이용을 추구하는 이런 방식은 빈발했던 가뭄에도 적정량의 수확을 확보하는 데 기여했다.

반면에 19세기 후반 이곳을 점령한 식민권력은 토지를 마치 부를 추출하는 광산처럼 여겼다. 서아프리카에서 식민정부는 지역 농민들에게 식용유와 가축사료를 위한 땅콩, 그리고 프랑스와 영국의 섬유산업을 위한 면화 같은 수출용 일년생 작물만 경작하도록 강요했다.[5] 하지만 작물·나무·가축 등을 동시에 키우거나 돌아가며 키우지 않고 해마다 같은 땅에 같은 작물을 재배함에 따라 토양은 급속하게 고갈되어갔다. 2년 연달아 땅콩을 재배하는 것만으로도 세네갈의 땅속 유기물질은 1/3 가량 사라졌다.[6]

토양이 급속하게 고갈되면서 농민들은 더욱 취약한 땅에까지 수출작물을 심지 않을 수 없었다. 방목이나 나무를 키우기에는 적합하지만 쟁기질을 견디기엔 너무도 연약한 땅이 계속되는 경작으로 망가져갔다.

특히 유럽인들은 아프리카 동부와 남부에서 비옥하고 관개가 잘 되는 땅을 차지했다. 리빙스톤(Livingstone)의 전설적인 탐험도 면화를 위한 최적의 땅을 찾으려는 일종의 탐색이었다. 유럽인들이 아프리카 사람들을 농사에 적당하지 않은 땅에 재배치하면서 국지적인 인구과잉은 필연적인 것이 되었다.[7] 오늘날과 비교해 그 땅에서 사는 인구는 훨씬 적었지만 식량생산자원은 급속하게 파괴되어갔다.

공식적인 독립(대부분의 유럽 식민지들은 1960년대 초반)과 함께 그러한 행태는 더욱 강화되었다. 도시 신흥 엘리뜨들의 '현대적' 생활양식을 유지하고 산업투자에 필요한 외환을 창출하기 위해 아프리카 정부들은 더 많이 생산하도록 압박했다.[8] 각국 정부는 1970년대 후반과 80년대 초반 수출가격이 하락하자 가치 손실을 양으로 충당하고자 했다. 농민들 스스로도 생산물에 대한 가격이 떨어지고 보상도 적어지자 자신들의 식량과 현금 필요를 맞추기 위해 더 많이 생산해야 했다.

아프리카에서는 토양과 기후조건 때문에 방목이 식량을 생산하는 가장 지속가능한 방법이다.[9] 그러나 수출작물이 늘어나 가축떼를 키울

땅이 좁아지면서 과잉방목이 발생하고 있다. 강우량에 따라 이동하는 유목민들의 전통적인 관행을 정부가 규제하면서 문제는 더욱 복잡해지고 있다. 목초지의 가축 과밀화와 곡물농업으로 대체되는 경향 때문에 가축-유목민-토지 관계의 생태적 균형이 위협받고 있다.

좋은 땅은 이윤 창출을 위해 부유한 지주들이 차지하면서 유목민들은 초기 식민지시기부터 취약한 건조지로 서서히 내몰렸다. 1980년대 초에 사하라 이남의 반건조지대에는 이 지역 전체 소의 51%, 양의 57%, 염소의 65%가 사육되고 있었다.[10] 전문가에 따르면 "목축과 빈곤이 아프리카에서 밀접하게 연관된 것은 목축이 물질적으로 풍요로운 지역이 아니라 어떠한 인간 경제도 부양할 수 없는 지역에서만 가능하도록 점점 더 제한되고 있기 때문이다."[11]

오늘날 아프리카에서 어느 정도나 사막이 확대되고 있는지는 불분명하다. 아프리카 유목민들이 이용하고 있는 초지의 생태에 대한 지난 수년간의 연구를 보면, 주기적인 가뭄에는 식생이 고통을 받지만 가뭄이 끝나면 회복된다.[12] 따라서 이전의 집약적 작물재배나 농장 형태의 생산으로 토양 비옥도가 계속 떨어진 것처럼 유목민들이 새로운 지역을 계속 사막으로 만든다는 증거는 거의 없다.

과거 아프리카에서 일어난 사막화, 계속되고 있는 초지와 경작지의 상태 악화는 인간이 만든 것이 분명하다. 하지만 이러한 설명은 점점 늘어가는 굶주린 아프리카 사람들을 먹여살리는 것과는 관계가 없다.

사막의 복구 ● ●

케냐의 마차코스(Machakos)는 1930년대 인구 증가로 인한 사막화의 고전적인 사례로 잘 알려진 반건조지역이다(그러나 당시 인구밀도가 km²당 34명밖에 되지 않았다).[13] 1937년 한 식민지 기록자는 마차코스에 대해 이렇게 기록했다.

섬뜩한 사례는 자애로운 영국의 통치하에서 전쟁이나 질병으로 제지를 받지 않고 그 수가 늘어난 원주민들이 마구 토지를 개발하면서 생겨난 것이다.

잘못된 토지이용의 모든 사례를 생생하고도 고통스럽게 목격할 수 있다. (…) 주민들이 희망을 상실한 비참한 빈곤상태로 급속하게 빠져들고 있고, 이들의 땅은 바위, 돌멩이, 모래로 가득한 바싹 마른 사막처럼 되어간다.[14]

그러나 시간이 지남에 따라 문제의 진단이 잘못되었다는 것이 밝혀졌다. 이제 우리는 상당히 확신을 가지고 당시 마차코스는 인구가 심각하게 적은 상태였다고 말할 수 있다. 한계토지의 생산성은 계단식 경지와 소규모 관개시설 건설, 가축과 곡물의 집약적 돌려짓기, 그리고 유기물질의 사용 등을 통해 높일 수 있다. 그러나 이러한 모든 일에는 아프리카 대부분 지역에서 조달할 수 있는 것보다 더 많은 노동력이 필요하다(예를 들어 1995년 사하라 이남지역의 인구밀도는 km²당 24명이었는데, 아시아는 108명이었다).[15]

마차코스는 인구가 점차 늘어나고 계단식 경지를 건설하면서, 또 나무와 울타리관목을 심고 통합 곡물-가축체계를 발전시키며 회소한 수분을 끌어내어 작물로 돌리는 수자원 함양체계를 건설하면서 토양의 질 또한 좋아졌다.

오늘날 마차코스는 인구밀도가 110명에 이르는 비교적 부유한 녹색지역으로 동아시아의 소규모 벼농사지역과 비슷한 복잡하고도 보기좋은 계단식 경지를 갖고 있다. 토양침식은 이제 거의 통제되고 있다. 1인당 옥수수(가장 중요한 식량작물) 생산량은 1950년대 350kg에서 1990년에는 1200kg으로 늘어났다.[16] 이 경우 인구증가, 환경 복원, 그리고 식량생산의 증가가 함께 이루어졌다.

마차코스는 식량이냐 환경이냐 하는 대립구도가 얼마나 잘못된 것인지를 분명히 보여주고 있다. 만약 이것이 좋은 사례라면 역사는 아마 결국 아프리카 농업의 토양손실과 저생산성은 낮은 인구밀도의 산물이었음을 말해주게 될 것이다.

미국의 **토양손실** 우리의 눈을 미국으로 돌려보면 인구증가가 토양침식의 근원이라는 생각을 바꿀 수 있을 것이다. 사실 북아메리카는 지금 가장 심각한 사막화 문제를 겪고 있는 곳이다.[17] 18세기 미국에서 광범위하게 농사가 시작되면서 전 농토의 30% 정도가 침식·염화·침수 때문에 망가졌다.[18] 또 표토의 1/3이 유실되었다.[19] 오늘날 미국 농토의 90% 가량이 회복 속도보다 빠르게 손실되고 있으며 미국 목초지의 절반 이상이 과도하게 이용되면서 침식률이 높아지고 있다.

제3세계에서처럼 1970년대 초반 수출작물(주로 옥수수와 콩) 재배가 엄청나게 팽창하면서 토양손실은 빠르게 진행되었다. 처음 3년간 수출 붐 속에서 옥수수지대(콘벨트)의 토양손실은 39%에 달했다.[20]

1980년대 들어서도 그 속도가 줄지 않자 1985년 농업법 제정 때 국가적인 경고와 보전대책을 포함시켰다. 이는 의문의 여지 없는 긍정적인 전환이었다. 하지만 미국 농업체계가 자원보전형 생산방식에 대해 갖고 있는 편견에 비하면 이는 너무도 작은 부분이다.[21] 예를 들어

1996년 개정된 농업법은 보전보다는 경제적 관심을 계속 우위에 두고 있다. 농약 사용과 토양손실의 현재 추세를 개선하는 엄청난 일은 '유연성'을 강조하면서 개별 생산자와 시장의 법칙에 맡겨버렸다.[22]

무차별적 ● ●

   열대우림 파괴   열대우림은 지구면적의 7%를 차지하지만 전세계 동식물종의 50%를 보유하고 있다. 공장에서 배출한 과도한 이산화탄소를 소비하는 지구의 허파이며, 초콜릿, 캐슈넛, 바나나, 브라질넛 같은 먹을거리와 코르티손(부신피질호르몬의 일종으로 관절염 치료에 쓰이며, 야생 마에서 추출된다—옮긴이), 키니네(말라리아의 특효약으로 키나나무의 표피에서 추출된다—옮긴이) 같은 의약품의 원천이다. 그런데 아름다운 열대우림이 지금 엄청난 위협에 처해 있다.[23]

   20세기 동안 제3세계의 열대우림은 거의 절반으로 줄었다.[24] 전세계적으로 해마다 50만km² 가량이 파괴되고 있다.[25] 이러한 파괴에는 여러가지 원인이 있어서 미래의 파괴에 대한 예측은 쉽지 않다. 그럼에도 만약 현재의 추세가 지속된다면 열대우림에 대한 전망은 참으로 어두울 것이다.

   • 열대우림 손실은 아시아에서 가장 빠르다. 현재(1998년) 속도라면 10년 안에 전부 사라질 수도 있다.[26]
   • 가장 큰 우림이 있는 아메리카대륙에서는 21년 걸릴 것이다.[27]
   • 가장 작지만 파괴 속도도 가장 느린 아프리카에서는 36년 걸릴 것이다.[28]

브라질의 열대우림 파괴는 오랫동안 매우 심각한 상태였다. 개발이 가장 많이 된 쌍빠울루에서는 3%의 숲만이 살아남았다. 마치 사바나와 비슷한 키작은 숲 지역인 세라도(cerrado)에서는 6천만ha 이상이 콩 재배와 방목을 위해 벌채되었다. 브라질 대서양 연안의 열대우림은 10% 미만만 남았다. 이러한 모든 일들이 지난 20년 동안 일어난 엄청난 삼림파괴 속도를 말해주고 있다.[29]

삼림파괴는 수백만명의 숲 토착민의 터전을 파괴하면서 이들에게 몰살의 위협을 가하고 있다.[30] 이는 또한 엄청난 토양침식을 가져온다. 그 결과 홍수가 악화되고 토사가 강으로 유출되고 있다.

이러한 불길한 파괴 뒤에는 과연 무엇이 있는가? 먹을 것을 재배하고자 땅을 찾아다니는 사람들이 많아져서 그런가? 하지만 전세계에서 수집된 자료들은 그 반대의 상황을 제시하고 있다.

아마존강 유역　1980년대 브라질 아마존강 유역의 론도니아(Rondônia) 지역에는 가난한 가족을 실은 30여대의 버스와 트럭들이 매일 도착했다. 그전에 왔던 수십만명의 사람들처럼 궁핍한 농장 노동자들이 땅을 찾아온 것이다. 이들은 숲을 잘라내고 불태운 다음 작물을 심었다. 몇년 뒤 토양이 고갈되면 다른 곳으로 옮겨서 똑같은 과정을 반복했다.

몇몇 논자들은 이들의 유입을 설명하기 위해 브라질의 엄청난 인구 규모와 빠른 증가율을 지적했다. 하지만 왜 이들이 생계를 유지하기가 극히 어려운 이 지역으로 오지 않을 수 없었는가에 대해서는 의문을 제기하지 않았다. 사실 외지인들은 빠라나(Paraná), 산따 까따리나 (Santa Catarina), 마또 그로쏘(Mato Grosso) 지역의 콩 재배 확대 탓에 론도니아지역으로 밀려오게 된 것이었다. 브라질의 콩은 대체로 수출용이었는데, 재배 붐이 인 까닭은 유럽의 가축사료 수요 때문이었다. 그중 일부만이 브라질 국내 소비용 식용유를 생산하는 데 사용된다.[31]

론도니아 정착민들 중 60% 이상이 새 삶을 시작하는 데 실패해서 결국 도시 슬럼이나 주석광, 금광으로 옮겨갔다.[32] 90년대에는 이들이 차지했던 땅들을 소 목축업자들이 사들였다. 또 대규모로 기계화한 콩 재배자들이 론도니아의 숲 경계를 점점 침범해갔다.[33] 1990년대 후반 삼림파괴는 소 목축, 콩 재배 확대, 상업적 벌채가 결합된 결과였다.[34]

분명 브라질 땅은 국민 모두가 쓰기에 충분하다. 1인당 경지 면적도 대부분의 라틴아메리카 국가보다 넓다.[35] 그러나 토지 없는 브라질 농민들은 새로운 곳을 개간하지 않을 수 없다. 브라질에 충분한 땅이 없어서가 아니라 소수가 대부분의 부를 소유하고 있어서이다. 목축, 콩 재배 확대, 그리고 소농들을 땅에서 내쫓는 다른 요인들 때문에 1985년 이래로 소농의 수는 3백만 이상에서 1백만 이하로 급속하게 감소했다.[36] 반면에 브라질 전역에서 거대농장은 더 많아지고 있다. 1천ha 이상 되는 농장들은 숫자로는 전체 농장의 1.6%밖에 되지 않지만 전 농지의 53.2%를 차지하고 있다.[37] 10만ha 이상 되는 상위 75개 농장이 소농 전체 경작 면적의 5배가 넘는 땅을 소유하고 있다.[38]

문제를 더욱 악화시키는 것은 일급 농지를 주로 목축을 위해 쓰고 있다는 것과, 대농장 소유지 중에서 놀고 있는 땅이 많다는 것이다. 농지의 42.6%가 경작되지 않고 있으며, 1천ha 이상 크기의 대농장 소유지 중에서 88.7%의 농지가 전혀 사용되지 않고 있다.[39]

지난 수십년 동안 부유한 지주들은 평등한 토지분배에 맞서 격렬하게 저항해왔다. 1985년에서 96년까지 거대지주가 소유한 땅에 무단 정착했던 농민 969명이 살해당했다.[40] 하지만 그 기간에 브라질 법원

은 이러한 폭력과 관련해 5명에게만 유죄를 선고했다.[41]

1994년 경제장관이자 잘 알려진 사회학자인 페르난도 엔리께 까르도쏘(Fernando Henrique Cardoso)는 자신이 대통령이 된다면 경제안정과 토지개혁을 시행할 것임을 공언했다. 1995년 1월 대통령에 취임한 그는 거북이 속도로 추진하고 있는 개혁으로 인해 오점을 남겼다. 꼬룸비아라(Corumbiara), 론도니아, 엘도라도 도스 까라하스(Eldorado dos Carajás) 지역 농민들에 대한 참혹한 학살, 그리고 토지개혁을 위해 투쟁하는 사람들에게 폭력을 행사하는 범죄자들에 대한 면죄부는 계속되고 있다. 까르도쏘 집권 초기 2년 동안 적어도 86명의 농촌 노동자와 가족, 그리고 무토지농민운동 활동가들이 전투경찰에게 살해되었다.[42]

브라질은 엄청난 토지소유 집중 탓에 480만명의 농촌가정이 자기 땅을 갖지 못하고 있다.[43] 경제적인 절망 속에서 농촌을 버리고 도시의 악명 높은 파벨라(favela, 브라질 대도시의 빈민촌―옮긴이)로 이주하는 수백만의 사람들은 더 말할 나위도 없다. 게다가 대규모 콩 농장의 기계화 바람이 나라 전체로 확산되어가면서 농장 노동자들은 일자리를 잃고 있다. 따라서 더 많은 무토지노동자들이 줄어든 일자리를 놓고 경쟁해야 한다.

삼림파괴는 대개 소농들에게 책임이 돌려지지만 사실은 목축과 콩 재배를 위해 삼림을 대규모로 전환한 책임이 더 크다. 이에 관한 얼마 되지 않는 연구 중 하나인 볼리비아 아마존에 대한 연구에 따르면, 대규모 벌채와 소규모 벌채를 비교한 결과 벌채의 80%를 대토지 소유자들이 수행한다는 것이 드러났다.[44] 숲은 굶주린 사람들을 먹이기 위해 벌채하는 것이 아니었다.

중앙아메리카 대부분의 열대우림은 여러 종류의 농업과 목축으로 완전히 사라지거나 아니면 지속될 수 없는 벌채나 이와 유사한 관행으로 위협받고 있다.

『생물다양성의 아침식사』(*Breakfast of Biodiversity*)라는 책에서 존 밴더미어와 이베뜨 뻬르펙또(Yvette Perfecto)는 이러한 삼림 손실의 원인이 되는 '인과관계망'에 대해 설명하고 있다.[45] 이러한 관계망의 핵심에는 토지를 수출용 대농장으로 바꿔놓는 초국적 바나나기업들, 그리고 벌채하지 않으면 도로라도 새로 내는 벌목기업들이 있다. 여기 더해서 수출농업으로 축출되는 소농들과 전세계 바나나시장의 경기 순환 속에서 불황기에 해고되는 바나나산업 노동자들이 있다. 삼림과 소규모 농장지를 영구 목초지로 바꾸는 소 목축업자들도 이들의 뒤에 자리하고 있다. 그리고 부채 상환을 위해 수출 수익을 늘리도록 지방 정부들을 압박하는 국제금융기관과 미국 정부, 그리고 바나나와 열대의 경질목재에 대해 끝도 없이 욕심을 내는 서구의 소비자들도 그 일부이다.

열대지역의 화전농업

1997년과 98년 여러 신문에서는 인도네시아에서 통제 불능의 산불이 일어나 동남아시아 전역이 연기로 가득하다는 소식을 전하기 바빴다.[46] 『뉴욕타임즈』에 따르면 "산불로 인한 연기가 어디나 가득했다. 캠프파이어의 불기둥 같은 상상하기도 힘든 구름이 눈을 찌르고 가슴을 조여왔다. 동남아시아 수십만km^2 지역에서 태양을 볼 수 없었다. 이 곳은 마치 재떨이가 된 듯했다."[47]

같은 기간 기상위성은 브라질 아마존지역에서 산불이 50% 이상 증

가했음을 보고했다. 두꺼운 연기층이 아마존강 유역 전체를 뒤덮었다.[48]

『뉴욕타임즈』는 인종주의적 색채로 가득한 분석을 통해 "아시아의 오염이 점점 더 국제화하고 있다. (…) 자국을 더럽힐 뿐 아니라 국경을 넘어 환경재앙을 만들어내고 지구 전체에 부담을 주고 있다"라고 불평했다[49](그 뒤에도 2002년 여름 세계 각국 언론들은 환경제국주의적 색안경을 쓰고서 산불과 산업화, 자동차 매연으로 발생한 '아시아의 갈색 구름'이 지구에 위기를 몰아오고 있으며, 특히 지구온난화 문제에 심각한 위협이 되고 있다는 기사를 계속적으로 실은 바 있다─옮긴이).『뉴욕타임즈』기사는 벌목꾼들은 지나가듯 언급하고는 경작을 위해 소농들이 벌채하는 것이 주범이라고 강하게 시사했다. 한 사진에 붙은 설명은 다음과 같았다. "농사를 시작하기 위해 자신이 불태운 숲의 폐허 속에 있는 인도네시아 농민 뿌르와디(Purwadi). '땅을 만들기 위한 다른 방도가 없다. 나는 고추를 심어야 한다'라고 그는 말했다." 그리고 요점을 주장하기 위해 기자는 "아시아의 인구는 과밀하며 급속하게 증가하고 있다"라고 지적한다.[50]

인도네시아와 브라질에서 이러한 환경 재앙이 발생한 진짜 원인은 무엇이었을까? UCLA의 열대우림 전문가 쑤재너 헤치트(Susanna Hecht)에 따르면 인도네시아의 대량 벌목과 브라질의 계획적인 벌채가 엄청난 양의 잔가지와 타기 쉬운 부싯깃을 남긴데다 엘니뇨 현상으로 발생한 건기가 겹쳤기 때문이다.[51]

따라서 가뭄과 벌채가 기본조건을 만들었다. 그러면 실제로 무엇이 인도네시아의 산불을 발생시켰는가? 캐나다 일간지『글로브 앤드 메일』(Globe and Mail)에 따르면 "숲과 잡목지가 목재와 기름야자, 고무 대농장에 투자하기 원하는 거대 산업집단의 수중에 들어간다. 나무를 없애고 땅을 개간하기 위해 (…) 대농장기업들은 불도저 사용 등의 방법이 불가능할 경우에만 '통제된 산불'을 일으키도록 허가받았다. 정부는 이러한 산불은 최후의 방편이라고 말한다. (…) 하지만 기업들은 대부분 이를 최우선책으로 사용한다. 가장 싼 방법이기 때문이다."[52]

『머더 존스』(*Mother Jones*)지는 위성자료를 통해 개간을 위해 고의로 산불을 낸 176개의 벌채지역과 대농장 부지를 밝혔다. "인도네시아 정부는 이제껏 농민들에게 산불에 대한 책임을 물었지만 관료들은 기업이 주범임을 시인하지 않을 수 없는 상황이다. 1997년 9월 인도네시아 환경장관 사르워노 꾸수마뜨마드자(Sarwono Kusumaatmadja)는 산불에 책임 있는 기업 명단을 발표했다"라고 밝혔다.[53] 말레이시아의 환경기술발전쎈터에 따르면 산불의 10~20%만이 소농들 때문에 일어난다.[54] 환경보호기금에 따르면 브라질의 산불은 대부분 숲 가장자리 근처의 옛 목초지를 태우는 소 목축업자들 때문에 발생한 것이다.[55]

열대지역의 인구가 늘고 그들을 위한 식량을 충당하기 위해 인도네시아의 삼림 대농장에서 목재 · 쇠고기 · 합판 · 고무 · 팜유를 더 생산하는 것은 아니다. 미국은 해마다 약 15억 달러어치의 쇠고기와 2천억 달러어치의 임산물을 수입한다.[56] 1996년 미국은 4억 달러어치의 목재, 9억 달러어치의 고무와 라텍스, 7천8백만 달러어치의 팜유를 인도네시아에서 수입한다.[57] 일본과 유럽 역시 책임이 있다.

열대지역의 벌채, 목축, 삼림 대농장은 부를 상향 재분배하는 개발을 대표한다. 숲이 주는 혜택들——생물다양성, 수자원 함양, 토양, 강, 비옥토, 그리고 노동집약적 지역산업을 위한 에너지원——은 시장에서 힘이 전혀 없는 가장 가난한 사람들을 포함한 모두가 이용할 수 있다. 하지만 상업적 대농장과 벌채 · 목축은 기존의 엘리뜨들과 부유한 집단, 그리고 주로 외국의 이해관계에 유리하도록 이러한 혜택들을 완전히 없애버린다. 영구적이고 광범위하게 분배되는 혜택을 단기적으로 집중된 혜택과 맞바꾸는 것이다. 이러한 과정은 국내적·국제적으로 불균등한 권력 분포를 반영한다.

이와같은 파괴의 동학은 매우 중요하다. 하지만 브라질에서는 적어도 최악의 상황은 아직 나타나지 않았다. 브라질의 중부와 서부를 아마존 수송로를 따라 잇는 거대 인프라 건설계획, 서아마존과 아시아시장을 연결하는 태평양 길의 개발, 그리고 마나우스(Manaus)에서 까라까스(Caracas)에 이르는 수출통로의 확장 등이 구상중에 있다. 이러한 거대 프로젝트는 석유와 광산 개발, 목재와 수산물 수출의 붐, 그리고 계속되는 콩 재배 확산을 기대하는 것이다. 투자는 대부분 민간자본이 하고 있어서 이러한 계획지역에 사는 사람들에게 보상해야 한다는 정치적 압력도 덜하다. 토착민들이 자신들의 고향에 대한 이러한 위협에 저항하기 위해 조직을 만드는 동안 정부, 광산 기업, 기업가들은 아마존의 거대 개발계획에 매달리고 있다.[58]

농약과 ● ●
안정적인 식량공급   이제 이 장에서 제기한 세번째 문제, 농약으로 인한 건강과 환경 위협에 대해 살펴보자. 우리도 한때는 사람들에게 정당한 식량 필요량을 공급하려면 농약을 더 많이 사용해야 되는 것인가 하는 의문을 품었다. 이미 해마다 전세계적으로 180만톤이 넘는 농약이 사용되고 있다.[59] 미국에서만도 거의 90만톤에 달하는 농약—미국인 1인당 3kg이 넘는 양—이 해마다 생태계로 방출되며 그 양은 점점 더 늘어나고 있다.[60] 미국 전체 농약 소비의 25%를 차지하는 캘리포니아에서 그 양은 1991년과 95년 사이에 31% 증가했다.[61]

그렇다고 독성이 덜한 상품을 사용하게 된 것도 아니다. 알려진 발암물질의 사용은 같은 기간 129% 증가했다.[62] 미국 전역에서 농업부문 농약 총 사용량은 1990년대 중반 엄청나게 증가했다.[63]

전세계적으로 농민들이 매년 농약에 지출하는 비용은 255억 달러에 이른다.[64] 반면 건강상의 피해는 그보다 훨씬 더 막대하다. 제3세계의 농약 중독자 수는 연간 2500만명으로 추정된다.[65] 미국에서는 해마다 30만명의 농장 노동자들이 농약과 관련한 질병으로 고통받고 있으며[66] 캘리포니아에서는 1천건이 넘는 중독사고가 보고된다.[67] 미국 환경보호청(EPA)의 조사에 따르면 지역 우물의 10.4%가 127여 종의 농약 중 적어도 한 종 이상에 오염되어 있다.[68]

가장 유해한 화학물질들이 마지막으로 흘러드는 곳은 제3세계이다. 미국 기업들이 수출하는 농약은 대부분 미국 내에서는 금지된 것, 강력하게 제한된 것, 아니면 아예 사용하지 않는 것들이다.[69] 대부분 노동자들이 보호 의복도 착용하지 않은 채 농약을 쓴다. 물론 농장주들은 안전에는 관심이 없다. 필리핀·꼬뜨디부아르·중앙아메리카의 면화와 바나나 농장에서 우리는 농약이 비행기에서, 그리고 보호장구 없는 노동자들이 등에 진 농약통에서 무차별 살포되고 있는 것을 목격했다. 중앙아메리카에서 수행한 조사에서 농민과 농장 노동자의 64%는 장갑 없이, 62%는 장화 없이, 72%는 작업복 없이, 60%는 모자 없이, 55%는 마스크 없이, 64%는 긴소매옷 없이 농약을 살포하는 것으로 밝혀졌다.[70]

트리니다드의 학교 교사는 사탕수수 농장에 비행기로 농약을 살포할 때마다 학생 대부분이 다음날 아파서 학교에 못 나온다고 말했다. 이들은 기절, 구토, 각종 피부병으로 고생하고 있다.

지난 50년 동안 말레이시아의 수출농장들은 값싼 여성 노동력에 의존해왔다. 3만명이 넘는 여성들이 정기적인 농약 살포를 위해 임시 고용된다. 이들은 대부분 임금도 제대로 못 받으면서 보호장구도 없이 작업한다. 파라켓(paraquat) 같은 고독성 농약에 노출되어 심각한 피부병에 시달리고, 생식능력의 저하로 고통받고 있다.[71]

중앙아메리카에서 수출하는 멜론·딸기·브로콜리 같은 작물들은 원래 온대기후에서 자라는 것들이다. 이것들을 열대지역에서 재배하게 되면 토종작물들보다 더 심각한 해충 피해를 입는다. 또한 열대지역은 겨울이 없기 때문에 이러한 외래작물들은 1년 내내 해충의 공격을 받는다. 더군다나 신선하게 수출되는 작물들은 선진국 소비자들의 높은 상품기준에 맞추어야 하는 까닭에 껍질에 흠이 나지 않도록 농약을 더 많이 사용한다. 한 조사에서 우리가 인터뷰해보니 멜론 재배 농민의 28~56%(나라에 따라 차이는 있지만)가 지난 2년 동안 농약에 중독되어 있었다.[72]

초국적 화학기업들은 가장 유해한 농약제조시설을 공장 안전기준이 덜 엄격한 제3세계로 점차 이전하고 있다.[73] 2천명이 넘는 사람들이 죽고 20만명이 부상한 1984년 인도 보팔(Bhopal)의 유니언 카바이드(Union Carbide) 농약공장 사고는 이런 죽음의 물질과 안전의식 결여가 낳은 치명적인 결과였다.[74]

농약은 이에 노출되는 공장 노동자와 농장 노동자들에게 가장 심각한 위협이지만 오늘날 누구라도 그 위험에서 안전할 수 없다. 전 국립과학아카데미 농업위원회 위원장인 찰스 벤브룩(Charles Benbrook) 박사는 "농약에 대한 노출이 암의 원인이라는 증거는 분명하다"라고 말한다.[75]

농약이 암을 유발하는 것 말고도 다른 많은 위험한 영향을 미친다는 새로운 증거들이 있다. 예를 들어 많은 농약이 직접적으로 생식기관에 영향을 미치는 소위 '환경호르몬'의 범주에 속한다. 가장 놀라운 부분은 우리가 위험하다고 생각하는 농약 잔류량보다도 훨씬 더 적은 양으로도 이러한 일이 발생한다는 점이다. 농약이 지난 50년 동안 남성 정자수 감소와 심각한 여성 난소기능 저하뿐 아니라 유방암·고환암·전립선암의 엄청난 증가에 중대한 역할을 했음이 곧 입증될 것이다.[76]

농약 사용에 따른 즉각적인 피해와 알려지지 않은 미래의 위험성을 알게 되면서 우리는 농약 사용이 정말로 전세계의 안정적인 식량공급에 필요한 것인가 하는 의문을 제기해야 했다. 이러한 복잡한 문제를 평가하면서 우리는 널리 알려진 농약의 필요성이나 혜택과는 상반되는 다음과 같은 사실들을 결국 인정할 수밖에 없었다.

• 미국에서 소비되는 농약의 1/4은 농업이 아니라 골프장, 공원, 잔디밭, 가정, 학교, 그리고 기타 건물들에 사용된다.[77]

• 1940년대 후반에 농약이 상업적으로 판매된 이후로 사용량과 독성이 10배나 증가했음에도, 해충으로 인한 농작물 손실은 고작 두 배 정도 늘어났다.[78]

• 농작물에 사용되는 농약의 0.1% 이하만이 실제로 목표 해충에 도달한다. 나머지는 생태계로 유입되어 땅과 물과 공기를 오염시킨다.[79]

• 미국 농민들이 상당한 정도의 해충이 발생할 때만 농약을 사용해도 수확에 전혀 영향을 주지 않고 농약 사용량의 35~50%를 줄일 수 있다.[80]

• 미국 내 농약 사용의 30%를 차지하는 옥수수와 밀의 경우[81] 연구

자들은 농약을 전혀 쓰지 않더라도 해충에 의한 농작물 손실은 1~2%
증가하는 데 불과할 것으로 추정하고 있다.[82]

농약 사용과 관련한 문제는 대부분 문화적인 것이다. 산업국가(특
히 미국)에서 소비자들의 선호 기준에 맞춰 전세계 생산자들은 가장
반짝반짝한 사과, 흠집 하나 없는 배를 만들어내기 위해 끝없이 노력
하고 있다. 미국에서 오렌지에 사용되는 농약의 60~80%, 토마토에 사
용되는 농약의 40~60%는 영양성분의 개선과는 전혀 상관 없이 오직
보기 좋게 하기 위해 쓰이는 것이다.[83] 내용보다 외형을 중시하는 현대
의 문화적 추세는 환경보호와 자원절약을 위해서 반드시 바꿔야 한다.
이러한 사실에 비춰볼 때 농약 때문에 감수해야 하는 위협의 대부분은
식량생산과는 전혀 상관 없는 것이다. 따라서 현재 식량작물에 사용하
는 농약을 대부분 줄여도 생산량이 크게 줄지는 않는다.

그렇다면 제3세계의 사정은 어떠한가? 그곳에서는 농약이 굶주린
사람들을 위해 먹을 것을 생산하는 데 도움이 되는가? 제3세계 대부분
지역에서 농약은 보통 빈농들의 식량작물 재배가 아니라 수출작물에
사용된다. 서아프리카에서 1980년대 중반 수출작물에 대한 농약 사용
비율은 전체의 90%를 넘었다.[84] 라틴아메리카에서 대부분 수출작물을
재배하는 '기업농'들이 77%를 사용한 데 비해 소농들의 사용량은 11%
에 그쳤다.[85]

농약 사용이 식량작물이 아니라 수출작물에 집중된다는 사실이 놀
랄 만한 것은 아니다. 첫째, 식량생산자들은 대개 가난한 농민들이기
때문에 그 비용을 감당하지 못한다. 둘째, 수출작물의 홑짓기(단작)는
소규모의 섞어짓기보다 해충에 훨씬 더 취약하다. 셋째, 제3세계 국가

들은 대개 농약을 수입해야 되기 때문에 수입상품 결제에 필요한 외환을 벌 수 있는 작물에 농약이 사용되는 경향이 있다.[86]

농약의 악순환 ● ●

전세계적으로 놀랄 만큼 농약 사용량이 증가——1990년에서 95년 사이에 전세계 농약 거래량은 달러가치로 39% 증가했다[87]——하는 것은 부분적으로 농민들이 농약으로 생겨나는 악순환에 빠져서 헤어나지 못하기 때문이다.

중앙아메리카지역의 면화 사례가 대표적이다.[88] 제2차 세계대전 말경 이 지역의 작은 나라들은 2만ha 미만의 면화만을 재배했다. 그러나 미국과 다른 서구국가들의 수요가 늘어남에 따라 지난 수십년 동안 재배 면적이 기하급수적으로 증가했고 1970년대 후반에는 거의 46만3천ha까지 늘어났다.[89] 면화 붐은 수만명에 달하는 소규모 식량생산 농민들을 자신들의 땅에서 몰아냈고 이 지역은 사회적 불안과 폭력이 끊이지 않게 됐다.[90]

이러한 면화 재배의 급격한 팽창은 면화 해충을 통제하는 데 사용되는 새로운 합성농약이 등장하면서 가속화되었다. 하지만 그 농약들이 바로 면화산업의 몰락을 가져왔다. 면화씨바구미 같은 주된 해충들이 농약에 내성을 갖기 시작했고, 그 때문에 농약 사용량과 빈도는 점점 더 늘어갔다. 또 농민은 시장에서 인기있는 더 비싼 농약제품을 사게 되었다. 예전에는 몇번만 살포했던 것이 1960년대 중반에는 철마다 10번 살포했고 60년대 말에는 그 두 배가 되었다.

하지만 해충은 줄어들기는커녕 더 늘어났다. 이전에는 다른 해충들 때문에 자연적으로 개체수가 통제되었던 해충들이 농약이 자연의 천적들을 없애버림에 따라 통제불능의 상태가 되었다. 살포 횟수가 계속 늘어나 40회 이상이 되었고 농민들의 농약 비용은 하늘 높은 줄 모르고 치솟아 결국 생산비용의 절반 이상을 차지하게 되었다. 결국 면화는 채산성이 없어졌고 면화 붐은 점차 사그라들었다. 이 지역의 면화 재배 면적은 1990년대에는 10만ha 밑으로 떨어졌다. 1990년대 들어 예전에 면화 재배지였던 곳들을 방문해보니 수십년간의 면화 홑짓기로 황폐해지고 버려진 땅들, 그리고 예전에는 번화했던 상업 중심지들이 유령 마을처럼 변해 은행과 상점이 문을 닫고 중심가는 잡초만 무성했다.

농약 사용으로 생긴 면화의 호황과 불황 순환은 그 누구에게도 먹을 거리를 주지 않았다. 실제로 호황은 가난한 사람들을 땅에서 쫓아내어 굶주림을 증대시켰고 불황은 지역경제 전체를 황폐화시켰다. 그 과정에서 경제 몰락과 환경파괴만 남게 되었다.

환경파괴에 대해 ●●
　　　　쳐져가는 저항　　우리가 1970년대 초반 작업을 시작한 이래로 세계의 시민단체들은 이 장에서 살펴본 환경파괴들에 대해 날이 갈수록 더 거세게 저항하고 있다.

인도　히말라야 우따라깐드(Uttarakhand) 지역의 칩코(Chipco '나무 껴안기')운동은 아마도 외부의 이해 때문에 발생하는 삼림파괴를 막기 위한 진정한 풀뿌리운동의 가장 좋은 사례인 것 같다. 이 운동은 1973년 만달(Mandal) 마을 주민들이 거대 기업의 벌채를 막기 위해 모인 자리에서 여성들이 벌목꾼들 앞에서 온몸을 던져 나무를 껴안으

신화 · 식량이냐 환경이냐

면서 시작되었다. 이러한 행위는 성공적으로 다른 지역의 시위에 퍼져 나갔고, 인도 및 외국의 다른 운동에도 영향을 주었다. 이들은 마을 주위의 벌채를 중단시켰을 뿐 아니라 내키지 않아하던 정부가 녹화 프로그램을 시행하도록 이끌어내기도 했다.[91] 인도에서는 다른 여러 풀뿌리운동이 숲을 파괴하고 주거 이전을 강제하는 거대 댐 건설 프로젝트와 오염산업의 입지를 막기 위해 적극적으로 싸우고 있다.

브라질 아마존지역 아끄레(Acre) 주의 쎄링게이로스(Seringueiros, 고무 채취자)운동은 환경파괴와 사회 부정의에 맞서는 또다른 풀뿌리운동이다. 1976년에서 88년까지 이들은 부유한 목장주들과 대치하면서 1백만ha가 넘는 삼림파괴에 맞섰다. 1988년 이들의 지도자인 프란씨스꼬 치꼬 멘데스(Francisco 'Chico' Mendes)의 암살은 전세계적으로 공분을 불러일으켰다. 브라질 정부는 그후 처음으로 환경정책을 입안하고 브라질 환경보호청을 설립하였으며 삼림을 보호하면서도 고무 채취자들이 지속적으로 생계를 꾸려갈 수 있는 몇개의 '채취 보전지구'를 설정하였다. 오늘날 이 운동은 고무 채취자들과 토착민들의 미래에 엄청난 영향을 주게 될 중요한 삼림지역을 두고 투쟁을 계속하고 있다.[92]

미국 캘리포니아 농약개혁연대(CPR)는 농약의 남용을 막아 공공의 건강과 환경을 보호하기 위해 60개 이상의 공익단체들이 결합한 조직이다. 이들은 캘리포니아지역에서 농약 사용량을 대폭 줄이기 위해 노력하고 있으며 이는 캘리포니아 농업의 발전을 본받고자 하는 전세계 많은 농민들에게 선례가 될 것이다.[93]

어려운 • •

　　문제들　　인구밀도가 환경파괴를 악화시키는 곳이 있는 것은 분명하다. 하지만 피해는 대개 식량생산 때문에 일어나는 것이 아니다. 인구증가에 책임을 지우는 피상적인 진단은 아무런 도움이 되지 못한다(오히려 증가된 '인구'야말로 종종 피해자가 된다). 환경파괴가 심각한 곳에서 인구가 절반으로 줄어들면 과연 문제가 해결될까?

　우리는 문제의 근원을 밝혀내려면, 다음과 같은 질문을 던져야 한다. 왜 농민들이 생산성이 좋은 농지를 두고 경작되어서는 안될 땅으로, 아니면 열대우림 속으로 옮겨가는가? 왜 거대 사업자들에겐—심지어 공공의 보조금을 받으면서—열대우림을 잘라낼 권리가 있는가? 사막화하는 지역을 복구하고자 하면 누가 그 과정을 통제할 것이고, 누가 이득을 보고 손해를 볼 것인가? 왜 화학비료와 농약을 사용하는 농민들은 대부분 화학 집약적인 방식에서 탈피할 때 발생하는 위험부담을 자신들은 감당하지 못한다고 생각하는가? 왜 환경적으로 건전한 식량생산 대안은 잘 알려져 있지 않고, 장려되기보다는 오히려 억제되고 있는가? 그리고 마지막으로 인류는 식량과 이를 생산하기 위한 자원을 다른 상품과 마찬가지로 다루어도 되는가?

　우리가 미래세대를 위해 지구의 유한한 식량생산자원을 보호하고 증진하는 것을, 그리고 더 나아가 모든 생명들에게 안전한 환경을 진지하게 고려한다면 이러한 어려운 문제들을 반드시 다루어야 한다. 해답을 찾아가는 길은 멀고 어떤 해답도 모든 지역과 사람들을 만족시킬 수는 없겠지만 이 책을 통해 우리의 시각을 분명히하고 올바른 문제제기를 할 수 있기를 바란다.

카무칸(Kamukhaan)은 필리핀 민다나오 섬의 작은 공동체이다. 이곳에는 다양한 식생과 바다생물 등 풍부한 자연자원이 있었다. 그러나 라데코(Ladeco) 사가 마을에 속해 있던 토지를 점유하고 미국의 다국적기업 돌(Dole)에 공급하기 위한 바나나 대농장을 세운 1981년부터 모든 것이 바뀌기 시작했다.

이 기업은 한달에 2~3회 정기적으로 농약을 살포하여 수출용 바나나의 품질을 유지했다. 농약 살포가 있을 때면 마을 주민들은 집에 있어도 그 연기에서 벗어나지 못했다. 눈과 살갗은 따끔거렸고, 주민 대부분이 질식과 구토 증상을 보였다. 이전에는 건강했던 어린이와 성인들이 질병에 약해졌다. 피부병, 기형 등 다양한 질병이 마을에 퍼지기 시작했다. 이들은 쉽게 열병에 걸렸고 주기적으로 어지럼증 · 구토 · 기침 등이 발생했다.

대부분은 복통과 두통으로 시달렸으며, 농약 살포기간에는 더 심해졌다. 몇몇 주민들은 천식, 갑상선암, 갑상선종 · 설사 · 빈혈 등과 같은 질환을 겪었다. 유아들은 선천적인 질병을 갖고 태어나거나 기형으로, 혹은 피부병을 갖고 태어났다. 유아들이 태어나자마자, 혹은 태어난 지 얼마 되지 않아 죽는 것은 흔한 일이 되었다. 심한 피부병을 갖고 있던 한 여성은 7명 중에 5명을 출산중에 아이를 잃었다고 말했다.

농약산업계 대표나 대농장주는 건강 문제를 빈곤과 영양실조의 증상 정도로 무시해왔다. 그러나 카무칸에서 빈곤과 영양실조는 대농장에서 사용하는 농약과 직접 관련되어 있다. 이곳에서는 어떤 것도 자라지 못한다. 농약과 화학물질에 항상 노출됨에 따라 흙의 비옥도가 점점 떨어졌다. 마을 전역에 코코넛나무가 서있던 자리에는 커다란 구덩이들이 생겨났다. 바나나를 '보호'하는 농약이 마을 주민들의 결정적인 소득원이자 기름 · 식량 · 연료 · 건축재료로 쓰이던 코코넛나무들을 고사시켰기 때문이다. 농약이 뿌려질 때마다 가축들이 죽어감에 따라 돼지, 닭 등 가축들을 기르는 것도 거의 불가능해졌다. 대부분의 가축이 지역에 흐르는 하천수를 마시지 않았고, 이를 마신 가축들은 병들어갔다. 식량과 소득의 주된 원천이자 물고기로 가득했던 인근의 강과 바다는 이제 화학물질로 심하게 오염되었다.

어부나 농민으로 더이상 살아갈 수 없는 남성 주민들은 대농장에서 노동자로 일하게 되었다. 이들은 변변한 보호장비 없이 농약에 노출되었다. 대농장에서 일했던 한 감독원은 비행기가 머리 위로 지나갈 때면 노동자들에게 바나나 잎 밑으로 피할 시간밖에 주어지지 않았다고 상황을 설명했다. 다른 때에는 노동자들은 배수구를 걸어다녀야 했는데, 오염된 물이 넓적다리까지 차오르기 때문에 고무장화를 신어도 소용이 없었다. 농약을 살포하는 노동자들은 항상 건강에 문제가 생겼으며, 정기적으로 병이 나서 일을 나갈 수가 없었다. 이러한 극도로 유해한 조건에서 일하는 댓가로 노동자들은 평균 하루에 1.1달러를 받았다. 이는 가족들을 먹여살리기에, 그리고 치료비를 감당하기에도 부족했다.

출처

Devlin Kuyek, "Lords of Poison: the pesticide cartel," *Seedling*, GRAIN 2000.
(http://www.grain.org/publications/jun00/jun003.htm)

니까라과의 비극: 면화, 농약, 그리고 혁명과 반혁명의 생태학

인간들만 해방을 원한 건 아니었다. 모든 생태계가 이를 갈망했다.
혁명은 호수, 강, 나무, 동물들의 것이기도 했다.

에르네스또 까르데날(Ernesto Cardenal) 신부
(니까라과 싼디니스따 혁명정부에서
1979~90년 문화부 장관을 지낸 시인)

19세기 중엽부터 니까라과는 바나나 대농장을 소유한 미국 농장주들의 지

배를 받았다. 미국을 등에 업은 쏘모사 독재정권은 1979년 혁명 이전까지 니까라과를 철권통치했고, 그 와중에 인구의 1%도 안되는 소수의 대지주들이 토지의 절반 이상을 차지하고 미국으로 수출하는 면화와 바나나를 대농장에서 재배하면서, 니까라과 농민들의 희생을 강요했다. 무엇보다도 농민들을 죽음으로 내몰았던 것은 면화 재배에 사용된 대량의 고독성 농약이었다. 1950년대에 면화 재배 붐이 일었을 때, 엄청난 양의 농약이 살포되었다. 니까라과는 그야말로 2차대전 이후 신종 유기합성농약들을 개발해온 거대 농화학기업들의 실험장이 되었다.

하지만 농약의 효과는 아주 짧은 것이었고, 1960년대 들어 농민들의 건강과 생태계를 심각하게 위협하기 시작했다. 계속 새로운 해충들이 창궐하고 이에 대응해 점점 농약 사용량을 늘려감에 따라 농민들은 농약중독으로 고생하였고(1962년에서 72년 사이에 해마다 평균 3천건 이상의 급성 농약중독사고가 일어났고, 이는 1인당 비율로 따졌을 때 미국의 8배에 달하는 수치였다), 70년대 들어 상황은 더욱 악화되어만 갔다. 니까라과 국민들의 체지방내 DDT 검출량은 세계 어느 나라들보다도 더 높았다. 니까라과가 면화 재배를 위한 농자재를 선진국에서 수입하여 이것으로 면화를 재배하여 이를 선진국으로 수출해서 외화를 획득하는 경제구조로 고착화되고 그에 따라 면화생산량이 세계 5위 안에 들면서, 이러한 상황은 더욱 나쁜 방향으로 흘러갔다. 결국 돈을 버는 것은 다국적 농약회사들뿐이었고, 쏘모사 정권이 그 배후에 있었다.

1979년 7월 19일 쌘디니스따 혁명군(FSLN)이 쏘모사 정권을 뒤엎고 새로운 사회주의 혁명정부를 세우게 되었다. 혁명정부는 이러한 농약 문제의 심각성과 환경에 대한 악영향을 인식하고 있었다. 그해 8월 24일 국립자연자원환경연구소(IRENA)가 창립되었다. 바로 자연자원의 사회적 관리, 그리고 농약을 비롯한 심각한 환경문제에 대처하기 위한 것이었다.

1979년에서 81년 사이에 쌘디니스따 정부는 세계에서 가장 위험한 12가지 농약('dirty dozen') 중에서 8가지의 사용을 금지시켰고, 농약 수입을 엄격하게 통제하였다. 그리고 쏘모사 정권 때부터 UN의 지원으로 간헐적으로 시도되었던 통합 해충관리(IPM, 농약사용량을 줄이면서 다양한 생태적 방식으로 해충을 방제할 수 있는 일련의 관리책)를 본격적으로 착수하였다. 통합 해충관리 전문가들로 구성된 국가자문위원회가 꾸려졌고, 대상지역을 점차 확대해나갔다. 그 결과 80년대 초 니까라과에서 농약 사용량이 상당히 줄어드는 효과를 보게 되었고, 1985년까지 니까라과 면화 재배량의 45%에 달하게 되었다. 이러한 통합 해충관리는 농약이라는 외부 투입물에 대한 의존을 줄여주면서 자립적인 농업구조를 갖게 하는데도 기여했다.

하지만 이러한 성공은 오래가지 못했다. 라틴아메리카의 계속적인 좌경화에 위협을 느낀 미국 레이건 행정부가 이란에 무기를 수출하여 생긴 돈으로 사회주의 싼디니스따 정권에 대항하는 우익 콘트라 반군을 본격적으로 지원하면서(이란-콘트라 스캔들), 암운이 드리워지기 시작했다. 콘트라 반군의 주 목표가 바로 통합 해충관리 전문가들과 농업 거점들, 그리고 바로 농민들이었고, 그에 따라 정책도 흔들리지 않을 수 없었다. 게다가 싼디니스따 정부가 콘트라 반군에 대한 대응에 치중하지 않을 수 없게 되고 예산의 절반 이상을 내전에 사용함에 따라 초기의 개혁정책들도 점점 희석되었고, 경제상황은 점차 악화되어갔다. 결국 1990년 선거에서 싼디니스따 정권은 차모로(Chamorro)가 이끄는 전국야당연합(UNO)에 패배하면서, '혁명의 생태학'도 종말을 맞게 되었다.

참고문헌

Faber, Daniel, *Environment Under Fire: Imperialism and the Ecological Crisis in Central America*, New York: Monthly Review Press 1993.

국제문화쎈터 '제3세계의 집'(www.c3mundos.org.ni): 에르네스또 까르데날 신부가 현재 일하는 곳으로, 니까라과의 그레나다에 있음.

myth

녹색혁명이 해결책이다

다섯번째 신화

5

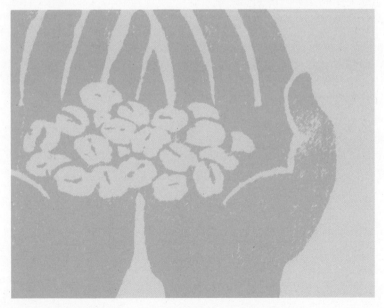

신화

녹색혁명이 만들어낸 기적의 종자가 곡물 수확을 증대시킨다. 따라서 녹색혁명이 전세계적인 굶주림을 끝낼 수 있는 해결책이다. 수확이 늘어난다는 것은 빈곤한 농민들의 수입이 늘어나 이들이 빈곤에서 벗어나는 데 도움이 된다는 것을 의미한다. 녹색혁명을 한계토지가 많은 빈곤한 지역에는 적용하지 못할 수도 있지만, 그 경험을 통해 굶주림을 완전히 끝내는 '제2의' 녹색혁명을 시작하는 데 귀중한 교훈을 얻을 수 있다.

인간은 처음 농업을 시작한 때부터 지난한 시행착오를 거치며 종자를 개량해왔다.[1] 그 과정에서 특별히 주목할 만한 신기원을 나타내기 위해 1960년대부터 사용한 용어가 녹색혁명이다. 멕시코 북서부의 시험 경작지에서는 개량된 밀 종자들의 수확량이 기적적으로 늘어났다. 이러한 '현대 품종들'이 전통 품종들보다 더 많은 수확을 가져온 근본적인 이유는, 이들이 통제된 관개용수와 석유화학비료에 더 잘 반응했기 때문이다. 산업의 결과로 나온 기술과 물질을 투입해 식량을 만드는 게 훨씬 더 효율성이 컸다는 말이다. 록펠러재단과 포드재단이 만들어낸 국제농업연구쎈터들(1960년대부터 세계 각지에 설립된 16개의 국제농업연구소를 가리키며, 이들의 네트워크를 국제농업연구자문단CGIAR이라고 부른다. 그중에서 필리핀에 있는 국제벼연구소IRRI는 우리나라와 관계가 깊다─옮긴이)의 엄청난 지원 덕에[2] '기적의' 종자들은 급속하게 아시아로 퍼져나갔으며, 곧 신품종 쌀과 옥수수도 개발되었다.[3]

1970년대까지만 해도 혁명이라는 말의 값어치가 충분했다. 새로운 개량종자는 화학비료, 농약, 그리고 관개시설과 함께, 수백만명에 이르는 제3세계 농민의 전통적인 영농 관행을 대체했다. 1990년대에는 거의 75%에 달하는 아시아의 벼농사지역에서 신품종이 경작되었다.[4] 아프리카에서 재배되는 밀의 거의 절반도 신품종이며, 라틴아메리카와 아시아에서는 절반을 넘었다.[5] 전세계 옥수수의 70%도 마찬가지다.[6] 전체적으로 제3세계 농민의 40%——아시아가 가장 많고 다음은 라틴아메리카——가 녹색혁명 종자를 이용하고 있는 것으로 추정된다.[7] 하지만 아프리카에서는 녹색혁명의 영향이 다른 지역보다는 적은 편이다.[8]

분명, 녹색혁명이 가져온 생산의 진보는 신화가 아니다. 개량종자 때문에 연간 수천만톤의 곡물이 추가로 수확되고 있다고 녹색혁명 옹호자들은 말한다. 그리고 생명공학의 빠른 진보 덕에 우리는 제2의 녹색혁명이 시작되는 것을 지켜보고 있다.[9]

그러나 녹색혁명이 실제로 굶주림을 끝내는 데 성공적인 전략이라는 점을 입증할 수 있는가? 여기서 논쟁은 달아오른다. 이 논쟁의 중심이 되는 두 가지 측면을 한번 정리해보자.

옹호자들은 녹색혁명이 곡물생산을 증대시켜 굶주림을 완화했거나, 적어도 계속되는 인구증가 탓에 상황이 더 악화하지는 않도록 했다고 주장한다. 전통적인 농업은 오늘날 폭증하는 인구의 식량수요를 감당할 수 없으며, 굶주림을 낳는 빈곤의 근원을 해결하자면 너무 긴 시간이 걸린다고 말한다. 지금 당장 사람들이 굶어죽고 있는데 말이다. 따라서 그들은 우리가 지금 당장 할 수 있는 것, 즉 생산을 증대해야 한다고 주장한다. 녹색혁명은 제3세계 국가에서 사회문제로 생겨나는 빈곤을 해결하고 출산율을 낮추기 위해 필요한 시간을 벌어주는 것이다. 녹색혁명과 관련있는 과학자와 정책자문가 같은 외부자들은 어떠한 경우에도 가난한 나라에 경제·정치체계를 개혁하라고 말할 수는 없다. 다만 식량생산에 관해 귀중한 전문지식을 제공할 뿐이다.

이러한 시각은 25년 전 우리가 이 작업을 시작할 때에는 의문의 대상이 아니었다. 누구나 수긍하는 지혜였다. 그러나 우리 연구소의 작업과 같은 많은 독립적인 분석들, 그리고 녹색혁명으로 생겨난 그동안의 기록과 경험에 의해 이러한 '지혜'는 점차 도전받고 있다.[10]

녹색혁명 전략에 문제를 제기하는 사람들도 인구가 계속 늘어난다면 생산 역시 계속 늘어나야 한다는 것은 잘 알고 있다. 하지만 우리는 녹색혁명처럼 생산증대에만 협소하게 초점을 맞추면 경제권력의 집중구조, 특히 토지에 대한 접근성과 구매력에 관한 집중구조를 바꾸지 못하기 때문에 굶주림을 줄일 수 없다는 점을 주시한다. 만약 당신이 식량을 생산할 토지나 구입할 돈이 없다면, 기술에 힘입어 식량생산이 아무리 늘어난다 할지라도 결국 굶주리게 될 것이다. 기술이 가져다주는 혜택을 어떻게 배분할 것인가 하는 사회문제를 해결하지 않고, 어떠한 새로운 농업기술을 부자에 유리하고 빈자에 불리한 사회체제에 도입한다면, 미국에서와 같이 시간이 지남에 따라 농업에서 나오는 보상이 점점 더 일부에 집중되는 결과를 낳을 것이다.

녹색혁명적 접근은 높은 출생률의 근원인 사회적 불안정성을 해결하려 하지 않기 때문에 — 심지어는 더욱 조장할 수 있기 때문에 — 인구증가가 느려지는 동안 굶주림의 문제를 해결해줄 임시방편도 되지 못한다. 마지막으로, 협소하게 생산에만 초점을 두는 것은 농업이 의존하고 있는 자원기반 자체를 파괴함으로써 궁극에는 자멸할 수밖에 없다. 빈민을 무력한 상태에서 벗어나게 할 변화를 도모하지 않고서는 식량이 아무리 많아도 굶주림은 늘어나는 비극적인 결과가 나올 수밖에 없다.

이러한 논쟁은 발전문제 전문가들 사이에서나 벌어지는 탁상공론이 아니다. 이는 발전에 대한 이해를 좌우하는 핵심사안이기 때문에 조심스러운 검증이 필요하다. 따라서 우선 녹색혁명같이 협소한 생산전략이 왜 굶주림을 근절하는 데 실패할 수밖에 없는가를 지난 40년 동안의 경험에 비춰 살펴보도록 하겠다. 그리고 이 논쟁 자체가 비판적인 검토에서 벗어나 있었다는 점을 인식하면서, 우리는 어떤 접근방식이 진정으로 안정적인 식량공급에 기여할 수 있는지 살펴보기 위해 논쟁의 좁은 범위에서 한발짝 벗어나 살펴보도록 하겠다.

더 많은 식량, 그래도 ● ●
　　굶주리는 사람들은 늘어난다? 　　1985년 녹색혁명 연구를 관장하는 국제기구의 수장인 샤히드 후사인(S. Shahid Husain)은 가난한 사람들이 개량종자의 수혜자라고 선언했다. 심지어 "빈곤을 줄여야 한다고 강조할 필요가 없다"라고 주장하기까지 했다. 생산증대 자체가 빈곤층에 큰 영향을 미치기 때문이라는 것이다.[11] 후사인의 성명은 녹색혁명의 추종자들조차 어리둥절하게 할 만한 것이었다. 1980년대까지만 해도 열성스런 옹호자들조차도 그런 획기적인 주장을 내세우기는 어려웠기 때문이다.

세계은행의 몇몇 연구자들은 1986년에 행한 세계의 굶주림에 대한 연구에서 식량의 급속한 생산증대가 안정적인 식량공급과 직결되는 것은 아니라고 결론내렸다. 오늘날의 굶주림은 "영양실조로 고통받는 사람들에 대한 구매력과 자원의 재분배" 문제에서 발생한다고 지적했다.[12] 요약하면, 가난한 사람들이 먹을 것을 살 돈이 없다면 생산증대의 혜택은 그들에게 돌아가지 않을 것이다. 바로 이것이 우리의 대답이며, 이러한 근본적인 통찰이 20년도 더 전에 우리 연구소가 시작한 굶주림에 대한 분석의 출발점이다.[13]

지난 30년 동안 전세계에 걸쳐 식량공급이 급속히 증대했음에도, 1990년대에도 여전히 전세계 인구 가운데 7억 8600만명이 굶주리고 있는 것으로 추정된다.[14] 그러면 이 사람들은 어디에 있는가? 1980년대 초반까지 언론은 아프리카에 기근으로 굶어죽어가는 사람들이 있음을 서구인들에게 일깨워주었다. 그러나 오늘날 아프리카에는 전세계 굶주린 인구의 1/4밖에 없다. 우리는 수억명 이상이 매일 굶주림에 고통받는 데 무심해져버렸다.

1990년 중반까지 신문들은 아시아의 성공을 칭찬하느라 바빴다. 인도와 인도네시아는 '식량 자급'을 이루고 심지어는 '식량수출국'이 되었다고 했다.[15] 하지만 녹색혁명 종자가 엄청난 생산증대를 낳은 아시아에는[16] 여전히 전세계 영양실조 인구의 2/3가 살고 있다.[17]

녹색혁명이 주로 진행되었던 1970년과 1990년 사이에 굶어죽은 사람 수를 살펴보면 심각한 문제를 발견할 수 있다. 얼핏 보면 식량생산은 늘고 굶주린 사람은 줄어들어 엄청난 진보가 이루어진 것 같다. 전세계 1인당 가용식량은 20년 사이에 11% 증가했고,[18] 굶주린 사람 수는 9억 4200만명에서 7억 8600만명으로 16% 감소했다.[19] 이는 명백한 진보이며, 이 점에 대해 녹색혁명의 숨은 공로자들이 흡족해한 것도 이해할 만하다.[20]

그러나 좀더 세밀하게 살펴볼 필요가 있다. 이 분석에서 중국을 제외하면, 전세계 나머지 지역의 굶주린 사람 수는 5억 3600만명에서 5억 9700만명으로 11% 늘어난다.[21] 예를 들어 1인당 식량공급량이 거의 8% 늘어난 라틴아메리카에서는 굶주린 사람 수 역시 19% 늘어났다. 한가지 분명히해야 할 것이 있다. 굶주린 사람 수가 늘어난 것은 인구가 늘어났기 때문이 아니라는 점이다. 그것은 1인당 가용식량은 늘어났지만, 식량과 식량생산자원에 대한 접근의 불평등을 해결하지 못한 탓이다.

남아시아에서는 1990년 1인당 식량이 9% 늘었지만 굶주린 사람 수도 9% 늘어났다.[22] 하지만 굶주린 사람 수가 4억 600만명에서 1억 8900만명으로 급속히 줄어든 중국의 경우에는[23] 이런 질문을 던질 수 있다. 굶주린 사람 수를 감소시킨 것은 녹색혁명이었나, 아니면 중국혁명이었나?

수확량만으로는 굶주린 인구의 변화에 대해 아무것도 알 수 없다. 녹색혁명이나 식량 생산증대를 위한 다른 전략들이 굶주림을 줄여주는지는 경제적·정치적·문화적 규범에 달려 있다. 누가 늘어난 생산의 공급자로서 혜택을 받고(누구의 땅과 곡물이 번성하고 이윤을 얻는가), 누가 소비자로서 그 혜택을 받는가(누가 그 식량을 얼마의 값에 얻는가)를 좌우하는 것이 이 규범들이기 때문이다.

『비즈니스위크』에 따르면, 녹색혁명의 성공으로 밀과 쌀 수확이 늘어나 "인도의 곡물이 지금 넘쳐나고 있어도, 5천명의 어린이들이 영양실조로 매일 죽어가고 있다. 인도 인구 9억명 중 1/3이 빈곤으로 쪼들리고 있다." 빈민들은 생산된 물건을 살 수 있는 여유가 없기 때문에, "정부는 수백만톤의 식량을 쌓아두고 있다. 그중 일부는 썩어가고 있고, 썩어가는 곡식이 공공시장으로 가게 될 것이라고 염려하는 사람들이 있다." 이 기사는 녹색혁명으로 인도의 곡물 수입량이 상당히 줄었음에도, 굶주린 사람들은 그 혜택을 보지 못했다고 결론내렸다.[24]

녹색혁명에 대한 초기의 비판

녹색혁명이 농촌빈민에 미치는 영향에 대해서는 지지자들과 이러한 발전전략에 대한 강한 비판자들 사이에 논쟁이 계속되고 있다. 양쪽이 여전히 서로의 의견에 동의하지 못하고 있지만, 시간이 흐르면서 서로가 제기했던 몇가지 점들은 수용했다.[25] 여러가지 증거를 통해 볼 때 논쟁의 무게중심은 녹색혁명이 굶주림과 빈곤을 경감하는 데 유용한 도구라는 생각에 비판적인 쪽으로 기울고 있다.

녹색혁명 품종의 초기 지지자들은 생산증대가 농민들의 소득을 높임으로써 이들이 빈곤에서 탈출할 수 있게 된다고 주장했다. 하지만 녹색혁명 초기부터 그 반대의 경향이 드러나면서 비판에 불을 당겼다. 신품종을 재빨리 도입한 것은 빈농이 아니라 부농들이었으며, 토지 없는 농민들은 물론 이것을 심을 땅이 없으므로 새로운 종자와는 아무 상관도 없었다. 대규모 농장을 가진 부유한 농민들의 생산량은 늘어났고, 생산량이 늘자 곡물가격은 떨어졌다. 결국 이는 소규모 빈농들을 압박했다. 따라서 빈농들은 새로운 종자가 도입되기 전보다도 경쟁에서 더욱 불리한 위치에 놓이게 되었다. 녹색혁명의 비판자들은 돈이 있어야 농사를 위한 기술과 투입물 ── 개량종자·화학비료·농약 ── 을 살 수 있으므로, 빈농들은 결국 자기 땅을 잃고 도시의 빈민촌으로 떠나지 않을 수 없게 된다고 주장했다.[26]

녹색혁명에 대한 초기의 또다른 비판은, 녹색혁명이 두세 가지 곡물에만 초점을 맞추면서, 여러가지 종류의 콩같이 소농들이 재배하고 또 저소득가정에 핵심적으로 영양을 공급하는 다른 풍부한 식량작물들의 다양성을 무시했다는 점을 지적했다. 또 녹색혁명 기술이 관개가 가능한 양질의 농토에만 적용되면서 빈농들이 경작하는 다양한 형태의 한계토지에는 부적절했다는 점,[27] 그리고 농화학 물질들이 농민의 건강과 환경을 위협했다는 점 등도 비판했다.[28]

녹색혁명 ● ●

옹호자들의 반응   하지만 시간이 흐르면서 빈농들도 결국 현대적인 품종을 도입했고, 화학비료와 농약도 사용하기 시작했다. 그결과 수확이 늘어 소득이 증대하기도 했다.[29] 녹색혁명 옹호자들의 연구에 따르면, 소농들이 신기술을 도입하는 데 더 오랜 시간이 걸린 것은 금융·기술지원·판매지원을 제공하는 기관들이 소농들에게 적대적이었기 때문이다. 종자·비료·농약이 안고 있는 본질적인 문제보다 이러한 사실 때문에 빈농들이 녹색혁명의 혜택을 뒤늦게 본다는 것이다. 소농들에게는 그림의 떡인 트랙터와는 달리, 종자·비료·농약은 소량으로 '나눌 수' 있다는 점에서 부농과 빈농을 차별하지 않는다고 이들은 말한다.[30]

1980년대 후반과 90년대 초반에 이들은 기관들의 반(反)빈농 편향을 극복함으로써 신기술의 혜택을 빈농들이 잘 공유할 수 있도록 더노력해야 한다고 주장하면서,[31] 녹색혁명 비판자에게서 다시금 주도권을 찾아오려고 시도하였다.[32] 과거에 농림부나 농촌지도소 같은 정부기관들이 녹색혁명의 기술패키지를 한계토지에서 경작하는 소농들에게 효과적으로 전달하는 데 실패했으며, 반면 비정부기구(NGO)들이 그런 노력에 앞장섰다는 점을 이들은 인정했다.

따라서 녹색혁명 옹호자들은 이제 제2의 녹색혁명이 첫번째 혁명때 배제되었던 농민들에게 전달되기 위해서는 외국의 원조자금을 일부나마 정부기관이 아니라 NGO들에게 주어야 한다고 주장한다.[33] 이러한 생각은 개량종자·화학비료·농약에 대한 확신에서 나오는 것이다. 이들은 더 나아가 빈농들이 재배하는 식량작물 전반에 대해, 그리고 한계토지에도 적용할 수 있는 기본적인 기술패키지에 관해 이제 연구가 시작되고 있다고 지적한다.[34]

비판자들이 계속 ●● 주장해온 것들은 무엇인가

잘 알려진 녹색혁명 비판자인 키스 그리핀(Keith Griffin)은 이제서야 사회구조에 책임을 묻고 있는 것이 오히려 이상하다고 말한다. "녹색혁명의 목적은 정확히 말해 제도 변화의 필요성을 회피하는 것이었다. 토지개혁과 제도 변혁에 대한 대안으로 기술적 진보가 고려된 것인데(즉 적색혁명의 대용품이 녹색혁명이었다), 20년 후인 지금에서야 잘못이 전적으로 부적절한 기관과 정책에 있다고 주장하는 것은 잘못된 것이다."[35]

녹색혁명의 비판자들은 빈농들에 대해 편견을 갖고 있는 기관들이 문제의 핵심이라고 계속 주장해왔다. 이들 또한 NGO가 대안의 일부가 되어야 한다는 점에 동의할 것이다. 그러나 이들은 기술에는 면죄부를 부여하고 오직 기관에만 책임을 전가하지는 않는다. 판매를 늘리는 것이 목적인 다국적기업들이 제조하고 농민들이 한정된 자금으로 구매해야 하는 농화학자재 같은 값비싼 상품들로 구성된 기술패키지와, 이러한 기술을 끊임없이 증진하는 기관을 서로 떼어 생각할 수는 없다. 화학기업과 개발기관들이 시작단계에서부터 녹색혁명 기술의 증진을 위해 협력해왔다는 것은 여러 자료들이 입증해주고 있다.[36]

제2의 녹색혁명을 위한 이데올로기 선도자 역할을 하고 있는 국제 식량정책조사연구소(IFPRI)의 '2020 비전' 프로그램은 세계 최대 농약회사 두 곳의 지원을 받고 있다.[37] 제조업체들을 대표하는 국제비료산업협회는 IFPRI · 세계은행 · FAO와 긴밀히 유대하여 패키지의 일부인 비료 사용을 증진하기 위해 노력하고 있다.[38]

녹색혁명의 옹호자들은 국제 신용기관과 원조기관이 주도하여 위에서부터 변화하기를 주장하지만, 비판자들은 빈민들에게 혜택이 가는 진정한 변화는 밑에서 주도해야만, 즉 빈민 자신의 요구에 의해서만 가능하다는 점을 주장한다.[39] 이들은 잘못된 정책이 반복되고 심화하는 것을 우려하고 있다. 몇가지 증거들이 이러한 우려를 뒷받침한다.

녹색혁명의 덕을 조금이라도 보는 곳은 녹색혁명 전부터 불평등 수준이 다른 곳에 비해 낮았던 지역이었다. 파괴적인 영향이 가장 적었던 곳은 관개를 통한 벼 재배의 오랜 전통이 존재했던 아시아지역이었다. 공동체적으로 관리되는 전통적인 관개씨스템 역사가 있던 지역에서는 비교적 토지소유의 불평등이 적었고, 따라서 새로운 종자가 가장 고르게 채택되었음을 볼 수 있다.[40]

그에 비해, 옥수수를 재배하는 라틴아메리카 같은 지역은 불평등이 심했고, 상대적으로 비용이 많이 드는 녹색혁명 관행이 공동체에 도입되면서 차이가 더욱 심해지고, 빈곤과 갈등만 더 커지게 되었다. 1994년 멕시코 치아빠스(Chiapas)의 사빠띠스따(Zapatista) 봉기는, 어떤 면에서는 녹색혁명 기술의 도입─특히 제초제와 화학비료─으로 생겨난 빈농과 부농 사이의 격차가 깊어지면서 야기된 것이다.[41]

녹색혁명에 관해 지난 30년간 출간된 300개가 넘는 연구 보고서들을 모두 검토한 1995년 연구에 따르면, 인도와 필리핀을 대상으로 한 연구의 70%, 녹색혁명과 형평성 문제를 살핀 연구의 80%에서 불평등이 증가되었다는 결론을 내렸다.[42]

이것은 절대 작은 문제가 아니다. 빈농들이 옥수수나 쌀을 재배할 줄 몰라서 굶주림과 빈곤이 발생하는 것이라면, '현대' 기술을 어떻게 다룰 것인가를 배우는 비용이라 생각하고 당장의 불평등을 어느정도 감내할 수 있을지도 모른다. 만약 수확량 증대라는 '큰 파도'가 '모든 배들을 끌어올린다면', 즉 빈농들이 부농들만큼은 혜택을 보지 못한다 하더라도 이들 역시 수확량이 늘어난다면 이러한 주장은 더욱 탄력을 받을 것이다.[43]

하지만 실제로 이들이 옥수수 재배법을 몰라서 굶주리고 가난한 것은 아니다. 전세계적으로 옥수수나 쌀이 충분하게 재배되지 않아서 굶주리는 것은 더욱 아니다. 1장에서 보았듯이 이제 식량은 충분하다. 오히려 이 책 전반에서 우리가 주장하는 바대로, 토지, 일자리, 소득 및 기타 자원, 그리고 정치권력에 접근할 수 있는 차이 때문에 굶주리고 가난한 것이다. 불평등의 근간을 더욱 강조하는 접근법으로는 굶주림과 빈곤의 근원을 공격할 수 없다.

녹색혁명과 ● ●
　　무토지농민　　이론만 놓고 볼 때 녹색혁명은 가난한 농민들이 자기 땅에서 자신들을 위해 식량을 더 생산하고 소득도 창출하도록 도와줌으로써 굶주림을 줄이는 것이다. 그러나 농민들이 새로운 종자로 더 잘살게 되어 빈곤과 굶주림을 경감할 수 있는 잠재력은 그들이 얼마나 자기 땅을 갖고 있는가에 달려 있다. 이는 아주 기본적인 전제 같지만, 제3세계 5억명의 농민들이 자기 땅이 아예 없거나 아니면 가족을 먹여살릴 만큼도 없는데도 이러한 사실은 자주 간과된다.[44] 대개 무토지농민들이 가장 굶주리고 있으며, 어느 나라 농촌에서나 이들이 극빈층의 대다수를 차지하고 있다.

토지 재분배와 농작물 수확증대 중에서 선택한다고 할 때, 토지가 없거나 조금밖에 갖지 못한 농민들에게는 분명 토지 재분배가 훨씬 유리할 것이다. 하지만 녹색혁명의 옹호자들은, 생산증대로 비농가의 일자리가 창출되고 농장 노동자 수요가 커짐으로써 임금이 높아진다면 무토지농민들 또한 이득을 볼 것이라고 주장한다. 하지만 정말 그 효과가 나타나는지는 여전히 논란거리이다. 결과는 서로 엇갈리지만, 몇몇 연구들은 녹색혁명을 적용한 지역 일부에서 고용과 임금 모두 개선된 사실을 보고한 바 있다.[45] 하지만 이 연구들은 사람 손을 이용한 김매기와 노동집약적인 토지관리기법을 덜 사용하게 되어 결국 고용과 임금상승 효과를 상쇄하고 있음을 보여준다. 게다가 녹색혁명은 농촌의 빈곤──그리고 무토지농민──이 가장 집중되어 있는 한계지역까지는 미치지 않았다.

영국 경제학자 마이클 립튼(Michael Lipton)은 지금까지도 가장 포괄적이고 공정한 연구를 통해 녹색혁명에 대해 같은 결론을 내리고 있다. "현대의 품종개량으로 ha당 고용이 증가했지만, 부유한 농민들이 잡초와 탈곡에서 노동절약 기법들을 추구함에 따라 그 효과는 줄어들게 된다. 더욱 중요한 문제는, 빈곤──그리고 현대적 품종이 그에 미치는 영향──은 녹색혁명이 주도하는 지역의 농가들이 아니라, 거기서 벗어나 있는 농가들이다."[46]

녹색혁명 지역에서 무토지농민들이 혜택을 받았는가의 여부는 대체로 새로운 종자로 이득을 보는 사람들이 자신의 부를 어떻게 사용하느냐에 달려 있다. 즉 이들이 노동자를 기계로 대체함으로써 일자리 수를 줄이는가 그러지 않는가에 달린 것이다. 가장 열렬한 녹색혁명 옹호자들조차도 제3세계 국가에서 트랙터 수입이 종종 신품종 도입보다 먼저 일어나는 점을 제대로 지적하면서,[47] 이 점은 문제라고 인정한다.[48]

역설적으로, 세계에서 노동력은 가장 풍부하고 자본은 가장 희소한 지역이 부농들에게 보조금을 지급하고 환율혜택까지 주며 노동절약 기법 채택을 조장했다. 립튼은 이러한 기계화를 "노동을 대체하는 연료, 농업금융, 트랙터에 대한 보조금 로비를 통해 대농들에게 이윤을 보장하는, 사회적으로 비효율적인 대응"이라고 부른다.[49] 물론 대농들은 수확을 늘리기 위해서라기보다 조합·최저임금·소작농 같은 '노동'문제를 해결하기 위해 기계화를 원한다.[50]

무토지농민들의 정치적 조직에 많은 것이 달려 있다. 농업 노동자들이 잘 조직되어 있는 인도의 케랄라 주에서는 인도의 다른 지역들과는 달리 농장 노동자들의 실질 임금이 상승하였다.[51] 실제로 케랄라 주는 지난 20년 동안 빈곤 인구 비율이 가장 많이 떨어진 곳인데, 이는 뿐잡(Punjab)과 우따르 쁘라데시(Uttar Pradesh) 같은 녹색혁명 주도지역들을 훨씬 능가하는 것이다.[52]

부농과 빈농의 서로 뒤얽힌 운명

"인도의 대부분 지역에서 빈농들이 녹색혁명의 혜택을 입은 것은 '일반적으로 사실'이지만, 부농들이 얻을 수 있는 이점은 많고 빈농들의 조건은 불리해 혜택이 골고루 돌아가지 못했다"라고 인도의 녹색혁명 계획자 중 한 사람인 싱(D. P. Singh)은 주장한다. 둘 사이의 격차가 "상대적인 측면뿐 아니라 절대적인 측면에서도 커지고 있다"라고 그는 결론을 내린다.[53]

빈농들이 겪어야 하는 불리한 조건에는 어떤 것들이 있는가? 무엇보다도 빈농들은 영향력이 없다. 이들은 부농들에게 돌아가는 보조금이나 정부의 혜택을 요구할 수도 없다. 이들은 부농들이 자원을 이용할 권리를 남용하더라도 경찰이나 법적인 보호를 바랄 수도 없다.

빈농들은 또한 더 많이 지불하고 조금만 얻는다. 비료나 기타 농업 투입물들을 대량으로 살 여력도 없다. 부농들은 많이 구매함으로써 할인도 받는다. 빈농들은 상황이 덜 절박한 부농들처럼 농산물가격이 가장 좋아질 때까지 기다릴 수 없다.[54]

세계 대부분 지역에서 물은 농사의 성공을 좌우하는 요인이며, 관개는 대개 빈농들의 수중에서 벗어나 있다. 수로 관개는 수로 위쪽에 위치한 농민들에게 유리하다. 개발기관들이 선호하는 펌프 우물은 초기 투자비용을 감당할 수 있고 면적당 비용이 적게 드는 부농에게 유리하다.[55] 농업금융 또한 결정적인 요인이다. 소농들은 지역의 대금업자에 의존하는 것이 보통이고, 대농들보다 예닐곱 배는 높은 이자를 문다. 정부보조자금은 대농들에게만 혜택이 돌아가게 마련이다.[56]

"빈농들이 개량종자를 사용한다면, 부농들만큼은 아니더라도 이득을 보지 않는가"라고 묻는 사람도 있을 것이다. 빈농과 부농 모두 같은 사회체제 속에서 살고 있기 때문에 이들의 운명은 필연적으로 서로 얽히게 마련이다. 벼농사에 종사하는 필리핀의 두 마을에 대한 연구는 이러한 현실을 단적으로 드러내고 있다. 두 마을의 대농과 소농 모두 새로운 종자를 도입하였다. 토지소유가 비교적 공평했고 공동체의 협동 전통이 유지되었던 마을에서는 새로운 기술이 대농들에게 유리하게 작용하여 마을을 양극화하는 결과가 일어나지 않았다. 그러나 소수 대지주들이 지배하던 마을에서는 녹색혁명으로 이윤이 커진 대농들이 소농들의 희생을 딛고 더욱 성장했다. 10년 후에 마을의 대농들은 50% 이상 규모가 늘어났다.[57] 부농의 토지가 늘수록 빈농들에게 돌아가는 토지는 줄 수밖에 없다.

비판자들은 녹색혁명 때문에 빈농들의 고통이 증대하고 있다고 책임을 물을 수도 있다. 하지만 진짜 잘못은 몇몇 옹호자들이 주장하듯이 소수의 농가들이 자원을 장악하도록 허용하는 사회질서에 있다. 그렇다고 옹호자들이 좋아할 것은 없다. 그러한 사회질서는 기술 중심적이고 생산 지향적인 녹색혁명이 다루지 못하는, 그리고 실제로 다룰 수도 없는 현실이기 때문이다.

농가 압박에서 누가 살아남는가

녹색혁명의 결과 농업은 석유에 의존하게 되었다. 가장 최근에 개발된 종자 일부는 별다른 외부제조 투입물질이 없어도 높은 수확을 거둘 수 있지만,[58] 일반적으로는 적당량의 화학비료·농약·관개수가 있어야 최적의 결과를 가져올 수 있다.[59]

새로운 개량종자가 보급되면서 석유화학자재들이 농업의 일부가 되었다. 인도에서는 개량종자의 채택으로 면적당 비료 사용량이 6배 증가했다. 하지만 인도에서 사용된 비료 1톤당 농업생산량은 지난 녹색혁명 기간 동안 2/3나 감소했다.[60] 실제로 지난 30년 동안 아시아 벼농사에 사용된 연간 비료 사용량 증가율은 쌀 수확량 증가보다 30~40배 더 높았다.[61]

화학비료에 심하게 의존하는 영농방식은 토양이 자연적으로 비옥도를 유지할 수 없게 만든다. 또 농약은 내성을 지닌 해충을 만들어내기 때문에, 농민들은 똑같은 수확을 거두기 위해 더 많은 비료와 농약을 써야 한다.[62] 동시에 기계—개량종자에 필요한 것은 아니라 할지라도—가 농토에 투입된다. 이익을 보는 사람들이 노동의 조직화를 우려하여 그 이익을 트랙터와 다른 기계를 구입하는 데 사용하기 때문이다.

이러한 점진적인 변화를 우리는 농업의 산업화라고 부른다. 그 결과는 어떠한가?

농업의 산업화가 진행되면 영농비용이 증가한다. 물론 이윤이 더 클 수도 있다. 하지만 농민들이 받는 농산물가격이 석유화학자재와 기계 비용보다 더 많을 때만 그렇다. 녹색혁명 옹호자들은 일단 농민들이 개량종자를 채택하면 모든 농가에서 순소득이 증대한다고 주장한다. 하지만 최근 연구들은 또다른 경향을 보여준다. 비료와 농약 비용이 수확량보다 더 빨리 불어나면서, 녹색혁명 농민들은 미국 농민들이 지난 수십년 동안 겪었던 비용−가격 압박에 직면하고 있다는 것이다.[63]

필리핀 중부 루손(Luzon)지역에서는 80년대에 쌀 수확량은 13% 늘어났는데 비료 비용은 21% 늘어났다. 중부 평원지역에서는 수확이 6.5% 늘어나는 데 그친 반면, 비료 사용량은 24% 늘어나고 농약 사용량은 53% 늘어났다. 인도네시아의 서자바(West Java) 지역에서는 수확량은 23% 늘어났는데 비료와 농약 사용량은 각각 65%와 69% 늘어나면서 그 이득을 상쇄해버렸다.[64]

미국에서 농촌 소식을 접하는 사람들이라면 이러한 보고를 보며 동병상련을 느끼게 될 것이다. 왜 그렇지 않겠는가? 사실 녹색혁명의 진짜 발생지는 멕시코가 아니라 미국이다. 화학비료나 농약과 함께 사용되는 개량종자는 1950년 이래로 옥수수 수확량을 거의 3배 증대시켰다. 밀·벼·콩에 비하면 여전히 적긴 하지만 상당한 성과였다.[65] 그러나 영농비용은 치솟는데도 농민들이 받는 농산물가격은 수확증대로 낮은 수준에서 유지되면서, 농민들의 이윤 폭은 제2차 세계대전 이래로 급격하게 축소되어왔다. 1990년대 초반에 이르자 생산비용은 농가 총소득의 절반에서 80% 이상까지 올랐다.[66]

그래서 오늘날 누가 살아남았는가? 아주 다른 두 집단만이 살아남았다. 산업형 농업으로 편입되지 않는 쪽을 선택한 소수의 농민들과, 낮은 면적당 이윤을 보충하기 위해 경작 면적을 늘려나가는 농민들이다. 후자는 미국 농무부에서 '수퍼농장'이라고 부르는 연간 매출 50만 달러 이상의 소득 상위 1.2%의 농가들이다. 1969년 이들은 농가 순소득의 16%를 거두어들였고, 1980년대 말까지 이 수치는 거의 40%까지 올라갔다.[67]

수퍼농장의 승리는 이들이 효율적인 식량생산자들이라서,[68] 아니면 녹색혁명 기술 자체가 이들에게 유리해서가 아니라, 부와 규모에 따른 이점이 더 크기 때문이다.[69] 이들은 투자할 자본이 있고, 단위당 이윤이 줄어들 때도 현상유지가 가능한 덩치를 갖고 있다. 또 자신들에게 유리하도록 조세정책을 좌지우지할 수 있는 정치적 영향력도 있다. 이러한 비용-가격 압박의 결과가 제3세계라고 다르겠는가?

미국에서는 제2차 세계대전 이후 농가 수는 2/3 감소하고,[70] 평균 농가규모는 두 배 이상 커진 것을 알 수 있다.[71] 농촌 지역사회의 피폐, 도심지의 슬럼가 양산, 그리고 실업의 악화는 모두 토지소유 변화로 생긴 엄청난 이주에서 비롯된 것이었다. 똑같은 농촌 대탈출이, 실업자의 비중이 이미 미국보다 두 배, 세 배인 제3세계 상황에서는 어떠

할지 한번 생각해보라.

　　　　　지속가능하지 않다　　녹색혁명 방식의 농법은 대농들에게
도 생태적으로 지속가능하지 않은 방식이라는 증거들이 점점 많아지
고 있다.[72] 게다가 값비싸게 구입한 투입물은 소농들의 부채와 불안정
한 삶을 악화할 수 있다.[73]

　1990년대 녹색혁명 연구자들은 그때서야 나타나기 시작한 불안한
경향에 대해 경고했다. 여러 녹색혁명 지역에서 초기 기술변혁 단계에
수확량이 극적으로 증가한 후에 점차 떨어지기 시작했다. 필리핀 루손
지역의 쌀 수확량은 1970년대 내내 꾸준히 증가해서 80년대 초반 정
점에 달했고, 그후 점차 감소하기 시작했다.[74] 중부 루손과 라구나
(Laguna)지방에서 수행한 국제벼연구소의 장기 실험도 이러한 결과
를 뒷받침한다.[75] 비슷한 양상이 이제 인도와 네팔의 벼-밀 생산체계
에서도 나타나고 있다.[76] 이러한 현상의 원인은 과학자들 사이에 아직
잘 알려져 있지 않은 장기적인 토양 비옥도 저하와 관련이 있다.[77]

　인도의 한 농민이 『비즈니스위크』에 털어놓은 이야기를 들어보자.
"디알 싱(Dyal Singh)은 뿐잡에 있는 3.3ha 농토의 비옥도가 점차 떨
어지고 있다는 것을 알고 있다. 지금까지는 이것이 밀과 옥수수 수확
에 영향을 주지 않았다. 하지만 '5년에서 10년 뒤에는 큰 문제가 될
것'이라고 이 63세의 시크(Sikh)교도 농민은 말한다. 해마다 엄청난
관개수와 화학비료를 써야 하는 고수확 종자를 사용하면서 인도 농토
가 대부분 희생되고 있다. (…) 지금까지 농토의 6%가 황폐해졌다."[78]

　중국 · 북한 · 인도네시아 · 미얀마 · 필리핀 · 타이 · 파키스탄 · 스리

랑카에서 확인되고 있는 것처럼, 수확량이 실제로 감소하지 않은 곳에서는 증가율이 급속하게 느려지거나 정체상태에 빠져 있다.[79]

해충과 농약은 녹색혁명이 안고 있는 또다른 문제의 원인이다. 국제벼연구소는 1966년 첫번째 녹색혁명 벼품종 IR8을 보급했다. 관개·화학비료·농약이 공급되면서 IR8은 전통적인 경작체계에서 구품종보다 면적당 두 배 이상의 수확량을 가져왔다. 그러나 IR8과 또다른 신품종들은 심각한 생태적 결함이 있음이 발견되었다. 유전자의 획일성이 높아진 탓에 유전적으로 훨씬 다양한 전통 품종들보다 해충에 대한 저항력이 부족했다. 그리고 늘어난 낟알을 지탱하기 위해 키가 작아졌기 때문에 잡초와의 경쟁에서 밀리면서, 제초작업에 노동력이 더 들거나 제초제가 더 많이 들어가게 되었다.[80]

IR8이 보급된 지 몇년 지나지 않아 해충과 잡초 문제에 대한 보고가 늘기 시작했다. 비교적 하찮았던 해충들이 창궐해 큰 피해를 입었다. 끝동매미충이라 불리는 해충이 옮기는 툰그로(Tungro) 바이러스가 필리핀에서 1971년과 72년에 수만ha의 논을 파괴했다. 1960년대에는 그리 심하지 않던 벼멸구가 70년대 동남아시아에서는 벼농사지역을 초토화했다. 엄청난 양의 살충제를 살포해도 별 소용이 없었다.[81]

1973년 말 국제벼연구소는 벼멸구에 대해 내성 유전자를 지닌 벼품종 IR26을 보급했다. 얼마 지나지 않아 연구소는 같은 유전자를 지닌 IR28·IR29·IR30을 필리핀의 라구나지역에 보급했다. 그후 2년 동안은 해법을 찾은 것처럼 보였다. 그러나 1975년 '바이오타입 2'라고 명명된 새로운 종의 벼멸구가 라구나지역에 창궐했다. 이는 벼멸구와 동일한 유전자를 갖고 있던 모든 내성 품종을 공격했다. 바이오타입 2는 곧 필리핀의 다른 지역과 인도네시아까지 퍼져나갔고, 일거에 25만ha

를 휩쓸었다.[82]

1975년 국제벼연구소는 바이오타입 2에 대해 내성 유전자를 가진 IR32를 보급했다. 다시 한번 해법이 발견된 것 같았다. 그러나 3년 뒤에 바이오타입 3이 등장해서 IR32를 공격했다. 농민들은 자신들의 건강에 심각한 영향을 미치는 살충제의 살포량을 늘려갔지만,[83] 살충제에 내성을 갖고 있던 벼멸구를 잡는 데는 완전히 실패했다. 국제벼연구소의 실험은 살충제를 초기에 살포하면 벼멸구 숫자는 30배, 40배로 늘어나며, 결국 농민들은 계속 농약을 써야 한다는 사실을 보여주었다. 이것이 바로 '농약의 악순환'으로 불리는 현상이다. 당시 캘리포니아대학 버클리분교에서 박사학위 논문을 쓰던 피터 켄모어(Peter Kenmore) 박사는, 필리핀에서 농약이 벼멸구를 포식하는 다른 해충들까지 말살시킴으로써 자연적인 개체수 조절이 불가능해진다는 사실을 확인했다.[84]

하지만 이 이야기는 그나마 해피엔딩으로 끝난다. 켄모어 박사가 FAO에서 한 최신 연구와, 인류학자 그레이스 구델(Grace Goodell) 박사 덕택에, 해충 관리에 대한 새로운 접근방법이 필리핀에서 시작되었다. 국제 과학자들이 국제농업연구기관들에서 개발한 기술 패키지를 하향식으로 적용하는 방식은 원하는 결과를 낳지 못했다는 점을 인식한 켄모어 박사는 농민들에게 눈을 돌렸다. 그후 몇년 동안 농민들은 '현장학교'를 통해 조직되었고, 여기서 해충생물학을 배우고 관찰과 최소한의 농약 사용에 바탕을 둔 해충 관리기술을 익혔다.[85]

농민현장학교에 근거한 해충 관리는 이제 필리핀에서 인도네시아·말레이시아·타이·스리랑카·방글라데시·인도·중국·베트남으로 퍼져나가고 있다. 1993년에는 1만 8천명의 교관과 50만명의 농민이

참여했으며, 살충제 사용량은 평균 50%——연간 3억 2500만 달러 상당——감소하였다.[86]

이는 매우 긍정적인 방향이긴 하지만, 여전히 의문은 남는다. 농민현장학교 성공의 규모가 상당하기는 하지만, 아시아의 벼농사 농민이 1억 2000만명에 이른다는 데 비하면 빛을 잃는다. "이 모델을 확산시켜서 드는 비용만큼 과연 효과가 있을 것인가?"라고 녹색혁명 옹호자인 프라부 핑갈리(Prabhu Pingali) 박사는 질문한다. 그는 "처음 40일 동안은 농약을 살포하지 말라"와 같이 간단한 규칙들은 언론을 통해 알리는 것이 현장학교를 통하는 것보다 비용면에서 효과적이지 않느냐고 묻는다.[87]

이러한 접근법은 농업 기술변화의 방향에 대해 근본적인 질문을 제기한다. 녹색혁명 비판자들은 벼농사에서 나타나는 농약의 악순환을 국제연구쎈터들의 특징인 하달식 연구와 보급과정의 증상으로 본다. 그리고 거시적으로 볼 때 농민들에게 권한을 더 많이 주는 것이 중요하며 농민현장학교가 그 사실을 입증한다고 지적한다.[88] 몇가지 단순한 규칙이 당장의 문제를 해결해줄지 몰라도, 다음 문제가 발생하면 농민들은 외부 전문가들에 의존할 수밖에 없다.

농민들에게 자신들의 문제를 분석하고 해결하고자 하는 자신감을 부여하는 한편, 외부의 조언은 필요할 때만 받게 하면 장기적인 지속가능성과 자립을 위한 기반을 만들 수 있다. 게다가 국제적 수준의 급료를 받는 국제쎈터 직원들이 나서서 농민현장학교를 조직하려면 비용이 매우 많이 든다. 중앙아메리카의 농민 대 농민(campesino a campesino) 프로그램은 대체로 외부 자금지원을 거의 받지 못하는 농민조직들이 운영하고 있으며 매우 성공적이다.[89]

더 큰 의문은 농민현장학교의 경험이 녹색혁명 자체에 대해 무엇을 말하고 있는가 하는 점이다. 경제학자 핑갈리는 이것이 위기에 직면했을 때 새로운 방법을 창조하도록 하는 "씨스템이 작동하고 있다는 것"을 입증하고 있다고 주장한다.[90] 비판자들은 하달식·자본집약적 접근이 근본적으로 잘못되었다는 것을 점점 더 분명하게 느끼고 있다.

아시아 쌀 생산에서 가장 최근에 등장한 위기는 잡초 문제이다. 살충제 사용량은 감소하고 있는데 제초제 사용량은 치솟고 있다.[91] 연구쎈터들이 다른 식물들보다 경쟁에서 약한 고수확 품종을 보급하면서 잡초 문제가 커지고 있다. 부농들은 이러한 문제를 풀기 위해 제초제를 치고 관개수를 조절하고 기계화를 활용하는 데 반해, 빈농들은 그럴 여력이 없는 탓에 점점 더 불리해지고 있다.[92]

따라서 비판자들은 생태적으로 좀더 건전한 대안적 식량생산 방식을 주장한다. 다양한 상황에 놓여 있는 농촌빈민들에게 적합한 대안을 개발하려는 농민단체들의 노력에 힘을 불어넣고 지원해야 한다.[93] 이 일은 NGO들이 맡아야 한다.

농촌 바깥의 거대한 승리자들

우리는 녹색혁명을 통해 어떤 농민이 앞서가게 되는가를 보여주려 했다. 하지만 가장 큰 승리를 거둔 자는 '농민'이 아니었다. 필리핀에 대한 한 연구에서 히로미쯔 우메하라(弘光梅原)는 이렇게 밝혔다. "농민도 지주도 녹색혁명의 혜택을 입지 못했다. 진짜 수혜자는 농업 투입물 공급자, 농장노동 계약자, 그리고 민간 대금업자와 은행이었다." 중부 루손지역 마을에서 이들이 차지한 쌀 수확가치 대비 비율이 1/5에서 9년 만에 절반 이상으로 늘어났다는

것이다.[94]

미국의 상황도 비슷하다. 소비자들이 식품구입에 쓰는 돈 가운데 농민에게 돌아가는 비중이 1940년 이래로 38%에서 17%로 줄어들었다. 하지만 농민들은 그 17% 중에서도 상당 금액을 다시 은행과 기업 공급자들에게 지불해야 한다.[95]

새로운 종자나 돈이 드는 농업기술이 농가의 규모는 키우고 그 수는 감소시키는 농업 산업화의 직접 원인은 아니다. 그러나 앞에서 언급한 역학을 고려하지 않고 오로지 생산증대만 생각하는 전략은 결국 농민 해체의 원인이 될 것이며, 따라서 빈곤과 굶주림은 특히 제3세계에서 늘어날 것이다.

녹색혁명, 의존의 댓가

농민이 토지에서 밀려나면서 더욱 비참한 상황에 처하게 된 사실은 산업화과정이 현재 진행중인 제3세계와 이미 진행이 완료된 미국 농업의 한 가지 분명한 차이이다. 그러나 눈에 잘 띄지 않는 차이가 있다. 농업 투입물의 생산자들은 미국 같은 선진 경제에 기반을 두고 있다. 농민들에게 투입물을 판매하는 기업들은 선진국 내 식량경제에서 큰 비중을 차지하며, 따라서 적어도 부분적으로는 그곳에서 일자리를 창출하고 이윤을 환원하는 효과를 낳는다.

하지만 비료·농약·관개시설·기계를 대부분 수입해야 하는 제3세계 국가에서는 녹색혁명으로 발생한 이익이 모두 그 나라를 빠져나간다. 인도에서는 비료 수입비용이 1960년대 후반에서 1980년 사이에 600% 증가했다.[96] 인도는 그나마 예외적으로 산업능력을 보유하고 있으며, 비료 생산자원도 가지고 있다. 다국적기업들은——예를 들어 비

료와 농약——공장을 제3세계 국가들에 설립하지만 그곳에서 발생한 이윤은 모기업이 관리한다.[97]

제3세계 국가의 농업이 점차 얼마 되지도 않는 외환으로 수입물을 구매하는 데 의존하게 되면서, 농촌의 빈곤은 환율 변동, 달러 보유고, 인플레이션에 더욱 큰 영향을 받게 됐다. 1980년대 후반과 90년대 초반 인도는 농업 투입물에 대한 보조금 축소와 통화의 평가절하를 포함한 자유시장 경제개혁을 단행했다. 그 결과 농촌지역 빈곤이 엄청나게 급증했다.[98]

녹색혁명은 앞으로도 농민들과 국가 전체를 소수의 기업 공급자들에게 더욱 의존하도록 만들 것이 분명하다. 녹색혁명의 첫번째 단계는 원하는 형질을 얻기 위한 종자 개량에 집중됐다. 이렇게 개량된 종자는 대부분 정부와 국제 신용공여기관들이 자금을 지원한 공적인 연구기관들이 개발했다.[99]

그 다음 단계는 생명공학, 그중에서도 특히 한 종의 유전자를 분리해서 다른 종에 이식하여 '형질전환' 품종을 만들어내는 유전자 조작 기술을 개발하는 것이다. 이러한 기술은 거의 모든 작물에, 심지어는 가축에도 적용할 수 있다. 그렇게 개발한 결과물에 대해서는 이미 종자산업 대부분의 지분을 확보한 주요 화학·제약기업들이 특허를 보유하고 있다.[100]

그 결과 수입된 농업 투입물에 대한 제3세계 농민들의 의존도는 더욱 커지게 될 것이다. 예를 들어 몬쌘토(Monsanto)나 아그레보(AgrEvo)사가 개발한 새로운 종자들은 특정 제초제에만 반응하도록 유전자가 조작되며, 결국 농민들은 한 세트를 통째로 구매해야 한다. 유전자 조작된 종자를 사야 하는데다, 그에 적합한 다른 투입물까지

구입해야 하는데 어떻게 농민들이 비용을 절감할 수 있겠는가?[101]

세계은행의 농업 · 농촌개발국처럼 생명공학기술이 제3세계 농업에 엄청난 잠재적 혜택을 줄 것이라고 믿는 곳에서조차 생명공학 연구가 의존도를 더욱 높일 것이라고 우려하고 있다.[102] 생명공학 과정과 산물에 광범위하게 특허권이 설정되면서 제3세계 과학자들이 자국의 필요에 따라 생명공학을 적용하는 것이 더욱 어렵고 비용도 많이 들게 될 것이기 때문이다. 게다가 가난한 농민들은 민간 부문에서 매력적인 시장조차 되지 못한다.[103]

유전자 조작 작물은 생태적 · 환경적으로 상당히 위험하다. 제초제 저항성 유전자가 비슷한 종의 야생식물로 옮겨가 통제 불능의 '수퍼잡초'를 만들어내는 것이 대표적이다.[104] 특히 Bt로 알려진 바실루스 튜링엔시스(Bacillus thuringiensis) 박테리아가 다른 작물로 전이될 가능성이 크다. Bt는 현재 유기농 농민이나 화학 농약에 대한 의존을 줄이고자 하는 농민들이 병해충을 통제할 수 있는 안전한 대안으로 사용하고 있다. 그런데 최근 몬싼토가 상업작물 품종에 Bt를 도입했다. 따라서 해충이 Bt에 훨씬 자주 노출되어 내성이 더욱 커질 수 있으며 따라서 Bt가 유기적으로 해충을 관리할 수 있는 유용한 기능을 잃을 수 있다.[105] 뿐만 아니라 작물 유전자에 대한 특허 부여는 선조들이 육종해낸 품종들에 대해 미래의 농민들이 외국 기업에 로열티를 지불해야 한다는 것을 뜻한다.[106]

녹색혁명 ● ●
몇가지 교훈들

식량생산량이 늘어나는데도 굶주린 사람이 줄기는커녕 더 늘어나는 것을 보면서, 우리는 대체 어떤 상황 때문에 수확증대가 기근 해결로 연결되지 않는지 묻게 되었다.

첫째, 농토를 다른 상품들처럼 사고팔며 소수에게 농토가 무한히 집중되는 것을 용인하는 한 대농장들이 가족농을 대체해 결과적으로 사회 전체가 고통받는다.

둘째, 소농과 농장 노동자들 같은 주된 식량생산자들이 농업 투입물의 공급자와 유통업자들에 비해 협상력이 떨어진다면, 생산자들이 농사를 통해 받는 보상은 줄게 마련이다.

셋째, 현재의 지배적인 기술이 토양 손실과 해충 및 잡초 문제 등으로 미래의 생산기반 자체를 파괴하면, 수확을 지속하는 것은 점점 더 어려워지고 비용도 더 들게 된다.

이러한 조건에서는 아무리 식량이 산더미같이 공급된다고 해도 굶주리는 사람을 없앨 수 없다. 미국에서 굶주림이 여전히 문제인 것처럼 말이다. 하지만 다행스럽게도 몇가지 대안이 있고, 그것들이 유효하다는 상당한 증거들이 있다.

우리가 지향해야 할 농업을 위하여 제2차 세계대전 후 녹색혁명은 더 이상 고반응 종자(HRV)의 육종과 굶주림을 종식시키기 위한 (결함이 있는) 전략만을 의미하지 않는다. 녹색혁명은 곧 농업을 바라보는 한 가지 방식이다. 녹색혁명과 산업형 농업이 결합된 방식에서, 농사는 땅에서 가능한 한 짧은 시간에 최대한의 수확을 뽑아내는 것을 의미한다. 이는 차라리 '광산' 작업이라 할 수 있을 것 같다. 이 과정에서 인간은 식량이 아닌 식물이나 해충 같은 경쟁자들과 싸워 이기고자 한다. 따라서 농업은 전쟁터가 되었고, 그 속에서 우리는 인구증가보다 더

빠른 식량 생산증가를 유지하는 한 우리가 승리하고 있다고 믿는다.[107]

전쟁에서 무기는 시장의 비용 계산을 통해 선택된다. 시장은 명백히 인간의 통제 범위를 넘어서는 수요와 공급의 경제법칙이 관철되는 곳이다. 농민들에게 농약과 화학비료를 사용하면 비용을 충당하고도 충분할 만큼 생산하게 될 것이라고 시장이 말하면, 농민들은 두말 않고 이것들을 사용한다.

그러나 여기에 한 가지 큰 문제가 있다. 전쟁에서 승리하는 데 집중한 나머지 우리의 생존이 달려 있는 식량생산자원 자체가 고갈되고 파괴되고 있는 것을 인식하지 못하는 것이다. 이 장에서 우리는 일급 농지들이 손상됨에 따라 식량자원의 잠재력이 어떻게 줄어들고 있는가에 대해 언급했다. 앞 장에서 우리는 사막화·토양침식·농약오염 같은 몇가지 파괴방식을 보았다. 그러나 실제는 그것보다 훨씬 더 많다.

* 지하수가 급속하게 고갈되고 있다.
* 과도한 이용에다 배수체계가 제대로 갖춰지지 않아 농업용수의 염분 함량이 높아지고 있다.
* 일급 농지가 도시의 팽창으로 잠식되고 있다.
* 신품종 개발에 필수적인 식물 유전자원이 전세계적으로 줄어들고 있다. 50년 전만 해도 벼 품종이 3만종에 달했던 인도에서는 50년 만에 50종 밑으로 줄어들었다.[108] (산업 국가들은 제3세계의 유전적 다양성에 대한 의존도가 높다. 어떤 분석에 따르면 이 지역 토종이나 야생종에서 나온 유전자들이 미국 경제에 기여하는 액수는 660억달러에 이른다. 멕시코와 필리핀의 외채를 합한 것보다 더 큰 액수이다. 이러한 물질은 대개 제3세계의 주권국가와 지역민들이 보유하고 있었던

것들인데, 대부분 그에 대해 전혀 보상받지 못했다.)[109]

• 산업형 농업모델이 의존하고 있는 재생 불가능한 화석연료가 고 갈되고 있다.

이는 목록의 일부에 불과하다. 하지만 이러한 위협들이 녹색혁명의 틀 속에서는 어느 하나도 다루어지지 않는다. 따라서 우리는 오늘날 증가하는 인구를 먹여살리는 문제에 대한 대안들이 있는지에 대해 질 문을 제기해왔다.

세계의 많은 지역에서 지난 수천년 동안 산업형 농업과는 근본적으 로 다른 원칙들을 농업씨스템 속에서 발전시켜왔다. 생산성이 중요한 목표이긴 하지만, 안정성과 지속가능성보다 우위에 있는 것은 아니다. 다양성, 상호의존, 씨너지 효과 등의 생태원칙에 입각하여 최근 큰 관 심을 얻고 있는 농업생태학[110]은 현대과학을 그러한 전통 영농의 지혜 로 대체하는 것이 아니라 이를 개선하는 방향으로 적용하고 있다.[111]

산업형 농업은 단순하다. 그 수단들은 강력하다. 그러나 농업생태학 은 복잡하다. 그 수단들은 섬세하다. 산업형 농업엔 돈과 에너지 모두 많이 든다. 농업생태학은 돈과 화석연료는 적게 쓰면서도 지식, 노동, 동식물의 다양성을 풍부하게 활용한다.[112]

케임브리지대학 지리학자 팀 베일리스-스미스(Tim Bayliss-Smith) 에 따르면, 아시아의 전통적 벼농사는 벼를 재배하는 데 쓴 것보다 10 배 많은 에너지를 쌀로 생산해냈지만, 오늘날 녹색혁명식 쌀 생산은 그 절반밖에 생산하지 못한다. 그리고 그 수치는 미국같이 완전히 산 업화된 체제에서는 0으로 떨어진다고 한다.[113]

왜 이런 차이가 발생하는가? 농업생태학은 한 작물만 계속 생산하는 것이 아니라, 전세계적으로 농민들의 오랜 관행이었던 사이짓기, 돌려짓기, 섞어짓기(혼작), 그리고 동물과 식물 생산의 결합에 의존한다. 사이짓기를 하면 농토에서 여러 작물을 동시에 재배한다. 곡물을 콩과식물(다른 식물들이 이용하는 흙 속의 질소를 고정하는)과 같이 돌려짓고 섞어지으면 값비싼 화학비료 없이도 토양 비옥도를 유지하는 데 도움이 된다. 일년생 작물과 다년생 작물을 섞어 재배하면 토양의 하층을 잘 이용하게 되어 영양분이 흙 밑으로 흘러나가는 것을 방지하는 데 도움이 된다.[114]

　미시간대학 앤아버분교의 생태학자 존 밴더미어는 사이짓기의 과학적 원리에 대해 설명한다.[115] 종이 다른 식물들은 각각 필요한 것이 다르고 이를 맞춰주어야 할 시기도 다르기 때문에, 사이짓기를 하면 햇빛과 물, 영양물질들이 더 잘 활용되면서 총 생산량은 늘어나게 된다. 작물을 일렬로 홑짓기하면 토양을 고갈시키지만(고랑 사이의 토양은 비와 바람으로 침식된다), 사이짓기는 토양의 유기물 함량을 증대시킴으로써 농사가 잘 되고 수확량을 늘릴 수 있다. 이는 또한 재해에 대한 보험 역할을 한다. 작물 품종이 다양해질수록 한꺼번에 흉작이 일어날 가능성이 줄어들기 때문이다.

　작물과 가축을 같은 농장에서 키우게 되면 유기물을 땅으로 되돌릴 수 있게 된다. 오리나 거위 같은 가축들을 벼농사에 이용하면 제초제를 쓰지 않아도 잡초를 줄일 수 있다. 가축들은 비상시에 쓸 수 있는 소득과 식량을 제공하기 때문에 농가는 안정을 확보할 수 있다. 돌려짓기를 하고 다양성을 확보하며 시기적절하게 재배하고 수확하면, 농민 가족과 소비자의 건강을 위협하는 엄청난 양의 농약을 쓰지 않고도 수확량을 극대화할 수 있다.

캘리포니아대학 버클리분교의 미구엘 알띠에리(Miguel Altieri) 교수는 배울 점이 많은 세 가지 전통 농업 형태를 보여주고 있다.

- 쌀뿐만 아니라 먹을 수 있는 수생잡초와 물고기를 생산할 수 있는 논농사 문화
- 일년생 작물, 다년생 목본작물, 그리고 자연적으로 자라는 숲 지대 식물을 복잡하게 서로 결합한 이동식 경작
- 늪과 얕은 호수에서 모은 비옥한 토양으로 둔덕을 만드는 고대 아스떼끄(Aztec) 방식의 하상토 이용 농법

이러한 영농체계는 높은 생물다양성을 보이며 비교적 밀접한 영양분 순환을 보인다. 열대지역 전역에서 작물과 나무를 모두 포함하는 영농체계는 인간의 식량뿐 아니라 건축자재·연료·도구·약재·가축사료로 이용되는 1백 가지가 넘는 식물종들을 이용하고 있다.[116]

농업생태학은 퇴보를 의미하는 것이 아니다. 이는 전통 농업을 몰아내는 것이 아니라 발전시키는 방향으로 현대 생물학을 적용한다. 이는 농업생태학을 교육받은 과학자들에게 자문을 구하면서 농민들 스스로 농사를 주도할 수 있도록 힘을 불어넣어야만 가능하다.[117] 그렇다면 왜 전통 농업이 발전의 장애물로 인식되어왔을까?

전통 농업은
과연 유용한 것인가   가장 저명한 녹색혁명 옹호자가 일전에 녹색혁명에 대한 우리들의 비판에 열을 내면서, 전통 농업에서 이끌어낸 대안은 기대할 것도 없는 순진한 발상이라고 말한 적이 있

다. 분명 전통 농업이 제3세계의 늘어나는 인구를 먹여살릴 수 있었다면 그렇게 했을 것이다. 그러나 오늘날 제3세계가 겪고 있는 지독한 굶주림을 보면 그것이 실패했음은 자명하다.

전통 농업은 진짜로 실패했는가, 아니면 녹색혁명 때문에, 그리고 우리가 4장에서 다루었던 요인들 때문에 파괴되었는가?[118] 전통적 농사 관행을 경멸하는 사람들은 제조된 투입물을 공급하는 기업들의 역할을 명백하게 지지하고 있다. 칼진(Calgene)은 미국에 본사를 둔 생명공학기업으로 그러한 공급자 중 하나이다. 그들은 자신이 만든 종자가 작물 관리상의 문제를 해결할 해법을 종자 내에 가지고 있다고(제초제 저항성 종자같이) 자랑한다. 칼진의 최고 경영자인 노먼 골드파브(Norman Goldfarb)는 이러한 종자가 특히 아프리카에서 효과가 있을 것이라고 제안하고 있다. "아프리카에는 순박한 농민들이 많다. 이들이 트랙터를 똑바로 몰 거라고 생각하는가? 아마도 땅에 종자를 골고루 뿌리라고 말하는 편이 나을 것이다."[119]

그는 단순히 무지하기 때문에 오만한 것이 아니다. 전통 농업의 잠재력을 완전히 무시하는 것이다. 전통 농업의 원칙들은 산업형 농업의 근간이 되는 것들과 완전히 모순되기 때문에—특히 자원 이용은 시장가치에 따라서만 결정된다는 점에서—과소평가되어왔다. 산업형 농업의 기준들로 전통 농업의 접근을 평가하는 것은 적절치 못하다.

산업형 농업에서 성공은 '주된 상업작물이 해마다 면적당, 그리고 노동시간당 얼마나 생산되는가'로 평가될 것이다. 몇가지 작물들을 섞어서 재배하는 전통 농업은 그러한 단일한 기준으로 본다면 과소평가될 수밖에 없다. 또 얼마나 적은 사람이 정해진 양을 생산하는가로 생산성을 평가하는 산업적 잣대는 많은 사람들이 실업상태인 사회에서는 부적절하다. 마지막으로, 전통 농업은 올해에 얼마나 수확하는가뿐만 아니라 미래에도 계속 수확할 수 있는가를 묻는다.

산업형 농업을 넘어서려면 성과를 판단하는 기준에 대한 생각을 바꿔야 한다. 영농체계 전체를 평가할 때 올해의 최고 환금작물 수확량만을 따지는 것이 아니라, 장기적인 안정성, 지속가능성, 그리고 다양한 요소들의 생산성을 포함하여 생각한다면 어떻게 될까?

같은 땅에 둘 이상의 작물을 재배하는 농업생태학적 농법을 이용하면 따로 재배할 경우 세 배의 땅이 필요한 농사를 좁은 땅에서도 해낼 수 있다.[120] 같은 땅에 22가지 작물을 재배하는 것도 전통 농업에서는 드문 일이 아니다.

이러한 방식은 그렇지 않아도 약한 토양이 지난 수십년 동안 심각하게 남용되고 있는, 하지만 대안적 농법에 대한 지식이 아직 꽤 남아 있는 아프리카에서 특히 중요하다.[121] 예를 들어 환금작물의 재배로 토양이 고갈되어온 서아프리카의 쎄네갈에서는 수수 재배, 가축사육과 아까시나무를 전통 방식으로 서로 결합함으로써 이미 상당히 높은 수준인 현재 인구밀도의 거의 두 배에 달하는 인구를 지탱할 수 있다는 것을 한 연구는 보여주고 있다. 아까시나무는 토양이 절실히 원하는 질소를 만들어내는 동시에 가축 사료로 쓰이는 고단백 꼬투리를 생산한다. 가뭄에 잘 견디는 원뿌리는 거의 30m까지 뻗어내려가며, 작물들이 생장기를 맞기 전에 잎이 모두 떨어지기 때문에 햇빛·수분·영양분을 두고 수수와 경쟁하지 않는다.[122]

역설적으로, 아프리카는 이제 제2의 녹색혁명의 주요 대상지역으로 간주되고 있다.[123] 세계은행, 미국 국제개발국(USAID), 국제식량정책조사연구소(IFPRI), FAO, 그리고 기타 기관들이 만들어낸 '워싱턴 컨

쎈서스'(미국식 시장경제체제의 대외확산 전략을 뜻하는 말. 미국의 정치경제학자인 존 윌리엄슨John Williamson이 지난 1989년 자신의 저서에서 제시한 라틴아메리카 등 개발도상국에 대한 개혁 처방을 명명한 데서 유래되었고, 그 후 1990년대 초 IMF와 세계은행, 미국 내 정치경제학자들, 행정부 관료들의 논의를 거쳐 정립되었다. 여기엔 개발도상국 등 제3세계 국가들이 시행해야 할 구조조정 조처들이 담겨 있는데, 정부 예산 삭감, 자본시장 자유화, 외환시장 개방, 관세 인하, 국가 기간산업 민영화, 외국자본에 의한 국내 우량기업 합병·매수 허용, 정부규제 축소, 재산권 보호 등 여덟 가지가 있다—옮긴이)는 아프리카가 원하는 것은 더 많은 새로운 종자, 농화학자재, 생명공학, 그리고 자유무역이라는 생각으로 뭉치고 있다.[124] 우리는 이 장과 8장에서 언급하는 이유들 때문에, 그런 생각이 바로 아프리카에서 굶주리고 빈곤한 사람들에게 재앙이 될 것이라고 생각한다.

대안은 아프리카뿐 아니라 어디에도 있다. 대안은 우선 토지개혁을 시행하고 농업생태학의 원칙들을 사용하여 경쟁력 있고 생산적인 소농 농업을 창출하는 것이다.[125] 이는 농촌의 빈곤을 종식하고 모두에게 먹을거리를 제공하며 미래세대를 위해 환경과 토지 생산성을 보호할 수 있는 유일한 모델이다.[126]

성공 사례들 • •

듣기엔 솔깃하다. 하지만 과연 그렇게 될까? 미국에서 인도에 이르기까지 대안농업이 경쟁력 있음이 입증되고 있다. 미국의 권위있는 국가연구위원회(NRC)는, "많은 연방정책들이 대안적 농법의 채택을 방해하고 있음에도 불구하고, 대안농업이 종종 상당한 비용 절감을 통해 높은 면적당 수확량을 달성한다"라는 사실을 밝혀냈다. 위원회는 "농민들이 대안적 농법들을 통해 생산성 향상의 이익을 최대한 볼 수 있도록 연방 프로그램을 재편해야 한다"라고 결론 내렸다.[127]

1993년 인도 남부에서는 화학집약적 농가와 '생태적 농가'를 비교하는 연구가 수행되었다. 이 연구는 생태적 농가가 화학적 농가만큼이나 생산성이 있고 경쟁력이 있음을 발견했다. 생태적 농법은 "안정적인 식량생산에 부정적인 영향을 미치지 않으면서" 외부 투입물에 대한 의존도를 획기적으로 감소시켜 토양침식과 비옥도 저하를 막을 수 있다고 결론내렸다.[128]

꾸바는 대안농업이 가장 큰 규모로 시험되고 있는 곳이다.[129] 고립된 섬나라인 이곳에서 1989년 구 사회주의권 국가들과의 무역이 붕괴된 이후 벌어지고 있는 변화들은 대안적 접근이 대규모로 성공할 수 있다는 증거이다. 1989년 이전에 꾸바는 녹색혁명 방식의 농업경제국가였다. 거대한 생산단위에서 엄청난 양의 수입 화학자재와 기계를 사용하여 수출용 작물을 생산해내면서, 식량작물의 절반 이상은 수입에 의존했다.[130] 동유럽이 유리한 교역조건을 제공하고 꾸바 정부가 불평등을 해소하기 위해 노력하여 꾸바인들은 먹는 문제로 시달리지는 않았는데도, 사회주의권이 몰락하고 미국의 무역봉쇄가 가속화하면서 녹색혁명 방식의 농업이 갖고 있는 문제점이 곧 드러나게 되었다.

꾸바는 역사상 최악의 식량위기에 빠져들었다. 그와 함께 칼로리 및 단백질 소비량은 30% 가량 줄어들었다. 그럼에도 1997년 꾸바인들은 1989년 이전만큼 잘 먹고 있었다. 그때와 비교해서 식량과 농화학자재의 수입량은 적은데도 말이다.[131] 과연 무슨 일이 일어난 것일까?

식량과 농화학자재의 수입이 불가능해지자, 꾸바는 국내에서 자족적인 농업을 건설하는 방향으로 정책을 틀었다. 농민들에게 높은 농산물가격을 보장해주고 농업생태기술을 이용하면서, 생산단위를 축소하고 도시농업에 의존하는 방식이었다.

무역봉쇄, 식량부족, 농민시장 개설 등이 이어지면서 농민들은 농산물에 대해 더 좋은 값을 받기 시작했다.[132] 농민들은 장려금을 받게 되자 녹색혁명 방식의 농자재가 없어도 생산에 나섰다. 정부가 교육·연구·농촌지도에서 대안적 방식으로 완전히 방향을 틀고 전통적인 영농기법들을 재발견함에 따라 농업생산이 급속도로 회복되었다.

대규모 국영농장은 생산이 정체상태이거나 생산량이 줄어드는 반면 소농과 협동조합들에서는 생산증대의 기미가 보임에 따라, 정부는 새로운 혁명적인 토지개혁을 단행했다. 국영농장을 농장 구성원들에게 분배함으로써 생산단위를 소규모화한 것이다. 마지막으로, 정부는 도시 공터에서 이루어지는 소규모 유기농업을 장려하는 도시농업운동을 지원했다. 이는 몇년 만에 꾸바의 도시를, 그리고 도시민들의 식사를 바꾸어놓았다.[133]

꾸바의 경험은 농업생태기술에 기반한 소농 모델로도 한 국가의 국민들을 모두 먹여살릴 수 있으며, 그럼으로써 자족적인 식량생산이 가능하다는 사실을 말해주고 있다. 핵심적인 교훈은 농민들이 정당한 가격을 받기만 한다면 이들은 녹색혁명식 농자재가 있건 없건 간에 생산해낸다는 것이다. 값비싸고 독성이 심한 자재들이 불필요한 것이라면, 그것 없이도 우리는 살아갈 수 있다.

한가지 비유 ● ●

이 장은 녹색혁명 옹호자들의 주장들 중에서

하나를 살펴보면서 시작하였다. 굶주림을 종식시키는 데 필수적인 정치적·경제적 개혁을 수행하는 데 외부인이 나서서는 안된다고 그들은 말한다. 관심있는 외국인들이 제공할 수 있는 것은 녹색혁명같이 생산을 증대시킬 수 있는 전문기술적인 도움뿐이라는 것이다.

10장에서 우리는 미국인들이 제3세계 민중의 삶에 좋든 싫든 지대한 영향을 미칠뿐더러 종종 그들의 굶주림을 줄이는 데 필요한 변화를 가로막고 있다는 점에 대해 상세히 이야기할 것이다. 제3자이긴 하지만 미국인들은 그런 영향력의 성격을 바꾸려고 노력할 수 있다. 하지만 이 장의 논의들을 통해 이런 지적을 하는 사람도 있을 것이다. 전문가라는 사람들의 조언이 낳은 부정적인 결과를 두고 볼 때 제3세계 사회가 수백년 혹은 수천년 발전시켜온 가치와 지식보다 우리의 개발 모델이 더 낫다는 오만한 생각을 버려야 하지 않을까?

산업형 모델과 결합된 녹색혁명은 줄곧 어떻게 하면 땅에서 더 많은 것을 뽑아낼 수 있을 것인가만 질문한다. 거기에 의문이라도 제기하려고 하면, "이런 아무 생각 없는 사람아, 만일 녹색혁명이 없으면 얼마나 많은 사람들이 굶어 죽게 되는지 알아?"라고 대꾸한다.

우리의 대답을 분명히 해줄 비유를 하나 들어보자. 지구 전체의 식량자원을 커다란 집이라고 생각하고 이 집이 불에 타들어가고 있다고 상상해보자. 집을 태우고 있는 불은 현재의 식량생산자원이 파괴되고 감소되는 모든 방식을 나타낸다. 녹색혁명은 이런 재난에 어떻게 대응하는가? 가능한 한 많은 사람을 구하기 위해 불타고 있는 집에 뛰어 들어가는 꼴이다. 그러고는 당당하게 "봐라, 녹색혁명은 효과가 있다. 생명을 구하지 않았느냐"라고 말한다.

여기에는 한 가지 문제가 있다. 집은 여전히 불타고 있다. 불은 집안에 있는 모든 것을 집어삼키고 미래에 그곳에서 보호받아야 할 사람들이 살 수 없도록 만들어버린다. 그리고 녹색혁명이라는 구조대가 되도록 많은 희생자들을 구하겠다고 현관문을 활짝 열고 들어가는 바람에 본의 아니게 화염에 산소를 넣어주고 있다는 다양한 증거들이 드러났다. 여기서 '산소'는 생산만 외곬으로 추구하는 태도를 말한다. 그것은 처음 불이 나는 원인을 제공했던 토양 파괴, 침식, 농약 남용 등에 일조하는 것이다.

생명을 구했다고 구조대를 칭찬하고 있는 것은 분명히 핵심을 벗어난 것이다. 집을 다시 짓고 화재방지책을 세워야 한다.

불을 끄고 재건을 시작하려면 이 장에서 언급했듯이 생산이 늘어나도 굶주림 또한 늘어날 수 있다는 점을 절대로 잊어서는 안된다. 아무리 집을 잘 지어도 그것이 모든 사람에게 소용이 될 수 있느냐 하는 것은 기술의 문제가 아니라 사회적인 역학의 문제이다. 사회적인 역학이란 관습이나 법, 그리고 많은 경우 누구는 먹고 누구는 먹지 못하느냐 하는 생사의 문제를 좌우하는 야만적인 힘을 통해 사람들이 만들어내는 규칙을 뜻한다. 화재를 막을 수 있는 새 집은 그런 규칙을 바꾸고 먹을 것에 대한 권리, 삶 자체에 대한 보편적인 권리를 주장할 때만 사람들에게 진정한 안전을 제공할 수 있다.

녹색혁명을 수반한 산업형 농업모델은 시장규칙과 생산자원의 무제한 축적에 의해 구축된 것이다. 다음 장에서 우리는 굶주림을 종식하는 것이 필연적으로 시장이나 소유권의 철폐로 몰아가는 것은 아니라는 점을 강조할 것이다. 그러려면 그러한 규칙을 더이상 소수의 특권층이 아닌 지역사회 전체를 위해 봉사하는 경제적 장치로 바꾸어야 한다. 독단에서 벗어나 굶주림을 만들어내는 기본적인 동력을 알아내기 위해 몇가지 질문을 해보자.

• 토지와 기타 식량생산자원, 또 식량을 살 수 있는 소득에 대한 요구 앞에서 어떻게 형평성을 유지할 것인가?

• 전세계 식량생산의 대부분을 차지하고 있는 빈농들이 값비싼 기술에 의존하지 않으면서도 생산을 강화하고 토양 비옥도를 유지하거나 증진할 수 있는 길은 무엇인가?

• 식량생산자원의 파괴를 낳을 수 있는 결정들을 어떻게 하면 민주적인 방향으로 이끌어 그 파괴를 막을 수 있을 것인가?

이러한 질문에 제대로 답해야만 우리는 더이상 시장의 자동적인 법칙이란 것에 도덕성을 뺏기지 않고, 사태에 대해 정당하게 책임질 수 있다. 우리가 이런 쪽으로 가닥을 잡게 되면 비용효율성에 대해 더 세심하게 계산해 새 영농법을 마련할 수 있을 것이다. 전통적인 지혜를 재발견하는 것은 물론 동식물 간의 복잡한 생물학적 상호의존성을 과학적으로 이해하는 힘도 커질 것이다. 그리고 마침내 우리는 모든 사람에게 식량을 안정적으로 공급하고 미래 세대를 위해 필요한 자원을 책임지고 보호할 수 있을 것이다.

녹색혁명이 시작되고 30년여 만에 우리는 기로에 서 있다. '새롭게 개선된' 제2의 녹색혁명에 가난한 사람들의 식량문제를 맡길 것인가, 아니면 방향을 바꾸어 NGO들이 지원하는 풀뿌리운동이, 그리고 사태를 제대로 파악하고 있는 정부가 빈민들에게 스스로 대안을 발전시키도록 힘을 불어넣는 더 농업생태학적인 길을 택할 것인가?

유전자 조작과 터미네이터 기술

제3세계의 농민의 절반가량은 아직도 시장에서 종자를 사서 쓰는 것이 아니라 직접 채취해서 다음해에 다시 파종한다. 다국적기업들은 농민들이 다음해에 종자를 다시 사용하지 못하고 해마다 기업에서 파는 새 종자를 사도록 만들기 위해 악랄한 기술들을 개발하였다. 아래는 대표적인 종자 및 농화학 다국적기업인 몬쌘토가 개발중인 기술들이다.

• 터미네이터(terminator, 종자 불임) 기술: 종자를 사서 파종한 그해에만 수확할 수 있고 다음해에는 종자가 싹트지 않게 유전자를 조작하는 기술.
• 트레이터(traitor) 기술: 자사의 특정 농약이 살포되어야만 싹이 트고 성장하도록 유전자를 조작하는 기술.

지난 2000년 전세계 농민과 소비자단체들의 거센 항의로 몬쌘토는 터미네이터 기술 상업화를 하지 않기로 선언한 바 있다. 하지만 몬쌘토를 비롯한 종자·농화학기업들이 황금시장을 그냥 포기할 리 없다. 이들은 최근에는 조작된 유전자가 생태계로 빠져나가는 것을 원천적으로 막는다는 명분으로, 이러한 두 기술을 포함한 여러가지 방식으로 작물의 생식을 억제하는 기술을 개발하고 있다.

한국의 녹색혁명

1970년대 녹색혁명을 통해 농업생산성과 식량생산량의 비약적인 증대가 이루어지면서 보릿고개라는 말이 사라졌다. 1960년대 박정희 정권이 정권 안보 차원에서 쌀 수확증대를 제1의 정책과제로 삼아, 농촌진흥청은 국제벼연구소

(IRRI)와 협력하여 다수확 신품종을 개발하는 데 총력을 기울였다. IRRI가 개발한 IR-8이라는 인디카 계열의 키 작은 품종을 자포니카 계열의 국내 벼와 교배하여 1971년 '통일벼'를 개발하는데 성공하였고, 이를 전국적으로 보급했다. 밥맛이 좋지 않고 냉해와 병충해에 약하며 지역의 재배여건에 맞지 않는다는 농민들의 불만이 있었지만 일반 벼의 모판을 뒤엎는 등 강제적인 방식으로 보급에 나서, 1976년 마침내 쌀 자급을 이루는데 성공하게 된다.

통일벼는 기본적으로 키가 작은 품종으로, 잘 쓰러지지 않는다는 장점을 갖고 있었다. 하지만 관개수와 화학비료에 민감하게 반응하기 때문에 결국 농약과 화학비료, 그리고 관개시설이 갖춰져야 했다.

이러한 녹색혁명은 전통적인 농업에서 유지되던 논밭 농사와 가축 사육 간의 물질순환 고리(가축에서 나오는 퇴비 사용, 그리고 농사에서 나오는 가축 먹이가 핵심이다)를 끊어놓아 농민들은 비료와 사료, 농약, 그리고 종자를 다국적기업들로부터 구입할 수밖에 없었다. 농업과 농민이 거대 다국적 농업자본에 점차 종속되어갔던 것이다. 그에 따라 농촌공동체는 점점 파편화되고 생계가 어려워진 농민들은 도시로 이주하는 거대한 사회경제적 현상이 일어났다. 또한 지역 내 물질순환의 파괴는 환경오염과 식품 안전성의 문제로 이어졌다. 엄청난 양의 화학농약과 비료의 사용은 물과 흙을 오염시켰고, 그 위에서 자란 농작물을 오염시켰으며, 농민들은 물론이고 도시 소비자들의 건강까지 위협했다. 그리고 국가가 보급하는 몇가지 품종의 몇가지 농작물만 집중적으로 재배하게 되면서 농촌과 농업의 문화적·생태적 다양성이 점차 사라졌다. 비록 통일벼는 1980년대 중후반 들어 자취를 감추게 되었지만, 이후 보급된 신품종들과 이에 적용되는 투입물의 관계는 이와같은 것이었다.

그런데 농업생산량은 비약적으로 늘어났지만 농가경제는 점점 더 어려워졌다. 농업기술의 발전으로 인해 농가에서 구매해야 하는 외부투입물(자본)의 비율은 점점 늘어나는데도 농산물가격은 정책적으로 계속 낮은 상태에서 유지되고, 설상가상으로 자본생산성이 계속 떨어지다보니, 농가는 생산비와 가

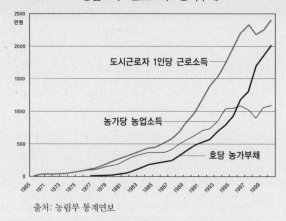

농업소득 · 근로소득 · 농가부채

출처: 농림부 통계연보

한국 농가의 자본집약도 · 자본생산성 추이

주: 자본생산성＝농업 부가가치／농업자본액

자본집약도(원/10a)＝농업자본액/경지 면적

출처: 농림부 통계연보

격 사이에서 압박을 받게 되어 부채가 눈덩이처럼 불어났다. 이것이 바로 녹색혁명이 낳은 역설이다. 역설은 또 있다. 쌀 자급 달성에는 성공했지만 쌀 증산에만 집중한 나머지 보리 · 밀 · 콩을 비롯한 다양한 잡곡의 생산량이 점차 줄었다. 축산 부문이 점차 커지면서 산업화되고 사료곡물의 수입이 기하급수

한국의 식량자급도

주: 두 곡선 사이의 점점 넓어지는 간격이 사료용 곡물수입량의 증대를 보
여주고 있다.

출처: 농림부 통계연보

적으로 늘어났다. 반면 식량자급도는 오히려 점점 더 떨어지는 기현상이 발생
한다. 이것은 바로 식량안보론과 식량자급도의 역설이다. 그동안 정권들은 식
량안보론을 내세워서 쌀 자급을 역설하면서 막대한 세금으로 대규모 간척사
업을 추진하고 유전자 조작 작물까지 개발했지만, 전체적인 식량자급도는 오
히려 떨어지고 해외에 대한 의존도는 점점 더 커져갔다. 겉으로는 녹색혁명과
식량안보론을 펴면서도 실제로는 개방 농정의 기조를 유지하면서, 농민들을
파탄에 몰아넣고 도시 소비자들을 눈속임해온 것이다.

결론적으로 한국 농업의 근대화과정은 녹색혁명(기술적 측면), 그리고 선진
국과 다국적기업이 지배하는 세계화된 농식품 시장으로의 편입(사회경제적 측
면)을 복합적으로 살펴봐야 하며, 이 두 측면은 정부의 기술중시·농업천시의
농정으로 매개되어왔다. 그리고 이것이 WTO협상과 자유무역협정의 태풍 앞
에 힘없는 촛불처럼 내던져져 있는 농업과 농민위기의 근원이라 할 수 있다.

참고문헌

권영근 「녹색혁명과 유전자조작식품」, 권영근 엮음 「위험한 미래: 유전자조작식품이 주는 교훈」
당대 2000.

1980년대 구 사회주의권의 몰락 이전까지 꾸바는 소련에서 싼값에 석유, 비료 및 농자재를 가져와서 집약적으로 사탕수수를 재배하고 여기서 나오는 설탕을 수출하여 곡물과 각종 생필품을 다시 사오는 경제구조를 유지하였다. 소련의 몰락으로 석유와 곡물의 공급원이 사라진 이후 꾸바는 심각한 경제위기와 함께 식량위기를 맞이하게 된다. 1989년 1인당 칼로리 섭취량이 2908kcal에서 1995년에는 1863kcal로 떨어졌고, 굶어죽어가는 사람들이 속출했다.

90년대 중반부터 꾸바는 국가적인 모험을 시작한다. 석유·비료·농약·농기구 등의 농자재 없이 식량을 공급하겠다는 것이었다. 결국 근대화 이전의 유기농업 방식으로 돌아간다는 의미였다. 한 가지 차이가 있다면 80년대까지 세계적으로 상당한 수준에 올랐던 꾸바의 과학기술을 적극 활용한다는 것이었다(1980년대 중반 꾸바는 인구 대비 과학자 수가 세계 1위였다). 이를 위해 전통적인 지혜와 결합하여 미생물 농약과 퇴비를 비롯한 적정기술이 적극적으로 개발되었다. 그와 함께 대규모 국영농장들을 나누고 농민들에게 가격을 보장하여 생산을 독려하는 사회경제적 정책도 병행되었다. 수도인 아바나(Habana)를 중심으로 대도시들에 많이 남아 있던 공터를 텃밭으로 바꾸고 유휴 노동력을 활용하여 채소 생산을 늘리는 '도시농업'도 적극적으로 추진되었다.

그 결과 90년대 후반에는 거의 위기 이전 수준의 식량생산량을 회복하고, 몇몇 작물들은 거의 두 배의 신장을 이루었다. 그것도 농약과 비료를 거의 사용하지 않고 거둔 결과였다. 미국의 경제봉쇄로 얼마나 갈 것인지 우려되었던 꾸바의 경제도 지금까지 잘 버티고 있다. 1990년대 후반부터 미국과 유럽, 그리고 일본 등지에서 유기농업에 관심있는 농민과 정책담당자들이 '꾸바의 기적'을 직접 관찰하러 방문하고 있으며, 유기농업과 관련한 각종 국제적인 행사와 학술 씸포지엄도 자주 열린다.

이와 같은 꾸바의 '국가적인 실험'은 석유로 만든 외부 투입물이 없어도 적

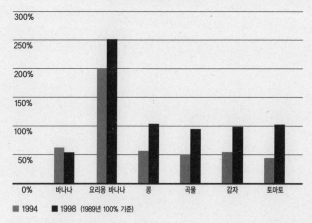

꾸바의 농업생산량 추이

출처: Oxfam America, *Cuba, Going Against the Grain: Agricultural Crisis and Transformation*, Oxfam America Report 2001. 6.
http://www.oxfamamerica.org/publications/art1164.html

정기술과 유기농업의 조합만으로도 충분히 한 국가의 국민들이 모두 먹고도 남을 만큼 풍족한 식량을 생산할 수 있다는 것을 세계적으로 보여주고 있다. 그리고 갈수록 식량자급도가 떨어지고 있는 우리나라에 좋은 반면교사가 되고 있다. 다른 한편으로는 똑같은 구조의 위기를 맞았지만 결국 농업 방향의 전환에 실패하여 엄청난 비극을 가져온 북한의 사례와도 극명히 대조를 이룬다. 또한 앞으로 북한 농업을 어떤 방식으로 재건해야 할 것인가에 대해서도 좋은 교훈이 되고 있다.

참고문헌

Oxfam America, *Cuba, Going Against the Grain: Agricultural Crisis and Transformation*, Oxfam America Report 2001. 6.
Fernando Funes et al. eds., *Sustainable Agriculture and Resistance: Transforming Food Production in Cuba*, Oakland, CA: Food First Books 2002.
吉田太郎, 有機農業が國を變えた, 東京: コモンズ 2002
식량과발전정책연구소 홈페이지 꾸바 섹션 (http://www.foodfirst.org/cuba)

myth

정의냐 생산이냐

여섯번째 신화 6

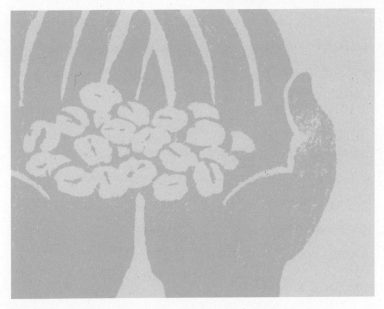

형평성의 증대라는 목표를 달성할 수 있는지의 여부를 떠나, 우리는 딜레마에 봉착하게 된다. 대규모 생산자들만이 생산 노하우를 갖고 있기 때문에, 자원에 대한 통제권을 재분배하려고 하면 필연적으로 생산이 줄어들 것이다. 토지개혁은 대규모 생산자들의 식량수확을 줄어들게 할 것이며 결과적으로 토지개혁을 도와주려던 굶주린 사람들을 더욱 어렵게 만들 것이다.

다행스럽게도, 정의와 생산은 서로 경쟁하는 목표가 아니라 상호보완적이라는 사실이 밝혀지고 있다. 그런데도 둘은 필연적으로 상충하는 관계라는 인식이 여전히 광범위하게 유포되어 있는데, 이는 소수가 지배하는 불공정한 식량생산체제가 왜 비효율적인가에 대해 사람들이 잘 알지 못하기 때문이다. 이러한 체제는 식량자원을 충분히 이용하지 못할뿐더러 잘못 이용하고 있다. 부정의가 어떻게 발전을 가로막는가 하는 것을 명확히 이해하기 전에는 누구나 공정성이 확대되는 방향으로 변화하는 것을 두려워하게 마련이다.

부유한 지주들은 땅 구석구석 모두를 이용할 필요가 없다. 실제 지표만 봐도 알 수 있다. 브라질에서 거대지주들은 평균적으로 자신들의 땅 중 11.3%만 경작한다. 브라질은 극단적인 예일 수도 있겠지만, 라틴아메리카 전역에서 거대지주들이 상당한 땅을 놀리고 있다는 것은 잘 알려진 사실이다. [2]

사정이 이렇다면 소농들이 거의 언제나 생산성이 더 높다는 것은 놀랄 만한 일이 못된다. 15개국(주로 아시아와 아프리카)에 대한 연구는 소농들의 면적당 산출량이 대농장들보다 네 배에서 다섯 배가량 더 높다는 것을 보여주고 있다.[3] 실제로 경작되는 토지만 비교해도, 여전히 소농들의 생산성이 상당히 높다.[4] 이러한 사실은 농업경제학자들 사이에서 '농장규모와 생산성의 역관계'로 잘 알려져 있으며, 그 원인에 대한 세부적인 논쟁이 활발하다.[5]

소농들의 면적당 산출량이 더 큰 것은 부분적으로는 이들이 대농들보다 집약적으로 작업하기 때문이다. 꼴롬비아에서 소농들은 대농들보다 노동력을 20배는 더 집약적으로 사용한다. 케냐에서 0.2ha 미만 농장은 면적당 노동력 투입량이 4ha 이상 농장보다 10~20배 더 높고, 그에 따라 수확물 가치도 10배 더 크다.[6] 소농들은 노동력을 더 많이 사용할 뿐 아니라, 공간을 더욱 효율적으로 이용한다. 농장규모가 작을수록 다양한 작물들을 경작하여 그 부산물로 가축이나 물고기를 키우고 그 분뇨를 퇴비로 사용하는 등 생산체계가 통합적이다. 그러한 체계는 대농들이 하는 홀짓기보다 면적당 생산성이 훨씬 더 높다.[7]

소농들의 생산성이 앞서고 소농들보다 좋은 땅을 더 많이 갖고서도 거대지주들의 생산성이 낮다는 사실[8]을 나란히 놓고 보면, 현재의 엘리뜨 지배 농장경제가 얼마나 반생산적인지 보이기 시작한다.[9]

효율성의 환상 ● ●

기계화로 대농들이 유리한 미국에서조차 동일한 '역관계'가 적용된다. 소농들은 대농들에 비해 총산출량과 면적당 수익이 거의 두 배에 달한다.[10] 그러나 불행히도 이 사실이 소농들이 경제적으로 더 경쟁력이 있다는 것을 의미하지는 않는다. 미국 정부의 정책과 거대기업들의 농산물 유통 독점으로 농가들이 받아야 할 가격이 인위적으로 낮아지고 있다(소비자들이 지불해야 할 가격은 낮아지지 않는데도 말이다). 그 결과 규모와는 상관없이 면적당 이윤율이 낮아져서, 더 넓은 면적을 경작해야만 살아남을 수 있고, 그 때문에 효율적인 식량생산을 위한 규모보다도 더 큰 규모의 대농장들이 유리하다.[11]

또 연구들은 대규모 자본집약적 농장들이 에너지 이용 측면에서도 효율성이 낮다는 것을 보여준다. 먹을 것을 재배하는 데에는 재생 가능한 에너지와 재생 가능하지 않은 에너지 모두를 포함해서 햇빛, 인간과 가축의 노동력, 석유, 전기 같은 여러가지 형태의 에너지가 사용된다. 그 결과 음식 속에 들어 있는 칼로리의 형태로 다시 에너지가 생산된다. 전통적인 영농체계는 생산에 소비된 칼로리당 5~15배의 칼로리를 생산하는 반면에, 미국 같은 자본집약적 체계에서는 10칼로리를 써서 1칼로리만을 생산해낸다.[12] 그뿐만 아니라, 전통 체계는 재생 가능한 에너지 형태들(인간과 가축의 노동력, 퇴비)을 사용하는 반면, 자본집약적인 농업은 대체로 화석연료에 의존한다.

이처럼 반대되는 근거들이 풍부한데도 왜 많은 사람들이 큰 것이 더 좋고, 대규모 작업이 가장 효율적이라고 믿고 있을까?

얼핏 보기에 작업 규모가 크다는 것과 노하우가 많다는 것은 서로 혼동하기 쉬워 보인다. 거대 생산자들이 성공하는 진짜 이유, 즉 부와 정치적 영향력에서 비롯된 이점들은 눈에 보이지 않는 것들이다. 농업 금융, 관개, 화학비료, 농약, 기술 지원, 판촉 써비스 등을 쉽게 이용할 수 있는 기회가 많다는 점 등도 여기 포함된다. 정부 정책과 지원 기관들 또한 이들을 선호한다. 이런 것들을 알게 되면 소규모 생산자들이 거대 생산자들보다 더 좋은 성과를 거두는 것이 진정 경이로울 뿐이다.

바람직한 농사를 위한 동기부여

소수의 대지주들이 토지를 대부분 장악하고 있는 곳에서는 소작 계약이 일반적이며 대체로 임금노동자들이 농사일을 맡게 된다. 이러한 체제에서는 땅을 바람직하고 신중하게 이용하기 어렵다. 특히 장기적인 생산성을 확보하는 것이 관건인 체제와 비교해보면 더욱 그렇다. 토지에 대한 권리가 보장되지 않는데 어떻게 제3세계의 수백만 소작농들이 토지 개량에 힘쓰고 돌려짓기를 하고 장기적인 토양 비옥도를 유지하기 위해 토지를 갈지 않고 묵혀둘 수 있겠는가?

방글라데시의 소작영농체제에서 농민들이 어떻게 올바른 농사의 의욕을 잃게 되는지를 보자.[13] 지주들은 정기적으로 소작인들을 내쫓는 것을 좋아하는데, 이는 장기 소작인들이 언젠가 토지에 대해 법적 권리를 행사하게 될 거라는 두려움 때문이다. 가난한 농민이 개량종자와 비료를 사기 위해 200타카의 빚을 지게 되는 것을 생각해보자. 그는 수확이 400타카로 늘어났음에도 수확의 절반을 소작료로 내야 하고, 지주에게 빌린 200타카에 이자까지 붙여서 지불해야 한다. 그러면 아무런 이득도 발생하지 않는다. 왜 방글라데시의 우수한 식량생산자원 대부분이 개발되고 있지 않은지를 이해하는 것은 그리 어렵지 않다. 이는 농민들의 '후진성' 때문이 아니라는 것은 현대 경제학의 상식으로 보아 너무도 당연한 것이다.[14]

미국에서도 비슷한 유형이 나타난다. 소작으로 운영되는 농장들은 주인이 운영하는 농장들보다 겉흙(표토)의 손실률이 더 높다. 1950년대 초반 주요 연구소의 보고서에서는 옥수수지대의 소작 때문에 토양보전 관행이 심각하게 방해받고 있다고 결론내린 바 있다.[15] 최근의 연구에 따르면 아이오와 주에서 소작 농장들의 겉흙 손실은 주인이 직접 운영하는 농장보다 1/3 더 많았다.[16]

　노동력 고용은 대규모 농장의 특징 중 하나이다. 미국에서 농장 노동은 이제 농장에서 살지 않는 사람들이 대부분 하고 있다.[17] 제3세계에서도 대농장 일을 대부분 노동자들이 맡고 있다. 이들은 소작인들보다도 더 농장 운영에 관심이 없다. 임금만 걱정할 뿐이지 지주나 농기업의 수확에는 관심이 없다. 또다른 대규모 작업형태인 국영농장들에서도 노동자들은 수확과 직접적인 이해관계가 없기 때문에 비슷한 동기부여의 문제에 직면해 있다. 꾸바에서 소농들의 생산성은 지속적으로 거대한 국영농장을 훨씬 앞질렀다. 그 결과 1993년 꾸바 정부는 국영농장을 이전에 그곳에서 일했던 농장 노동자들이 소유하는 소규모의 반(半)민간농장으로 바꾸는 대규모 전환을 시작하였다.[18]

좌절된 협동 ● ●

　　　　　　　식량생산 자원을 독점적으로 통제하면 개발에 필요한 공동체적 협동의 동기가 반감된다. 토지의 효율적인 이용 또한 방해받게 마련이다. 협력은 역사적으로 농업발전에서 결정적인 역할을 해왔다. FAO의 연구는 "농촌 용수로, 저수지, 못 등의 수리와 유지 등은 항상 공동체의 책임이었다"라고 지적했다.[19] 예를 들어 영국이 개별 토지소유권을 확립한 1793년 이전에는 방글라데시에서는 관개와 양식을 위해 협동해서 못을 파고 유지하는 일이 보편적이었다. 오늘날 농촌 가구의 10%가 토지의 절반 이상을 통제하고 있고 거의 절반의 가구는 사실상 토지가 없는 상황에서, 마을의 협동은 옛말이다. 우리는 방글라데시 농촌을 여행하면서 한때 마을 자산이었던 여러 못들이 토사가 가득한 채로 버려져 있는 것을 보고 가슴이 아팠다.[20] 마을의 소수 지주들에게 혜택이 대부분 돌아가는 마당에 토지가 부족한 대다수가 무엇 때문에 열심히 일하겠는가? 원조 프로그램 덕분에 지주들은 못이 없어도 펌프로 물을 댈 수 있다.

식량자원의 오용 ● ●

지금까지 소수가 지배하는 반민주적인 영농체제에서 온전하고 신중한 자원 이용이 어떻게 가로막히는지를 살펴보았다. 더 나아가서 거대지주나 부재지주의 시각에서 문제에 접근해보자. 단기간에 가장 큰 이윤을 내기 위해 거대 생산자들은 토양침식, 지하수 고갈, 환경오염 등을 고려하지 않고 토양·물·화학자재들을 과용한다. 소득이 나오는 다른 곳에 투자할 수도 있고 필요하다면 더 많은 토지를 차지할 수도 있는데 이들이 무엇 때문에 독성 화학물질에 노출된 노동자와 공동체의 건강을 걱정할 것이며, 무엇 때문에 특정한 땅 한 뙈기를 장기적으로 이용할 수 있도록 하는 데 대해 고민하겠는가?

쏘모사(Somoza) 정권하의 니까라과에서 부유한 면화 재배자들은 8년 만에 수확을 80% 늘렸고, 같은 기간에 이 나라를 농약 천국으로 바꾸어놓았다.[21] 니까라과 여성들의 모유에서는 보건당국이 정한 허용치보다 45배 많은 DDT가 검출되었다. 부유한 면화 재배자들은 DDT 사용량을 늘려가면서 생산을 대규모로 확장할 수 있었다.[22]

연간 이윤율 말고는 땅에 대해 아무런 애착도 없는 비농민 투자자들이 농업 핵심지역의 농지를 소유하는 미국에서도 토지의 남용이 커질 것이 예견되고 있다. 예를 들어 존 행콕(John Hancock) 상호생명보험은 미네쏘타 주 와바샤(Wabasha) 카운티의 호크(Hauck) 가족농장을 사들였는데, 그 이후 호크가 수십년 동안 공들여 해왔던 토양보전 관행들은 물거품이 되었다. 농장의 연간 토양손실은 곧 10배가 늘어났다.[23] 이러한 형태의 부재지주가 확산 추세에 있다. 농장관리 기업들은 이미 미국 농지의 1/4을 차지하고 있다.[24]

생산된 부가
지역을 떠난다   분명 농업생산의 목표가 곡물의 생산증대만은 아닐 것이다. 농업자원은 또한 농촌생활의 전반적인 개선——더 나은 주거, 교육, 보건의료 써비스, 교통, 지역산업의 다양화, 휴양, 문화적 기회——을 위한 부를 창출하는 데 이용되어야 한다.

그러나 소수가 토지 대부분을 차지하고 있는 상황에서 생산된 부는 어떻게 되는가? 당연히 지역을 떠나게 마련이다. 우리는 멕시코 내에서 가장 이윤율이 높은 몇몇 농장이 있는 북서부지역을 방문한 적이 있다. 우리는 그 이웃 마을에서 비참한 모습만 확인할 수 있었다. 부유한 농지에서 창출되는 부는 소수의 주머니에 들어가서는 외국 은행의 계좌로 이전되어 멋진 자동차, 그리고 국경을 넘어 쇼핑하기 위한 전용 비행기를 사는 데 쓰인다. 지역사회에 남아서 쓰이는 부는 사실상 없다. 농경제학자들은 이미 이런 사실을 확인했다. 스리랑카 농촌에 관한 유엔의 연구는 "농촌의 잉여소득은 은행을 통해 농촌 이외 부문으로 빠져나가고 농촌은 만성적인 저개발 상태가 더욱 악화하고 있다"

라고 결론내리고 있다.[25]

대부분의 농산물이 미국과 유럽으로 수출되는 꼬스따리까에서는 세 개의 초국적기업이 거대한 바나나농장을 장악하고 있다. 이들의 권력과 영향력이 이 나라에서 가장 크다. 꼬스따리까 수출의 67%를 차지하는 바나나산업을 사실상 독점하고 있는 이 기업들이 시장의 양끝─생산자뿐만 아니라 소비자─에서부터 부를 가져가고 있다.[26]

미국 소비자들이 바나나에 지불하는 가격 중 14%만이 중앙아메리카지역에 임금, 그리고 정부가 부과하는 세금의 형태로 흘러들어간다. 86%는 생산·선적·숙성·유통·소매를 장악하고 있는 기업들의 손에 들어간다. 대부분이 같은 기업의 자회사인 선적회사들은 중앙아메리카의 어떤 생산자들보다도 소비자가 낸 돈을 더 많이 가져간다.[27]

미국에서도 상황은 비슷하다. 오래 전 캘리포니아의 풍족한 싼 호아낀 밸리(San Joaquin Valley)의 두 지역사회를 비교한 연구는 "가족농들로 둘러싸인 마을에서는 농업에서 거둔 소득이 지역의 사업체들 안에서 순환되는 반면에, 기업농 마을에서는 소득이 즉각 대도시로 빠져나가서 멀리 떨어진, 대개는 외국 기업들로 흘러들어간다"라고 지적하고 있다. 가족농들이 대부분인 곳에서는 각종 사업체가 많고, 포장된 거리와 인도, 학교, 공원, 교회, 클럽, 신문과 함께 더 나은 써비스, 높은 고용수준, 그리고 시민들의 높은 참여를 볼 수 있다.[28]

불행하게도 우리는 잘못된 방향으로 나아가고 있다. 지난 30년 동안 저가 곡물을 생산하기 위한 고비용의 산업형 농업이 도입되면서 수많은 농가들이 파산의 구렁텅이로 내몰렸고 미국 농촌은 빈사상태가 되었다. 1975년에서 90년까지 미국 농업인구는 930만명에서 650만명으로 30% 감소했다.[29] 농민 수가 줄어들면서 대부분 기업소유인 나머지 농장들은 규모가 증가했다.[30] 평균 농장규모는 1940년대 70ha에서 1990년대에는 200ha 이상으로 증가했고, 농장 수는 남북전쟁 발발 전부터 따져도 최저치를 기록하고 있다.[31] 이제 토지 소유자의 4%가 미국 농지의 47%인 2억ha를 소유하고 있다.[32]

개혁의 결실 ● ●

엘리뜨들이 농업체제를 통제하기 위해 자원을 적게 이용하거나 오용하는 여러가지 방식들을 이해하게 되면서, 우리는 사실상 다른 어떤 경우도 이보다 더 상황을 악화시킬 수는 없을 것이라고 생각하게 되었다. 토지·농업금융·지식에 대해 좀더 공평한 분배가 이루어진다면 생산——분명 더욱 지속가능한 생산——은 더 증대하지 않겠는가?

세계은행과 국제노동기구(ILO)가 인도·말레이시아·브라질·꼴롬비아·파키스탄·필리핀 등에서 수행한 기념비적인 연구는 우리들의 생각을 뒷받침해준다. 이 연구는 더 평등한 토지분배가 생산성에 미치는 영향을 검토한 결과, 라틴아메리카같이 토지가 풍부한 나라들뿐 아니라 토지가 희소해서 집약적 농업이 행해지는 아시아국가들에서도 토지개혁이 상당한 생산성 향상을 가져올 수 있다는 결론을 내렸다.[33] 모든 조건이 같다면 농촌을 소규모의 가족소유 농장으로 바꿈으로써 농업 수확량을 파키스탄의 10%에서 말레이시아와 꼴롬비아의 28%까지 증가시킬 수 있다는 것이다.[34] 브라질 북동지역의 경우 소규모 소유로 농지를 재분배하면 수확량을 79.5%나 증가시킬 수 있을 것이라고 주장한다.[35]

그러나 이런 예측을 시험하기란 쉽지 않다. 대지주들이 자신들의 권력을 모두 동원해 저항하기 때문이다. 1980년대 중반 토지개혁에 위협을 느낀 브라질의 대지주들은 자신들의 땅을 농민들이 점유하지 못하게 하려고 500만달러를 투자해 무기를 사고 경호원을 고용하였다.[36] 토지를 재분배하고자 하는 노력이 현실로 나타날 때 좁은 이해관계에 매몰된 사람은 위협을 느끼지 않을 수 없다. 토지와 권력을 빼앗길 것이라는 공포로 지주 지배층은 생산에 대한 싸보따주를 감행하는 것으로 알려져 있다. 재산을 해외로 반출하기 위해 가축을 도살한다든지 해서 자신들의 재원을 청산하거나, 개혁을 수행하는 정부에 대한 대중의 반감을 확산시킬 목적으로 경제를 파괴하려 한다. 특권 독점계층이 외국에서 지원을 받아 변화에 성공적으로 저항할 수 있다는 희망을 갖게 되면, 그러한 싸보따주를 감행할 가능성은 더욱 커진다.[37]

진정한 토지개혁 ● ●

현대사에서 진정한 농업개혁의 사례를 찾아보기는 쉽지 않다. 그럼에도 20세기에 큰 영향을 미친 몇몇 개혁들이 있다. 이 장에서 제기된 우려에 대해 이런 개혁들은 많은 답을 말해준다.

일본 제2차 세계대전 이후의 사회적 불안을 우려하여, 보수 정부는 토지개혁을 단행했다. 소작농들을 자영농으로 바꾸면서, 개혁은 형평성을 높였을 뿐 아니라 농업 성장의 제약요건들을 제거했다.[38] 오늘날 일본의 단위면적당 곡물 수확량은 세계에서 가장 높은 수준이다. 아시아에서는 한국에 이어 두번째이다.[39]

한국 한국의 농업가구 절반 이상이 토지를 소유하지 못한 상황에서, 1950년대 초반 토지개혁으로 토지 없는 농민은 3%로 줄어들었다. 농토의 1/4 이상이 재분배되었고, 농민들이 받은 땅은 대체로 모두 크기가 비슷했다. 10년 안에 수확량은 개혁 이전 수준을 상회했고,[40] 오늘날 곡물 수확량은 아시아에서 가장 높다.[41]

타이완 1949년에서 53년까지 주로 토지개혁을 요구하는 농민들로 구성된 홍군(紅軍)에 쫓겨 타이완에 온 중국본토 권력은 타이완 토지귀족들에게 개혁을 요구했다. 이로 인해 토지소유 농민의 비율이 33%에서 59%로 늘어났고, 소작 비율이 41%에서 16%로 줄어들었으며, 남아 있는 소작민들의 소작료와 불안이 줄어들었다.[42] 그 결과 농업생산성이 늘었고, 소득 분포가 균등해졌으며, 농촌과 사회가 더 안정되었다.[43]

중국 1950년대 초반 중국은 아마도 지금껏 실시된 것들 중에 가장 근본적인 토지개혁을 단행했다. 5억 농민들이 그 영향을 받았다. 중국에서 거의 50년이 넘게 진행된 농업 변화를 살펴볼 때, 토지 이용권이 부유한 지주들의 손에서 결국 대규모 행정단위의 손으로 넘어가면서 생산량이 증가한 것을 드문 현상이라고 할 수는 없다. 그러나 토지에 대한 책임이 개별 가정으로 내려가고 또 노력에 대한 보상이 이루어지면서(농촌 소득을 도시 소득에 맞추면서), 출산력의 감소가 느려지고 있는데도 생산량은 인구증가율을 앞지르고 있다.[44] 1978년에서 84년까지 6년 만에 1인당 농업 산출량은 39% 증가했으며,[45] 그 이후에도 지속적으로 증가하고 있다.[46]

짐바브웨 농업개혁에서 땅만큼이나 중요한 농업금융도 함께 재분배했다. 1985년 짐바브웨 정부는 소농들에게 더 많은 대출자금을 배분했다. 또 여성들에게도 공식적인 재산소유권을 부여했으며 대출자금과 교육도 보장했다.[47] 이러한 변화는 7년 동안의 극심한 가뭄에도 짐바브웨가 어떻게 1985년에 1백만톤에 달하는 옥수수 잉여수확을 달성했는지 잘 설명해주고 있다. 소농들은 독립 이전시기보다 옥수수 수확을 10배 늘렸다. 하지만 토지개혁은 끝나지 않았고, 그 잠재력은 여전히 남아 있는 상태이다.[48]

인도 케랄라 주 1969년 토지개혁은 소작을 폐지했고, 그 결과 토지소유권이 광범위하게 재분배되었다. 높은 착취와 억압을 동반했던 부재지주제가 사라졌고, 참여민주주의와 인권 보호를 위한 토대가 만들어졌다.[49] 80만ha가 넘는 땅이 재분배되었고, 150만명의 소작농들이 자영농이 되었다.[50] 대다수 농민의 생계와 삶의 질이 눈에 띄게 향상되었다.

이러한 특수한 사례들에 더해 우리는 농업개혁의 영향에 대한 몇가지 연구결과를 검토해보았다. 진정한 토지 재분배에 초점을 맞추고 있는 연구들은 한결같이 토지분배의 결과로 생산성과 효율성이 늘어나고 빈곤이 감소했을 뿐만 아니라 경제도 긍정적인 효과를 보고 있음을 입증했다.[51] 비록 제한적이고 국지적이긴 하지만 진정한 개혁들이 중국·라틴아메리카·남아시아·아프리카에서 있어왔고, 그 결과는 긍정적이었다. 그럼에도 권력기관의 정책 분석가들은 이러한 개혁의 가장 큰 효과적인 면들을 무시한다. 영국 경제학자 마이클 립튼은 이렇게 말했다.

박식한 사람들 중 많은 사람들이 전후 일본 · 한국 · 타이완 이래 토지개혁에 성공한 사례가 거의 없다고 믿고 있다. 이들은 개혁에 허점이 너무 많아서 실제로 변한 것이 없고, 토지를 빈민들에게 돌려주는 것은 되도록 피했거나 실패했고, 아니면 번복되었다고 믿는다. 그리고 규모의 경제, 복잡한 기술, 마케팅 등 현대 영농법과 배치된다고 믿는다. 바람직한 곳에서는 정치적으로 불가능하다고 믿는다. 요약하자면 토지개혁의 황금기는 1960년대 중반에 끝났다는 것이다. 그런데 이 모든 진술은 거짓이며, 분석의 경향이나 정치적인 호오를 떠나 각 분야 전문가들이 일반적으로 틀렸다고 인정하는 것들이다. 빈곤퇴치정책 중에서 토지개혁만큼 전문가들의 분석 · 증거와 동떨어져 여론이 형성된 영역은 없다.[52]

토지개혁 반대자들은 전형적으로 양질의 토지를 재분배하려는 진정한 평등주의적 노력과, 토지 없는 사람들을 척박한 머나먼 땅으로 보내는 이주 프로젝트, 또는 토지소유구조의 몇가지 측면만 손대는 겉치레 개혁을 의도적이든 아니든 간에 혼동하게 된다.[53] 정부가 토지개혁을 말하면서도 현 상태를 바꾸는 것이 아니라 오히려 유지하려는 정책을 계속 펼 때 사람들이 혼동하는 건 당연하다. 개혁의 잠재력을 이러한 가짜 토지개혁의 결과로 측정할 경우, 실망스러운 결론에 이를 수밖에 없다.

악명만 쌓은 개혁들

멕시코 1930년대 라사로 까르데나스(Lázaro Cárdenas) 정부는 수

백만 농민들의 희망을 불러일으킨 광범위한 토지개혁을 발효했다. 그
러나 그뒤 정부들은 생산자원의 진정한 재분배에 필수적인 다른 요소
들—농업금융·개량종자·관개 등—을 다루지 않았고, 이것들은
계속 정치적으로 강력하고 부유한 생산자들의 영역에 남았다. 토지개
혁 후 40여년이 지난 1980년대 초반 지주의 2%가 토지의 3/4을 장악
하고 성인 농촌 노동자의 절반 이상이 토지를 소유하지 못하고 있다.[54]
북미자유무역협정(NAFTA)의 길을 닦기 위해 이루어진 정부의 반혁
명 결과, 오늘날 멕시코 농촌에는 무토지농민과 빈곤이 확산되고 있
다. 1992년 멕시코 헌법 제27조가 수정되면서 토지개혁은 종료되었
다. 많은 사람들은 이 결정이 1994년 1월 1일 시작된 사빠띠스따 반군
에 직접적인 영향을 주었다고 생각하고 있다.

엘쌀바도르 1980년대 미국 정부는 엘쌀바도르의 집권당에 껍데기
뿐인 토지개혁을 권유했다. 이 조치는 농촌 과두체제의 근간인 커피
대농장은 건드리지 않았고 대다수 무토지농민들의 필요를 무시했다.
개혁 이후 협동조합으로 바뀐 아시엔다(Hacienda, 스페인 식민지에서 수
탈한 원주민의 토지나 미개척지를 소수인에게 나누어주어 발생한 대농장 또는
그 소유제도. 라틴아메리카 국가들에 광범위하게 분포되어 있다—옮긴이)들은
자금 및 기술지원, 시기적절한 종자 공급에 목말랐다. 이 모든 것을 책
임진 정부기관은 개혁에 반대하는 당이 장악하고 있었다. 개혁의 경제
적 댓가를 '보여주기' 위해 협동조합들은 태업에 돌입했다.[55]
이러한 가짜 개혁이 필리핀, 온두라스, 파키스탄, 인도 및 다른 나라
들에서 만연하고 있다. 농촌 과두체제의 시혜를 입고 있는 정부가 개
혁을 수행할 경우 필연적으로 농촌 권력관계에는 아무런 변화도 일어

날 수 없다.[56] 따라서 이러한 '개혁'은 생산증대에도, 기아의 근원인 빈곤 경감에도 전혀 기여할 수 없다. 이러한 현상이 토지개혁은 효과가 없다는 잘못된 생각을 부추기고 있다.

아래로부터의 토지개혁

정책 담당자들이 토지개혁은 정치적으로 이제 더이상 실현 가능하지 않다고 말하는 동안, 빈민들이 스스로 문제 해결에 나서고 있다. 멕시코 치아빠스의 사빠띠스따 봉기 이후 무토지 농민들은 부유한 지주가 갖고 있던 8만ha 이상의 땅을 점유하였다.[57] 봉기 1년 뒤에 멕시코 정부와 독립적으로 30개의 혁명지방자치체가 사빠띠스따 영역 안에 만들어졌다. 지역민들은 좀더 활력있는 지역경제를 건설하기 위해 식량·가축·커피·수공예품 '생산체'를 조직하였다.[58]

브라질에서는 정부가 토지개혁을 약속하고도 미적지근한 태도를 보이자 이에 실망해 일어난 무토지농민운동이 1990년에서 1995년 사이에만 2천만ha가 넘는 땅을 점유했다. 몇몇 점거자들은 새로운 농장을 세웠는데 운영에 어려움을 겪는 곳도 있지만 대부분은 비교적 성공했다. 몇몇 토지점유지들은 농업생산협동조합으로 전환되어 수천 가구에 풍부한 식량, 현금수입, 그리고 기초 써비스를 제공하고 있다. 리오 그란데 두 쑬(Rio Grande do Sul) 주의 의복공장, 빠라나(Paraná)의 차 가공 공장, 싼따 까따리나(Santa Catarina)의 낙농공장을 포함한 소규모 산업체들이 가장 선진적인 협동조합들 속에 설립되어 있다.[59]

　　　　　　의사결정의 구조　　대다수인 빈민에게 유리하도록
권력구조를 바꾸는 것이 진정한 토지개혁의 핵심이다. 그러나 이 점에
서 규모의 문제로 혼란을 느껴서는 안된다. 우리가 여기서 평가하고
있는 것은 권력과 책임의 구조가 가져오는 결과이다. 규모는 종종 이
러한 개념들을 대신하는 역할을 한다. 거대지주제란 실제로는 소수가
핵심적인 자원인 토지 사용에 대한 모든 결정을 내리는 특수한 권위주
의적인 권력구조를 말한다.

　농업체제를 소농들이 지배한다고 해서 반드시 공평하다고 가정할
수는 없다. 농가 투입물의 분배와 생산물의 판매를 통제하고 있는 자
들이 소농들을 좌지우지한다면, 거대지주들이 땅을 독점하지 않는다
하더라도 이들은 무력할 수밖에 없다. 우리가 미국 수출용 멜론을 재
배하는 중앙아메리카의 소농들을 조사했을 때, 이들은 은행에서 대출
받기 쉽고 포장창고를 따로 갖고 있는 대규모 생산자들보다 2% 높은
이자율을 지불해야 하고 멜론도 65% 낮은 값밖에 받지 못한다는 것을
알게 되었다.[60] 따라서 토지소유구조 그 이상의 문제가 다루어져야 한
다. 진정한 토지개혁이 이루어진 곳에서는 소농들이 판매 경로 및 기
법, 인프라, 자금, 기술을 지원받을 수 있었다.[61]

　　　　　　생산인가　　상식과 역사적 경험을 통해 농업자원을 공정
하게 통제할수록 수확이 더 많아진다는 점을 확인할 수 있다. 하지만
더 근본적인 것을 고려해야 한다는 점을 절대 잊어서는 안된다.

　엘리뜨가 지배하는 농업체제가 더욱 생산적이라는 것을 누군가가

171

증명할 수도 있다. 하지만 그러면 우리는 '그래서?'라고 반문할 것이다. 식량생산이 인간의 필요를 충족시킬 때만 가치있는 것이 아닌가? 한 사회의 농업체제가 아무리 생산성이 높다 해도 그속의 사람들이 굶주린다면 그게 무슨 소용이 있는가?

따라서 생산의 문제만 따로 떼어서 제기해서는 안된다. 어떤 체제가 많은 식량을 생산할 수 있는가 하는 것이 아니라, 엘리뜨 통제와 민주적 통제 중 어떤 체제가 굶주림을 해결할 가능성이 큰가 하고 물어야 한다.

자산의 재분배로 빈농들의 구매력이 높아진다면, 재배작물의 구성비율은 필요에 반응하게 될 것이고, 사치작물의 생산은 격감할 것이다. 땅을 가진 가구에서는 처음으로 필요한 만큼 소비하여 시장을 위한 생산은 늘어나지 않을 것이다. 사실 생산물의 시장가치는 떨어지겠지만 굶주림 또한 줄어들 것이다. 우리가 지적하려는 것은 단지 생산에만 협소하게 초점을 맞춤으로써 우리가 우선적으로 고려해야 할 것을 잊어서는 안되며, 불필요한 굶주림을 어떻게 종식시킬 것인가 하는 진정한 관심을 잊지 말아야 한다는 것이다.

많은 사람들이 좀더 공정한 경제체제와 효율적인 생산 사이에서 하나를 선택해야 한다고 믿도록 강요받고 있다. 이러한 상충관계는 환상이다. 사실 가장 비효율적이고 파괴적인 식량생산체제는 자신들의 이해에 매몰된 소수가 통제하는 체제이다. 형평성이 커질수록 생산 잠재력도 커지고 장기적인 생산도 지속할 수 있을 것이다. 이것이야말로 생산을 통해 굶주림을 끝내는 유일한 방법이다.

한국의 농지개혁이 자작농 창설로 한국 농업의 새로운 활로를 열었다는 긍정적 평가에도 불구하고, 한국 농업발전의 토대를 마련하는 계기가 되었다는 찬사를 받기에는 부족함이 많다. 이는 제2차 세계대전 종결과 함께 해방이 된 우리나라가 미소 냉전에 의한 남북분단과 그에 따른 극심한 이데올로기 대립 국면을 맞게 된 것과 관련이 있다.

이데올로기의 다툼이 극심한 남한사회에서 미군정의 선택은 반공의 보루를 어떻게 구축하는가 하는 것이었다. 이를 위해 남한 민중의 격렬한 저항에도 불구하고 일제와 결탁했던 지주 중심의 보수진영인 한민당 세력과의 결탁도 서슴지 않았다. 이 과정에서 미군정의 농지개혁은 한민당의 방침을 상당부분 수용할 수밖에 없었다. 그 결과 경자유전(耕者有田)의 원칙에도 불구하고 지주들의 요구가 일방적으로 관철되었고, 법제정 과정은 농지개혁법 시행령 발포의 지체, 시행령 내용의 부실화, 분배대상 면적의 누탈, 농지개혁법의 악용 · 무력화 · 사문화 등으로 이어졌다.

따라서 남한의 농지개혁은 봉건적 제도의 미봉적인 청산에 그쳤다는 비판에서 벗어날 수 없었고, 농지개혁 과정에서부터 자작농의 괴멸이 시작되었던 것이다. 결국 농지개혁 이후 상당수의 자작농은 생산력 증진을 통한 농업자본의 축적의 길로 나서지 못하고 다시 소농적 차지농으로 전락하고 만다. 영세 소농 구조의 정착과 소작제의 만연 그리고 끊임없는 고율 소작료의 논란이 거듭되고 있는 오늘날 한국 농업의 특징도 철저하게 이루지 못한 농지개혁의 결과에 큰 영향을 받았다.

참고문헌

김병태 『토지경제론』, 백산서당 1992.

브라질 소작농들 급속한 토지개혁 요구 점거운동
"룰라여, 더 날카로운 칼을 들라" "먹고살 최소한의 땅을 달라"

'노동자와 농민의 벗'을 자처하며 지난 1월 취임한 루이스 이냐시오 룰라 다 씰바(룰라) 대통령이 좀더 과감하고 급속한 토지개혁을 실시하라는 압력을 받고 있다. BBC방송 인터넷판은 11일 급진적 토지개혁을 요구하는 브라질의 '무토지농민운동(MST)'이 지난 1월 1일 룰라 집권과 함께 시작된 휴전을 접고 지난주부터 토지 점거 운동을 재개했다고 보도했다. 이들은 이미 5개 주에서 지주나 정부가 소유한 황무지들을 점거했으며 4월부터는 연방정부 건물 점거와 행진도 병행할 예정이라고 밝혔다.

브라질은 상위 인구의 3%가 농경지 3분의 2를 차지한 반면 하위 40%는 단 1%밖에 갖지 못할 정도로 최악의 토지집중 현상을 보이고 있다. 지난해 대선에서 '룰라 열풍'을 일으키며 집권한 브라질 노동자당은 전통적으로 MST를 강력히 지원했으며, 룰라 대통령은 후보 시절 이 문제를 평화적으로 해결할 사람은 자신밖에 없다고 공약했다. 룰라는 취임 직후 황무지 20만ha를 징발해 재분배한다고 발표하기도 했다. 그러나 MST 측은 이런 조치는 필요한 개혁의 극히 작은 부분에 불과하다면서 더 광범위하고 빠른 개혁을 원하고 있다. MST의 운동방식은 소작농들의 폭동이라기보다는 먹고살기 위해 휴경지나 황무지를 무단으로 점거하는 식이다. 예를 들어 지난 5일 여성 500여명과 어린이 100여명은 고이아스(Goias) 주의 주도 고이아니아(Goiánia)에 있는 농업개혁연구소 땅에 무단으로 들어가 텐트를 치고 그곳에서 살겠다고 밝혔다.

1985년 가톨릭교회의 지원을 받아 MST가 처음 등장한 이래 이런 방식으로 25만 가구가 1천5백만 에이커의 땅에 대한 소유권을 인정받았다. 현재 8만여 가구가 정부로부터 소유권을 인정받기 위해 기다리고 있다. 이 과정에서 문제가 없었던 것은 아니다. 지난 10년간 경찰 및 지주와의 충돌에서 1천여명이 사망한 것으로 추산된다.

당장 재원이 부족한 룰라 정부는 "민주주의의 한계를 인정해 달라"면서 협상을 벌이고 있다. MST측은 그러나 "기다림의 시간은 끝났다"면서 뜻을 굽히지 않고 있다.

경향신문 2003년 3월 12일자

myth

자유시장이 굶주림을 끝낼 수 있다

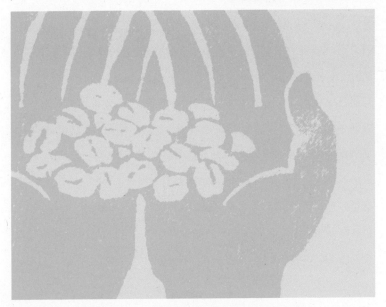

신화

정부가 방해하지만 않는다면 자유시장이 굶주림을 해결할 수 있을
것이다.

불행하게도 '시장은 선이요 정부는 악'이라는 공식은 굶주림의 원인
을 다루는 데 전혀 도움이 되지 못한다. 자원과 부를 배분할 때 지구상
의 어느 경제에서나 시장과 정부가 함께 나서는데도, 이런 생각은 사
회가 둘 중 어느 한 쪽을 택할 수 있다고 착각하도록 만든다.

지극히 자본주의적이고 시장지향적인 미국 사례를 들어보자. 국민
총생산(GNP) 대비 미국의 연간 정부지출 비중은 '사회주의적'이거나
사회민주주의적인 네덜란드·노르웨이·벨기에의 절반 정도이다.[1] 하
지만 4480억 달러로 추정되는 미국 연간 정부지출의 1/3이 약간 넘는
액수는 기업과 부유한 개인들에 대한 직간접 보조금으로 구성되어 있
으며, 이는 자유시장 원칙을 정면으로 위배한다.[2]

최근까지도 자유시장 옹호자들이 좋아했던, 한국과 타이완의 놀랄
만한 전후 성장은 사실 정부의 엄청난 개입이 이루어낸 것이다. 특히
정부가 강제한 토지개혁과 기간산업 지원이 핵심이었다.[3]

이러한 흑백논리적 사고 때문에 우리는 정말로 중요한 질문—시
장이든 정부든 어떻게 굶주림을 줄여나갈 수 있는가—을 알아차리기
힘들게 된다. 시장 옹호자들은 자신들의 논리를 지지하는 증거를 많이
갖고 있다. 어떤 사회가 시장을 멀리할 경우 심각한 문제에 직면하는

것은 분명하다.⁴ 아무리 유용한 고안품도 독단에 빠지면 문제가 생기는 법이다. 우리는 시장이 무엇을 할 수 있고 무엇을 할 수 없는지를 보지 못하고 있다. 시장은 여러 장점들에도 불구하고, 다음의 세 가지 결점 때문에 굶주림의 직접적인 원인을 제공하는 셈이다.

돈에 반응하는 시장 ● ●

몇년 전에 우리는 유명한 시장경제의 옹호자이며 노벨상 수상자인 밀튼 프리드먼(Milton Friedman)에게 공적으로 대답할 기회를 가진 바 있다. 그는 자유시장의 가장 두드러진 장점은 개인들의 선호에 반응한다는 점이라고 말했다. 이에 대해 우리는 굶주리는 개인의 선호는 먹는 것이며, 그럼에도 전세계에 8억명이 넘는 사람들(미국에서만 3천만명의 사람들)이 그러지 못하고 있다고 답변했다.

교훈은 자명하다. 시장의 첫번째 결점은 개인들의 선호 또는 필요에 반응하지 않는다는 것이다. 시장은 돈에 반응하기 때문이다.

이러한 간단한 교훈이 굶주림에 대해 주는 결과를 살펴보자. 이 책의 앞부분에서 우리는 먹을 것을 재배하고 분배하는 데 대한 의사결정 권력이 점차 집중되고 있으며, 소수의 사람들이 토지소유를 늘리면서 농업금융·물·시장판로 등을 통제하고 있음을 지적했다. 점점 더 많은 농촌빈민들이 토지에서 쫓겨나면서, 이들은 갈수록 시장에 나오는 식량에 대해 자신들의 요구를 내세울 수 없게 되었다.

도시지역에서도 이와 똑같은 일이 벌어지고 있다. 소수의 엘리뜨들이 은행·산업·상업기관들을 통제하고 있다. 칠레에서는 전 대통령 삐노체뜨(Pinochet)의 군사정권하에서 거의 20년에 걸쳐 시행된 극단적인 자유시장정책으로 국내 및 국외의 소수 투자자들에게 일찍이 볼 수 없었던 부와 소유권의 집중이 일어났다.[5] 멕시코에서는 1988년에서 94년까지 자유시장 옹호자 까를로스 쌀리나스(Carlos Salinas) 대통령이 재임하는 동안, 『포브스』(Forbes)지의 연간 전세계 갑부순위에 등장한 멕시코의 억만장자의 수가 1991년 2명에서 1993년 13명으로, 그리고 쌀리나스가 물러날 때는 24명으로 늘어났다. 새로운 억만장자들과 전 대통령 친인척의 긴밀한 관계는 그 나라를 떠들썩하게 만든 스캔들로 이어지기도 했다.[6]

이런 권력 집중 덕택에 부자들은 되도록 노동자 수가 적은 사업에 자유롭게 투자하고 노동자들의 생계임금 요구는 거부한다. 이러한 조건에서 시장은 무슨 일을 하는가? 할 수 있는 일이라고는 고작 돈을 낼 수 있는 소수 특권층들의 기호에 반응하는 것이다. 이들의 소득만으로도 충분히 '유효수요'를 충족할 수 있다. 생산은 필연적으로 육류, 신선한 과일과 채소, 수입된 레이저디스크와 CD플레이어, 시바스리갈 같이 부유한 사람들이 희망하는 물품 쪽으로 이동한다. 이는 다수를 위한 기초식품 재배가 점차 소수를 위한 사치작물들로 대체되는 보이지 않는 음식혁명이라 할 수 있다. 다음 장에서 보겠지만, 먹을 것은 국제무역을 통해 굶주린 사람들에게서 잘 먹는 사람들에게로 넘어간다.

똑같은 상황을 미국에서도 목격할 수 있다. 예를 들어 이제 뉴욕의 빈부 격차는 과떼말라보다 더 크다.[7] 굶주리고 집 없는 사람 수는 점점 늘어남에도, 상점의 진열장은 부자들을 위한 향연의 기회를 마련해주고 있다. 유기농 식품, 명품 커피, 값비싼 다이어트 식품, 수입 포도주와 치즈 등등.

내버려두면 시장은 단지 부와 소득의 불평등을 반영할 따름이다. 시장은 분배를 위한 유용한 도구이지 그 이상이 아니라는 실상을 분명히 보아야 한다. 시장이 모든 사람들의 필요와 요청을 염두에 두고 있다고 생각하는 것은 착각일 뿐이다.

시장은 맹목적이다 ● ●

시장의 두번째 결점은 맹목적이라는 점이다. 즉 시장은 생산이라는 엔진을 가동할 때 드는 사회비용 및 자원비용에 대해서는 전혀 무관심하다. 미국의 사례는 이 점을 분명히 보여준다. 미국의 농업수출은 1995년 620억 달러로 호황을 맞았다. 이 정도면 대박이 아니냐고 시장은 우리에게 말한다. 이 모든 수출은 수입한 석유값을 지불하는 데에도 도움이 될 것이다.[8]

그러나 시장은 미국에서 지배적인 기계화 농업체계가 에너지를 엄청나게 낭비하고 있다는 것은 말해주지 않는다. 인간이 먹는 1kcal의 식량을 생산하기 위해 3kcal에 달하는 화석연료 에너지가 필요하다.[9] 경제적 측면에서 이는 창출된 화폐가치의 1/3에 해당하는 것이다.[10]

또 시장은 재생할 수 있는 속도보다 더 빠르게 토양이 침식되고 지하수가 고갈되고 있다는 사실을 말해주지 않는다.[11] 미국에서 토양침식으로 인한 총사회비용은 연간 170억 달러로 추산되고 있다.[12]

그리고 시장은 국제 시장의 변덕에 더욱 취약해지고 있는 농민들이 감당해야 하는 사회비용에 대해서도 말해주지 않는다. 수많은 가구의 생계가 말살되고 토지 없는 농민들이 늘어나고 농촌 공동체 전체가 쇠퇴하고 엄청난 수의 농민들이 식량지원을 필요로 하는, 이 모든 파괴에 대해 시장은 눈을 감고 있다.[13]

시장은 • •
집중을 가져온다　마지막으로, 시장은 그대로 내버려두면 우리가 가장 깊숙이 간직하고 있는 가치들을 침해하는 결점을 갖고 있다. 시장은 경제권력의 집중을 가져온다. 더 큰 경제권력을 쥐고 있는 사람들은 그렇지 않은 사람들을 집어삼킨다.

경제권력의 집중은 굶주림의 직접적인 원인이며, 정치적 민주주의를 심각하게 위협한다. 제3세계에서 이러한 일들을 보는 것은 그리 어렵지 않다. 과떼말라에서 굶주림과 극단적인 토지소유 집중의 관계는 자명한 것이다.[14] 미국에서 경제권력의 집중이 늘어나고 사람들이 불필요한 고통을 안게 되는 사이에서 어떤 연관성을 찾아볼 수 있을까?

미국의 농업을 다시 한번 예로 들어보자. 1970년대 시작된 수출 붐은 엄청난 이익을 가져왔지만, 그 이익이 공평하게 분배된 것은 아니다. 1980년대 초반이 되자 농장 운영자의 1%—대부분이 기업—가 농장 순소득의 60%를 차지했다. 1990년대 거대 기업들은 점점 늘어가는 농장 생산물들의 생산·유통·판매에 대해 통제력을 계속 확장해갔다. 오늘날 전 농장의 20%가 총생산의 80% 이상을 점유하고 있다. 규모로 상위 4% 미만의 농장들(매출이 100만 달러가량)이 채소·옥수수·멜론의 66%를 생산한다.[15] 1973년 미국에서 쇠고기 가공부문 상위 4개 기업이 도축물량의 29%를 점유했는데 오늘날 그 비중은 80% 이상으로 늘어났으며, 미국의 쇠고기산업은 세 곳의 초국적기업이 지배하고 있다. 비슷한 모습이 돼지고기와 닭고기 산업에서도 나타난다.[16]

시장이론만으로는 이러한 극적인 변화를 설명하지 못한다. 이론상으로 시장은 고된 노동에 대해 보상한다. 현실에서는 고된 노동과 생산을 필요로 하지만, 보상은 토지나 가공시설에 대해 상당한 지분을 갖고 있는 부를 소유하고 있는 사람들에게만 주어진다. 이들은 자금지원을 쉽게 얻을 수 있고, 따라서 불가피한 시장의 변동에 더 잘 견딜수 있다. 필연적인 과잉생산과 그로 인한 가격하락으로 면적당 이윤이 줄어드는 상황에서는 부자들만이 면적을 늘리는 방법을 통해 재산을 늘릴 수 있다.

식량의 탈출과
수퍼마켓 특정경계지역 지정

식량의 생산과 소비체계 전체에서 볼 때 시장은 가장 절실히 식품을 필요로 하는 곳에 이를 공급하는 데 실패하고 있다. 상위 20개 수퍼마켓 체인 중 16개 업체에 영향을 미친 1980년대 인수합병 과정에서 전면적인 다운싸이징(downsizing)이 일어났다.[17] 치열한 경쟁이 벌어지는 시장 속에 진입한 체인 형태의 대형 수퍼마켓들이 '효율성'을 성공의 기준으로 삼아 취약한 부분을 잘라내기 시작한 것이다. 특히 수익률이 낮은 도심 빈민거주지역 점포가 직격탄을 맞았다. 미국 전역에서 이러한 행태가 반복되었다. 보스턴에서는 지난 10여년 동안 50개의 수퍼마켓 중에서 34개가 사라졌고, LA에서는 374개, 시카고에서는 500개 이상이 문을 닫았다.[18]

점포 폐쇄가 소수민족 거주지역에 집중되었기 때문에 우리는 이를 '수퍼마켓 특정경계지역 지정' 또는 '식량의 탈출'이라 부른다. 은행들이 유색인의 담보를 거부하는 관행과, 중산층들이 도심지에서 교외지역으로 빠져나가는 현상을 일컫는 것이다.[19] 최근에 누구라도 도심지에 차를 타고 들어와본 사람들은 수퍼마켓 문이 낙서 가득한 합판으로 폐쇄되어 있는 광경을 쉽게 볼 수 있을 것이다.

수퍼마켓이 문을 닫으면서, 도심 거주민들은 신선식품과 육류뿐 아니라 거의 모든 식품을 지역 내에서 공급받을 수 없게 되었다. 몇개 남은 주류판매점과 구멍가게만이 몇 안되는 캔식품이나 건조식품 따위를 교외 수퍼마켓보다 49%까지 더 비싼 가격에 팔고 있다. 저소득가정 대부분은 차도 없기 때문에 버스를 몇번 갈아타면서 먼 곳까지 가서 식품을 사와야 한다.[20]

당신이 최저임금의 일자리로 연명하면서 홀로 아이를 키우는 엄마라고 생각해보라. 몸이 지쳐 집에 와서도 먹을 것을 애타게 기다리는 아이들을 위해 40분을 들여 복잡한 버스를 몇번 갈아타면서 양손 가득 먹을거리를 사와야 한다. 아니면 당신이 홀로 사는 노인이라서 이렇게 끔찍한 장보기 여행을 하거나, 국가에서 지원받는 얄팍한 생계지원금으로 49%나 더 비싼 값을 지불해야 한다고 생각해보라. 요지는 시장은 먹을 것을 가장 절실히 필요로 하는 사람들에게 그것을 전달하지 않는다는 것이다.

시장의 '조정' ● ●

1980년대와 90년대에 IMF나 세계은행 같은 국제기구들은 제3세계 경제에 구조적 변화를 강제했다. 외채 구조의 개편에 절박하게 필요했던 자금은 '구조조정' 프로그램의 실행이라는 조건이 붙어 제공되었다. 전문관료들이 경제를 좀더 '효율적'이고 '경쟁력 있고' 성장 가능성 있게 만드는 것을 대외적인 목표로 해서 제시한 계획이다. 사실 이러한 프로그램들의 주된 효과와 목적은 제3세계 경제를 외국기업들에게 열어젖힘으로써 새로운 시장과 투자 기회를 제공하는 것이었다. 이는 국영기업의 민영화, 탈규제(국내 및 해외투자에 대한 제약의 철폐), 보건의료나 교육, 정부의 사회보장예산 삭감과 수입장벽 철폐 같은 다양한 자유시장정책을 도입하는 방식으로 이루어졌다.[21]

이러한 구조조정정책이 국민 대다수의 생활에 미친 영향은 말 그대로 재앙이었다. 민영화가 짧은 시간 내에 대규모로 이루어지면서, 일반인들이 받던 제도와 자원의 혜택이 민간 기업으로 이전되었다. 대부분의 국가에서 경제권력이 점점 더 소수에 엄청나게 집중되면서 빈부격차는 커져갔다. 그 결과 제3세계에서 1980년대와 90년대 초반 사이에 빈곤과 굶주림이 급증했고, 특히 지역 엘리뜨들이 '구조조정'을 열광적으로 시행했던 라틴아메리카와 아프리카에서 더욱 심했다. 라틴아메리카에서는 대륙 전체에 걸쳐 결핵과 콜레라가 만연하고, 폭력과 불안이 번졌으며 사회조직이 약화되었다. 아프리카의 사하라 이남지역에서는 공중보건 혜택이 잇따라 축소되면서 콜레라가 퍼져나가고 에이즈가 엄청나게 번져갔다.[22]

수입 자유화로 외국에서 생산된 사치재가 제3세계에 넘쳐나면서 제3세계의 무역적자는 더욱 악화했다. 10년 동안의 구조조정 이후 꼬스따리까의 무역적자는 3억 5000만 달러에서 5억 3200만 달러로 거의 100% 증가했다. 서른두 가지 색깔의 막스팩터 립스틱, 바비인형의 집, 알라딘인형 같은 소비재의 연간 수입액은 1억 3400만 달러에서 6억 5700만 달러로 늘어났다. 작은 꼬스따리까에 3년 동안 들어온 7만 6800대의 자동차 중에는 벤츠 · 포르셰 · 토요따 · 혼다 등도 있었다.[23] 동시에 값싼 수입곡물이 쏟아져 들어오면서 지역농민들은 내쫓겼고, 그 결과 이 나라의 주식인 옥수수 · 콩 · 쌀 재배 농민 수는 7만명에서

2만 7700명으로 급감했다.[24] 그에 따라 4만 2300가구가 생계를 잃었다. 차가 1.8대 수입될 때마다 농민 1명이 삶을 송두리째 빼앗긴 꼴이다. 이것이 시장이 꼬스따리까 사람들에게 베푼 혜택이다.

이런 시장의 결점을 알게 되면, 정부의 통제가 낫고 시장은 완전히 배척해야 한다는 생각이 들지도 모르겠다. 하지만 굶주림의 근본 원인을 알기 위해서는 좀더 사려깊은 연구가 필요하다.

시장이 어떻게 굶주림을 끝낼 수 있을까

시장의 유용성을 믿으면서 전 세계의 굶주림을 근절하고자 애쓰는 사람들에게 다급한 문제는, 어떤 조건에서 시장이 사람들의 필요와 선호에 반응하는가이다. 정의상 시장은 필요가 아닌 경제권력에 반응하기 때문에, 이에 대한 답은 매우 분명하다. 구매력이 좀더 넓게 분산될수록 시장이 실제 사람들의 선호와 필요에 더 잘 반응할 것이며 굶주림을 근절할 수 있는 힘을 갖게 될 것이다.

다른 말로 하면, 시장을 확대할 것이 아니라 소비자를 늘려야 한다는 말이다. 고객이 있는 곳에는 써비스를 요청할 수 있는 돈이 있고, 거기에 기업가도 따라온다. 바로 그것이다. 그러면 시장은 호황을 맞게 되는 것이다. 꾸바에서 식량위기를 극복하는 데 시장이 커다란 역할을 한 것은 구매력이 비교적 넓게 분포되어 있어서[25] 노동과 생산자원에 접근할 수 있는 기회가 좀더 공평했기 대문이다.[26]

시장의 유용성을 믿는 사람들이 할 일은 구매력의 집중을 막고 이를 광범위하게 분산하는 정책을 북돋우는 것이다. 그러나 이러한 시각은 결국 문제를 완전히 해결하지 못한다. 시장에 초점을 맞춘 나머지 어떤 조건에서 정부가 진정한 발전에 기여할 수 있는가 하는, 역시 어려운 문제를 지금껏 다루지 못했던 것이다.

굶주림을 끝내는 데
정부의 역할은 있는가
정부를 발전의 장애물로 보는 사람들은 정부가 우리 사회의 발전에 해온 역할을 제대로 평가하지 못한다. 도로·다리·철도뿐만 아니라 교육, 보건의료를 포함하는 인프라에 대해 공공부문의 지원이 없으면 우리가 사는 나라는 어떻게 될까?

정부는 분명 발전에 필수적인 존재다. 하지만 이 대목에 이르면 과연 '얼마만큼'의 정부와 '얼마만큼'의 시장이 섞여야 발전에 가장 잘 기여할 것인지가 궁금해진다. 단순히 상충하는 관계라는 설명은 그다지 도움이 되지 않는다. 정부의 기여가 어떤 성격을 갖는 것인지 잘 밝혀주지 못하기 때문이다. 예를 들어,

• 필리핀에서처럼 정부의 보건의료 예산이 대부분 값비싼 수입 장비를 사용하는 도시 중심지의 종합병원에 사용되는가? 아니면 인도의 케랄라 주처럼 다수를 위한 1차 보건기관을 지원함으로써 같은 돈이 시골 전체에 퍼져나가는가?[27]

• 정부의 농업예산이 미국이나 멕시코에서처럼 농촌 생산자 대다수의 필요를 무시하면서 대규모 농장을 지원하는가?[28] 아니면 값싼 자금과 적절한 기술지원을 통해 소농들에게 우선권을 주는가?

• 정부가 꼬스따리까에서처럼 얼마 되지 않는 외환이 부자들의 사치재 수입으로 빠져나가도록 허용하는가? 아니면 한정된 자원을 빈곤을 줄이고 굶주림을 근절하는 쪽에 사용하는가?

이런 질문들이 발전에 대한 정부의 역할을 살펴보는 데 진정으로 의미있는 것들이다. 부유한 엘리뜨들에 좌지우지되는 정부는 자원을 일부만의 이익을 위해 사용할 것이다. 반면에 자신의 생존이 국민 대다수의 지지에 의존한다는 것을 아는 정부는 국민의 필요에 따라 움직일 것이다.

시장 감시자인 정부 ● ●

대부분의 사회는 생존에 필수적인 인적·물적 인프라뿐만 아니라, 정부가 갖고 있는 두 가지 다른 중요한 역할을 인정한다. 즉 부당한 경제권력의 집중을 방지하고 기본권을 보장하는 것이다. 이는 정부가 굶주림을 줄이는 데 기여할 것인지를 결정할 만큼 중요한 것이다.

우리가 앞에서 강조했듯이, 시장은 그대로 내버려두면 부와 구매력을 집중시키고, 따라서 모든 필요를 충족시킬 수 있는 유용한 기능을 훼손하게 된다. 그러나 다수의 이해를 충족시켜야 할 책임이 있는 정부는 규제를 통해 집중화 경향을 막고 자원을 배분할 수 있다.

특히 굶주림과 관련해서는 진정한 토지개혁—소유권이 재집중되는 것을 막도록 강제하는 규정을 포함하는—이 이러한 정책에 포함되어야 한다. 그것은 빈농들에게 혜택을 주는 조세와 금융정책을 뜻한다. 공공정책—자금지원, 조세, 토지, 사회복지, 작업장 개혁 등—을 통해 적극적으로 구매력을 분산시키는 일이 필요하다. 아마도 가장 광범위한 분산 효과를 낳는 것은 일을 원하는 누구에게나 일자리를 주는 것이다.

이는 시장에 대한 간섭이 아니다. 구매력을 분산하는 정책은 실제로 시장이 원래 하도록 되어 있는 일을 하도록, 즉 사람들의 필요와 선호에 반응하도록 도와준다.

####### 먹을 권리가 있는가　　마지막으로 정부의 역할은 권리를 보호하는 것이다. 사실 정부는 이에 대해 유일한 권한을 갖고 있다. 정부가 시민들의 권리를 보호하지 않는다면 어떤 것도 실질적인 권리라고 말할 수 없기 때문이다. 예를 들어 법원이 우리가 말하는 것을 방해하려는 자를 막아줄 수 있는 한에서만, 우리는 자유롭게 말할 수 있는 권리를 갖는 것이다.

몇몇 사회에서는 기본적 인권에 먹을 것에 대한 권리 ―― 사실 가장 중요한 권리 ―― 도 포함해야 한다고 정하고 있다. 사실 먹을 권리 없이 어떻게 다른 권리들을 누릴 수 있겠는가?

모든 민주사회가 먹을 수 있는 권리를 보호하는 것은 아니다. 실제로 많은 사회에서 개인의 생명을 보호하는 것은 물리적인 공격으로 위협받을 때이지 육체적으로 결핍될 경우는 아니다. 미국 같은 몇몇 사회에서는 정부가 시민들의 육체적 안전을 위해 소방서와 경찰을 조직하지만, 일자리, 먹을 것, 의료의 경우에는 스스로 책임져야 한다고 생각한다.

기본권 개념이 경제적 · 사회적 권리까지 포함하도록 확장되어야 정부도 모든 국민이 고용, 건강한 식사, 적절한 보건 써비스에 접근할 수 있도록 보장할 책임이 생긴다. 실제로 1948년 12월 10일 UN이 채택한 세계인권선언의 제25조 1항은 다음과 같다.

189

신화 ─ 자유시장이 굶주림을 끝낼 수 있다

모든 사람들은 의식주와 의료, 그리고 필요한 사회적 써비스 등을 포함하여 자신의 건강과 복지에 적절한 생활수준을 누릴 권리가 있으며, 실업, 질병, 장애, 배우자와의 사별, 노령 및 그밖에 자신이 통제할 수 없는 상황에서 생계수단이 부족할 경우에 사회보장을 누릴 권리를 갖고 있다.[29]

이는 정부가 스스로 이러한 재화들을 제공해야 한다는 것을 뜻하지는 않는다. 정부는 어떤 사람도 이러한 것들이 부족하지 않도록 보장해야 한다는 것이다. 우리는 여러 사회에서 다양한 접근법을 발견할 수 있다.

우리가 3장에서 인구에 대해 논의할 때 살펴보았던 인도의 케랄라 주를 다시 한번 보자. 인도에서 케랄라 주는 다른 지역보다 굶주리는 사람 수가 적은 편이다. 이곳은 영아사망률이 인도 전체평균의 절반에 불과하고 평균수명도 더 길다. 케랄라 주는 여전히 토지소유의 집중으로 고생하고 있지만, 소작농들을 자작농으로 바꿔가면서 심각한 영향들은 완화하고 있다. 그리고 식품은 더이상 최고가격에 낙찰되는 상품이 아니다. 공정가격을 매기는 상점들이 식품 가격을 낮게 유지하고 있다.[30]

서구 선진국들 가운데서는 스칸디나비아반도의 정부들이 가족농 중심의 농업을 보호하는 데 긍정적으로 기여하고 있다. 스웨덴에서 부는 여전히 집중되어 있지만, 언젠가부터 이곳 사람들은 농사와 식품은 시장에만 맡겨두기엔 너무 중요한 문제라고 판단했다. 그래서 농사짓는 농민들만이 농지를 소유할 수 있고, 농지의 매각은 지역위원회에서 철저하게 감시한다. 가족농들이 경쟁에서 밀려나지 않도록 땅값이 너무 오르는 것을 막기 위한 조치이다.[31] 게다가 식품의 도매가격이 시장가격 변동에 따라 요동치지 않도록 한다. 가족농들의 피해를 최소화하기 위해서이다. 대신 정기적으로 농민대표, 정부, 농기업, 소비자 생활협동조합이 협상테이블에 마주 앉아서 가격을 결정한다.[32]

이러한 여러 사례들을 볼 때 우리는 시장 자체만으로 굶주림을 줄일 수 없다는 점을 인정해야 한다. 세계은행의 분석가들조차도 오로지 성장만 가지고는 일정한 시간 내에 만성적인 굶주림을 줄일 수 없음을 인정한다. 굶주린 사람들이 먹을 것을 얻을 능력을 키우기 위해서는 시장에 대한 직접 개입이 필요하다.[33]

짧은 논의를 통해 발전에 이바지하고 인간의 자유를 확대하는 시장과 정부의 적절한 역할이라는 중대한 논쟁에 대한 답을 보여주기는 어렵다. 쉽게 말해, 우리는 실제 삶의 경험과 유리된 채 독단만 고집한다면 굶주림은 영원히 근절할 수 없다는 것을 보여주려는 것이다. 정부냐 시장이냐 하는 양자택일은 우리가 굶주림을 근절하기 위해 시급히 다루어야 할 질문을 제대로 보지 못하게 한다.

어떤 조건에서 시장과 정부 모두 굶주림을 줄이는 데 기여할 수 있을 것인가? 이 문제에 대한 해답은 분명히 경제이론에서만 찾을 수 있는 것이 아니다. 시민과 정책결정권자와의 관계에 달린 것이다. 자원에 대한 통제가 소수의 손에 있고 정치권력이 대체로 부유한 사람들의 큰 목소리에 반응하는 한, 시장도 정부도 굶주림을 종식시킬 수 없을 것이다.

세계 곡물시장을 좌우하는 소수의 곡물거래기업을 석유메이저에 빗대 곡물메이저라고 부른다. 흔히 5개 곡물메이저로 카길(Cargill), 컨티넨털(Continental), 붕게(Bunge), 앙드레(André), 드레퓌스(Dreyfus) 등이 알려져 있다. 그런데 최근에 이러한 구조에 커다란 변화가 생겼다. 앙드레는 90년대 파산 직전까지 갔다가 간신히 명맥만 유지하고 있고, 컨티넨털은 2001년 카길에 곡물사업 부문을 매각했다. 드레퓌스는 곡물거래 부문을 축소하고 금융(리스크관리) 부문으로 나서고 있다. 따라서 현재 곡물메이저는 카길, 붕게, ADM, 콘아그라(ConAgra)의 4강 체제로 굳어졌다. 새롭게 등장한 ADM과 콘아그라는 미국의 곡물시장 영향력 증대와 더불어 급속하게 성장세를 타고 있다. 그러나 90년대 곡물거래시장의 불황을 맞아 식품가공을 비롯한 다양한 사업으로 확장하고 있는 카길의 독주는 여전히 계속되고 있다.

카길은 1865년에 미국의 미니애폴리스에서 창립된 유태계 개인기업(주식회사가 아니라서 기업이 공개되어 있지 않다)으로, 2002년 현재 57개국에 9만 명의 종업원을 고용하고 있다. 1997년 자료에 의하면 미국 곡물수출의 25%, 식용유 압착시설 25%, 옥수수분 제조 20%, 가축 도살시설 25%를 장악하고 있으며, 2003년 추정 매출액이 600억 달러(72조원), 순이익 13억 달러(1조5천 600억원), 자산 375억 달러(44조원)에 이른다. 카길이 급성장한 것은 1954년에서 70년대까지 PL 480으로 대표되는 미국의 원조농산물 중개 때문이었다. 그 후 1970년대 미국의 곡물파워가 최전성기에 이르렀을 때, 카길은 미국 농산물 수출로 돈방석에 앉게 된 것이다. 1980년대 이후에는 사업 다각화에 나서면서 곡물거래 비중은 1970년 37.3%에서 1990년 17.6%로 줄어든 대신에, 농산물 가공사업, 육류·사료·종자사업, 산업재(철강·비료·소금 등) 생산과 금융사업 등의 비중이 점차 높아지고 있다.

한국과 관련해서는 1997년 IMF 이전에 한국 사료곡물시장의 40%를 점유했으며, 현재는 곡물시장의 60%를 점유하고 있고 해마다 200만M/T이 넘는 곡물뿐만 아니라 소금, 설탕, 커피, 식용유 등 각종 1차 가공식품들을 한국시장에 판매하고 있다고 알려졌다.

몬싼토는 1901년 쎄인트루이스에서 사카린 제조로 창업하여 화학제품, 특히 농약으로 성장한 다국적 화학·생명공학기업이다. 1940년대 개발한 맹독성 제초제 2, 4, 5-T, 그리고 베트남전 때 악명 높았던 고엽제를 생산하기도 했다. 현재 '라운드업'이라는 제초제가 전체 매출의 1/6을 차지한다. 1990년대 들어오면서 화학부문을 축소하고 생명공학과 종자기업들을 인수하면서 유전자 조작 작물과 각종 동물약품을 개발하는 종합 생명공학기업으로 변신했다.

그런데 최근 초국적 농업자본 사이에서, 카길과 같은 곡물메이저와 몬싼토나 듀폰(Dupont) 같은 농화학·생명공학 기업간의 전략적 제휴가 활발하다. 이는 종자(유전자)에서부터 농산물 재배(농화학자재)·유통·가공을 거쳐 소비자의 식탁에 오르는 전과정에 대한 통제권을 확보한다는 의미이다. 1998년 카길은 몬싼토와 레네쎈(Renessen)이라는 합작사업을 발표하고, 곡물가공과 사료시장에서 유전자 조작 농산물을 원료로 하는 새로운 시장개척을 선언하고 나섰다. 이렇게 초국적 농업자본이 점점 더 거대화·일체화하면서 전세계 사람들의 목을 죄어오고 있다. 그리고 그뒤에는 WTO로 대표되는 농업무역 자유화 경향, 그리고 이를 강요하고 있는 미국 정부의 강력한 입김이 작용하고 있다. 우루과이라운드 초안을 작성한 것으로 알려진 다니엘 암스투츠(Daniel Amstutz)는 카길에서 일하던 사람이었고, 우리에게 수퍼 301조로 귀에 익은 이름인 미키 캔터(Mickey Kantor) 전 미국 무역대표부 대표는 현재 몬싼토의 이사를 맡고 있다. 초국적 농업자본과 미국은 동일한 이해관계를 갖고 있는 한몸인 셈이다.

참고문헌

Kneen, Brewster, *Invisible Giant: Cargill and its Transnational Strategies*, 2nd ed., London: Pluto Press 2002.

한국농어촌사회연구소, 『세계의 식료와 농정 제3호: 생명공학 기업과 정부 규제기관 간의 유착관계』, 2000.
권영근 엮음 『위험한 미래: 유전자조작식품이 주는 교훈』 당대 2000.

다니엘 암스투츠: 카길, 카트, 그리고 이라크와의 악연

다니엘 암스투츠는 미국의 대외 농업정책의 역사를 자신의 이력으로 보여주는 인물이다. 1987년에서 89년 사이에 우루과이라운드 농업협상의 미국측 협상책임자였던 그는 전세계 농산물시장의 관세화와 개방화를 주도한 우루과이라운드 초안을 작성한 것으로 알려지고 있다.

원래 그는 1954년 곡물메이저 카길에 입사하여 1967년 카길의 사료곡물부문 부사장이 되었고, 1978년까지 카길의 자회사인 카길 투자써비스의 사장을 역임한 '카길맨'이다. 즉 미국 주도의 우루과이라운드 협상과 WTO 농업협상의 기초가 카길의 이해관계 속에서 정초된 것이다.

그후 민간기업의 컨설턴트로 활약하다가 1998년 거대 곡물메이저들의 이익을 대변하는 북아메리카곡물수출협회 대표로 돌아왔다. 미국의 이라크 전쟁이 종결된 2003년 4월, 이라크 농업재건 책임자(장관 보좌관역)로 임명되고 나서 이렇게 말했다. "이라크 농업의 진짜 문제는 정부 보조금이다. 이라크 농민들은 (후세인 정권하에서) 농산물가격을 낮게 유지한 가격통제정책 때문에 생산을 증대할 유인을 갖지 못했다. 시장경제로 이행하게 되면 농업도 다시 활력을 회복하고 현대적인 기술을 채택하게 될 것이다."

즉 황폐화된 이라크에서 시장경제라는 충격요법과, 다국적기업의 독식을 결합하여, 카길을 대표로 하는 미국 농기업들이 쏟아낼 값싼 농산물을 처분할 절호의 기회를 보고 있는 것이다(그 대금은 모두 이라크 석유를 팔아서 지불될 것이다). 이러한 씨나리오는 이라크 농민들에게는 엄청난 재앙을, 그리고 미국의 곡물메이저에게는 엄청난 호황을 예고하고 있다.

참고문헌

St. Clair, Jeffrey, "Dan Amstutz and the Looting of Iraqi Agriculture," 2003. 5. 21.
  (http://www.theava.com/03/05-21-rat.html)
Kneen, B. 2002. *Invisible Giant: Cargill and its Transnational Strategies*, 2nd ed.,
  London: Pluto Press 2002, 33~34면.

아르헨띠나의 콩 종자시장 개방과 경제위기

　신자유주의 경제정책과 민영화정책의 일환으로 그동안 국가가 관리해오던
콩 종자시장이 민영화되면서, 그 시장의 대부분이 유전자 조작 종자를 판매하
는 다국적기업들에게로 넘어간 사례가 있다.

　1980년대 중반부터 브라질과 아르헨띠나는 이른바 '수출의 기적'을 경험하
였다. 엄청난 면적의 농지 · 숲 · 평원이 수출용 단작지로 바뀌었다. 1991년에
서 96년 사이에 아르헨띠나는 옥수수 경작 면적이 거의 두 배로 늘어났으며,
세계 2위의 옥수수 수출국이 되었다. 1996년에 콩 · 해바라기 · 옥수수 · 밀이
아르헨띠나의 농업 GNP의 54%를 차지했다.

　'수출의 기적' 뒤에는 다국적기업들의 예견된 침략이 뒤따랐다. 브라질에서
는 미국의 곡물메이저인 ADM이 최근 콩 수출의 20%를 구매하고 있으며, 농
약 수입량은 1988년에서 97년 사이에 2천만 달러에서 2억1100만 달러로 폭증
했다. 아르헨띠나 농화학시장은 이제 8억 달러 규모를 넘어섰다. 이러한 성장
은 1990년에서 96년 사이에 317% 증가한 제초제 판매량 때문이다. 몬쌘토의
제초제 저항성 유전자 조작 종자가 아르헨띠나 전체 콩 시장의 90%를 차지할
것이라는 예측도 있다. 이는 불과 몇년 전까지도 공공기관과 국내 종자기업들
이 콩 시장을 통제하고 있었다는 사실을 고려하면 엄청난 일이다.

출처

Devlin Kuyek, "Lords of Poison: the pesticide cartel," *Seedling*, GRAIN 2000.
(http://www.grain.org/publications/jun00/jun003.htm)

myth

자유무역이 해답이다

여 덟 번 째 신 화 8

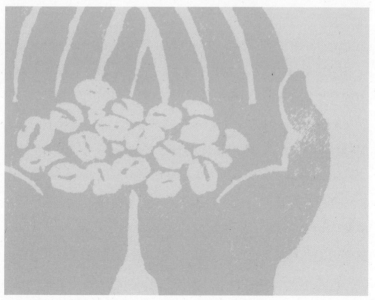

만약 보호주의의 장벽이 없으면 각국은 '비교우위'를 반영하여 가장 싸게 생산할 수 있는 것을 수출하고 그렇지 못한 것을 수입할 수 있다. 제3세계 국가들은 지리적 여건에 맞는 상품의 수출을 늘릴 수 있고, 그렇게 번 외환으로 굶주림과 빈곤을 줄일 수 있는 물건을 수입할 수 있을 것이다.

비교우위론은 참 그럴 듯하다. 수출이 증가하면 외환수입이 증대하여 국가의 발전을 가져올 수 있다. 라틴아메리카에 사는 후안 발데스(Juan Valdez)가 커피를 재배해서 우리에게 수출하고, 우리는 그 나라에 필요한 산업재들을 그들에게 수출한다. 아무런 제약 없는 자유무역의 세계 속에서는 우리 모두 승리자가 될 것이라고 학교에서 배우지 않았는가?

참으로 호소력 있는 이론이 아닐 수 없다. 비록 실제 세계에 적용하면 산산이 부서지고 말지만 말이다.

수출증대가 빈곤과 굶주림을 줄이는 데 기여한다는 말이 사실이라면, 많은 제3세계 국가들에서 수출 붐이 계속되는 동안에도 굶주림이 그치기는커녕 더욱 악화하는 것을 어떻게 설명할 수 있을까? 기본적으로 수출에서 이윤을 얻는 사람들 — 대규모 생산자·가공업자·수출업자·선적업자 등 — 은 가난하지 않고, 가난한 이들을 위해 자신들의 이익을 쓰지 않으며, 수출 농업이 식량작물을 대체하면서 식량작물을 재배하는 소농들을 몰아내버리기 때문이다. 다음 사례들은 가난한 사람들이 수출 붐으로 얻을 수 있는 혜택이 얼마나 적은지 잘 보여주고 있다.

　　브라질　1970년대 동안 브라질은 농산물 수출 붐 덕에 겉으로 봐서는 성공을 거두었다. 20년 전만 해도 재배되지 않던 콩이 1970년대 말에는 수출 제1위 품목이 되었다.[1] 대부분 일본과 유럽의 가축용으로 팔려나갔다. 같은 기간 브라질 사람들의 굶주림은 눈에 띄게 악화해, 굶는 인구가 1960년대에는 전 인구의 1/3이던 것이 80년대 초가 되자 2/3가 되었다.[2] 1990년대 중반 브라질은 미국과 중국에 이어 세계 3위의 농산물 수출국 자리를 차지했고, 콩 재배 면적은 1980년에서 95년까지 37% 증가해 1160만ha가 넘었다. 이 재배 면적은 숲을 침범하고 빈농들을 몰아내면서 확대되었다. 같은 기간 브라질의 기초 식량작물인 쌀의 1인당 생산량은 18% 감소했다.[3]

　　타이　1985년에서 1995년 사이에 농산물 수출이 65% 증가했다.[4] 1990년대 초까지 타이는 아시아에서 유일한 식량 순수출국으로 전세계 쌀수출량의 35%를 차지했다(미국 수출량의 거의 2배).[5] 그러나 소농들은 대부분 이러한 성과의 혜택을 입지 못했다. 1990년대 초반엔 농촌 인구의 43%가 빈곤선 아래(하루 평균소득 1달러 미만)에서 생계를 유지하였으며,[6] 미취학 어린이 21.5%가 발육부진으로 고통받았다.[7]

　　볼리비아　1990년 볼리비아 인구의 3/4, 그리고 농촌 인구의 95%가 빈곤선 아래에서 생계를 유지했다.[8] 하지만 그때는 농산물 수출이

단 5년 만에 달러 기준으로 600% 이상 증가해 볼리비아 역사상 가장 괄목할 만한 수출증가를 이룬 시기였다.[9]

칠레 1990년대 초까지 칠레는 세계 1위의 식용 포도 수출국(주로 미국으로 수출)이 되었고, 전세계 포도 무역량의 90%를 점유했다.[10] 그 와중에 빈곤이 급격히 확산되었다는 사실은 이러한 경제 '기적'에 가려진 어두운 이면이다.[11] 1970년에는 인구의 20%에 불과하던 빈민이, 1990년에는 41%까지 늘었다. 극빈자 수도 두 배가 되었다.[12] 자유무역이 가져온 경제 기적에도 불구하고, 칠레국민은 칼로리 섭취량과 동물성 단백질 소비 면에서 1970년대보다 영양상태가 더 악화했다.[13]

이러한 다양한 사례들이 진실을 말해주고 있다. 국민 대다수는 너무 가난해서 자국 땅에서 생산된 먹을거리를 살 수조차 없게 된 마당에, 생산자원을 통제하고 있는 자들은 이윤이 더 큰 외국 시장으로 생산물을 수출한다. 이젠 그리 놀라운 일도 아니다. 과일·채소·커피·가축사료·설탕·육류 등은 제3세계에서 선적되어 나오고, 선진국에는 보이지 않는 음식혁명의 결과인 세계화한 수퍼마켓이 있다. 이 수퍼마켓에서는 애완동물들조차도 제3세계의 굶주린 사람들보다 귀한 손님이다. 제3세계에서 잡히는 엄청난 양의 생선은 빈민들에게 풍부한 단백질을 제공할 유용한 식품이지만, 유럽과 북아메리카 애완동물의 사료가 되고 만다.[14]

다시 생각하는 • •
　　　비교우위론　　대다수 사람들의 복지가 악화하는 와중에

도 수출이 늘어나는 상황은 비교우위의 논리에 들어맞지 않는다. 한 나라의 비교우위는 보통 지리적 여건에 달려 있다고 가정하는데, 토양과 기후의 상대적 질은 누가 무엇을 생산하는가 하는 것과는 사실 아무런 관계가 없는 것이다. 저임금이 바로 제3세계 국가들의 실질적인 비교우위이다.

필리핀의 무역부 장관이 미국 비즈니스 잡지들에 "우리에 대한 (비교)우위를 누리길 바란다"라는 광고를 실었을 때, 그 메씨지는 목표를 제대로 맞힌 것이다.[15] 노동자들의 집단협상을 가로막고 법으로 명시된 최저임금을 회피하는 기업인과 지주들의 권력은 저임금으로 나타난다. 예를 들어 멕시코가 토마토를 수출하는 것은 기후가 플로리다나 캘리포니아보다 좋아서가 아니라(늦겨울의 몇주를 빼고는), 캘리포니아의 경쟁자들이 한 시간에 받는 돈보다 멕시코 농장 노동자들이 하루에 받는 돈이 더 적기 때문이다.[16]

다국적기업들 또한 제3세계 국가들이 땅과 자원을 어디에 쓸 것인지를 결정하는 데 매우 중요한 위치에 있다. 1970년대 하와이 농장 노동자들이 조직화하면서 적절한 임금을 받게 되고 땅값이 치솟게 되자, 델몬트(Del Monte)와 돌(Dole)은 거의 모든 통조림용 파인애플의 생산기지를 필리핀으로 옮겼다. 필리핀의 마르코스(Marcos) 정권하에서는 노동조직이 사실상 금지되어 있었고 빈농들에게서 토지를 빼앗을 수도 있었기 때문이다.[17]

마르코스 독재가 결국 무너진 후 1988년 코라손 아키노(Corazón Aquino) 대통령은 명목적인 토지개혁 프로그램을 시행하면서 상업적 농기업들의 토지는 제외했다. 1938년 이래로 델몬트가 임대하고 있는 8천ha의 국유지는 법적으로는 재분배 대상이었다. 하지만 델몬트는 자사에 즉시 재임대하기로 '동의한' 고용 노동자들로 '협동조합'을 만드는 눈에 빤히 보이는 계약을 써서 그 땅을 계속 보유할 수 있었다.[18]

델몬트는 그 이후로 '자유시장' 관행이 훨씬 좋다는 것을 알게 되었다. 그리고 지금까지 토지를 직접 통제하던 방식에서 독점 전속계약을 맺은 '독립적인' 농민들을 이용해 생산과정을 통제하는 쪽으로 전략을 수정했다. 델몬트는 자사가 일방적으로 정한 가격에 자사에만 판매한다는 조건으로 농민들에게 종자, 자금 및 상세한 농업기술을 제공한다(후에 금액을 청구한다). 델몬트 측에서는 수지맞는 장사이다. 석유 및 산업자재들(비료, 트랙터 등)을 미국 수퍼마켓에서 팔리는 파인애플 통조림으로 바꾸는 전체 과정에서 가장 이윤이 적은 단계는 나쁜 날씨와 해충 피해의 위험부담이 집중되는 재배 단계이기 때문이다. 따라서 소농들은 수확 손실의 모든 위험부담을 떠안는 반면에 델몬트는 농화학자재의 판매·선적·가공·도매유통으로 이윤을 보장받는다.[19]

돌도 똑같이 했다. 1998년 돌의 필리핀 바나나 자회사에 고용된 2천 명의 전직 노동자들 — 지금은 독점 계약을 맺은 '독립적인' 농민인 — 이 파업에 돌입했다. 토지 소유자가 됨에 따라 이들의 하루벌이가 하루에 3달러에서 2달러로 줄어들었기 때문이다. 소득이 줄어들어 아이들을 학교에 보내지 못하게 되자 그 아이들까지 농장에서 일을 시켰다. 11~17세 노동자들은 하루에 1달러를 번다.[20]

한 농민은 『쌘프란씨스코 크로니클』(San Francisco Chronicle)에서 "우리를 더이상 직접 고용하지 않게 되면서 회사는 노동비용을 줄였다. 이들은 우리가 돈을 더 벌 것이라고 말했다. 우리는 비용 계산법을 이해하지 못했고, 회사는 노조에서 전문가를 데려올 경우 우리와 협상하지 않을 것이라고 했다"라고 말했다.[21]

돌이 토지를 넘겨준 것은 분명 토지개혁법에 따른 것이었다. 하지만 법의 허점으로 바나나 수송에 필요한 케이블망, 포장 창고, 그리고 농장으로 향하는 도로 등에 대한 통제는 계속 유지할 수 있었다. 농민들이 바나나를 다른 기업에 팔려고 하자 돌은 농민들이 이러한 인프라를 사용하지 못하게 했다. 한 전문가는 "정부가 토지개혁을 수행하고 있는 것은 사실이지만, 허점이 너무 많아서 전 소유주들이 노동자들보다 이득을 더 많이 본다"라고 말하면서, 정부 정책은 나라 전체를 외국 투자자들에게 매력적으로 보이게 하기 위한 총체적인 계획의 일부분이라고 결론내리고 있다.[22]

우위란 대체 무엇인가

제3세계 정부들은 외국 투자를 유치하려는 절박한 심정에서, 외국기업들에 직접 보조부터 세금 감면, 골치아픈 노동·환경규제의 면제 등 모든 것을 내줄 준비가 되어 있다. 델몬트는 필리핀에서 ha당 연간 1페쏘라는 말도 안되는 임대료를 내고 국유지를 임대할 수 있었다.[23] 석유회사 셸(Shell)은 나이지리아에서 환경에 관련된 비판을 받았으며,[24] 제너럴 일렉트릭(General Electric), 산요(Sanyo), 제너럴 모터스(General Motors) 등은 멕시코에서 산전휴가 비용을 쓰지 않으려고 고용 면접장에서 임신테스트를 하기도 했다.[25] 이러한 경우들, 그리고 많은 다른 사례들에서 확인할 수 있듯이 비교우위는 제3세계의 민중 또는 환경의 몫이 되는 것이 아니라, 외국의 이해에 귀속된다.

오늘날 세계경제에서 비교우위는 지리적 여건과는 점점 더 무관해지고 있다. 그보다는 임금을 억압하고 자원 이용권을 확보하며 정부에서 많은 보조금을 얻어낼 수 있는 소수의 권력, 전세계적으로 정부의 지원을 얻고 또 유도해낼 수 있는 거대 초국적기업의 권력과 밀접한 관련이 있다.

세계화 ● ●

　　　　　이 책의 초판이 나온 때부터 세계는 전체적으로 급속하게 우편향이 되어갔다. 완곡하게 말해, '무역자유화'라고 불리는 방향이다. 자유무역과 비교우위는 아담 스미스의 '보이지 않는 손' 이후 가장 화려하게 다시 등장해, 저발전, 관료주의, 정부 부패에서 굶주림, 독재, 그리고 자유와 민주주의가 부재한 상황에 이르기까지 만병통치약처럼 처방되고 있다.[26]

교통과 전자통신의 발달로 항상 저임금과 관대한 규제, 그리고 가장 값싼 자원을 찾아다니는 다국적기업들은 산업과 농업생산을 전세계에 걸쳐 분산시킬 수 있게 되었다. '세계화'는 이제 말끝마다 빠지는 법이 없다. 노동자들과 정부들이 다른 노동자 및 정부들과 일자리를 두고 경쟁하는 이른바 전지구적인 '바닥으로 내려가기 경쟁'이 심화되고 있다. 그리고 이러한 경쟁의 토대는 누가 적게 받고 일할 것인가, 누가 임시직으로 일할 것인가, 누가 의료보험과 직업안전 규제를 무시할 것인가, 누가 뒷마당에 독성물질을 폐기하는 것을 허용할 것인가이다.[27]

포드(Ford)자동차는 핸들, 속도계, 오른쪽 앞문 같은 각각의 부품들을 몇개의 나라에서 생산하여 말 그대로 '월드카'를 만들어낼 수 있다. 만약 어떤 나라에서 노조의 파업으로 생산비가 증가하는 경우 그 생산라인은 다른 곳의 공장으로 이동할 것이며, 파업에 참여한 노동자들은 해고되고 노조는 와해될 것이다.[28] 똑같은 일이 농업에서도 일어난다.

단 '월드 파인애플' '월드 바나나' '월드 사과' 같은 말은 쓰지 않겠지만 말이다.

너무도 광대해서 24시간 내내 여러 들판 중 적어도 한 군데는 햇빛이 비치는 농장을 상상해보라. 북반구와 남반구에 모두 걸쳐 있어서 철에 따른 기후변화로 생산능력을 제약받는 일이 없는 농장 말이다. 미국이 겨울이면 이 농장의 북반구 과일나무들은 휴식기이지만, 남반구 나무들은 무성하게 자라서 수확을 거둔다. 그곳은 여름이기 때문이다.[29]

이 인용문은 15개국에서 거의 1백 가지에 이르는 신선한 과일과 채소들을 계약재배하고 있는 돌 관련 기사에서 따온 것이다. 하지만 치키타(Chiquita), 델몬트, 폴리펙(Polly Peck), 그랜드 메트로폴리탄(Grand Metropolitan) 등 급속하게 성장하고 있는 농업기업의 경우도 별반 다르지 않다.[30]

이러한 기업들은 자유무역이 주는 기회를 이용하여 '화전농업식 치고빠지기 자본주의'라고 부르는, 의자빼앗기 놀이 비슷한 게임을 벌인다.[31] 예를 들어 멕시코 남부의 멜론 수출업자들은 한 지역에서 7년 이상 하는 사업을 구상하지 않는다. 화학물질을 남용하면 해충들이 농약에 내성이 생기고, 임금을 올려줘야 하고 계약 농민들은 불만이 쌓이기 때문이다. 그들은 한 지역에서 계속 생산하는 것이 힘들어지면 다른 곳으로 옮겨갈 생각을 한다.[32]

온두라스에 있는 촐루떼까(Choluteca)의 수출 대변인은 농약에 대한 내성과 해충 문제가 남부지역에서 발생함에 따라 "멕시코인들처럼" 움직일 준비가 되어 있다고 우리들에게 말했다.[33] 한 기업이 어떤 지역에서 철수하면 토지가격은 급락하고 실업률이 상승하며 임금이 떨어진다. 예를 들어 온두라스의 멜론 수출 붐은 농민들을 파산시키고 노동자들의 일자리를 빼앗아감으로써 토지가격과 임금의 하락을 가져왔던 — 그리하여 '완벽한 투자 기회'를 창출했던 — 이전의 면화 · 방목 · 설탕 산업의 위기 이후에 생겨난 것이다.

멜론 붐이 닥쳤을 때 출루뗴까의 비교우위는 이런 요인들 때문에 가능했다. 역설적이게도 당시 한 다국적기업이 남긴 위기가 다른 기업에 이상적인 조건을 만들어준 것이다. 하지만 초국적기업들이 간단히 철수해버린 뒤 이 지역에 사는 주민들은 더욱 빈곤해졌고, 파괴된 생태환경 속에서 살게 되었다.[34]

북미자유무역협정 ● ●
좀더 자유로워진 무역의 위험성 북미자유무역협정 (NAFTA)이 발효된 1994년 1월 1일, 미국의 여론은 두 갈래로 나뉘었다. 멕시코로 수출하는 상품을 생산함으로써 일자리를 창출하여 경제를 부양할 것이라는 의견과, 저임금과 느슨한 환경기준이라는 유인효과 때문에 일자리가 '남쪽으로 흡수당하면서' 경제가 타격을 입을 것이라는 의견이었다. 대부분은 NAFTA가 만들어내는 기회를 이용하기 위해 외국 투자자들이 몰려올 것이므로 멕시코는 일자리를 창출하게 될 것이라고 예견했다. 1997년에 이르자 현실은 좀더 복잡해졌다. 몇몇 일자리가 미국에서 새로 생겨났고, 일부는 멕시코로 옮겨갔다는 점에서 보면 두 견해 모두 맞았다. 그러나 두 경우 모두 새로 생겨난 일자리보다 없어진 일자리가 많았다. 미국에서는 일자리 25만개가 줄었고, 멕시코는 상황이 더욱 나빠 200만개의 일자리가 사라졌다.[35]

미국에서 멕시코로 가는 수출품을 생산하기 위해 창출된 일자리는 저임금을 찾아 멕시코로 떠난 일자리 수를 따라잡기엔 역부족이었다. 그 반면 멕시코는 더 큰 규모의 경제로 통합됨에 따라 고통을 받았다.

두 경제(NAFTA의 경우엔 캐나다를 포함해서 세 개)를 통합하면서 발생한 것은 단일한 거대 경제가 창출되었다는 점이다. 자연적으로 대량생산기술을 이용해 낮은 가격으로 더 많은 상품을 생산할 수 있는 기업들에게 유리한 규모의 경제가 만들어진다. 이러한 기업들은 낮은 가격에 상품을 공급할 수 있기 때문에, 노동에 덜 의존하는 첨단기술(의 고비용)을 감당할 수 없는 중소기업들은 경쟁에서 뒤떨어져서 결국 망하게 된다. 문제는 대량생산된 상품——예를 들어 구두——은 중소규모 공장——예를 들어 구둣방——에서 생산된 상품보다 노동력이 적게 든다는 것이다. 이것이 바로 멕시코에서 많은 일자리들이 사라진 이유 중 하나이다. 대체로 중소규모인 국내 산업은 대량생산된 상품이 홍수처럼 밀려들자 경쟁에서 밀리게 되었다(지난 10년 동안 자유시장 개혁으로 멕시코 경제가 불안해져 페쏘화 가치가 폭락하고 있었던 것도 또다른 이유로 작용했다).[36]

그 결과 미국-멕시코 양쪽 모두에서 일자리가 줄어들고 임금이 하락했다. 미국 기업들이 마음 놓고 남쪽으로 생산기지를 옮긴 탓에 미국 노동자들의 구매력은 줄어들었다.[37] 반면 멕시코에서는 2만 8000개의 지역 기업들이 시장에서 퇴출되었고 평균임금 수준이 40% 감소했다.[38] 1993년에서 96년 사이에 멕시코의 실업노동자 수는 두 배로 늘어났고, 실업률도 상당히 증가했다. 1천만명의 어린이들이 파탄난 가정을 부양하기 위해 구두닦이나 구걸 같은 비정규 일자리로 흘러들어간 것으로 추정된다.[39] NAFTA 이전에는 멕시코 사람들의 32%가 빈곤선

아래의 삶을 살았는데, 현재 이 수치는 51%로 증가했다.[40]

무역에 맞추기 ● ●

앞장에서 우리는 1980년대와 90년대 제3세계 정부들이 강요받은 '구조조정' 프로그램의 결과에 대해 살펴보았다. 서구국가들을 대신해 세계은행과 IMF가 강요한 이러한 프로그램의 핵심은 무역자유화였다.[41] 앞서 살펴본 꼬스따리까의 사례처럼 수입장벽을 철폐함으로써 지역 시장은 수입품들로 가득하게 됐으며, 얼마 되지 않는 외환은 사치품 소비로 탕진됐다. 또 많은 지역 생산자들이 시장에서 밀려났다.

다른 한편으로 각국의 무역자유화는 국내 소비자들을 위해서가 아니라 수출시장을 위해 생산하게 되었다는 것을 의미한다. 적자 부담을 덜고 정부가 '시장'에 간섭하는 것을 막는다는 명목을 가진 일련의 조치들 — 보조금 철폐, 관세 보호 철폐, 농업금융 감축 등 — 이 이를 달성하는 수단이었다. 동시에 수출용 생산을 늘리기 위한 일련의 보조금, 특별 지원금, 그리고 자유로운 써비스가 창출되었다. 이는 국내 소비를 위한 생산에 지급되던 초기 보조금보다도 재정적자에 더욱 부정적인 영향을 미쳤다.[42]

꼬스따리까에서는 정부가 CATS(Certificado de Abono Tributario)라고 불리는 특별 세금공제 보증서를 만들었다. 이는 새로운 수출상품 생산자들에게 수출액의 15~20%에 해당하는 보너스를 지급하는 것이었다. 1980년대 동안 CATS의 비용은 연간 800만 달러에서 6천만 달러로 증가했다. 이는 꼬스따리까 정부 지출 전체의 8%, 그리고 재정적자의 22%에 달하는 금액이었다.[43] 연간 수출액이 15억 달러도 안되는 나라에서[44] 이 프로그램의 총 비용은 400억 달러에 달했다.[45] 1989년 CATS 수혜 기업의 5%가 전체금액의 50% 이상을 받았는데, 델몬트의 자회사인 삔데꼬(PINDECO)가 차지한 수혜액은 총 수혜액의 거의 10%에 달했다(이는 2위 기업보다 세 배 이상 많은 액수였다). 이 회사가 꼬스따리까 파인애플 수출의 95% 이상을 차지했기 때문이었다.[46]

1980년대 말까지 새로운 자유무역정책은 꼬스따리까 사람들에게 혜택을 준 것이 아니라, 외국인들이 농업 산업의 50% 이상을 소유하여 마카다미아·감귤·화훼·고사리·관상식물·파파야·망고·멜론 수출을 강력하게 지배하도록 만들었다.[47] 수출작물들은 소수의 이름난 대기업이 통제하게 되었다. 상위 3대 기업의 수출 비중이 카사바는 33%, 파파야는 99%에 이르렀다.[48] 비슷한 정책을 편 나라들마다 이러한 상황은 반복되었다. 예를 들어 온두라스에서는 상위 3대 기업이 요리용 바나나 수출의 46%와 파인애플 수출의 98%를 통제했다. 파인애플의 경우 돌 한 군데에서만 96%를 차지했다.[49] 중앙아메리카 전역에서 수출이 늘어나고 지역 소비를 위한 식량작물 재배가 줄어들면서, 1인당 옥수수, 콩, 쌀 생산량이 각각 13%, 33%, 6% 감소했다.[50]

수출로 창출된 수익의 일부만이 농장 노동자들의 임금, 농민들의 이윤, 그리고 지역의 수송과 항만 이용료의 형태로 그 나라에 남았다. 미국 소비자가 온두라스의 멜론에 지출하는 1달러 가운데 9센트가 온두라스로 돌아오는데, 그중 농민들의 손에 들어가는 것은 2센트도 안된다.[51] 엘쌀바도르 멜론의 경우 농민들이 받는 돈은 1센트에도 못 미친다.[52] 가장 큰 이익을 보는 것은 미국에 근거를 둔 선적업자·중개업자·도매업자·소매업자들이다(대부분의 경우 선적업자·중개업자·도매업자들은 같은 과일 기업의 수중에 놓여 있다).

GATT와 WTO ● ●
변화 속에 가두기　경제가 세계화하면서 생산품들이 갈
수록 국경을 넘어 소비되고 있다. 역사적으로 보면 물건이 국경을 넘
을 때 정부는 수입세·수출세·통관세 등 각종 세금을 매겨왔다. 이러
한 재정정책을 통해 정부는 세수를 창출하고 무역을 규제함으로써 국
가의 경제발전 방향——무엇을 국내에서 생산하고 무엇을 수입할 것인
가——에 영향을 끼칠 수 있었다.

우리는 이런 것들이 필요하다고 보지만, 기업은 자신들에게 온당하
다고 생각하는 이윤을 창출할 자유를 제약하는 것으로 본다. 기업은
이윤을 더 벌어들일 수 있는 방향으로 경제발전 방향을 끌고 가려고
하고, 이윤이 될 돈을 세금으로 내지 않으려고 한다. 구조조정 프로그
램에 따라 제3세계 정부들은 일방적으로 무역 관련 세금을 감축하거
나 아예 없애버리도록 강요받는 등 정책 수단을 차례로 빼앗겨, 경제
에 대한 영향력이 급속히 약화했다.

정부들이 한때 자국 경제를 규제한 수단 중에는 환율 조정, 경제 부
양을 위한 정부지출, 외국인투자 규제 등 여러가지가 있다.[53] 이러한
능력을 상실함에 따라 제3세계의 경제는 점차 해외 경제와 국외자들
의 명령에 휘둘리고 있다.

하지만 대규모 기업들이 기반을 두고 있는 서구 선진국들은 구조조
정정책만으로는 충분히 만족하지 못했다. 이 프로그램이 국가 대 국가
로 협상이 진행되고 적용되었기 때문에 영속성을 보장받거나 불변계
약으로 묶어두지 못했다. 이러한 맥락에서 선진국들은 이러한 변화를
훨씬 더 영속적인 조약으로 만들기 위해 관세및무역에관한일반협정
(GATT)——국제무역을 규제하는 국제조약——과 관련된 우루과이라운

드 협상을 이용하였고, 1995년 1월 세계무역기구(WTO)를 창설했다.

구조조정으로 제3세계 정부들은 관세 감축 또는 철폐에 '동의'했지만, 이런 조약을 통해 추가적인 규제에 묶이게 되었다. 자국 식품시장을 보호하기 위한 지역 생산물 보조금이나 다른 대책 같은 비관세 장벽을 사용할 수 있는 권리를 잃어버린 것이다.[54] 서구 선진국들이 관세 감축이나 농민들에 대한 보조금 감축에 관한 몇가지를 양보하긴 했지만, 이는 제3세계가 양보한 것에 비하면 사소하다.[55]

이러한 결과로 서구 선진국들과 초국적기업들에 명백히 유리한 불공평한 싸움터가 만들어졌다. 그속에서 지역의 가난한 생산자와 소비자는 패배하고 말았다. WTO는 자유롭게 무역할 수 있는 자신들의 권리를 정부가 침해하고 있다고 느끼는 기업들이 '마지막으로 기댈 수 있는 법정'인 셈이다.[56]

선택하지 않은 길이 ● ●

불러온 비극 　　NAFTA나 구조조정, 또는 GATT나 WTO가 다수의 희생으로 일부가 더 부유해지도록 하는 불평등한 세계무역구조를 처음 만들어낸 것은 아니다. 기본적인 구조는 제국주의시대 또는 더 일찍부터 시작되었다. 선진국들은 최근의 강제를 통해 이러한 구조를 강화·심화·영속화하고 있다. 아마도 가장 큰 비극은 자신이 선택하지도 않은 길 때문에 생긴 비극일 것이다. 전후시대에 빈곤에서 탈출하는 데 비교적 성공한 나라들이 있다. **그러나 이들은 자유무역이 아니라 내부 지향적 발전을 통해 이런 성공을 거두었다.**

일본·타이완·한국은 식량 수입과 외국인 직접투자 금지, 진정한 토지 재분배, 대규모 정부 보조, 자국 생산자들에 대한 관세 보호 등의 정책들 때문에 전후 주목할 만한 성장과 생활수준 개선을 이루어냈다. 핵심은 빈민들 — 농민과 노동자 — 의 소득과 구매력을 증대시킴으로써, 이들이 물건을 구매하여 지역산업을 지탱하고 따라서 강력한 국내시장을 형성하는 것이다. 우리는 이를 '버블업'(bubble-up) 경제라고 부를 수 있을 것이다. 즉 생활수준 개선의 혜택이 바닥에서부터 경제 전반으로 침투해 상승함으로써 진정한 발전을 가능케 한 것이다. 이는 부유층의 순이득이 결국 빈민들에게로 '떨어질 것'(trickle down)이라는 기존의 이론 — 현실 속에서 그 예를 찾아보기가 힘든 — 과는 반대되는 것이다. 아시아의 '호랑이' 경제권은 먼저 강해지고 나서 대규모 수출을 시작했고,[57] 최근에서야 미국의 강력한 압력을 받아 일련의 기본정책을 완화하기 시작했다.[58]

불행하게도 오늘날 제3세계 국가들은 점차 구조조정, 자유무역협정, GATT, WTO에 예속되면서, 이러한 긍정적인 모델을 따라갈 수 있는 가능성이 점점 더 희박해지고 있다. 깨어질 수 없는 조약도, 뒤집어질 수 없는 정책도 아직 보지 못했으므로, 이것들도 영속하지 않기를 희망해보지만, 이는 20세기 후반의 비극임이 분명하다.

결점과
희망에 대한 고찰 이 책 이전에 우리가 발간했던 책의 제목이 『푸드 퍼스트』(*Food First*)[59]여서 우리가 모든 무역에 반대하고 자급자족을 옹호하며 모두가 자기가 기른 것을 먹어야 한다고 주장하는 것으로 잘못 이해하는 사람들이 있었다. 그러나 '푸드 퍼스트(먹을거리가 최우선)'는 먹을거리만 의미하는 것도 아니며, 수출작물의 생산 자체가 굶주림의 적이라는 것도 아니다.

사실 우리는 무역이 발전에 기여할 수 있다고 믿고 있다. 그러나 이 장에서 우리는 무역은 바로 진보이며, 수출로 굶주림과 빈곤을 줄일 수 있는 자원을 창출한다는 무비판적인 사고에 대해 경고하고자 한다. 우리의 경고를 요약해보자. 오늘날 자유무역과 수출지향적 농업은 제3세계의 대다수 빈민을 위협한다. 이유는 이렇다.

• 지역 경제의 엘리뜨들은 구매력이 없는 빈민들 때문에 제한되었던 수요를 수출을 통해 얼마든지 얻을 수 있다. 더 많이 지불하겠다는 외국의 구매자들에게 물건을 팔아 이윤을 얻을 수 있다.

• 지역 및 외국 엘리뜨들에게 제3세계 경제에 대한 지배력을 늘리고, 수출 목적이 아닌 생산을 하도록 유도하는 경제나 사회개혁에 저항하도록 하는 계기를 제공한다.

• 생계에도 빠듯한 임금과 비참한 노동조건을 만들어낸다. 제3세계 국가들은 세계화한 자유시장경제 속에서 효과적으로 경쟁하기 위해 노동조직을 분쇄하고 노동자들—특히 여성과 아동—을 착취한다.

• 제3세계의 빈농들은 값싼 먹을거리를 지역 경제에 덤핑판매하는 외국 생산자들과 경쟁하도록 내몰린다. 지역의 생산자들은 설 자리를 잃고, 식량을 수입에 의존하는 국가들은 전세계 상품시장 변동에 훨씬 취약해진다.

하지만 우리는 무역의 긍정적인 **잠재력**을 인정하기 때문에, 앞 장에서 자유시장에 대해 던졌던 것과 똑같은 질문을 던져야 한다. 어떤 조건에서 무역이 발전에 기여할 수 있는가?

제3세계 국민들이 외환을 포함한 자원 이용에 대해 좀더 평등한 권리를 갖게 되는 경우, 농업 노동자들이 자유롭게 조직하고 집단적으로 협상하며 국경을 넘어 다른 나라 노동자들과 연대할 수 있는 경우, 제3 세계 정부들이 협력하여 자멸적인 경쟁을 제한하고 시장에서 초국적 기업들의 권력에 도전하는 경우, 이러한 조건에서는 농산물 수출로 창출된 외환이 진정으로 광범위한 발전에 기여할 수 있을 것이다.

무역을 통해 진정으로 이득을 보기 위해서는 적어도 생존에 필요한 필수품들은 자급할 필요가 있다. 한 나라가 기근을 피하기 위해 외환을 확보하고자 한다면 어떻게 자국 상품을 헐값에라도 팔지 않을 수 있겠는가? 최근 식량 자급도 상승으로 중국이 다른 제3세계 국가처럼 세계시장에 휘둘리지 않고 어떻게 세계시장을 이용하고 있는가를 생각해보자. 지난 수십 년 동안 중국은 쌀을 수출하고 밀을 수입해왔지만 어느 누구도 수입하는 밀 때문에, 또 수출하는 쌀 때문에 생존을 위협받지 않았다. 중국의 정책이 기초식량 생산에 우선순위를 두었고 또 대다수 국민에게 적절한 구매력을 보장해주었기 때문에 가능한 일이었다. 게다가 중국 경제는 세계경제에 문을 덜 열어놓고서 자국 제조업을 보호함으로써 1980년대 라틴아메리카 국가들과 1990년대 후반 아시아의 '호랑이들'을 강타했던 경제적 재난을 피할 수 있었다.[60]

자유무역주의자들은 해롭지 않은 무역을 실현하기 위한 조건에 대해 너무 이상주의적이라고 무시할지도 모르겠다. 하지만 현실을 외면하면서 비교우위라는 교과서적 모델에 집착하는 것보다 더 비현실적인 것이 또 있을까? 물론 자유무역과 수출농업이 그 자체로 굶주림의 적은 아니다. 그러나 극단적인 권력의 불평등이 존재하는 현실에서, 이 둘은 불필요한 굶주림을 양산하는 힘의 논리를 반영·양산하고 있다.

한-칠레 자유무역협정

한국과 칠레 양국은 2003년 2월 15일 한-칠레 자유무역협정 서명식을 가졌다. 국회에서 비준이 이루어지면 이 협정은 바로 발효될 예정이다. 이 협정은 칠레의 농수산물과 한국의 공산품을 서로 맞교환하는 것을 목표로 하기 때문에, 칠레의 값싼 농수산물이 거의 무관세에 가까운 가격으로 수입될 것이다.

자유무역협정(FTA)은 국가간 상품의 자유로운 이동을 위해 모든 무역장벽을 제거하는 협정이다. WTO체제와 다른 점은, WTO가 모든 회원국에게 최혜국 대우를 보장해주는 다자주의를 원칙으로 하는 반면, FTA는 양자주의적·지역주의적인 특혜무역체제로, 회원국에만 무관세나 낮은 관세를 적용한다는 점이다.

칠레 농업은 초국적기업을 중심으로 한 6대 메이저기업이 전체 수출의 70% 이상을 점하고 있다. 그리고 칠레 농업을 이끌어가는 생산주체는 재배 면적 2천ha 이상의 기업농들이라, 평균 경지 면적이 1ha 남짓인 한국과는 상황이 완전히 다르다. 게다가 미국계 다국적 기업인 돌과 유니프루티(Unifrutti)사가 업계 1, 2위로 과일 생산과 유통을 주도하고 있다. 칠레 포도의 경우 1998년 현재 세계 수출물량의 24%로 1위, 자두는 17%로 2위, 키위·아보카도·사과·배는 3위를 차지하는 등 과일산업 부문에서 세계적 지위를 차지하고 있다.

칠레의 과일 가격은 우리나라의 1/4~1/20 정도로 싸다. 칠레의 싼 과일들이 무관세로 수입될 경우 과일 가격이 폭락하면서 우리 농민들은 큰 피해를 보게 된다. 2000년에 미국산 오렌지 한 품목이 싸게 들어온 것만으로도 과일, 채소류 전반이 폭락한 바 있다. 만약 포도 가격이 폭락하면, 포도 농사를 짓던 농민들이 다른 작물로 전환하게 되고 그 작물이 많이 생산되면 또 다시 가격이 폭락하고 이런 악순환을 거치면서 농촌은 파탄나게 된다. 한-칠레 자유무역협정을 통해 과일을 관세 없이 수입하는 폭이 커진다면 미국이나 호주 등 다른 농산물 수출국들도 우리나라에 동등한 대우를 요구할 것이다.

공산품은 공산품대로 수출하니 나라로서도 이익이고 서민들은 과일을 값싸게 먹을 수 있으니 좋은 일이라는 이야기를 하기도 한다. 처음에는 가격이 싼 게 좋을지 모르지만, 일단 다국적기업이 시장을 지배하고 나면 시장을 좌지우지 할 것이 불 보듯 뻔하다. 1994년도에 일본에서 쌀 흉년이 들었을 때, 다국적 곡물기업들은 쌀 가격을 3배까지 올린 바 있다.

그리고 더 큰 문제는 한-칠레 자유무역협정이 발효되면 다른 나라들과의 자유무역협정도 한층 발걸음이 빨라질 것이라는 점이다. 이미 멕시코 같은 다른 라틴아메리카 국가들과는 물론이고, 일본이나 중국과의 자유무역협정 논의도 빠르게 전개되고 있어서, 한-칠레 자유무역협정의 몇배, 아니 몇십배의 피해를 한국 농민과 노동자 들이 입게 될 것이다.

출처

노동자의 힘, 「정치토론자료④: 한-칠레 자유무역협정, 노동자의 힘」의 내용에서 발췌, 2003.

WTO와 한국 농업

1986년 9월 관세와무역에관한일반협정(GATT) 체제하에서 8년간 우루과이에서 열린 협상을 거쳐 1995년 1월 1일 우루과이라운드(UR) 협정이 발효되었다. 이와 동시에 GATT를 대체하는 강력한 무역기구인 세계무역기구(WTO)가 출범한다. GATT는 전통적인 의미의 '공산품 거래'만 다루었던 반면, WTO는 무역거래의 범위를 비약적으로 확장했다. 국제무역의 대상이 아니었던 농산물, 정부 공공 써비스산업이나 기타 지식집약적 산업을 무역의 대상으로 만들었고, 심지어는 무역관련지적재산권에관한협정(TRIPs)을 통해 생명체에 대한 특허도 인정하고 있다.

지난 2001년 11월, UR을 대체하는 새로운 다자무역 협상체제인 도하개발아젠다(DDA)가 출범하였다. 1995년 1월 1일 UR이 발효하면서 WTO가 출범

했는데, 이 때 농산물에 대한 비관세 수입제한조치를 폐지하고 관세화하며 생산·수출 보조금도 줄여가기로 합의했다. 협상 참여국들은 농업 등의 무역장벽을 추가로 철폐하는 협상을 다시 벌이기로 약속했고, 이에 따라 2001년 11월 카타르의 수도 도하에서 각료회의를 열고 추가 협상을 시작하기로 합의했으며, 협상의 공식명칭을 DDA로 결정했다.

그러나 UR과 마찬가지로 DDA 역시 선진국과 개발도상국, 농산물 수출국과 수입국의 이해 관계가 맞부딪쳐 난항을 겪고 있다. 농산물 수출국인 이른바 '케언즈 그룹(미국·호주·캐나다 등)'과 농산물 수입국인 'NTC 그룹(EU·일본·한국 등)'의 입장, 그리고 개발도상국과 선진국 사이의 간극도 좁혀지지 않고 있다. 결국 2003년 9월 깐꾼에서 열렸던 제5차 WTO 각료회의에서도 합의를 도출하는 데 실패하였다.

WTO 농업협상의 쟁점
- 농산물 관세 감축 폭 및 감축 방식
- 긴급한 경우 정부가 사용 가능한 특별긴급관세(SSG)의 존치 여부
- 저관세로 수입되는 시장접근물량(TRQ)의 증량 및 관리 방법
- 감축대상 국내보조(가격 지지) 및 허용보조(Green Box: 인프라 투자, 부채경감, 직접지불제, 농촌사회복지 등), 생산제한 조건부 보조(Blue Box: 휴경보조금 등)의 존치 여부 및 범위
- 수출보조금 철폐여부: 미국과 EU 간의 쟁점
- 개발도상국 우대: 농업개방에서 선진국보다 많은 것을 양보받을 수 있는 개발도상국 지위를 한국이 앞으로도 유지할 수 있는가의 여부
- 비교역적 관심사항(NTCs): 농산물가격에는 포함되어 있지 않지만 문화적·생태적·사회적 측면에서 농업의 다원적 기능(MFN)의 인정 여부

쌀은 기본적으로 이번 협상 대상에서 빠지는데, 쌀은 관세화에 대한 결론이

아직 나지 않았기 때문이다. UR협상 결과에 따라 우리나라의 쌀 관세화 유예 여부를 결정하는 협상은 DDA협상과는 별도로 2004년에 이루어지며, 그 협상에서 우리나라는 관세화와 관세화 유예 방안 중에서 택일해야 한다. 하지만 99년 4월 일본이 쌀을 관세화하여 개방함으로써 수입제한을 하는 나라로 실질적으로 한국만 남게 되었다는 점에서 불리할 수밖에 없는 상황이다.

UR협상 결과 우리나라는 2004년까지 관세와 보조금을 매년 감축하고 있다. 그 때문에 국내 농산물의 가격경쟁력은 점차 사라지고 있다. 이번 농업협상이 한국 농업에 미칠 영향은 관세와 보조금 감축 폭과 방식이 어떻게 결정되느냐에 따라 달라질 것이지만, 어떤 식으로든 우리나라는 농산물에 대한 관세와 보조금을 더욱 줄여야 할 것이다. 그럴 경우 곡물 및 특용작물, 양념류와 같이 현행 관세가 상대적으로 높은 품목을 중심으로 큰 타격을 입게 될 것이며, 국내 보조가 추가로 감축되면 쌀, 보리 등의 정부 수매량이 추가적으로 줄어들게 되어 농가들은 치명타를 입게 될 것이다.

그런데 WTO와 선진국, 그리고 다국적기업들의 구조적인 개방압력도 문제지만, 무엇보다도 문제는 WTO 협상을 바라보는 우리 정부의 관점과 자세이다. 공산품과 써비스시장 개방은 한국에 유리한 쪽으로 작용할 것이라는 점 때문에 농업협상에서 제 목소리를 내지 못하고, 심지어는 농산물시장의 개방은 비교우위와 국익의 측면에서 불가피하다고 말하기도 한다. 이런 정부의 입장이 "농민은 이등국민이냐"는 농민들의 분노를 불러 일으키고 있다.

그런데 한 가지 주목해야 할 점은, 깐꾼에서 열린 제5차 WTO 각료회의 결렬 이후 WTO의 위상이 크게 흔들리고 있다는 점이다. 미국과 EU 등은 WTO가 이미 한계를 드러냈다며 이를 무력화시킬 움직임을 보이고 있다. 즉 이제 각국의 무역협상이 WTO의 틀을 벗어나 관련 당사국간 협상이나 지역협상체제로 바뀔 가능성이 크다. 미국과 EU 등 선진국이 WTO 무용론을 강력 제기하고 있는 반면 개발도상국은 WTO 체제를 적극 옹호하고 있다. 점차 개발도상국들이 협력하여 개방 반대의 목소리를 높여가고 반세계화운동도 점점 더 힘을 얻어가는 상황에서, 선진국들은 양자간 혹은 지역블록별 자유무역협정을 통해 실질적인 개방 목적을 이루려는 것이다. 따라서 WTO와 자유무역협정은 이들이 쥐고 있는 두 가지 칼인 셈이다.

참고 싸이트

농림부 WTO 농업협상 www.maf.go.kr/04_overseas/04_0101.asp
농협중앙회 WTO 관련정보 http://nature.nonghyup.com/servlet/researchInfo
전국농민회총연맹 www.junnong.org
투자협정 · WTO반대 국민행동 http://antiwto.jinbo.net

공정무역(fair-trade)운동

1970년대 선진국 구호단체들이 사회적 의식이 있는 서구 소비자들과 제3세계의 공예품 생산자들을 연결시키는 활동으로 시작한 공정무역운동은, 기본적으로 현재의 국제 자유무역, 그리고 그 토대가 되고 있는 WTO가 잘못된 전제를 바탕으로 엄청난 불평등을 가져오고 있다는 인식에서 출발하였다. 즉 시장경제 하에서 자유무역이 금과옥조로 삼고 있는 '비교우위의 원리'가 획일적으로 적용되면서, 서로 다른 여건들을 갖고 있는 지역과 국가들, 특히 열대농산물을 팔아서 생필품을 사오는 제3세계 국가들에서 선진국과 다국적기업들이 교역가격을 통해 '체계적으로' 지속적인 수탈을 행하고 있으며 WTO를 비롯한 국제기구들은 이를 조장하고 있다는 것이다.

그에 따라, 선진국 내에서 시장경제와 자유무역에 편입되지 않으면서 제3세계의 생산자들과 직접 거래를 시도하는 단체들이 생겨났고, 공정무역운동이 시작되었다. 바나나 · 카카오 · 커피 등 열대지역에서만 생산이 가능한 작물을 재배하는 제3세계의 농민들에게 충분한 생산비와 적절한 생계를 유지할 수 있는 가격을 보장하면서 이들을 조직화하고, 아울러 환경적으로 덜 파괴적인 생산수단을 장려하고 토지에 대한 통제권을 회복하여 지역사회의 자활을 돕는 방식으로 사회운동이 진행된다. 마치 우리나라의 생활협동조합들이 도시 소비자들과 농촌 생산자들 중간에서 양자의 조직화를 꾀하면서 시장가격이 아닌 신뢰관계를 바탕으로 유기농산물 직거래운동을 하고 있는 것과 마찬가지 방식이다. 이들이 점차 성장하게 되면서 이제 세계적으로 상당한 위상을 갖고 있다. 대표적인 것이 공정무역 거래상품의 라벨링을 담당하고 있는 공정무역 라벨링기구(FLO: www.fairtrade.net), 그리고 47개국 143개 운동조직의 전세계 네트워크인 국제대안무역협회(IFAT: www.ifat.org)이다.

이들은 다음과 같은 원칙을 기본으로 하고 있다.

• 민주적인 조직: 생산자들의 민주적 협동과 조직화를 통해 토지에 대한 통제권 회복
• 노조 인정: 공정무역과 관련한 모든 노동자들의 조직화 인정
• 아동노동 금지
• 존엄한 노동조건 보장
• 환경적 지속가능성: 생산자들의 생산기반과 건강을 보호하며 소비자들의 건강 또한 보호하기 위함
• 생산비를 충당할 수 있는 가격: 세계시장의 가격변동과는 상관없이 최저가격을 보장해줌
• 사회적 여건개선을 위한 프리미엄 제공: 개별 생산자에게 직접 돌아가지는 않지만 집단적인 프로젝트를 위해 생산자 조직과 지역사회의 여건개선을 위한 자금을 지원
• 장기적인 관계: 구매 계약기간을 훨씬 넘어 장기적인 관계를 유지

예를 들어 나이지리아의 한 지역에 있는 카카오 생산자협동조합에서 나오는 생산량의 11% 가량이 유럽의 공정무역 운동단체로 보내지는데, 시장가격

인 800달러의 2배인 톤당 1600달러가 생산비 보장가격이라면 거기에 지역사회의 인프라 구축을 지원하는데 사용되는 '사회적 프리미엄'이 800달러 더 보태져서 톤당 2400달러의 가격이 보장된다. 이러한 협력을 통해 생산과 소비과정 전체가 다국적기업이 지배하고 있는 전지구화된 자유무역시장에서 벗어나게 되는 것이다.

우리나라에서는 아직 공정무역운동이 간헐적으로 소개만 되고 생활협동조합 등에서 관심을 보이고 있을 뿐, 아직까지 사회운동으로 시작되지 못하고 있다. 무한 수입개방시대에 '우리 농산물'과 고사하고 있는 '우리 농민'을 보호해야 한다는 당위의식이 너무 크기 때문일 것이다. 하지만 이미 많은 열대 농산물들을 여러 동남아시아 국가에서 수입하고 있으며 점차 착취받는 국가에서 착취하는 국가로 옮겨가고 있는 우리나라의 경우에도 공정무역운동은 시사하는 바가 크다.

참고문헌

Ransom, David, *The No-Nonsence Guide to Fair Trade*, Oxford: New Internationalist Publications 2001.

myth

너무 굶주려서 저항할 힘도 없다

아홉 번째 신화 **9**

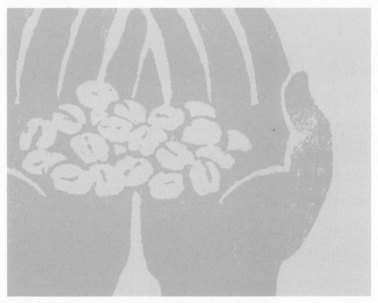

변화의 주도권이 빈민들에게서 나와야 한다면, 상황은 정말로 희망이 없다. 이들은 자신을 억압하는 현실의 힘들에 무지하여 수동적인 상태에 놓여 있다. 이들이 변화를 일으킬 것으로 기대하기 어렵다.

빈민들은 약하고 굶주리고 무력하다는 이미지를 매일 접하면서, 우리들은 명백한 사실을 놓치고 있다. 자원을 적게 갖고 있는 이들에게는 단순한 생존에도 엄청난 노력이 필요하다. 이들은 일자리를 찾기 위해 먼 거리를 이동하고, 오랜 시간 노동하며, 우리 대부분이 아무것도 보지 못하는 곳에서 가능성을 찾아낸다. 생존을 위해서는 수완이 있어야 하고 협력의 가치를 배워야만 한다. 빈민들이 진짜로 수동적이라면 아마도 이들 중에서 살아남은 사람은 거의 없었을 것이다.

하지만 신화는 주도권의 문제에 초점을 두고 있다. 종종 짐승보다도 못한 취급을 받는, 사회구조 가장 밑바닥의 사람들이 자신들의 타고난 존엄성을 인식하고, 창조적 행동을 위한 잠재력을 발휘하여 변화를 위해 효과적으로 일할 수 있을까? 그 대답은 '그렇다' 라는 것을 우리는 알고 있다. 그러나 어떻게 확신할 수 있는가? 우리는 연구작업을 통해 주변의 여러 사례들에서 그 점을 목격했다.

우리는 처음 떠난 연구여행을 영원히 잊지 못할 것이다. 1976년 가을 멕시코 북서부지역을 지나는 길에 거기서 멕시코 정부가 수십년 전부터 넘겨주기로 약속했던 땅을 며칠 전 점거한 가난한 농민들과 대화를 나누었다. 황량한 들판 한가운데 서자 연장도, 집도, 아무것도 보이지 않았다. 이들이 어떻게 살아갈 것인지 걱정스러웠지만 우리는 부정적인 생각을 겉으로 드러내려 하지 않았다.

10년쯤 뒤에 연구소 동료 메디아 벤자민(Medea Benjamin)이 그 지역을 방문했을 때, 그는 우리가 농민들의 용기와 창조력을 과소평가했다는 사실을 알았다. 9년 만에 이들은 인근의 대지주들에 버금가는 수확량을 달성했을 뿐 아니라, 자신들의 자금, 마케팅, 보험 씨스템을 발전시켰다. 결과적으로 자신들에게 도움을 주지 않았던 정부에 더이상 의존할 필요가 없어졌다.[1]

몇년 뒤에 필리핀을 방문했을 때 우리는 하루에 12시간에서 14시간 동안 일하면서도 노조를 설립하려는 열정을 갖고 있던 바나나농장 노동자들을 만났다. 비밀회의를 가지면서 이들은 자신들의 일자리, 심지어 자신들의 생명까지도 걸고 있었다. 그 여행에서 필리핀사람들의 용기를 똑똑히 보았기에, 1986년 수백만의 필리핀사람들이 마르코스 독재에 맞서 이를 무너뜨렸을 때 다른 사람들은 놀라워했지만 우리는 담담할 수 있었다.

니까라과에서 우리는 『이제는 말할 수 있다』(Now We Can Speak)라는 우리 책에 영감을 주었던 농민들을 만났다. 쏘모사 정권하에서 많은 사람들이 수십년 동안 자기 땅을 갖기 위해서 일했다. 한 농민은 자신과 가족이 힘을 합쳐 결국 얼마간의 땅을 살 수 있는 돈을 모으게 되었지만 자신들의 성공에 위협을 느낀 그 지역 대지주가 자신들의 작물을 불태웠다는 사실을 말해주었다. 은행 융자를 갚을 수 없어서 이들 가족은 땅을 잃었다. 그러나 포기하지 않았다. 가족의 유일한 희망이 쏘모사 정권을 뒤엎는 것이라는 결론을 내리고, 그는 싸울 것을 결심했다. 마침내 쏘모사 정권에 승리하자 얼마 후에 그의 가족은 정부의 개혁 프로그램에 따라 토지를 받게 되었다. 우리가 방문했을 때 이들은 다른 가족들과 함께 협동농장에서 일하고 있었다. 우리는 새로 수확한 콩자루 위에 앉아서 그들의 이야기를 들었다. 그 콩자루는 이들의 고통이 헛되지 않았다는 확실한 증거였다.[2]

빈민들은 수동적이고 무력하지 않을 뿐 아니라, 자신들보다는 덜 가난하지만 역시 불공평하고 비민주적인 경제정책으로 고통받고 있는 사람들에게 손을 뻗치고 이들을 변혁의 대열에 동참시키고 있다. 이들이 실제로 변화를 위한 비판운동을 이끌고 있는 것이다.

멕시코 NAFTA가 발효된 날인 1994년 1월 1일, 사빠띠스따 민족해방군(EZLN)은 멕시코 남동쪽에 위치한 치아빠스 주의 아름다운 식민지 도시인 싼 끄리스또발 데 라스 까싸스(San Cristobál de las Casas)와 다른 중요한 도시들을 접수했다. 이곳 주민들은 대부분 멕시코에서 가장 가난한 사람들이며 오랫동안 잊혀졌던 마야 인디언들이다.

멕시코혁명의 전설적인 농민 지도자였던 에밀리아노 사빠따(Emiliano Zapata)의 이상에 영향을 받은 이들 토착 농민들은 자신들을 억압하고 있는 메스티소(스페인 계통과 인디언의 혼혈)에 대한 종족 전쟁을 포고한 것이 아니었다. 그들의 요구는 멕시코사회 전체를 대상으로 한 것이었다. 도대체 누가 그들이 제시한 기본적인 요구들—노동·토지·집·먹을거리·건강·교육·독립·자유·민주주의·정의·평화—이 본질적으로 옳지 않다고 이의를 제기할 수 있겠는가?[3] 이들의 메씨지는 멕시코 전역에서 반향과 지지를 불러일으켰고, 거의 동시에 국제적으로도 심금을 울렸다. 봉기의 처음 며칠 동안 쏟아졌던 국제적인 항의로 소극적이던 멕시코 정부가 종전을 수용하고 시일을 연장해가며 협상에 나섰고, 협상은 멕시코 사회와 정치 자체에 문제를 제기하는 계기가 되었다.

1980년대와 90년대 동안 멕시코국민들은 정부가 자유무역정책을 묵인하고 포용하면서 생활수준이 하락하자 불만이 가득했다. 사빠띠스따는 국민들의 이러한 불만이 쌓인 판도라의 상자를 열어젖혔다. 1994년 1월 1일 이후 멕시코사회는 뒤집어졌다. 풀뿌리 정치권력이 활짝 꽃피면서 도시빈민, 소농, 학교 교사, 그리고 심지어는 신용카드와 장기임대주택 소유자들까지도 포괄하는 강력한 민중운동이 등장했다. 1997년 멕시코씨티(Mexico City) 시장을 뽑는 첫 선거에서 야당 후보가 압승을 거두었다. 멕시코에서 큰 변화가 발생하는 것은 이제 시간문제로 보였다. 한편 정책결정권자들 사이에서 사빠띠스따 봉기 — 그리고 인터넷과 국제 활동가들의 '회의'를 통해 확산되고 있는 전지구적인 지지운동 — 는 자유무역과 구조조정 정책 때문에 치러야 할 일종의 사회적인 비용이라는 인식이 생겨났다. 그리고 전반적인 변화는 아니더라도 심각한 내부 토론을 불러왔다.[4]

브라질 토지를 재분배하겠다는 브라질 정치인들의 수십년에 걸친 허황된 약속에 실망하여, 1985년 토지 없는 농민들이 무토지농민운동을 시작하였다. 지난 10년 동안 15만명이 넘는 토지 없는 농가들이 부유한 지주들이 놀리고 있는 농지 2100만ha 이상을 점거했다. 이들은 군대 수준의 경호원을 고용하고 경찰과 군에 압력을 넣어 자신들을 쫓아내고자 하는 성난 지역 엘리뜨들에 용감하게 맞섰다. 그 과정에서 몇몇 끔찍한 학살이 자행되었다. 그러나 점거한 토지에서는 많은 협동조합이 건설되어 성공적으로 운영되고 있다. 이들은 구조조정정책과 경제위기로 시달리고 있는 브라질 사회계급 전반에 영향을 주면서 변화를 위한 광범위한 전위운동 형성에 기여하고 있다. 그 결과 브라질의 대다수 사람들이 토지에 대한 투쟁을, 그리고 부유한 거대 기업들의 이윤보다 사람을 우선하는 대안적인 발전전략을 지지하고 있음을 여론조사는 보여주고 있다.[5]

아프리카　자유무역과 기업 지배의 '새로운 경제질서'는 국제적인 차원의 투쟁을 불러일으키게 마련이다. 1980년대 후반 세계은행과 IMF에 의한 구조조정 프로그램이 도입되고 몇년 후 많은 아프리카 운동단체 소속 여성들은 빈민과 중산층의 이익에 반하는 정책들에 도전하기 시작했다. 아프리카 교회총연합회가 '경제적 문맹퇴치'를 포함한 여성 프로그램을 통해 연대의 계기를 제공하였다. 1994년 짐바브웨·케냐·가나·카메룬·우간다를 비롯한 여러 나라의 여성들은 아프리카의 경제정책과 관련한 투쟁과정에서 의사소통과 행동을 촉진할 목적으로 아프리카 여성경제정책 네트워크(AWEPON)를 창설하였다.[6]

최근까지 AWEPON은 12개 아프리카 국가의 17개 비정부단체들, 그리고 대안정책 개발그룹과 옥스팸 아메리카(Oxfam America)를 포함한 5개의 국제 구호단체들로 구성되어 있다. AWEPON과 관련한 핵심 역할 중 한 가지는, 자신들의 삶에 직접 영향을 미치는 정책을 만드는 UN 같은 국제기구에 이제까지 반영되지 않았던 아프리카 여성과 빈민의 견해를 제시하는 것이다. 이는 아프리카 여성들이 지역·국가·국제 수준의 경험을 공유하고 정책에 영향을 행사할 수 있는 능력을

강화하기 위한 훈련이며 민중교육을 증진하기 위한 포럼이기도 하다.[7]

인도 초국적기업들의 인도 경제 지배를 막기 위한 투쟁의 전면에는 소농들이 있었다. 거대 곡물무역 기업이자 세계 4위의 종자기업인 카길(Cagill)은 1992년 해바라기 종자를 갖고서 인도 종자시장에 뛰어들었다. 이 종자가 정상 수확량의 1/3도 거두지 못하게 되면서 많은 농민들이 파산할 지경이 되었다. 카길은 여기저기서 종자를 사들여서 인도의 다른 지역에서 이를 20배의 가격으로 되팔았다고 한다. 회원이 1천만명이 넘는 카르나타카(Karnataka) 주 농민연합은 간디의 자치, 자립, 그리고 식민주의에 대한 저항 전통을 앞세우며, 카길의 종자, 문서, 컴퓨터 디스켓과 사무실 집기들을 불태웠다. 농민들은 자신들이 "기업을 위한 자유를 고취하고 전세계 민중들의 자유를 궁극적으로 부정하는 자유무역"에 반대하는 캠페인을 벌이고 있다고 말했다.[8]

이듬해 7월 농민들은 카길의 종자가공 공장을 점령해서 이를 파괴했다.[9] 그뒤 1996년 1월 30일 켄터키 프라이드 치킨(KFC)이 미국식 닭 공장을 인도에 도입하는 것에 항의하면서 방갈로르(Bangalore)에 있는 KFC 점포를 때려부수었다.[10] 카길과 KFC은 자신들이 폭력적이고 막을 수 없는 야만적 파괴에 희생당했다고 느끼겠지만, 농민들의 측면에서 사태를 이해하는 것이 중요하다. 인도 출신의 우리 연구원 아누라다 미탈(Anuradha Mittal)에 따르면, 이들은 "자신들의 삶과 환경을 위협하는 제도에 대해 생명을 위협하지 않는 비폭력 직접행동으로 맞서고 있는 것"이다.[11]

많은 미국인들은 빈민들이 무언가를 들고 일어
서는 것은 이들의 절박한 사정을 이용하는 외부의 이론가들이 선동하
기 때문이라고 믿고 있다. 이러한 시각은 변화의 원인이 다양하고 빈
민들이 스스로 억압의 메커니즘을 잘 이해하고 있다는 사실을 알지 못
하기 때문에 생겨난다.

　빈민들은 "경제체제의 작동에 대해 알고 있으며, 착취가 일어나는
과정(임금 착취, 자금 공여, 뇌물, 가격 차별)을 상세히 설명할 수 있
다"라고, 다년간 농촌빈민들과 일했던 아시아 발전 전문가들은 이야기
하고 있다.[12] 그리고 이러한 시각은 전세계 여러 지역에서 겪은 우리의
경험을 뒷받침해준다.

　그리고 빈민들이 착취자에 대항하여 들고 일어서지 않는다고 해서
이들의 패배주의적인 태도가 계속될 거라고 가정할 수는 없다. 이들은
현실적으로 자신들에게 가해지는 힘을 잘 알고 있을 것이다. 라쎄 버
그와 리싸 버그 부부(Lasse and Lisa Berg)는 인도에서 경험한 일을 다
룬 『얼굴을 맞대고』(Face to Face)에서, 중산층 인도인들은 일상적인
행위들을 종교적 신념에 바탕을 두어 설명하는 반면에 빈민들은 거의
그렇게 하지 않는다고 쓰고 있다. "왜 들고 일어서지 않느냐고 물어보
면 이들은 더 나은 신분으로 새로 태어나고 싶다고 대답하지 않는다.
이들은 지주, 정부 또는 경찰이 무섭다고 답한다."[13]

　그러나 변화 가능성에 대한 빈민들의 인식은 변화할 수 있다. 여러
나라에서 보듯이 실제로 빈민운동이 성장함에 따라 이들의 인식도 변
화하고 있다.

　다른 사례들 또한 변화가 가능하다는 것을 보여주고 있다. 방글라데

시 남부의 시발라야(Shivalaya) 마을에서, 토지 없는 노동자였던 남편이 약 살 돈을 벌어오지 못해서 카리마(Karima)라는 여성의 작은아들이 죽고 말았다. 빈곤과 무지, 여성들의 남성에 대한 관습적인 의존, 고립에도 불구하고 카리마는 이러한 비극이 다시 일어나는 것을 막기로 결심했다.

몇주 동안 그는 마을에 있는 다른 토지 없는 여성들을 불러모았다. 이들은 한푼 두푼 같이 돈을 모으기로 했다. 위급 상황에서 약을 살 돈을 서로 빌릴 수 있도록 하기 위해서였다. 이들은 또한 마을 교사를 설득해서 글과 기본적인 장부기입법을 배우기로 하였다. 그후 2년 동안 이들은 공통의 문제들을 논의했고, 그후 구성원이 늘어나면서 모든 돈을 공동관리하기로 하였다. 그 돈으로 작은 공터를 빌려서 감자와 사탕수수를 재배했다. 거기서 나온 돈은 더 나은 도구와 송아지를 사서 키우는 데 썼다. 이들은 지역시장에 내다 팔 채소를 심고 닭을 길렀다. 거기서 번 돈 일부는 기초 영양교육 프로그램을 시작하는 데 썼다.

토지를 갖지 못한 가난한 집을 중심으로 이 여성들을 칭찬하는 말들이 퍼지면서, 인근 마을의 가난한 여성들도 자신의 처지를 자각하게 되었다. 2년도 안되어 수천명의 토지 없는 여성들이 참여한 30여개의 협동조합들이 세워졌다. 마을에서 마을로 운동이 퍼져나가면서, 수많은 여성 협동조합들은 더 나은 영농기법을 자신들도 익히면서 아이들에게 가르치는 작은 학교 프로그램을 시작하였다.[14]

자신이 살고 있는 동안에는 댓가를 얻지 못하더라도 한 사람의 희생이 의미가 있다는 신념은 변화의 동력이 될 수 있다. 목표를 위해서라면 모욕과 만행을 감내할 수 있는 인간의 의지는 한 사람의 인생을 넘어서야만 실현된다는 것을 역사를 통해 알 수 있다. 왜냐고 물으면 우리는 아마도 각자 서로 다른 답을 내놓을 것이다. 많은 사람들은 자기 아이들의 삶을 더 낫게 만들 수 있다면 자신을 위해선 하지 않았던 일을 망설임 없이 할 것이다. 치아빠스 혁명군 점령지역을 여러번 방문하면서 우리는 더 나은 세상을 위한 개인적인 희생을 말하고 있는 사빠띠스따 반군의 '모든 사람을 위해서는 모든 것을, 우리 자신을 위해서는 아무 것도 없이'(Para Todos, Todo; Para Nosotros, Nada)라는 구호를 자주 볼 수 있었고, 여기에 감명을 받았다.

많은 사람들에게는 종교적 신념이 행동을 결심하는 데 영향을 준다. 쏘모사 정권 전복에 참여했던 많은 니까라과 사람들은 종교적 확신 때문에 결국 행동하는 것 말고는 다른 선택이 없었다고 했다. "마을의 사제 덕분에, 우리 모두 하느님의 모습대로 창조되었으므로 우리 모두 권리를, 특히 살아갈 권리를 갖고 있다고 이해하게 되었다"고 한 농민은 말했다. "그리고 이는 우리가 가족을 먹여살릴 땅을 가질 권리가 있음을 의미했다."

마르코스 정권에게서 나라를 해방시키고자 여러해 노력했던 필리핀 사람들 중 상당수는 종교적 신념으로 행동했다. 마닐라 거리에서 탱크를 가로막고 서 있던, 텔레비전 속 수녀들의 모습을 어떻게 잊을 수 있을까? 아이티에서 뒤발리에(Duvalier) 독재의 마지막 몇년 동안 있었던 핵심적인 저항운동들은 2천개의 기독교 풀뿌리 공동체, 그리고 정권의 부정의와 공포를 고발하는 가톨릭 라디오방송에서 비롯되었다.[15]

때로는 재난이 낡은 관행과 인식을 뒤흔드는 데 '도움'이 된다. 말레이시아의 작은 어촌 마을 쿠알라 주루(Kuala Juru)에서 어부들은 화학물질로 강이 파괴되는 것을 보고는 모여서 저항하기 시작했다. 결국 오염을 멈추지는 못했지만, 시위를 같이했던 경험은 흩어진 경제를 재건하는 협동전략을 채택하는 데까지 이어졌다. 개별로 어업에 종사했던 이들은 모두 오염에 강한 새조개 협동양식으로 전환했다. 모든 구성원들은 수확과 이익을 나누었으며, 협동조합의 협동저축으로 커피 가게와 잡화상을 열 수 있었다.[16]

기차에 올라타기 ● ●

우리들 중 많은 사람들이 빈민을 수동적인 희생자로 본다. 한번 걸러진 뉴스들만 보기 때문이다. 저녁 뉴스나 신문에서 빈민들이 인터뷰하는 것을 과연 얼마나 보았는가? 뉴스는 정부 관료와 기업 경영자들이 등장하는 곳이지, 빈민들이 나오는 곳은 절대로 아니다. 우리는 대안적인 뉴스에 좀더 관심을 가져야 한다. 그렇지 않으면 변화를 위한 실제 투쟁은 눈에 보이지 않을 것이다. 현실 세계를 더 많이 보여주는 뉴스들을 찾는 것이 우리 연구소의 목표이다.

제3세계의 빈민들이 수동적이라고 생각하는 것은 또 우리의 책임의 성격을 혼동하게 한다. 굶주린 사람들은 억압받고 있는 까닭에 무지하고 무기력한 존재이므로, 우리에게 사태에 개입하여 바로잡을 일들을 바로 세울 책임이 있다고 잘못 믿게 된다. 다음 장에서 우리는 이러한 가정을 묻고 답할 것이다.

사람들이 불필요한 고통을 겪고 있는 곳이라면 어디에서나 '기차는 이미 움직이고 있다.' 변화를 위한 운동이 이미 진행중이라는 말이다. 이러한 진실을 통해 우리에게는 다른 책임이 있다는 것을 알게 된다. 즉 기차를 출발시키는 것이 아니라, 기차가 가는 길에 놓여 있는 장애물들을 치우고 스스로 기차에 올라타는 것이다.

멕시코, 캐나다, 미국의 지도자들은 북미자유무역협정(NAFTA)을 구상하면서, 이 협정이 불공정한 무역장벽을 제거함으로써 3개국 모두에게 일자리와 발전, 성장을 가져다줄 것이라며 각국 민중들에게 이를 강요하였다. 이 협정의 실제 영향은 달리 나타났다. 여러 경제부문들이 붕괴함에 따라 수백만개의 일자리가 없어졌고, 정부의 지원은 끊겼다. 미국과 캐나다의 기업들은 줄이어 값싼 노동력을 이용하기 위해 멕시코로 기업활동을 옮겨갔다. '북미자유무역협정'은 해당정부가 사기업체의 '투자자 권리'를 침해한다고 느끼면, 사기업체가 정부를 상대로 제소할 수 있는 길을 열어놓았고, 실제로 사기업체들은 그렇게 하기 시작했다. 예컨대, 미국의 폐기물 관리회사인 '메타클래드'는 멕시코 정부가 생태보존지역에 독성쓰레기 매입을 금지시키자 피해 보상액이 거의 1700만달러에 달하는 소송을 제기하여 승소했다.

북미자유무역협정이 몰고온 황폐함이 가장 두드러진 곳은 농업부문, 특히 그중에서도 멕시코의 농업부문이었다. 북미자유무역협정과 함께 '취약 작물'에 대한 정부 지원은 중단되기 시작했으며, 미국과 캐나다에서 대량 생산되어 수입되는 상품들에 대해 시장개방이 이루어졌다. 상당수가 시장가격 아래로 값이 형성되는 값싼 수입품들이 넘쳐나면서 1년 안에 멕시코의 옥수수 생산은 반으로 줄어들었다. 그러는 동안 옥수수의 소매가격은 올라갔다. 수백만의 멕시코 농민들이 자신들의 땅을 잃어버리는 다른 한편에서 미국의 소수 농기업들은 기록적인 이윤을 남기게 됐다. (땅은 공동 토지소유제가 폐지됨에 따라 더이상 안전하게 확보될 수 없게 되었고, 북미자유무역협정 때문에 더이상 경제적인 생존능력을 유지할 수 없게 되었다.) 오랜 역사를 지닌 중앙아메리카가 원산지인 수백 종의 옥수수들이 미국의 광대한 초지에서 화학비료를 사용하여 집중적으로 재배된 몇 안되는 변종들로 대체되면서 사라지기 시작했다.

옥수수 재배로 살아온 탓에 유사 이래 '옥수수의 사람들'로 알려진 '치아빠스'의 마야족들에게 이런 변화의 결과는 참담한 것이었다. 농촌공동체 전체가 해체되었으며, 이 과정은 지금도 끝날 조짐이 보이지 않고 있다. 1996년 마르 코스는 이렇게 썼다. "우리 토착민들은 이윤을 낳지 않는다. 우리는 형편없는 투자이니 (…) 권력의 돈은 많은 이윤을 낳지 않는 상품을 사고 싶어하지 않는 다. (…) 오늘날, 상인은 자기 가게를 현대화해야 하기 때문에 매력이 없는 상 품은 모두 버려야 한다. 우리처럼 피부가 검고 땅에 가까이 머물러 있어야 할 필요가 크나큰 사람들은 (…) 매력이 없는 존재들이다."

혁명헌법 제27조의 폐지(공동 토지소유제의 폐지)와 북미자유무역협정 조 인은 치아빠스의 인디언들에게 마지막 길이 닫힌 것을 의미했다. 이제 이들에 게 남은 것은 두 가지 선택뿐이었다. 정부와 외국인 경제 이해관계자들이 부 도덕하게 연합하여 자신들에게 행하고 있는 것에 대해 항거하거나, 아니면 체 념하고 죽는 일이다. 그래서 이들은 1994년 1월 1일 농민운동을 일으켰다.

출처
폴 킹스노스, 「사빠띠스따 농민운동」 「녹색평론」 제71호 2003년 7~8월, 128~30면에서 발췌

myth

미국의 원조가 굶주림 해결에 도움이 된다

열 번 째 신 화 10

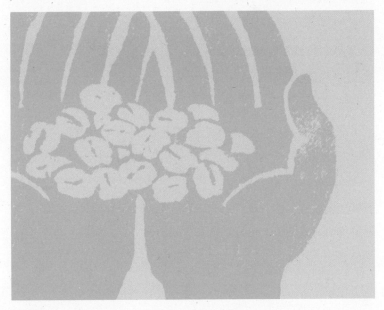

신화

전세계의 굶주림을 종식시키는 데 미국국민의 가장 큰 책임은 미국 정부의 대외원조를 늘리고 증진하는 것이다.

사람들을 빈곤에 가두는 반민주적인 정치·경제구조에서 굶주림이 비롯된다는 것을 알게 되면서, 우리가 깨달은 것은 굶주림은 타인이 해결해주는 것이 아니라는 사실이다. 진정한 자유는 사람들 스스로 쟁취하는 것이다.

이 때문에 우리의 책임이 줄어드는 것은 절대 아니지만, 책임의 성격이 완전히 새롭게 규정된다. 미국인들이 할 일은 다른 나라에 개입하여 사태를 바로잡는 것이 아니다. 미국 정부는 국민 대다수가 굶주리고 있는 나라들에 이미 개입하고 있다. 미국국민의 주된 책임은 미국 정부의 정책이 스스로 굶주림을 종식시키기 위해 노력하는 사람들을 더욱 힘들게 하지 않도록 하는 것이다.

미국인들은 너그럽다고 알려져 있는 점에 비추어보면, 미국의 대외원조가 GNP의 0.15% 밖에 되지 않는다는 것은 실로 놀랍다. 이는 독일의 GNP 대비 원조액의 절반보다도 적고, 네덜란드의 1/5보다도 적은 액수다.[1] 다른 부유한 국가들과 마찬가지로, 미국의 총 원조규모는 1990년대 초반 급격하게 줄어들었다.[2] 1985년 202억 달러로 최고를 기록한 후 1994년에는 123억 달러로 떨어졌고, 그후 계속 그 수준을 유지하고 있다.[3]

하지만 전세계 기아 문제가 미국의 원조가 줄기 때문에 악화하는 것은 아니다. 1980년대 중반 로널드 레이건(Ronald Reagan) 정부에서 원조 수준이 높았을 때 원조의 초점은 굶주림의 일소에 있는 것이 아니었다. 1985년 죠지 슐츠(George Shultz) 국무장관은 솔직하게, "우리의 대외원조 프로그램은 외교정책의 목표 달성에 중대한 역할을 하는 것"이라고 말했다.[4] 슐츠의 진술이 놀랄 만한 것은 아니다. 모든 국가의 대외원조는 외교정책의 수단이기 때문이다. 이러한 원조가 굶주린 사람들에게 혜택이 되는가의 여부는 그러한 정책의 동기와 목표, 즉 원조를 제공하는 정부가 국익을 어떻게 규정하는가에 좌우된다.

전후 냉전 시기에 미국의 대외원조는 대체로 세계를 두개의 적대적인 진영으로 나누어보는 관점에 따라 진행되었다. 충성스러운 미국의 동맹국이라는 이유만으로 비민주적이고 억압적인 정부——이란·필리핀·엘쌀바도르·인도네시아를 비롯한 많은 나라들——의 무장을 돕고 그 정부를 지지했다는 말이다.

미국 정부는 자유시장과 생산수단의 무제한적인 개인 축적을 근간으로 하는 미국의 경제모델을 따르지 않는 어떠한 실험에 대해서도 이해관계를 위협하는 것으로 간주하고 행동했다. 경제의 근본원칙을 바꾸려 했던 어떠한 나라도——예를 들면 니까라과——'즉각 다른 진영으로 넘어간' 것으로 간주되었고 적으로 규정되었다. 그에 대한 처벌도 신속했다. 보통 원조를 중단하거나 정부 반대파에 대한 무장을 지원하는 식이었다.[5]

냉전이 부정적인 영향을 미쳤음에도 미국의 대외원조는, 최고 목표는 아니더라도 빈곤의 경감을 어느정도 지향하고는 있었다. 미국은 물질적인 복지 향상의 가능성을 제시하는 공산주의가 제3세계 빈민들의

'마음과 정신'을 얻기 위한 싸움에서 자본주의를 압도할까봐 두려워했다. 그 때문에 '기초적인 필요충족'(1970년대 지역개발의 한 패러다임으로 의식주 같은 지역민들의 기초적인 필요를 충족하는 것을 지역개발의 목표로 삼았다—옮긴이)에 대한 지원정책을 단속적으로 펼쳤다.

미국은 또한 중앙아메리카의 부패 독재정권들에게 경제원조기금(ESF)과 군사원조를 제공하면서 빈곤 경감 정책을 발표하고 지원했다. 여기에는 매우 제한적인 토지개혁, 소농들이 곡물을 팔 수 있게 도와주는 마케팅위원회, 기초적인 인프라 개발 등이 포함되었다. 이러한 개혁은 군사지원에 대한 필수적인 보완책으로 여겨졌다. 미국에 우호적인 정부가 전복되는 것을 막기 위해 민중들의 불만을 달래는 것이었다.[6]

냉전시대 전반을 통해, 미국이 실시한 대외원조의 실질적인 목표는 자국 기업들에게 안전한 세계를 만들어주는 것처럼 보였다. 그럼에도 이러한 목표는 종종 전략적인 냉전의 목표와 뒤섞여 있어서 따로 떼내어 분석하기 어려웠다. 하지만 냉전이 끝나면서 대외원조가 품고 있던 좀더 노골적인 경제적 목표가 전면에 드러나기 시작했다.

대외원조의 목표가 '공산주의의 위협'에 맞서 자유를 수호하는 것에서 자유시장과 자유무역의 증진으로 옮겨갔음이 좀더 분명해졌다. 1997년 미국의 대외원조를 담당하고 있는 국제개발국(USAID)의 소식지는 다음과 같이 밝히고 있다. "미국 대외원조의 주요 수혜자는 항상 미국이었다. (…) 대외원조 프로그램은 농산물시장 창출, 산업재 수출을 위한 새로운 시장 개척 및 미국인을 위한 일자리 창출로 미국을 도왔다."[7] 같은 글에서 USAID는 전세계적인 무대에서 '미국의 리더십'을 유지하기 위해 원조를 증액해야 한다고 강력하게 주장하고 있다.[8]

자유무역을 위해 시장을 개방하는 것을 국익으로 규정하는 것은 미

국의 국력 증강을 위해 굶주린 자들의 이해를 저버리는 것이다. 우리
가 살펴본 것처럼 다른 종류의 변화, 즉 사회 전반에 걸쳐 식량생산자
원에 대한 통제구조를 바꾸는 것이 굶주림을 끝내기 위한 필수 조건이
다. 이러한 변화에 반대하고 굶주린 사람들을 위한다는 것은 불가능한
일이다.

빈곤이 원조의 ● ●
　　　　초점이 아니다　　대외원조를 살펴보면서 우리는 현재의
국익 규정이 낳는 일곱 가지 결과에 대해 살펴보고자 한다.

　첫째, 미국의 경제원조는 몇개 국가에 과도하게 집중되어 있다. 원조
의 초점은 빈곤과 관련이 없다. 1990년대 중반 미국의 경제원조를 받
고 있는 130개 남짓의 국가들 가운데[9] 15개국이 총액의 절반 이상을
수혜하고 있다. 미국의 지정학적 이해관계를 대표하고 있는 이스라엘
과 이집트가 전체의 1/3을 차지한다. 전세계에서 가장 가난한 10개
국——대부분이 아프리카 국가들——은 미국의 1994 회계연도 경제원
조의 5%도 수혜하지 못하고 있다.[10] 예를 들어 아프리카의 사하라 이
남지역에 빈곤이 만연함에도 불구하고, 상위 10대 수혜국 가운데 남아
프리카공화국과 에티오피아만 포함되어 있다. 남아프리카공화국은 이
지역에서 경제적으로 가장 발전한 나라이다.

　미개척 시장이 주는 기회를 노리는 미국의 외교정책과 원조는 새로
운 목표지를 찾아냈다. 바로 동유럽과 구 소련연방이다. 이들은 원조
를 받기 위해 훨씬 더 가난한 제3세계 국가들과 경쟁하고 있다.

미국 경제원조의 상위 15개 수혜국 (1996년, 백만 달러)

1	이스라엘	1,200.0
2	이집트	815.0
3	러시아	263.0
4	우크라이나	161.4
5	인도	156.3
6	남아프리카공화국	131.9
7	뻬루	123.9
8	볼리비아	121.0
9	아이티	116.0
10	에티오피아	108.0
11	터키	105.8
12	보스니아-헤르체고비나	80.6
13	방글라데시	77.8
14	가자지구/요르단강 서안	76.0
15	필리핀	74.9

주: 경제원조에는 개발지원·경제유지기금·식량원조·평화유지군·국제마약감시
   등이 포함된다.
출처: 미국 국제개발국(USAID), 1996 회계연도 국회제출자료

둘째, 원조는 제3세계에 일련의 구조조정정책을 강제하기 위한 수단
으로 사용된다. 1980년대부터 전세계적으로 미국의 대외원조는 세계
은행과 IMF가 고안한 구조조정정책의 채택을 조건으로 달고 있다.[11]

수혜자가 취하는 몇가지 행위를 조건으로 자금을 지원하는 것을
'조건부'라고 하는데, 조건부 원조는 경제원조를 분할해서 제공하는
방식이다. 즉 한 나라에 거저 주거나 빌려주는 총액을 잘게 쪼개어 여
러번 나누어주는 것으로 이를 트랜치(tranches)라고 부른다. 매번 지

불받기 전에 수혜국은 USAID와 서명한 원조계약서의 '조항'들에 명시된 정책 변화를 이행해야 한다.[12]

1982년에서 90년 사이에, 꼬스따리까 정부가 받은 아홉차례의 미국 경제원조에는 지원의 조건으로 20가지 이상의 국내 경제구조 변화를 요구하는 357개의 단서조항이 붙어 있었다. 여기에는 소농을 지원해온 곡물시장위원회의 철폐, 지역에서 재배된 옥수수·콩·쌀에 대한 가격지지 철폐, 미국으로부터의 수입증대, 세계은행과 IMF와 조인하는 유사한 계약서의 특정조항 준수 등이 포함되어 있었다.[13]

조건부 원조는 당근과 채찍 방식으로 작동한다. 정부를 거치지 않고 민간 부문에 직접 원조하는 것을 가능케 하는 미국의 부당한 요구 법안을 꼬스따리까 의회가 부결시켰을 때, USAID는 2300만달러의 지불을 유예했다.[14] 공교롭게도 이 상황은 꼬스따리까 중앙은행이 1일 경제운용에 필요한 외환보유고를 모두 소진한 바로 그 순간에 발생했다. 이 사건이 발생하기 몇달 전에 작성된 USAID 내부 문서——그후 몇년 뒤에 공개되어 입수할 수 있었던——에 따르면 미국이 얼마나 냉소적이었는지를 잘 보여주고 있다. USAID 최고 책임자는 꼬스따리까의 외환보유고가 바닥날 것임을 예견했고, 원하는 법안 통과를 위한 수단으로서 지불싯점 유예를 권고했던 것이다.[15]

1980년대와 90년대에 제3세계 전반에 걸쳐 불평등이 확산된 것은 바로 이러한 변화들과 구조조정정책을 따라했기 때문이었다. 대부분의 제3세계 국가들에게 1980년대는 잃어버린 10년이었다. 그 기간에 빈곤층 대부분의 생활은 1960년대 이전 수준으로 추락했다. 놀랄 것도 없이 이 시대는 광범위한 경제적·사회적·생태적 위기의 시기였다. 수백만의 농촌과 도시 빈민들이 발전의 기회를 박탈당했다. 예산이 삭감

되면서 농업금융·농촌지도·보조금·기술교육이 모두 사라졌고, 관세 철폐로 국내시장에는 지역 생산비보다 낮은 가격으로 수입된 식량들로 넘쳐났다. 그 결과 빈농들은 화학비료를 비롯한 농업 투입물의 높은 비용과 낮은 농산물 가격 사이에서 압박을 받아, 상당수는 토지를 잃고 도시로 이주하였다.[16]

셋째, 식량원조는 대개 굶주림의 해결을 목표로 하지 않는다. 대외 원조라고 하면 대부분의 사람들은 자동적으로 식량을 가득 실은 배를 생각하지만, 이런 원조는 미국의 대외원조 가운데 일부에 지나지 않는다.[17] 1990년대 동안 이런 원조는 9% 남짓에 그쳤고, 총 원조의 5%만이 긴급구호용이었다.[18]

1996년 미국이 제공한 식량원조 300만톤 가운데 1/4에 달하는 양은 제3세계 국가의 축산사료로 쓰이거나 도시소비자들에게 공급되는 파스타·빵·식용유 등을 만드는 해당 지역의 식량가공기업들에게 좋은 조건으로 재판매되었다.[19] 이것이 'PL 480 1관'의 형태로 제공된 원조이다.[20] 판매에서 발생하는 수익은 일반적으로 USAID가 명시하는 '개발' 용도로 사용되어야 한다. 하지만 1관은 오랫동안 미국 곡물수출을 위해 새로운 시장을 창출하는 주요한 도구로 이용되고 있으며, 실제로는 기업들의 이해관계에 따라 작동한다. 네브래스카대학 출판부에서 낸 한 연구자료에도 그런 점이 분명하게 나와 있다.

식량원조 프로그램은 곡물무역기업들의 현재와 미래의 매출을 늘리려는 목적으로 마련한 정부써비스를 반영하는 것이다. 1관은 거대 미국 곡물기업들에게 다른 상업적 수출과 마찬가지로 똑같은 이윤을 창출시켜준다. 유일한 차이는 미국 정부가 즉각 지불해준다는 점이다. 곡물기업들의 관점에서 보면, 1관이 아니었으면 불가능했을 미국 정부재정의 구매가 이루어지고 바로 시장이 창출되는 것이다. 반면 수혜국들은 이러한 외국의 식량공급에 의존하게 된다. (…) PL 480은 닭 농장, 밀 제분소, 비누와 식용유 공장을 늘려 계속되는 수입물에 구조적으로 의존하도록 만든다. 식량원조가 중단되면 운영을 유지하기 위해서 투입물 공급이 필요한 이런 산업들은 자국 정부에 상품 수입을 계속하라는 상업적인 압력을 행사하게 될 것이다.[21]

USAID는 1996년 보고서에서 식량원조에 대해 "미국 농산물을 수입하는 10개 국가 중 9개가 식량원조 수혜국들이었다"라고 자랑하고 있다.[22] 1관에 의한 식량원조는 굶주린 사람들을 먹여살리는 것이 아니라, 카길같이 곡물을 제공하고 선적하는 거대 곡물기업들의 주머니에 돈을 넣어주고 있다.[23] 또한, 공장식 닭 생산자와 식품 가공업자들을 지원한다. 마지막으로 수혜국 소비자들의 입맛을 지역에서 재배된 작물에서 빵과 파스타 같은 밀 생산물로 바꾸도록 돕는다.[24]

예를 들어 열대지방은 밀이 잘 자라는 지역이 거의 없는데도 아프리카에 밀을 원조하는 식이다. 대부분의 국가들에서 이러한 기호 변화는 작은 일이 아니다. 장기적인 자급을 훨씬 더 어렵게 하기 때문이다. 한국은 USAID의 집중적인 밀 생산물 판촉과 같이 이루어진 수년간의 식량원조 후에 세계 제3위의 미국 농산물 수입국이 되었다. 이러한 판촉 캠페인은 밀에 대한 엄청난 수요를 창출시킴으로써 한국인들의 식습관을 급격하게 바꾸어놓았다.[25]

'개발'을 위해 식량 판매로 조성된 기금조차도 대개 굶주림 문제의 해결과는 전혀 다른 방향으로 쓰인다. 이 기금은 대개 미국과의 향후 무역 증진, 그리고 무역박람회나 항만 건설 같은 시장개발 활동처럼 소위 '자조' 수단에 투입될 경우가 많다.[26]

두번째 식량원조의 형태인 3관은 1관처럼 작동하지만 좀더 가난한 국가들을 위한 것이다. 해당 국가들에 식량 구매대금을 탕감해주도록 한 것이다. 1996년 이는 선적된 식량의 1/8 정도를 차지했다.

또다른 형태의 식량원조인 '진보를 위한 식량 프로그램'은 구조조정 정책을 수행하는 정부들에 보상을 줄 목적으로 1985년 만들어졌다. 근거가 되는 법령에 따르면, 이 프로그램은 "상품가격 설정, 마케팅, 수입제한 완화 및 민간부문 참여 확대 등의 변화를 통해 개발도상국 경제에 자유기업의 요소를 확장시키기 위해 고안된 것"이다.[27] 다른 말로 하면, 식량이 다시 한번 미국기업들에게 시장을 열어주는 수단으로 사용되고 있는 것이다. '진보를 위한 식량'은 원래는 제3세계를 겨냥한 것이지만 곧 표적이 바뀌었다. 1996년 이 프로그램에 따라 이루어진 38가지 기부 중 37가지가 미국 식량수출업자들에게 새로운 시장으로 각광받고 있는 동유럽의 구 사회주의권 국가들로 향했다.[28] '진보를 위한 식량' 선적은 그해 기부된 식량의 1/7을 차지했다.[29]

식량원조의 나머지 범주인 2관은 일반적으로 빈국들에 특정 개발 프로젝트를 지원하거나 긴급 구호를 위해 기부되는 식량으로 구성된다. 1996년 선적된 식량의 절반이 약간 넘는 분량이 여기에 해당된다.[30] 이것이 바로 제3세계 국가의 빈민에게 보내는 것으로 잘 알려진 선적인 것이다. 하지만 이러한 식량조차도 긍정적인 영향을 주지 못할 경우가 많다.

2관에 따른 건설사업개발 식량원조는 보통 도로 개량, 관개 개발 및 기타 인프라 건설사업에 일자리 없는 사람을 고용할 경우 식량을 제공하는 '식량-노동' 프로그램을 통해 실시한다. 이러한 프로그램은 이론적으로는 사회 전체에 혜택을 준다. 일자리 없는 사람들은 먹을 것을 얻고, 나머지 사회는 공공근로사업을 통해 혜택을 볼 수 있다. 하지만 한 자세한 연구에 따르면 식량-노동 프로그램은 부유층에게만 혜택이 돌아가고 빈민들은 아무런 장기적인 이득도 얻지 못한다.

많은 사람들이 먹을 것을 빼앗겨버린 아이티의 사례는 이 점을 분명하게 해준다. 어떤 마을에서는 한 가문이 지방정부와 지역 관료를 장악했다.[31] 미국 구호기관이 식량-노동 프로그램을 가지고 마을에 왔을 때, 그 가문이 이를 관리하도록 정해졌다. 일자리가 없는 마을 주민들은 도로를 짓고 마을 지도자의 정원을 관리했는데, 이 때문에 일주일에 5일은 자신들의 땅을 버려두게 되었다. 부유한 가문은 토지를 개량하고 시장에 생산물을 내다팔기가 더 쉬워졌으며 권력의 비호까지 받아 수익을 거두었다. 노동자들은 자기 땅을 돌보지 못하는 대신 휴경기에 먹을 것을 제공해주는 임시 일자리를 얻었다. 하지만 이들은 장기적이고 근본적인 변화, 즉 빈곤과 굶주림을 지속적으로 줄여가지는 못했다. 식량-노동 프로그램 적용 사례들은 대부분 사정이 비슷하다.[32]

넷째, 식량원조는 굶주림을 줄일 수도 있는 농업발전을 실제로 저해할 수 있다. 원조식량이 봇물 터지듯 들어오면 심지어 식량사정이 긴급한 상황에서조차도 지역의 농가 경제에는 해가 되는 것이 거듭 입증되고 있다. 보조금을 등에 입은 값싼, 혹은 공짜 미국 곡물은 지역에서 생산된 식량가격을 떨어뜨림으로써 지역 농민들을 농토에서 도시로 내몰게 된다.

소말리아가 그 적절한 예이다. 1991년 내전이 시작됐을 때, 국내 운송이 제한되면서 대부분의 지역에서 식량위기가 가중되었다. UN은 당시 총인구의 절반 이상인 거의 450만명이 심각한 영양부족과 영양실조 관련 질병들로 위협받고 있다고 추정했다.[33]

그러나 1992년 12월 미국 군대가 UN의 깃발 아래 식량을 분배하고 적대적인 분파들간의 전쟁을 끝내기 위해 도착했을 때 최악의 기근은 이미 끝난 상태였다. 사망률은 하루 300명에서 70명 수준으로 떨어졌고, 아프고예(Afgoye)와 셰벨(Shebell)강 유역의 농업지역에서 지은 양질의 쌀·수수·옥수수가 이미 수확된 상태였다.[34] 그런데도 식량원조가 쏟아졌고 그로 인해 지역 농민들이 받는 농산물가격이 75%나 폭락했다. 아무리 낮은 가격을 매겨도 곡물을 팔 수 없을 때가 많았다. 여성 농민 파두마 압디 아루쉬(Faaduma Abdi Arush)는 구호 기관에 옥수수를 팔기 위해 백방으로 노력했지만 아무도 사주지 않았다. 미국 정부가 미국 기업에서 만든 미국 식량을 살 돈만 제공했기 때문이다. 농산물을 팔아서는 생계를 유지할 수 없었던 많은 소말리아 농민들은 자신들의 농지를 포기하고 수입식량 배급 줄에 합류하지 않을 수 없었다.[35]

비상시 프로그램이 아닌 2관의 식량원조는 종종 모성 및 어린이 보건, 영양 및 교육 프로그램 같은 활동을 지원하는 데 사용된다.[36] 이를 위한 현금은 수혜국에서 원조식량을 팔아서 충당한다. 아니면 어린이들이 학교를 다니게 할 목적으로 점심으로 식량이 제공되거나, 어머니들이 아기를 보건소에 데리고 올 때 식량을 받아가도록 한다.

이러한 활동들은 얼핏 보기엔 칭찬할 만하지만, 좀더 자세히 들여다보면 사정이 그렇지 않다. 우선 이러한 식량원조는 여전히 식량을 수혜국 경제 속에 밀어넣는 방식이어서 식량시장을 왜곡시킨다. 다른 식량원조처럼 이러한 왜곡은 그 나라의 식량공급체제를 약화시키고 농민들을 농지에서 몰아내며, 궁극적으로 수입된 미국 농산물에 장기적으로 의존하게 만든다.[37] 우리가 노동이나 보건, 교육을 식량지원과 연계해 증진시키려고 할 때도 사정은 비슷하다.[38] 이는 원조식량의 지원을 받는 모든 프로그램들이 잘못되었다는 뜻은 아니다. 오히려 이를 위한 다른 방식이 필요하다는 것이다.

예를 들어 모성 및 어린이 보건과 영양 프로그램은 수혜자들에게 실질적인 혜택을 가져다줄 수 있다. 이러한 프로그램에서는 수입식량을 사용하지 않고 인근 지역에서 구매한 식량을 사용하는 것이 대안이 되어야 한다.[39] 식량생산에 관해 지역의 전문가·지식·자원을 활용하게 되면 농민·지역상인·국가경제를 강화할 수 있을 것이다. 소득이 내부에서 창출되면서 지역사회는 자족적이고 지속가능하게 될 것이다.

하지만 식량원조에 기반한 개발계획은 여전히 외국의 전문가·지식·자원에 의존해 소득을 창출할 방법을 짜내고 있다. 이러한 계획들은 식량원조가 종료되면 자족적이지도, 지속가능하지도 않다. 식량원조에 기반한 개발계획들이 역사적으로 실패를 거듭한 것은 그리 놀라운 일이 아니다. 전 식량원조 담당관 마이클 매런(Michael Maren)은 "아프리카는 이런 개발계획의 잔해로 어지럽혀져 있다"라고 말한다.[40]

다섯째, 미국은 군사원조를 통해 전세계적인 무력분쟁에 직접 기여하고 있다. 이것이 실제 굶주림과 기근의 주요한 원인이다. 냉전종식 이래로 미국의 군사원조는 줄어들었지만 1998년에도 여전히 60억 달러에 달했다. 이는 개발원조보다 6배나 많은 것이다.[41] 군사원조의 효과를 결정적으로 확대시키는 것은 무기 판매이다. 냉전종식 이후 과잉 생산 문제를 해결하기 위해 미국의 방위 산업체들은 정부 보조금을 가지고 공격적으로 해외시장을 물색했다. 1990년대 초반 미국의 무기 판매액은 다른 모든 나라들을 합친 것보다 더 많았다.[42] 세계 각국의 군사비 지출 총액은 연간 1조 달러로 추정된다.[43] 비정부 반군에게 흘러들어가는 암거래는 포함하지 않은 것이다. 이러한 암거래와 관련된 무기 네 가지 중 세 가지는 미국에서 산 것이며, 그 대부분이 원래 원조나 차관으로 흘러들어온 것들이다.[44]

1985년에서 95년 사이 전세계 45곳의 분쟁지역에서 교전 당사자들은 420억 달러어치의 무기를 미국에서 얻었다. 1993년에서 94년 사이 가장 분쟁이 심각했던 50곳 중 90%에서, 하나 이상의 분쟁 당사자들이 미국의 무기 또는 군사기술을 입수했다.[45] 암거래, 무기 판매, 군사원조를 통해서 미국은 수많은 내전과 다른 무장 갈등이 지속되도록 돕고 있는 것이다. 이는 특히 현대의 기근이 소말리아에서처럼 대부분 무장 갈등 때문에 발생한다는 것을 생각하면 놀라운 것이다. 미국의 무기 판매와 군사원조가 이를 가능케 하고 있다.

여섯째, '선량한' 원조 프로젝트는 추악한 현실을 흐리는 '얼치레' '가리개' 역할을 해 대중을 호도한다. USAID가 지원하는 최상의 개발 계획에 초점을 맞추게 되면 대외원조가 미치는 전반적인 영향에 대해 잘못된 판단을 내릴 여지가 있다. 외부에서 더 큰 맥락으로 보게 되면 분명 긍정적으로 보이던 몇몇 계획들도 결국에는 부정적인 영향뿐인 보통 프로그램들을 조장한다는 것을 알 수 있다. '최상의 계획'이 원조라는 개념을 받아들이기 좋게 만들기 때문이다.

실제 원조활동이 기관 예산의 일부에 지나지 않고 위에서 언급한 수많은 문제들을 갖고 있음에도, 언론을 이용하고 능숙한 선전까지 곁들인 1990년대 '인도주의적 구호'라는 임무는 USAID가 긍정적 이미지를 구축하게 된 핵심이었다. 환경 프로젝트 또한 홍보 효과를 낼 수 있다.

우리 중 한 사람이 1980년대와 90년대 초 이러한 환경개선 노력——중앙아메리카의 통합 해충 관리 프로젝트——에 참여하게 되었다. 초기에 USAID에서 500만 달러의 자금을 지원받은 이 프로젝트의 목표는 중앙아메리카 소농들의 농약 사용량을 줄이는 것이었다. 누가 이런 목표에 이의를 제기할 수 있겠는가? 하지만 사실이라고 믿기에는 너무 훌륭한 USAID의 사업을 접할 때마다 한번 더 의심하게 되는 것은 그동안의 경험 때문이다.

이 프로젝트는 기술 변화를 상명하달로 이루겠다는 전형적인 결함을 갖고 있었다. 대부분 박사급 국외거주자인 프로젝트 과학자들이 농약에 대한 대안을 연구하고, 각국의 국내 '전문가들'을 교육한 다음, 이들이 지역의 농촌지도요원들을 교육하고, 또 이들이 새로운 정보를 농민들에게 전수하는 모델이었다. 물론 이러한 생각은 현실에서 제대로 실현되지 않았다. 협력기관과 개인들로 이어진 긴 고리의 일부가 꼬여버렸고 마지막으로 농민들에게 제시된 대안들이 현실과는 잘 들어맞지 않았기 때문이다.

초기 자금지원이 미국 대외원조의 '기초적인 필요충족' 시대의 끝무렵에 승인되었기 때문에 프로젝트가 식량작물을 재배하는 소농들에 목표를 두고 있다고는 하지만, 그 실행은 구조조정이나 수출진흥을 더 강조하는 1980년대 분위기 속에서 이루어졌다. 따라서 USAID 관료들은 프로젝트 실무진과 실행 기관을 압박하여 사업의 초점을 수출작물과 대농들로 바꾸도록 했다. 실행 기관과 실무진이 이러한 변화를 받아들이지 않자, 결국 USAID는 프로젝트에 대한 지원을 중단하고 자금을 좀더 유순한 단체들로 돌려버렸다.[46]

프로젝트의 자금지원이 종료되기 전에, 슬프다고 해야 할지 우습다고 해야 할지 모를 사건이 일어났다. 원조가 남성에 유리하고 여성들을 배제한다는 비판이 일자, 의회는 USAID 프로젝트가 '남성과 여성' 모두를 수혜자로 포함시켜야 한다는 조건을 마련해 통과시킨 것이다. 프로젝트가 갱신될 무렵에 이러한 규제가 적용되었다. 미래의 자금지원 제안서에는 새로운 조건을 반드시 집어넣도록 모든 현장 실무진들에게 지시하는 공문이 USAID 본부에서 내려왔다. 프로젝트 팀장은 비서에게 문서작성 프로그램의 '찾기'와 '바꾸기' 기능을 활용하도록 지시했다. 새로 바뀐 제안서에서는 '사람' '농민' '학생' '수혜자' 등과 같은 단어들이 '여성과 남성'으로 바뀌거나 그 단어들 앞에 '여성과 남성'이 추가되었다. 따라서 어떤 문구는 "24명의 여성과 남성 농민들이 현장행사에 초대되었다"로 바뀌었다. 제안서에 다른 변화는 없었고, 이는 별다른 비판 없이 승인되었다. 이어진 의회 청문회에서 USAID 실무진들은 성(gender)이 이제 개발원조에서 필수적인 요소라고 주장할 수 있었다.

그러나 프로젝트에 대한 이러한 세부적인 논란만으로는 실제로 전반적인 영향이 부정적으로 나오게 된 진짜 이유를 알 수 없다. USAID는 정책결정자, 언론인, 중앙아메리카 정부관료들을 포함한 여러 사람들에게 미국 정책이 이 지역에서 친근한 모습을 하고 있다는 것을 보여주기 위해 프로젝트를 자주 이용했다. 1980년대 동안 사용된 USAID 예산 중 프로젝트 예산은 일부에 지나지 않았음에도, 실적은 많은 것처럼 보였다. 따라서 이는 이 지역에서 사용된 원조의 진짜 취지—니까라과 싼디니스따(Sandinista) 혁명정부의 전복[47]과 이 지역 다른 국가들의 구조조정[48]—를 감추는 가리개 역할을 해왔다. 결국 큰 구도 속에서 사태를 볼 때 프로젝트의 진정한 기능이란 중앙아메리카에서 미국의 존재를 좀더 괜찮은 것으로 만들고, 나아가 자선이라고 할 수 없는 목적을 달성하도록 간접적으로 돕는 것이다.

마지막으로, 대부분의 '개발원조'들조차도 빈민과 굶주린 사람들에게 도움이 안된다. 미국의 대외원조 중 18%만이 개발원조로 분류된다. 이러한 개발원조는 어떻게 사용될까? 1960년대와 70년대 초반 동안 그 대부분은 주로 인프라(발전소, 수송 및 통신시설 등)를 구축하는 데 사용되었고, 그 혜택은 기업가, 지주, 이러한 시설을 이용할 수 있는 경제적 위치에 있는 사람들에게로 돌아갔다. 1970년대 후반과 80년대 초에 접어들어서는 농업금융 프로그램과 중소규모 사업개발 등 소규모 프로젝트를 선호하는 추세였다. 그러나 이러한 소규모 프로젝트들도 극빈자들에게 혜택을 주는 데는 실패했다고 세계은행과 IMF의 연구들은 결론내리고 있다.[49]

이러한 일반적인 결과는 USAID의 자체 프로그램 평가에서 드러났다. 지난 12년 동안의 소농 자금지원 프로그램을 검토한 한 보고서는 혜택이 "소농과 무토지빈민들에게는 심하게 불균등했다"라고 언급한다.[50] 실패의 원인은 아주 분명하다. 자금신청 자격을 충족할 수 있을 만큼 충분한 농지를 갖고 있는 빈민이 거의 없었기 때문이다. 대부분의 제3세계 국가에서 농촌빈민은 토지가 거의 없기 때문에 훌륭한 농가 자금지원 프로그램이라도 이들을 전혀 도울 수 없는 것이다.

1980년대와 90년대에는 기존에 재배하지 않았던 새로운 작물의 수출을 증진하는 것이 추세였다. 예를 들어 중앙아메리카에서 USAID는 새로운 수출작물 재배를 늘림으로써 농민들을 희망없고 불안정한 틈새시장에 밀어넣었다. 이러한 비전통적 농업 수출품(NTAE)에는 열대과일·브로콜리·마카다미아·멜론 등이 있다. 여기에다 엄청난 대외원조 보조금을 지급했고 지방정부에 강력한 압력까지 넣어가며 의욕적으로 추진했다. 중앙아메리카의 농민과 정부 들은 이제 전통적인 지역 소비용 식량작물 생산을 불안정하게 만든 위험한 농업벤처 속에 끼어 있는 신세이다. 그 결과 중앙아메리카의 농업공동체 전반에서 빈곤과 경제 불안이 악화하고 있다. 중앙아메리카 경제의 안정이라는 USAID의 명시적 목표와는 정반대로, NTAE 프로그램은 소농과 부유한 지주 사이의 불평등을 더욱 심화했다.[51]

1983년 꼬스따리까의 구아시모(Guácimo)지역에서 행한 USAID 프로젝트는 그러한 전형적인 사례를 신랄하게 보여주고 있다. USAID는 자금, 기술지원, 마케팅 지식을 투자하여 인디오 거주지역의 빈농들에게 전통적인 노란 옥수수 생산을 그만두고, 미국 내에서 인구가 늘어나고 있는 히스패닉 사람들을 겨냥한 수출용 코코아·뿌리작물·호박을 생산하도록 유도하였다. 프로젝트 첫해에 농민들은 질병에 걸리지 않은 수입 종자, 농촌지도요원, 그리고 선매계약을 제공받았다. 프로젝트에 참가한 농민들의 첫해 소득은 옥수수를 계속 재배하는 이웃 농민들보다 면적당 40배 이상 치솟았다.

하지만 단 1년 뒤에 인디오 벤처 농가들은 끝을 보이기 시작했다. NTAE 프로젝트에서는 더이상 종자를 제공하지 않았고 마케팅 계약도 체결하지 않았고, 농촌지도요원도 일시적으로만 제공되었다. 그런데도 전 해의 성공에 솔깃해한 농민들이 더 많이 뛰어들었다. 결과는 재앙이었다. 세계시장의 경쟁이 치열해지면서 농산물가격은 곤두박질쳤다. 그 이듬해에는 낮은 등급의 종자가 사용된 탓에 수확의 대부분은 병충해로 타격을 입었고, 구매자들은 농산물 중 일부만 사들였다. 농민들의 절반은 파산했고, 거기서 살아남은 40명의 농민들도 그 다음해에 파산했다.[52]

인디오 거주지역의 경험과 이와 비슷한 많은 다른 사례들은 모든 것을 감수하면서까지 수출을 밀어붙이는 정책의 결점을 드러내고 있다. NTAE 프로젝트는 검증되지 않은 시장을 위해 자본집약적인 작물 재배를 증진함으로써 농민들에게 도박을 강요했다. 소농들은 한발짝 앞으로 갈 때마다 장애물에 부닥쳤다.

예를 들어 과떼말라에서 비전통적 수출작물 재배를 위한 초기 투자에는 전통적인 옥수수와 콩 재배보다 5배에서 15배 더 많은 비용이 들어간다.[53] 이러한 장벽을 넘어서려면 위험부담이 높은 신용대출——대개 소농들에게 불리하게 이자율이 결정되므로——을 받아야 하고, 이렇게 되면 한번의 흉작 후 농토를 통째로 잃어버릴 수도 있다.[54]

비전통 작물을 재배하는 소농들은 전통적인 수출작물을 재배하거나 녹색혁명에 동참했던 농민들과 비슷한 운명을 맞는다. 비전통 작물들은 재배에 돈이 많이 든다. 엄청난 양의 농약·비료·기술지도가 필요하기 때문에 대규모 자본을 가진 생산자들에게 유리하다. 그리고 쉽게 상하기 때문에 소농들이 서구시장의 품질기준에 맞춰 생산물을 공급하기가 거의 불가능하다. 결국 늘 유리한 것은 거대 과일기업들이다.

대부분의 소농들은 재정상태가 좋은 대규모 생산자들과 경쟁할 수 없으며 빚에 쪼들리고 있기 때문에, 비전통 수출작물을 재배하려고 하지만 결과적으로 시장에서 밀려나고 있다. 그와 동시에 많은 지역에서 화학비료와 농약으로 인해 토양의 생산능력이 심각하게 손상되면서 환경이 오염되고 있다.[55]

옥수수를 비롯한 기타 기초식량작물들을 재배하는 것은 더이상 수익성이 없다. 지역시장에 자유무역으로 인한 값싼 곡물이 범람하는데다, 구조조정 프로그램 때문에 정부의 가격지원 정책과 마케팅 혜택이 줄었기 때문이다. 그 결과 엄청난 수의 소농들은 폐허가 된 농촌을 떠나 도시로, 그리고 선진국으로 이주했다. 현재의 정책 아래에서는, 전지구적인 식량조달체제 속에서 경쟁이 가능한 국제적 기업들만 승리한다. 농촌빈민과 환경은 분명 패배자이다.

빈민들은 개발원조 프로젝트의 주된 수혜자가 아닐 수 있지만 미국 기업, 컨설팅기업, 그리고 USAID와 계약을 체결하는 대학 들은 상당한 혜택을 보는 집단이다. 한 연구에 따르면 미국 개발원조의 29%가 100% 미국 기업 상품의 구매와 직결되어 있으며, 이는 아프리카의 사하라 이남지역에 대한 미국의 원조 전체보다 더 큰 규모라고 한다.[56]

원조 자금은 수혜자에게 도달하기까지 많은 손들을 거친다. 우리가 묻고 싶은 것은 자원이 '힘있는' 사람들을 거쳐가는 동안 '힘없는' 사람들은 얼마나 도움을 얻을 수 있느냐 하는 것이다.

잘사는 사람들은 이미 개발원조가 제공하는 경제적 이익 중 많은 부분을 챙길 수 있는 위치에 있다. 그리고 이들은 새로운 자원 덕분에 토지 및 기타 생산자원에 대한 통제를 더욱 강화할 수 있다. 결국 빈민들만 더욱 어려워지는 것이다. 기술자들에게 뇌물을 주기 때문에 방글라데시에서 빈농협동조합에게 지정된 관개펌프는 마을에서 가장 부유한 지주에게 돌아가고 만다. 이 지주는 자비롭게도 마을 주민이 수확량의

1/3과 새로운 우물에서 나오는 물을 맞바꾸도록 허락해준다. 펌프와 이로 인해 발생한 수익으로 '물지주'는 자신에게 빚을 진 소농들의 땅을 빼앗아 더 많은 땅을 가질 수 있게 된다. 지주는 재산이 훨씬 더 불어난 덕에 이제 수입 트랙터까지 사서 토지 없는 가구들의 일자리마저 빼앗아버린다.

이런 씨나리오가 끝없이 반복되고 있기 때문에, 부농들은 자신을 보호하고 생산자원이 민주적으로 통제되는 것을 막기 위해 싸우려고 든다. 여러 나라에서 부유한 지주들은 자신들에게 항의하고 자조협동조직을 건설하려는 마을주민들을 자객을 고용해 협박하거나 심지어 살해하는 것으로 알려져 있다.

극단적인 권력 불평등에 도전하는 빈민들의 주도권을 강화하는 프로젝트만이 대다수 빈민의 삶을 개선할 가능성을 열어준다. 하지만 정부들은 대부분 강력한 엘리뜨들을 적으로 만들 수도 있기 때문에 그러한 활동에 관심을 두지 않는다.

하지만 여기서 엘리뜨들을 그대로 두고 정부가 지원하는 빈민지원 프로젝트가 실행될 경우의 효과에 대해 의문을 제기하지는 않을 것이다. 그렇게 하면 자칫 큰 그림을 놓칠 가능성이 크기 때문이다.

원조계획을 아무리 세심하게 세우더라도, 대다수 빈민들이 토지와 일자리와 먹을 것과 경제적 안정을 갖게 될 것인가 하는 것은 마을 외부의 힘에 달린 것이다. 이들의 정부는 누구를 책임지는가? 이들 정부에 자금을 빌려준 국제은행들은 누구를 책임지는가? 그리고 이들 국가의 수출을 좌지우지하는 기업들은? 이러한 질문들은 우리가 빙산이라 부르는 실체를 지적해준다. 대외원조는 그 일각에 지나지 않는다.

빙산 • •

공식적인 원조에만 시선을 고정하고 있으면 미국인들이 굶주린 사람들의 삶——그리고 희망——과 연결되어 있는 많은 다른 요소들을 보지 못하게 된다. 미국인들은 미국 정부가 '원조' 또는 다른 이름으로 하고 있는 일뿐 아니라 미국에 근거를 둔 기업과 기관의 일(대개 직간접으로 미국의 '지원'과 기타 보조에 의해 도움받는)에 대해서도 책임을 져야 한다. 빙산은 초국적기업, 투자자, 외환 투기꾼 같은 민간 부문의 활동이자, 눈에 잘 보이지 않지만 미국과 기타 선진국들이 제3세계에서 자유로운 통제를 유지하기 위해 벌이는 활동을 뜻한다. 4만여개의 기업들이 전세계 재화와 써비스 무역의 2/3를 장악하고 있으며, 그 대부분은 몇백개에 불과한 거대 기업들의 수중에 놓여 있다.[57] 예를 들어 1995년 제너럴 모터스의 매출은 사우디아라비아, 남아프리카공화국, 말레이시아, 노르웨이 같은 169개 국가의 GNP보다도 더 컸다.[58]

지난 수년 동안 민간부문의 외국투자가 엄청나게 증가하고 있다. 세계은행은 개발도상국으로 유입된 민간자본의 총량이 1990년대 초반 5년 동안 네 배로 증가했다고 보고한 바 있다. 이는 개발도상국으로 유입된 모든 장기투자의 3/4에 달한다.[59] 정부가 손을 뗀 자리를 민간 투자자들이 대신하고 있는 것이다. 저소득국가 대부분은 여전히 공적인 금융에 주로 의존하고 있는 반면, 많은 중진국에서는 민간 투자가 외부 금융의 주 원천이다.[60] 기업들이 새로운 투자를 위한 처녀지를 찾아다니고 있으니 이것도 곧 바뀔 것이다.

1996년 클린턴(Clinton) 행정부는 아프리카 사하라 이남 시장에서 유럽의 점유율 40%에 비해 한참 뒤쳐지는 미국 점유율 8%를 끌어올리기 위한 계획을 발표했다.[61] 미국은 자유무역이라는 용어를 사용하여 "미국 기업의 최후 보루"[62]인 아프리카가 미국의 무역과 투자에 문을 더욱 열어야 한다고 주장했다.[63] 아프리카 경제에서 고이윤을 낳는 알짜산업인 인프라(도로, 정보통신)와 광산이 목표였다.[64] 1997년 6월 미국 덴버에서 열린 G-8 아프리카 정상회담에서는 아프리카 무역의 미래를 아프리카 대표단 하나 없이 선진국들끼리 논의했다. 이는 유럽 제국주의국가들이 모여 아프리카 국경선을 확정한 1883년 베를린회의를 연상케 한다.[65]

대외원조 프로그램에 더하여, 미국 정부는 수많은 다른 공식 채널들(CIA 같은 비밀 채널은 물론이거니와)을 통해 기업의 이해를 증진한다. 결과적으로 굶주린 사람들의 이해관계에 정반대로 배치되는 정책을 지원하는 것이다.

미국인들도 거의 들어보지 못했겠지만 수출입은행(EXIMBANK), 해외민간투자공사(OPIC) 같은 미국 정부기관들은 공식적인 미국의 대외원조보다도 제3세계 국가의 경제와 정책에 더 큰 영향을 미칠 수 있다. 이러한 기관들은 재화와 써비스 수출을 위한 금융과 보증을 제공한다. 공식적인 원조보다 민간 자본의 흐름을 선호하는 추세가 생기면서, 수출입은행의 융자·보증·보험은 1980년 120억 달러에서 1995년 530억 달러[66]——미국 대외원조 총액의 다섯 배가 넘는 액수[67]——로 증가했다. 이는 보잉(Boeing), 제너럴 일렉트릭, 웨스팅하우스(Westinghouse) 같은 초국적기업들의 해외시장 침투를 돕고 해당 지역 기업들과의 경쟁을 뒷받침해준다. 소규모 미국기업들은 수출입은행 금융의 12~15%밖에 안된다.[68] 1990년대 중반 OPIC은 미국 기업들의 140개국 투자비용으로 840억 달러를 지원했으며, 동유럽 구 사회

주의 국가의 기업 인수에 핵심적인 역할을 수행하고 있다.[69]

원조가 굶주린 사람들에게 ● ●
　　　　어떻게 혜택을 줄 것인가　　미국의 대외원조가 굶주린
사람들에게 도움이 될 수 있는가의 여부는 미국 정부가 국익을 어떻게
규정하느냐에 달려 있다. 따라서 미국국민이 굶주린 사람들의 편에 서
는 첫번째 단계는 정부의 국익 규정을 바꾸기 위해 노력하는 것이다.
통제를 줄일수록——전세계를 미국 모델에 따르게 하려는, 그리고 미
국을 두려워하게 만드는 시도가 줄어들수록——모두의 안정은 증대할
것이다.

　대외원조 프로그램에 대한 오랜 연구 끝에 우리는 대외원조가 수혜
국 정부에만 좋은 것임을 알게 되었다. **대외원조는 현상유지를 고착화
할 뿐이다.** 다수의 의사에 반하는 반민주적인 과정을 바꿀 수 없는 것
이다. 따라서 수혜국 정부가 소수의 경제 엘리뜨나 외국 기업들만 염
두에 둘 경우 우리의 원조는 굶주린 사람들에게 도달하지 못할 뿐 아
니라, 이들에게 반하여 작동하는 힘을 얻게 된다.

　우리는 단순히 대외원조를 없애자고 주장하는 것이 아니다. 선진국
들이 제3세계에 지고 있는 부채——정복, 식민주의, 채광 및 기타 자연
자원 채굴, 불평등 무역, 노동착취 및 기업 약탈 등 수세기에 걸친 이
윤 착취로 인한——는 당연히 돌려줘야 하는 것이라고 말하기에는 너
무 큰 것이다.[70]

　문제는 어떻게 돌려줄 것인가 하는 것이다. 이 장에서 우리가 보았
듯이 최선의 의도를 가진 인본주의적인 원조도 수혜국 정부가 지역 엘
리뜨와 외국의 이해에 근거하고 있으면 부정적인 영향을 미칠 수 있기

때문이다.

미국국민들이 할 수 있는 즉각적인 조치란, 미국의 돈을 현상유지를 위해 쓸 것이 아니라 제3세계의 진정한 발전을 방해하는 가장 큰 경제적 장애물인 외채를 덜어주는 데 쓰자고 의원들에게 호소하는 것이다.

제3세계 국가들의 부채 총액은 1996년 현재 거의 2조 달러에 달하고 있다.[71] 그 대부분은 서구 선진국 은행들이 1970년대 산유국의 예금으로 넘쳐난 '오일달러'를 어딘가로 대출해야 했기 때문에 불어나게 된 것이다. 선진국들이 더이상 돈을 빌려가지 않자, 은행들은 마치 약장수처럼 제3세계로 달려가서는 다수가 절대로 성공하지 못할 거라고 생각한 거대 프로젝트들에 엄청난 자금을 빌려주었다. 1980년대와 90년대의 구조조정 프로그램은 부분적으로는 제3세계 국가들에 부채를 상환하게 할 목적으로 고안된 것이었다. IMF와 세계은행이 민간 은행들을 위한 부채 수금원 노릇을 한 것이다. 다양한 재매각 계약들을 통해 민간 은행에 진 부채는 결국 세금납부자들의 돈으로 운영되는 IMF 같은 기관들로 넘어가면서, 이들이 대부분의 부채를 떠안고 있다.[72]

빌려준 사람도 빌린 사람만큼, 아니 그보다 더 큰 책임을 갖고 있는 이러한 부채 때문에 이제 제3세계 전반에서 경제발전과 사회적 써비스의 숨통이 막혀가고 있다. 1991년과 93년 사이에 잠비아가 IMF에 상환한 금액은 3억 3500만 달러였는데, 이는 초등교육에 지출되는 3700만 달러와는 비교도 안되는 큰 액수이다. 온두라스에서는 연간 부채 상환액이 보건과 교육에 지출하는 총액보다 더 크다.[73] 실제로 제3세계 국가들의 연간 이자상환액만도 1994년과 95년 각각 810억 달러와 850억 달러에 달했는데, 이는 외국 직접투자액 800억 달러, 900억 달러와 비슷하고, 선진국에서 받은 총 개발원조액 480억 달러와 640

억 달러는 가볍게 뛰어넘는 금액이다. 총 부채상환액(원금과 이자)은 같은 해 각각 1900억 달러와 2130억 달러였다. 이는 투자와 원조를 합친 금액보다도 더 큰 액수이다.[74]

우리 연구소와 200여개의 다른 단체들은 IMF와 세계은행에 반대하는 '50년이면 충분하다'(50 Years is Enough)라는 캠페인을 벌이고 있다.[75] 1994년에 50주년을 맞은 이 두 기관은 제3세계 부채정책에 핵심적인 역할을 하고 있다. 이 캠페인은 제3세계 국가들의 부채 경감을 요구한다. 대다수 빈민들에게 무척 부담스러운 구조조정 같은 조건들과 연계되지 않고 원조자금이 부채 경감에 사용된다면 그것은 긍정적이면서도 간섭하지 않는 수단이 될 수 있다.

혹자는 제3세계 정부들이 진정으로 대다수 빈민을 대표하지 못하기 때문에, 이러한 무조건적인 부채 경감으로도 굶주리는 사람들을 돕지는 못할 것이라고 주장한다. 맞는 말이다. 하지만 궁극적으로 우리가 배운 것이 있다면, 진정한 변화는 사람들 자신에게서 시작된다는 점이다. 우리가 해야 할 일은 조건부 원조 또는 조건부 부채 경감 때문에 변화가 가로막히지 않도록 하는 것이다. 이는 부자들이 더 힘을 얻고 가난한 사람들은 더욱 한계에 몰리는 현상을 강화할 뿐이기 때문이다. 만약 우리가 부채 경감에 조건을 용인함으로써 정부와 주요 대부기관들에 '참여할' 기회를 주면, 원래는 선한 의도를 지닌 대외원조라도 원래의 목적과 다른 목적들을 충족시키도록 왜곡되고 말 것이다.

오히려 우리는 정부와 기업들이 변화를 가로막지 않도록 해야 한다. 이는 제3세계 국가들을 실제로 변화하도록 만드는 데 아마도 가장 중요한 조치일 것이다. 개인으로서, 그리고 우리가 속해 있는 조직을 통해 우리는 또한 스스로 변화하고자 하는 지역주민들의 운동을 지원할 수 있다. 우리가 그들보다 많이 알고 있다거나, 혹은 우리가 그들에게 무엇을 할지, 또 어떻게 할지를 가르쳐줄 수 있으며 또 가르쳐주어야 한다고 생각하고 행동해서는 안된다.

　미국의 대외원조의 성격을 알고 나서 내가 할 수 있는 일은 필연적으로 아무것도 없다고 포기해서도 안된다. 지금까지 언급한 것은 전세계의 굶주림을 종식시키려고 하는 모든 사람들에게 수많은 다양한 행동들이 열려 있음을 알려주는 첫 단계이다.

미국의 대한(對韓) 식량원조와 그 결과

1950~60년대 남한의 경제개발 근대화과정에서 미국으로부터 우리가 받은 원조 농산물은 과연 약이었는가, 독이었는가? 현재의 경제적 성장을 위한 중요한 물적 토대로 작용했다는 긍정론과, 현재 우리 농업과 농촌의 위기를 가져온 근원이 되었다는 부정론이 있을 것이다. 실제로 미국 원조농산물 유입은 정부의 농업부문 저투자를 초래하여 취약한 농업생산체제를 정착시켰으며, 높은 외부의존도 문제도 농산물원조의 결과 생겨난 미국 식량의존체제의 연장선상에 있다.

미국의 농산물원조는 1946년 미 군정기부터 시작되어 1970년대 중반까지 계속되었다. 그 대부분은 밀가루, 옥수수 같은 곡물과 원면으로 삼백공업(설탕 · 밀가루 · 섬유)의 원료가 되었고, 값싼 원료를 받아 가공하는 삼백공업은 현재 우리 경제를 지배하고 있는 재벌들의 성장기반이 되었다. 미국의 대한 농산물원조 규모는 60년대 원조 수혜국들 가운데 2, 3위를 차지했다.

미국은 이와 같은 농산물원조를 통해 세계대전 이후 자국의 잉여농산물을 처분하는 동시에, 이를 바탕으로 미국 농산물에 대한 의존구조를 정착시키면서 곡물기업들의 이윤을 장기적으로 확보해주었다. 즉 미국 수출시장개척의 첨병이었던 것이다. 또한 원조농산물은 미국의 세계전략의 핵심적인 수단이었다. 남한에 반공이데올로기를 확고히하면서 사회적 안정을 꾀하는 데 원조 농산물을 적절히 이용하였으며, 이를 통해 남한 군사독재정권에 정치적인 영향력을 행사하기도 했다. 1960년대 일어난 박동선게이트 같은 경우가 대표적인 사례이다. 또한 경제개발에 대한 지원으로서 농산물원조를 정당화하였다.

이러한 미국의 농산물원조는 결국 우리 농업구조의 의존도 심화와 취약화를 가져와서 현재와 같은 위기상황의 근원이 되었다. 남한 정부는 저곡가정책 하에서 안심하고 농업을 희생시키면서 공업성장의 기반을 구축할 수 있었다. 결국 농민들의 일방적인 희생이 따르는 것이었다. 이러한 과정은 거꾸로 국민

들의 입맛의 변화(즉 빵과 육류 및 우유 소비의 증가, 쌀 소비 감소)와도 직결
된 것이었다. 그 결과 우리나라의 식량자급도는 OECD 국가들 중에서도 가장
낮은 수준인 30% 밑으로 추락해버렸다.

참고문헌
김종덕, 『원조의 정치경제학』, 경남대학교 출판부, 1997.

미국의 대한농산물원조액 총괄표(1945~80년) (단위: 천달러)

원조명	시기	금액	비중
GARIOA	1945~48	182,659	6.1
ECA-SEC	1949~53	59,210	2.0
CRIK	1950~56	202,201	6.7
UNKRA	1951~59	11,145	0.4
FOA-ICA	1953~61	332,126	11.1
PL490 1관	1955~71	777,580	26.0
PL480 2, 3관	1955~73	433,782	14.5
AID	1962~67	13,024	0.4
PL480 1관 (현지통화판매)	1968~81	896,108	29.9
AID (현지통화판매)	1971~73	86,988	2.9
합계		2,994,923	100.0

주 GARIOA: 점령지역 행정구호 원조(쌀, 보리쌀, 소맥분 등의 식료품 및 원면)
  ECA-SEC: 경제협조처 원조(식료품보다 원면 및 섬유제품이 많았음)
  CRIK: UN한국민간구호 원조(곡물 80.3%)
  UNKRA: UN한국부흥국 원조(곡물 98.2%)
  FOA-ICA: 대외활동본부-국제협조처 원조(원면 53.2%, 소맥 15.1%)
  PL480 1관: 미 농무부 상품신용공사 보유 잉여농산물을 달러 대신 수원국 통화로 판
    매 (원면 41.7%, 소맥 40.6%)
  PL480 2관: 상품신용공사가 기아와 구호를 위해 잉여농산물을 사용 (소맥 및 소맥
    분, 옥분)
  PL480 3관: 미국내 비영리기구가 해외 비영리 점심제공을 위한 원조에 사용 (소맥
    및 소맥분, 옥분)
  AID: 국제개발처 원조(수지 76.2%)
출처: 김종덕, 『원조의 정치경제학』, 경남대학교 출판부, 1997, 94면.

myth

그들이 굶주리면 우리가 이득을 본다

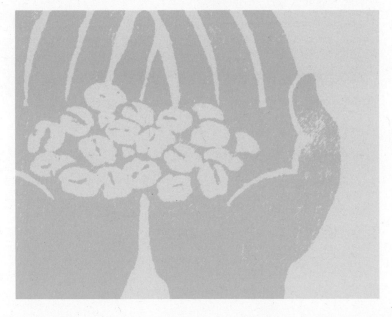

열 한 번 째   신 화   **11**

신화

우리가 아무리 굶주림을 없애는 데 기여하고 싶다더라도 굶주림 자체가 우리에게 이득이라는 것을 속으로는 잘 알고 있다. 굶주린 사람들이 저임금 노동에 종사해야 우리가 커피, 바나나에서 배터리와 컴퓨터에 이르는 모든 물건들을 헐값에 살 수 있기 때문이다. 굶주림 없는 세상을 만들려면 우리의 삶의 질을 너무 많이 희생해야 한다.

이러한 신화는 우리의 이익이 굶주린 사람들의 이익과 서로 배치되며, 굶주림을 줄이려면 우리의 복지를 양보해야 한다고 전제하고 있다. 하지만 실제는 정반대이다. 우리의 복지를 가장 위협하는 것은 굶주림을 개선하는 것이 아니라 굶주린 사람들이 계속 궁핍한 상태에 있는 것이라는 점을 알게 될 것이다.

1960년대와 70년대에 혁명적인 의식변화가 일어났다. 생태학의 개념이 도입되면서 사물이 개별로 독립해 존재할 수 있다는 기계론적 세계관이 설득력을 잃기 시작한 것이다. 생태학의 영향으로 우리는 지구상의 모든 자연적 과정들이 서로 유기적으로 연결되어 있는 것으로 보기 시작했고, 생명이 생명을 탄생하는 복잡한 과정들에 눈을 뜨게 되었다. 귀뚜라미에서 고래까지, 이름모를 잡초에서 인간까지 우리는 다른 생명체들과의 상호작용을 통해 형태를 갖추고 있는 것이다.

이러한 인식을 한 단계 더 밀고 나아가서, 인간이 자연 생태계처럼 복잡하게 서로 얽혀 있는 세계체제를 만들어냈다고 이해하면 어떨까? 그러면 인류의 운명 또한 서로 긴밀하게 연관되어 있다고 보는 것일까? 우리는 그렇다고 생각한다.

이러한 인식을 갖게 되면 모든 것이 변한다. 우리는 더이상 가난한 사람들을 위한 일이 그들의 이익만 추구하는 것이라고 생각하지 않는다. 진정한, 그리고 매우 합당한 이기심은 다른 사람에 대한 동정과 분리될 수 없는 것이다. 이러한 생각은 이 신화에 깔려 있는 인식과는 정반대의 것이다. 신화는 우리가 거의 불가능한 것 —— 우리의 이익을 포기하는 것 —— 을 해야 한다고 믿게 만든다. 따라서 우리를 깊이 절망하게 만든다. 누구라도 자신의 이익에 반한다는 걸 알면서 행동에 나서려고 하지는 않는다는 것을 알고 있기 때문이다.

이기심은 정당한 것이다. 문제는 우리가 현재 굶주린 사람들에게도, 또 우리 자신에게도 이롭지 않은 경제적·정치적 장치들을 지지하고 있다는 것이다. 이러한 장치들을 바꾸어서 굶주림을 종식한다고 해서 부유한 나라의 대중들에게 피해가 가는 것은 아니다. 오히려 도움이 될 것이다.

이러한 시각을 확고하게 갖기란 쉬운 일이 아니다. 우리도 알고 있다. 이 문제에 대해서 말할 때마다 심지어 몇몇 동료들도 의심의 눈초리를 거두지 못할 때는 우리 스스로도 의문을 가졌다. 부유한 나라 국민들은 왜 자신이 전세계의 굶주린 대다수 빈민들의 동지가 아니라 경쟁자라고 생각할까?

많은 미국인들은 자신의 이익을 챙긴 후에야 다른 사람들의 이익을 고려할 수 있다는 것을 미국문화를 통해 배우고 있다. 그리고 또한 겉모습 때문에 혼란에 빠진다. 텔레비전에서 보는 제3세계 지도자들은 대개 미국식 복장을 하고 있고, 미국식 집에서 살고, 심지어 영어를 말하기도 한다. 선진국에서 만나는 제3세계 사업가들도 마찬가지이다. 자연적으로 미국인들은 그들과 일체감을 갖게 된다. 이들이 자국 국민들의 일부만을 대표하며, 우리의 진짜 동지들은 흰색 도티(dhoti)를 입은 인도의 농민, 브라질의 무토지농민, 그리고 치아빠스에서 복면을 쓴 마야의 후예들이라고 생각하기 어렵게 되는 것이다. 마지막으로 미국 정부가 미국은 늘 1등이어야 한다는 우월함을 강조하는 것도 상관 있다. 이 때문에 미국의 복지를 위해서는 다른 국가들을 눌러 이겨야 한다는 생각이 들게 하는 것이다.

대부분의 미국인들, 그리고 다른 선진국 국민들이 굶주린 사람들과 이해관계를 같이하고 있다는 생각을 하지 않는다. 그렇지만 이 장에서 우리는 대안적인 사고의 틀을 제시할 것이다.

좁아진 세계 ● ●

우리 주변에서 일어나고 있는 정치적 · 경제적 · 사회적 변화들로 지난 몇년 동안 세계는 훨씬 더 좁아지고 있다. 제1세계와 제3세계, '우리'와 '그들' 사이의 낡은 구별이 점차 의미가 줄어들고 있는 진정한 지구사회가 등장하고 있다. 우리는 같은 세계의 일부이며, 우리의 삶은 우리가 어디서 살고 있건 간에 같은 힘에 의해 영향받고 있다. 오늘날 대부분의 미국인 · 유럽인 · 일본인은 아프리카 · 남아메리카 · 카리브해 · 아시아에서 사람들이 굶주리는 것과 같은 구조로 빈곤해지고 있다.

우리는 이제 개별 국가들의 경계를 넘어서는 경제체제가 등장한 세계화시대에 접어들었다. 이전에는 서로 무역하는 독자적인 일국 경제들로 세계가 구성되어 있었다면, 이제는 세계가 말 그대로 전지구로 확장된 생산 네트워크에 묶인 단일 경제가 되었다. NAFTA 같은 무역 조약, 그리고 세계은행, IMF, WTO 같은 기구들이 새로운 지구 경제를 지탱하는 데 중요한 역할을 하고 있다.

하지만 이러한 추세에서 진짜로 이득을 보는 것은 국가들이 아니라 어느 나라에나 본사를 두고 다른 나라의 사무실과 공장을 관리할 수 있는 거대 다국적·초국적기업들이다. 이들의 이름은 수많은 사람들에게 익숙하다. 예를 들면 아메리칸 익스프레스, 제너럴 일렉트릭, IBM, 로얄 더치 셸(Royal Dutch-Shell), 쏘니(Sony), 토요따(Toyota) 등이다. 다국적기업들은 많은 나라의 GNP를 능가하는 수익을 올리고 있다. 이들은 전세계 무역의 70% 이상을 차지하면서 세계경제에서 거대한 주체로 군림하고 있다.[1]

세계화와 함께 다국적기업들은 이제 전세계시장 어디에서나 써비스를 제공하고 상품을 판매할 수 있다. 의류와 전자 공장은 싼쌀바도르와 멕시코씨티에만 있는 것이 아니라 뉴욕과 LA에서도 찾아볼 수 있다. 인도와 중국이 이제 대규모 저임금 기술자와 컴퓨터 프로그래머 인력을 찾을 수 있는 최적지로 간주된다.[2] 기업들은 특정 장소에 의존하지 않으며, 국내이건 국외이건 지역사회에 대한 어떠한 배려도 없다. 하룻밤 사이에 공장을 폐쇄해서는 그 나라 어디에서도, 더 나아가 전세계 어디에서도 다시 문을 열 수 있다. 개발도상국과 마찬가지로 선진국에서도 국가·지역·도시들이 세금 감면, 저임금, 환경규제 완화 등 다른 곳보다 좋은 조건을 내세우면서 기업투자를 유치하기 위한 경쟁—우리가 앞에서 언급했던 작가 홀리 스클라(Holly Sklar)가 '바닥으로 내려가기 경쟁'이라고 부른—에 나서고 있다.[3] 예를 들어 새로운 공장을 유치하고자 하는 미국 도시들은 중국과 멕시코의 경쟁 도시들과 맞설 가능성이 크며, 이들 모두 하향 입찰에 나서지 않을 수 없다.

1990년대 기업 운영의 캐치프레이즈였던 '전지구적 경쟁력'은 사실상 노동자와 지역사회가 세계경제의 공통분모――기업의 투자로 '보상받기 위해서' 누가 가장 많이 포기할 것인가――를 수용해야 한다는 것을 의미한다. 분명한 것은 세계화 때문에 전세계 사람들 대다수가 이전보다 낮은 임금으로 일하고 노동조건의 악화를 경험하는 등 여건이 나빠졌다는 것이다. 몇몇 사람들이 설득하는 것과는 반대로, 미국과 다른 나라에 살고 있는 보통사람들은 세계화가 어서 끝나기를 바라고 있다.

굶주림과 폭력 ● ●

굶주림 자체가 조용한 형태의 폭력이기도 하지만, 우리 모두는 굶주림을 지탱하고 있는 폭력에 희생되고 있다. 기업들이 경제와 의사결정에 대한 통제권을 조용히 장악하게 되면서 정부는 점점 약해지고 책임도 적어지고 있다. 정부가 고려하는 이해관계는 대기업과 관련된 것이다. 투자 유치를 위해 다른 나라들과 절박한 경쟁에 나서야 하기 때문이다. 그리고 이들 정부는 기본적인 권리를 주장하는 국민을 폭력으로 억압할 가능성이 크다.

일반 국민은 이런 변화를 분명히 알아차리기 쉽지 않다. 많은 나라에서 사람들은 다른 나라를 이겨야 한다는 믿음과 민족주의적인 자부심을 갖고서 정부의 선전에 따라 행동하게 된다.

하지만 사실은 절대 그런 것이 아니다. 다른 사람들이 점차 빈곤해지면서 미국인들도 세계경제 속의 몇 안되는 일자리를 두고 그들과 경쟁—중요한 것은 누가 더 낮은 임금을 받고 일할 것인가—하지 않으면 안된다. 결국 미국인들도 패배자인 셈이다. 이제 실제로 미국에서 급여 하락, 노동시장의 재편, 불안, 무주택자, 빈곤, 굶주림의 만연이라는 결과들이 나타나기 시작했다.[4]

미국 정부가 국익을 현상유지—심지어 그 현상유지가 굶주림을 의미한다 하더라도—로 보고 있기 때문에, 미국인들은 엄청난 댓가—직접으로는 세금, 간접으로는 경제의 건강성 훼손—를 지불하고 있다. 냉전 이후 미국의 대외정책은 계속 군사주의를 지향하고 있다. 폭력은 이제 더이상 소위 공산주의정권을 겨냥한 것이 아니라 계속되는 부의 집중과정에 반대하는 모든 사람들에게 맞춰져 있다.

1989년 이후 '공산주의의 위협'은 사라졌지만, 미국 국방부는 군사비 지출을 냉전시대 평균의 90% 수준—154만 3천명의 군대—으로 유지하고 있다.[5] 1997년 연방 총 임의지출의 53%를 국방비로 썼고, 그 비중은 앞으로 점점 더 늘어날 것이다.[6] 게다가 연간 60억 달러의 미국 국민들의 세금이 외국에 대한 군사원조로 쓰이는 것으로 추정된다.[7] 이러한 지원은 군비경쟁을 지속시킬 뿐 아니라 종종 시위대나 파업 노동자들을 억압하는 데, 또는 굶주림을 야기하는 불평등을 유지하는 데 사용된다.[8]

20세기 동안 미국은 일관적으로 빈민과 농민 다수에 적대적인 부유한 지배층을 대표하는 정부를 지원해왔고, 진정한 개혁을 시도했던 정부를 전복했다. 제2차 세계대전 이후만 꼽아도 이란·과떼말라·도미니까공화국·인도네시아·나이지리아·그리스·칠레·니까라과·그레나다 등과 그밖에 더 많은 나라들이 있다.

정의와 기본권을 위한 사회적 투쟁을 진압하는 데 동참하지 않으려면 어떻게 해야 할까? 빈민들이 일단 적이 되면 전쟁은 더이상 군대와 군대 간의 싸움을 뜻하지 않는다. 미국인들은 테러의 공포에 떨고 있다. 특히 무고한 민간인이 표적이 될 때 그렇다. 하지만 미국 정부가 수많은 민간인을 살상하는 정권을 지원하는 경우——엘쌀바도르에서 미국이 저질렀던 것처럼[9]——에는, 아니면 민간인들을 야만적으로 다루는 것으로 악명높은 반군을 지원하는 경우——니까라과에서 미국이 했던 것처럼[10]——에는, 테러에 반대한다는 미국 정부의 신뢰와 능력은 무너지지 않을까?

사람들이 굶주려가고 있는 곳에서도 안정이 가능한 것처럼 미국 정부가 꾸며대고 있는 한, 분명 굶주린 사람들과 미국인들 모두 피해를 보게 된다. 장기적으로 굶주림이 지속되는 체제는 폭력으로만 유지될 수 있으며, 폭력은 더 많은 폭력을 낳는다. **굶주림이 존재하는 한, 안정을 위한 노력이란 곧 변화의 여지를 만들어내려는 노력이어야 한다.**

굶주림과 일자리의 안정

1970년대 이후로 세계화는 기업구조 개편의 중요한 단계——유연적 전문화(flexible specialization), 적시(just-in-time)생산, 포스트포디즘, 탈산업주의 등으로 다양하게 불리는——와 함께 이루어지고 있다. 이러한 변화들은 미국에서 노동의 성격을 재규정한다. 생산비를 절감하고 이윤을 증대하기 위해 미국 기업들은 두 가지 전략을 행동으로 옮기고 있다. 앞서 잠깐 언급한 대로 미국 북동부 산업도시들에서 공장을 철수하여 미국 남부나 해외의 농촌 지역으로 이전하는 것이다. 이러한 경향은 특히 임금이 낮고 노조가 조직되지 않는 이점을 누리기 위해 '공장의 해외 이전'으로 해고당한 수백만 노동자를 재배치하고 있는 제조업에서 두드러진다. 이러한 산업 재조직화 추세로 가장 타격이 컸던 곳이 미국 클리블랜드 (Cleveland)와 피츠버그(Pittsburgh)같이 한때 산업 붐을 이루었던 도시들이다. 이 중서부 도시들은 지금 '녹슨 지대(rust belt)'로 알려져 있는 지역의 핵심부이다.

기업의 둘째 전략은 일련의 작업장 재조직화를 통해 강제로 적용되었다. 유연성을 앞세워 소유주와 관리자들은 노동자들을 두 층으로 나누었다. 즉 고도로 숙련된 소수의 핵심 정규직 노동자들과 대다수의 비숙련 비정규직 노동자들이다. 전세계적으로 엄청나게 늘어나고 있는 후자는 열악한 급여만 받고 시간제로 일하는 임시직 일자리——대부분 여성·유색인·이민자들이 차지하고 있다——를 말한다. 이미 미국 노동력의 25%는 시간제로 고용되며, 인력 공급업체인 맨파워 (Manpower)사는 미국에서 가장 큰 민간 고용주가 되었다.[11] 미국은 임시직 일자리와 임시직 노동자들을 기꺼이 미래의 한 경향으로 받아들였다.

비용 절감을 위해 기업들은 자사 안에서 모든 것을 해결해야 한다는 생각을 거의 포기하였다. 대신 전세계를 넘나드는 하청 피라미드를 구축하고 있다. 외부 하청업체들은 보안에서부터 컴퓨터 및 자동차 부속 청소까지 모든 형태의 부품과 써비스를 공급한다. 이에 따라 베네똥 (Benetton)이나 나이키(Nike)같이 직접 생산은 거의 하지 않으면서 브랜드명만 찍고 하청업체들이 생산한 상품을 판매하는 '유령기업'들이 생겨났다. 이전에 사내에서 안정적이고 노조로 조직된 일자리를 갖고 있던 노동자들은 하청기업이 고용하는 저임금 노동력으로 대체되고 있다. 사회에서 가장 취약한 집단 중 하나인 이러한 노동자들은 하청업체에 극도로 착취당할뿐더러 하청업체 마음대로 해고된다.

전후 미국식 생활의 핵심이었던 전일제의 안정적인 고임금과 노조로 조직된 일자리는 이제 사라질 위기에 있다. '맥잡(McJob, 맥도날드에서 일하는 비정규 아르바이트로, 그 비슷한 일자리를 일컫는 말—옮긴이)'이 표준이 되고 있다. 실제로 1980년대와 90년대 동안 미국에서 가장 큰 규모로 성장한 직업군은 출납원, 수위, 트럭운전사, 웨이터, 도소매 점원 등이다.[12] 과거 어느 때보다 기업에게 중요한 것은 수익이다. 사람보다 수익이 우선이라는 낡은 이야기가 다시금 반복되고 있다.

물론 이러한 전지구적인 경제적 전환이 정치적 공백상태에서 일어나는 것은 아니다. 오히려 그 반대로, 전세계적으로 '신자유주의'의 물결이 이런 추세를 뒷받침하고 있다. 기본적으로 신자유주의는 어떠한 비용을 감수하더라도 자유시장·자유무역 정책으로 회귀해야 한다는 것을 뜻한다. 이는 세계은행과 IMF가 아시아·아프리카·라틴아메리카의 제3세계 정부에 구조조정 프로그램을 강요하는 과정에서 무분별한 민영화와 무역장벽 철폐의 형태로 나타나고 있다. 미국에서는 공급중심 경제학, 즉 '레이거노믹스'(Reaganomics, 미국에서 이러한 정책을 기술하기 위해 사용된 용어)가 부시(Bush)와 클린턴 정부에서도 본질적으로는 지속되고 있다. 영국에서는 '새처리즘'(Thatcherism)이라고 불렸으며, 역시 '신노동당' 정부에서도 사실상 철폐되지 않고 계속되고 있다.

어디서 일어나는지와는 상관없이 학살은 비슷하다. 과도한 군비 지출과 부유층에 대한 세금 감면으로 부채와 적자가 이제 빈민·여성·유색인·이민자·노동자들, 즉 민중 대다수의 어깨를 더욱 무겁게 내리누르고 있다. 부유층을 등에 업고 있는 정부의 선택은 분명하다. 대기업에 대한 감세와 규제 완화, 군비와 교정예산의 증대, 교육재정 축소, 환경규제 완화, 눈에 보이는 모든 것의 민영화, 그리고 한때는 모든 국민들에게 적절한 생활수준을 보장해주었던 사회안전망의 해체 등이다.

정부는 '이중잣대'라고밖에는 말할 수 없는 원칙으로 운영되고 있다. 1980년대에 미국 인구의 상위 1%의 세금부담은 14% 감소한 반면, 하위 10%는 28% 증가했다.[13] 아동부양가정 지원(AFDC), 실업보험, 사회보장혜택, 식품보조 같은 사회복지 프로그램들은 삭감되었다. 1970년에서 92년 사이에 가정당 월평균 아동부양가정 지원의 수혜금액은 실질가치 기준으로 39.8% 감소했다.[14] 복지제도의 개혁 이후에 많은 주에서 일반적인 지원금이 엄청나게 축소되거나 아예 철폐되었다. 예전의 체제가 와해되면서 점점 더 많은 사람들이 삶의 나락으로 떨어져 전혀 보호받지 못하고 있다. 그 반면에 기업의 복지는 잘 살아있다. 연방 및 주 정부는 엄청난 돈을 민간기업에 투자하고 있다. 그 결과 기업·농업 보조금이 현재 연방 재정적자의 절반에 이를 지경이다.[15]

'아메리칸 드림'이라는 신기루는 이제 서서히 사라지고 있다. 오늘날 다른 사회들이 직면하고 있는 많은 문제와 도전들을 미국사회도 똑같이 맞닥뜨리고 있다. 예를 들어 미국 내 흑인 유아사망률은 불가리아와 꾸바의 국가평균보다도 높다.[16] 실제로 지난 30여년 동안 미국인의 생활수준이 지속적으로 낮아지고 있음을 알 수 있다. 포드햄대학 사회정책혁신연구소에서 발간하는 사회적 건강지수——국가의 사회복지를 측정하는——는 1990년대에 들어 전대미문의 낮은 수치를 보였다. 빈곤아동 수, 의료보험 수혜율, 주간 평균소득, 빈부격차 등 4개

지표가 1995년 최악을 기록했다.[17]

경제 불안정이 사회의 특권계층에까지도 영향을 미치게 되면서 미국에서는 중산층이 급속하게 사라지고 있다. 1973년과 93년 사이에 대졸 노동자들의 실질임금은 7.5% 하락했다.[18] 다른 집단보다 영향이 적긴 했지만 백인들의 소득도 1978년 이후 약 7% 하락했다.[19] 심지어 전문직과 중간 관리자들도 압박을 느끼고 있다. 1220만명 이상의 화이트칼라 노동자들이 1987년과 91년 사이에 일자리를 잃었다. 새로운 일자리를 찾은 사람들은 급여의 30%가 줄었다.[20] 블루칼라 노동자들 또한 예외는 아니었다. 물가상승을 감안한 생산직 및 비관리직 노동자들의 주요 소득은 1973년 이후 15% 감소했다.[21] 게다가 최저임금의 실질가치는 1979년에서 92년 사이에 23% 감소했다.[22] 1년 내내 최저임금을 받으면서 전일제 일자리를 갖고 있는 사람은 빈곤선 밑의 삶을 살아야 한다. 많은 노동자들이 '일자리 가진 빈민'의 대열에 합류하면서 문제는 갈수록 커지고 있다.

경제협력개발기구(OECD)가 수행한 광범위한 국가간 조사에서는 미국이 산업국가들 가운데서 가장 불평등한 소득 분포를 보이는 것으로 나타났다.[23] 더욱 걱정스러운 것은 소득과 부의 불평등이 1970년대 후반 이후로 지속적으로 악화하고 있다는 점이다. 1980년대 동안 '부익부(trickle-up, 투자의 성과가 부자에게 몰리는 경제 효과로, 경제이론에서 일반적으로 파이를 키울수록 빈곤층에도 그 혜택이 돌아갈 것이라는 트리클 다운trickle-down에 빗댄 말—옮긴이)' 경제가 부활했다. 소득 상위 1%가 소유한 부의 점유율이 5% 증가한 데 반해 소득 하위 80%의 점유율은 4% 감소했다.[24] 오늘날 소득 상위 1%가 총 가구재산의 39%를 차지하고 있는 데 반해 하위 80%는 15%에 불과하다. 빈부격차는 1929년 대

공황이 미국을 강타한 이래로 가장 크게 벌어지고 있다.[25]

불평등은 이제 불합리한 정도에까지 이르렀다. 맨해튼의 소득 격차는 과떼말라의 격차보다도 더 심각하다. 미국의 CEO가 공장 노동자들보다 평균 157배 더 많은 소득을 올린다.[26] 빌 게이츠(Bill Gates), 마이클 아이즈너(Michael Eisner), 리 아이아코카(Lee Iacocca) 같은 사람들이 수억 달러를 벌어들일 때 다른 미국 국민 대부분은 하루 벌어 하루 먹고살기에 바쁘다.

이러한 불평등은 물론 모든 사람들에게 영향을 미치지만, 특히 여성과 유색인들에게 더욱 심각한 영향을 미친다. 전일제 근무로 일년 내내 일하는 여성은 여전히 남성들이 받는 임금의 72%밖에 받지 못한다.[27] 흑인 노동자들은 백인 노동자들의 77%밖에 받지 못하며, 1인당 소득은 60% 미만이다.[28] 1989년의 가구당 평균소득은 각각 백인 3만 5975달러, 흑인 2만 209달러, 라틴계 2만 3446달러였다.[29]

미국 경제가 건강해지려면 생활 가능한 임금을 손에 쥘 수 있는 노동 기회를 누구나 가져야 한다. 이는 노동자들을 압박하는 것으로는 달성할 수 없다. 더 큰 장애물에 직면한 제3세계 노동자들과 미국인들의 이해가 같다는 것을 알 수 있는 다른 사례가 있을까? 우리는 있다고 믿는다.

리오그란데강의 남쪽과 북쪽에서 일하는 노동자들은 1994년 NAFTA 창설 때부터 함께 이를 반대했다. 이는 부문과 국경을 넘어 집단적인 조직화가 필요하다는 점을 일깨우는 사례이다. 1997년 미국에서 조직된 노동자들은 인권·환경·소비자·종교 단체 등과 함께 신속무역협상권(fast track)을 이용해 NAFTA를 확대하려고 하는 당국에 반대하고 미국 의회의 승인을 저지하는 투쟁에 나서고 있다.[30]

세계화한 경제에서 일자리·임금·노동조건 등은 모든 나라의 노동자들이 자신들의 권리를 확립하고 이해관계를 보호할 때만 지킬 수 있을 것이다. 외국의 억압적 정권에 대한 지지를 그만두도록 미국 정부에 압력을 넣는 것도 미국 내에서 노동자들을 조직하는 것만큼이나 중요할 것이다. 미국 정부가 다른 지역에서 임금을 감축하는 것을 방조한다면, 미국인들의 임금 또한 그뒤를 따르게 될 것이다. 반면 미국이 외국의 생활수준 개선을 지원한다면, 이들 또한 미국을 지원할 것이다.

노동자와 국가 경제에 책임지지 않는 다국적기업들이 노동자와 정부를 마음대로 다루고 있다. 미국 노동자들은 단지 일자리를 지키기 위해 임금 삭감을 받아들이고, 정부는 최저임금과 건강, 안전 및 환경보호 정책에서 점점 더 후퇴하고 있다. 또 노동자들에게 강력한 단체교섭권을 보장해주지도 못하는 실정이다. 이 모든 것이 미국의 경쟁력을 보호한다는 핑계로 일어나고 있다.[31]

굶주림과 부채 위기

주요 국제은행들은 다시 돌려받지 못할 것을 알면서도 과도한 차관을 공여한 데 대해 도덕적으로만 책임지면 그만이지만, 무책임하고 비민주적인 차관 기관을 대신해 댓가를 치르는 것은 결국 제3세계와 미국 같은 선진국의 대중들——세금납부자——이다.[32]

전세계적인 불황으로 수출 이익이 줄어들었던 1980년대 초반까지, 많은 제3세계 국가들은 자신들에게 제공된 과도한 차관에 대한 이자 상환조차도 어려웠다. 예를 들어 멕시코는 1982년에서 85년 사이에 기술적 지급불능(자금의 유동성 부족으로 만기된 채무를 상환할 수 없는 경우—옮긴이) 상태에 들어갔다. 결국 더 많은 차관을 들여오는 것을 통해서——결국 총 외채 규모는 점점 커지게 된다—— 채무불이행 사태를 피할 수 있었다.[33] 이러한 과정에서 IMF 같은 국제금융기구들이 민간 은행이 갖고 있던 채권을 떠맡게 됐다. IMF는 각국 정부——따라서 세금 납부자——의 출자로 운영되기 때문에, 1990년대 후반 아시아의 금융위기가 잘 보여주었듯이 악성 부채의 위험은 외국은행에서 일반 국민들로 전가되었다.

주요 미국 은행들이 여전히 제3세계에 돈을 빌려주면서 상당한 이익을 기대하고 있는 상황(채무국 정부가 계속 이자를 상환하는 한)에서 무언가가 잘못되면 어떻게 될까? 미국 은행들은 세금 납부자인 국민의 돈이 자신들을 구제해줄 것임을 알고 있다. 1984년 연방정부가 45억 달러를 투입해 일리노이 주의 컨티넨털(Continental)은행을 구제해준 전례가 있다. 미국 정부는 대형 은행이 붕괴하게 내버려두지 않을 것이다.[34] 즉 월스트리트의 투자자들이 제3세계의 채무불이행으로 돈을 잃게 만들지 않을 것임이 분명하다. 따라서 미국 재무부는 1990년대에 멕시코와 많은 아시아 국가들을 구제하기 위해 세금납부자들의 돈을 퍼부었다.[35]

지난 20년간 제3세계에 차관형태로 제공한 약 2조 달러의 돈은 부채상환 능력은 약화하면서 빈곤과 굶주림은 악화하는 데 기여했다. 미국을 비롯한 채권국뿐 아니라 제3세계의 일반 국민들이 비용을 지불한다. 따라서 우리는 금융기관들이 다수의 이익에 관심을 두어야 하며 또 무엇보다 무조건적인 부채 경감을 책임져야 한다는 데 이해를 같이하고 있다.

굶주림과 ● ●
식량안보　　제3세계의 굶주림은 미국 농민들을 위협하는
농업수출을 만들어냄으로써 미국의 식품안전과 식량안보를 위협한다.
어떻게 이렇게 되는 것인가? 제3세계 국가들이 주요 식량수입국들로
미국 농민들에게 커다란 혜택을 주고 있는 것이 아닌가?

그렇지 않다. 미국과 기타 산업국가들이 주요 식량수입국들이다. 이
들은 전세계에서 거래되는 식량 총가치의 71%를 수입한다.[36] 전세계 1
위의 농업수출국인 미국조차도 수출하는 것보다 54% 더 많은 농업 생
산물을 수입한다.[37] 그 대부분은 국민 대다수가 잘 먹지 못하는 나라에
서 온 것들이다.

이 책을 통해 우리는 굶주린 나라에서 잘 먹는 나라로 이동하는 식
량의 흐름 뒤에 있는 논리에 대해 언급했다. 엘리뜨들이 토지와 기타
생산자원에 대한 통제를 강화할수록 그 나라 국민들은 시장에서 필요
한 식량을 살 수 없을 정도로 가난해진다. 따라서 지주들은 돈을 낼 수
있는 사람들——잘사는 외국 소비자들——을 위한 생산으로 방향을 전
환한다. 동시에 미국과 기타 산업국가들에서는 농기업들——식품도매
기업, 가공기업, 공산품기업, 수퍼마켓 체인 등——이 가장 값싼 공급
원을 찾는다. 이들은 제3세계의 지주들이 준비된 파트너라는 것을 알
게 된다.[38]

그 과정에서 미국 내 특정 작물 생산자들은 제3세계 생산자와 다국
적 농기업들에게 밀려나게 된다. 미국 농무부는 낮춰 잡아도 1996년
미국-멕시코 농업무역 때문에 1088개의 일자리가 줄어들었다고 추정
하였다.[39] 1995~96년 겨울 토마토에 대한 멕시코의 미국시장 점유율은
50%에 달한 반면, NAFTA 이후 플로리다의 점유율은 56%에서 35%로

감소하였다.[40] 그렇다고 멕시코가 모든 혜택을 보는 것은 아니다. 멕시코의 옥수수 생산자들——대개 가장 극빈한 농민들——은 미국에서 들어오는 값싼 수입 옥수수 때문에 큰 타격을 받았다.[41]

그러면 미국 소비자들이 값싼 상품으로 이득을 보는 것일까? 거대 생산자와 다국적 판매기업들에 이윤을 보태주고 거기에 운송비와 관세를 보태고 나면, 이득이 남는다는 증거는 없다.[42] 승리자는 한덩어리가 된 '농식품' 기업들이지 소비자들이 아니다.

제3세계 산물의 수입은 미국 소비자들에게도 보이지 않는 위협이 되고 있다. 미국의 화학기업들은 주기적으로 제3세계 국가들에 미국에서는 금지되었거나 심한 제재를 받는 농약을 수출한다. 대부분이 수출작물에 사용되기 때문에, 우리가 수입하는 식품 속에 잔류물로서 다시 돌아오는 것이다. 우리 연구소에서는 이러한 잠재적인 위협을 '독약의 순환'이라고 부른다.[43] 오염된 수입 과일과 채소에 대한 우려는 점점 더 커지고 있다.[44]

굶주림과 • • 이민

제3세계 빈민들이 고향을 떠나 안전하고 기회가 있는 땅으로 도망쳐야 하는 경제 · 정치난민이 된다면, 우리에게도 그들에게도 득이 될 게 없다.

자유무역정책을 통해 값싼 곡물이 수입되어 땅에서 쫓겨난 멕시코 농민들은 일자리가 있는 도시나 미국으로 이주하는 것 말고는 다른 대안이 없다. 1996년 미국 이민귀화국(INS)은 불법으로 국경을 넘으려 한 150만명을 붙잡았다. 붙잡히지 않은 대부분의 경제난민들은 결국 저임금의 위험한 조건에서 미국의 먹을거리를 수확하고 가공하는 일

을 하게 된다.[45]

사람은 자신의 고향에서 적절한 삶을 영위할 권리를 가져야 한다. 그리고 미국인들은 이민자들이 부정적인 이유가 아니라 긍정적인 이유로 미국에 오길 희망한다. 따라서 이민 문제에 대해서도 제3세계의 굶주린 사람들과 이해관계를 공유한다. 미국 정부와 다국적기업들이 고국에서 사람들이 살지 못하도록 하는 사태를 막아야 한다.

제3세계가 미국으로 들어오다

우리는 이 장에서 현재 국제경제기구들이 제3세계와 미국 시민 대다수의 이익에 도움이 되지 못하는 이유 몇가지를 언급했다.

몇몇 미국인들은 제3세계의 빈곤으로 이득을 보지 않는가? 수지맞는 투자를 하는 기업과 은행들은 어떤가? 우리의 대답은 물론 몇몇은 이득을 본다는 것이다. 그러나 대다수는 아니다. 미국인 가구의 절반은 집을 사기에 충분치 않고 주식시장에 투자하기엔 더욱더 충분치 않은 연간 소득 3만 5500달러 이하로 생활한다.[46]

공통의 이해관계라는 관점에서 전세계의 발전을 보면, 전세계적인 경제기구들이 지배하고 있는 경제가 확실히 하나로 보이기 시작한다. 대중을 무시하는 반민주적인 금융체제 안에서 개별 사회들이 민주적으로 남아 있을 거라고 기대할 수 없다. 1장에서 우리는 민주주의의 원칙 가운데 하나로 책임성을 들었다. 즉 의사결정자들은 자신들의 결정에 의해 삶에 영향을 받는 사람들을 책임져야 한다는 것이다. 그러한 원칙은 정치적인 삶뿐 아니라 경제적인 삶에도 똑같이 적용된다.

만약 우리의 경제적 삶이 점점 더 전지구적으로 손을 뻗치는 소수

반민주적 기업구조의 지배를 받게 된다면, 우리는 어쩔 수 없이 다수가 목소리를 낼 수 없는 사회들과 경쟁할 수밖에 없다. 그러므로 경제적 삶에서 다수의 목소리가 점점 약해지는 것은 우연이 아닌 것이다.

많은 사람들이 이제 미국을 두 개의 아메리카라고 언급한다. 즉 미국사회는 아래는 넓고 위는 좁은 피라미드 같다는 것이다. 그속에서 중간과 맨밑에 있는 사람들은 안정적인 일자리를 찾고 존엄한 삶을 살기가 점점 더 어려워진다.

가난하면 누구나 이용할 수 있어야 할 기초 필수품들을 살 수 없게 된다. 제대로 된 잠자리를 구하려는 투쟁이 매일 이어지지만 대개는 실패로 끝난다. 많은 사람들이 일자리를 잃거나 병원에 입원하여 큰돈을 쓰게 되면 거리로 나앉을 수밖에 없다. 1980년대 후반에 500만에서 900만명의 사람들이 무주택 상태를 경험했으며,[47] 긴급 거처 요청이 1990년대에 13% 증가했다는 것은 놀랄 만한 일도 아니다.[48] 아이가 있는 가정이 무주택자 인구의 39%를 차지(가장 빨리 늘어나고 있는 부류)하고 있으며, 무주택자의 19%는 일자리가 있지만 집을 가질 만큼 충분히 벌지 못한다. 우리가 무주택자의 전형이라고 생각하는 것과 사실은 이렇게 다르다.[49]

미국 사람들은 굶주림을 생각할 때 전쟁으로 찌든 소말리아의 굶어 죽어가는 아기들을 떠올릴 것이다. 매일 미국 내의 사람들이 바로 자기 집에서 충분한 음식물을 섭취하지 못한다는 사실은 종종 간과한다. 미국에서 굶주림은 마치 전염병과 같다. 미국에서 가장 큰 기아 구호 단체인 세컨드 하비스트(Second Harvest)는 해마다 거의 2600만명에게 도움을 주고 있다. 이는 미국 인구의 10.4%에 달한다.[50] 그중 많은 사람들이 매일 먹을 것이 부족해서 되돌아간다. 실제 수요를 맞추려면

음식 기부가 15.7% 증가해야만 한다.[51]

굶주림은 개인적인 문제가 아니다. 미국 시장(市長)협의회에 따르면 긴급 식품요청의 64%를 가정에서 한다고 한다.[52] 일자리를 갖고 있다는 것이 오늘날 미국에서 충분히 먹고 있다는 것을 보증하지 않는다. 굶주린 가정의 60.2%는 적어도 가족 중 한명 이상이 일자리를 갖고 있으며, 48.4%의 가정에는 적어도 한명의 전일제 노동자가 있다.[53] 가장 충격적인 것은 어린이들의 상태이다. 미국에서 12세 미만 어린이의 거의 1/3(1360만명)이 굶주리고 있거나 굶주림의 위협에 처해 있다.[54]

마지막으로, 다수가 삶과 직결된 경제문제에 대해 목소리를 거의 내지 못하는 곳에서는 위기상황에서 언제든 그 다수가 희생을 강요받게 된다. 빈민들이 제3세계의 부채를 어떻게 떠안게 되는가를 앞서 설명했는데, 그 유형이 여기서도 적용된다. 즉 빈민과 중산층이 1980년대와 1990년대의 악명 높은 '감축'의 칼날을 직접 받은 것이다. 삶과 직결된 경제문제에서 자유의 의미를 탐색하는 다음 장에서 이 점을 다시 언급할 것이다.

이러한 모든 추세들이 우리 사회의 성격 자체가 변하고 있다는 것을 말해주고 있다. 미국 정부가 미국—멕시코 국경에 거대한 성벽을 치고 군대로 지키고 있는 것처럼, 부자들은 최첨단 경보장치와 경호원을 두면서, 라틴아메리카 도시들에서 찾아볼 수 있는 것과 같은 높은 성채 속의 요새를 만들어가고 있다. 부자와 빈민 모두 공포에 떨고 있다.

희생양을 넘어서 ● ●

만사가 점차 나쁜 쪽으로 흘러갈 때에는 사람들은 책임을 떠넘길 손쉬운 목표물을 찾는 경향이 있다. 빈민·무주택자·노동조합·정부·여성·이민자·유색인·동성애자 등 거의 모든 사회집단이 현재의 사회적·경제적 문제에 책임이 있는 것으로 여겨진다. 그러나 사실 희생양은 따로 존재하지 않는다. 아시아, 아프리카, 라틴아메리카, 유럽이건 아니면 미국이건 간에 소수의 전지구적 엘리뜨를 제외한 모든 사람들이 피해를 보고 있다.

서로가 서로에게 손가락질을 할 것이 아니라, 우리는 국경을 넘어 전지구적인 연대를 구축할 필요가 있다. 다국적기업들은 지구를 하나의 세계로 만들었지만, 우리는 이들이 지역사회와 국가 들을 서로 싸우게 하는 악순환으로 몰아넣지 않도록 해야 한다. 어느 곳에서나 사람들은 비슷한 도전과 비슷한 문제들을 안고 있다.

앞에서 살펴본 것처럼 세계화된 사회에서 우리의 복지는 다른 사람들의 그것과 많은 방식으로 엮여 있다. 우리의 복지를 위해 다른 사람들의 복지를 희생시킬 수는 없다. 운명이 서로 엮여 있기 때문이다. 국제적으로, 그리고 국내적으로 문제를 해결할 수 있는 유일한 길은 거대 기업이 아니라 보통사람들에게 힘을 주는 사회운동을 만들어내는 것이다. 마음 맞는 사람들끼리 전지구적인 차원에서 만인의 기초적인 필요(의식주·보건·교육)충족, 환경보호, 좋은 노동조건 보장 및 차별철폐를 포함하는 공통의 주제를 중심으로 단결해야 한다. 이러한 '경제적·사회적 인권'의 많은 것들은 이미 전세계 대부분의 국가들이 서명한 세계인권선언에 들어 있다. 우리 연구소는 국제적인 네트워크에 속해 있다. 19개국에 결성되었거나 결성중인 지부를 두고 있는 푸드퍼스트 정보행동 네트워크(FIAN)가 그것이다. FIAN은 이러한 기본적인 인권을 충족하기 위한 전지구적 싸움에 적극적으로 참여하고 있으며, 독자들도 이 중요한 싸움에 참여할 수 있다. 미국 지부는 이러한

권리들에 대해 '경제적 인권: 이제 때가 왔다!'라는 캠페인을 진행하고 있다.[55]

이러한 전지구적 사회운동은 이미 우리 눈앞에서 현실로 나타나고 있다. 새로운 통신기술 덕에 풀뿌리 단체들에게도 세계는 점점 좁아지고 있다. 이전보다 더 많은 사람들이 정보를 더욱 빠르게 이용할 수 있다. 국경을 초월한 행사와 운동이 눈깜짝할 새에 조직될 수도 있다. 이러한 변화로 다각적인 문제에 대처하기 위한 전지구적 연대가 활성화하고 있다.

더욱 중요한 사실은, 우리가 아무것도 없는 상태에서 출발하지 않는다는 점이다. 새로운 세계사회의 뼈대는 이미 존재하고 있고, 우리는 기존의 많은 토대들 위에서 건설할 수 있다. 인도의 거대 댐 건설 반대운동에서 프랑스의 남태평양 핵실험 반대시위에 이르기까지, 환경운동과 평화운동을 통해 전지구적인 자각이 시작되었다. 제4차 뻬이징 세계여성회의 NGO 포럼이 보여준 것처럼, 여성운동은 전지구적인 여성연대를 강력하게 옹호하고 있다. 노동조합들은 동일 산업 또는 같은 다국적기업 내에서 일하고 있는 선진국과 개발도상국 노동자들의 조직화 같은 초국적 전략의 가능성을 열어가기 시작하고 있다.

모든 국가에서 여성·유색인·소농·빈민·중산층——결국 전세계 인구의 절대 다수——이 분연히 일어나서 다같이 "이제 그만!"이라고 외쳐야 한다. 세계는 굶주림·빈곤·착취·차별을 더이상 감내할 수도, 그리고 무시할 수도 없다.

정부와 다국적기업은 이들의 말에 귀를 기울여야 한다. 세계경제는 지금까지의 방식 대신 민중들에게 봉사해야 한다. 미국에서 우리의 삶을 엄청나게 개선시킨 많은 것들——시민권, 여성 투표권, 성희롱 처벌

법, 환경규제, 노동조합 가입권 등——은 보통사람들이 집단투쟁을 통해 변화를 요구하여 획득한 것들이었다. 오늘날 우리는 그러한 소득을 지켜나가면서, 기존의 기관들과 새롭게 부상하는 NGO 네트워크로 범위를 넓힐 필요가 있다. 개별 지역의 문제들을 세계화사회의 장으로 가져오면, 세계시민으로서 우리 공통의 경험과 문제들을 기초로 사용해 전세계적인 지지를 이끌어낼 수 있다. 이것이 바로 정의롭고 평화로우며 생태적으로 건전한 세계사회가 만들 수 있는 길이다.

연대의 구축 ● ●

이기심과 공감

지금까지 미국인들이 굶주림을 양산해온 세계경제 때문에 피해를 본 몇몇 유형들에 초점을 맞추어 살펴보았다. 한편 긍정적인 대응에 대해서도 논의할 수 있다. 제3세계의 빈민들이 적절한 생계를 유지할 수 있는 것처럼, 우리도 경제적·국가적 안정을 스스로 달성할 수 있다.

이 장의 내용을 물질적 이기심에 대한 호소라고 잘못 읽는 독자들이 있을지도 모르기 때문에, 우리가 갖고 있는 매우 다른 시각을 다시 강조하고자 한다. 정당한 이기심과 다른 사람에 대한 공감은 구분되어서도 안되고, 또 구분될 수도 없다.

'정당한 이기심'이란 무엇을 뜻하는가? 어디에 사는 누구든 자신의 목표를 추구하기 위해 필요한 기본적인 안전과 안정을 원하듯이, 우리 대부분은 우리가 가장 깊은 곳에 갖고 있는 가치들——공정함, 무고한 생명(특히 어린이)의 보호, 의사결정자의 책임, 모든 사람들에게 주어진 기회——을 침해하는 제도에서 벗어나고 싶어한다.

공감은 그중에서도 핵심적인 것이다. 공감이 없으면 다른 사람의 처지를 자신의 것으로 바꿔 생각할 수 없다. 공감은 이 장에서 예로 든 많은 비교와 상호관련성을 이해하는 데 필수이다. 그러나 공감은 너무도 쉽게, 좀더 불행한 사람들에 대한 연민으로 흘러버리기 쉽다. 그리고 연민은 공감처럼 존엄과 안정을 위해 투쟁하는 사람들과 함께 일하도록 하기보다는 우리가 이들보다 나은 입장에서 이들을 위해 무언가를 해야 한다고 믿게 만든다.

따라서 생명친화적인 세상을 위해 노력하는 첫 단계는 의식의 도약이다. 우리는 더이상 굶주리는 사람들을 위협이나 부담으로 보지 않으며, 이들이 우리 자신에게도 필수적인 해방을 위해 투쟁하고 있다는 것을 이해해야 한다. 우리가 이들의 생활수준 향상을 위해 같이 투쟁하지 않으면, 우리의 삶 또한 계속 미끄러져 내려갈 것이다. 이러한 시각을 가진다면, 사실상 신문을 집어들 때마다 우리의 운명이 이들의 운명과 연결되어 있는 새로운 고리를 발견할 수 있을 것이다. 그러기 위해서는 대안적인 정보원을 찾아야 한다.

그러나 한 가지 결정적인 질문이 남아 있다. 왜 우리는 우리들의 이익에도 맞지 않고, 제3세계 민중 다수의 이익에도 맞지 않는 전지구적인 경제기구를 창설하는 데 동의했는가? 왜 그렇게 되도록 내버려두었는가?

우리가 정치적·경제적 권력 집중의 희생양이라고 말하는 것은 부분적인 답에 불과하다. 더 깊이 들어가야 한다. 우리들이 왜 그렇게 자신과 다른 사람들의 권리 강탈에 굴복하는지를 이해하기 위해서는, 우리가 가장 깊이 간직하고 있는 신념들을 파헤쳐야 한다. 이제 마지막 결론에서 우리는 자본주의와 국가주의라는 거대 '이념'의 경제적 독단에 대해 캐묻지 않는다면 해답을 찾을 수 없다는 것을 보여줄 것이다.

두 이념은 독단이 되어 우리가 간직하고 있는 가장 근본적인 인간적 가치들을 타락시킨다. 도처에 널린 굶주림은 이러한 타락을 보여주는 가장 비극적인 증거이다. 그러나 무엇보다도 먼저, 자유라는 가치가 무엇을 의미하는지에 대해 좀더 세밀하게 살펴보도록 한다.

2002년 11월 14일 '경제자유구역의지정및운영에관한법률'(이하 경제자유구역법)이 국회를 통과하였다. 노동계와 시민사회단체들은 경제자유구역법의 실효성과 사회에 미치는 부정적 영향을 이유로 거세게 반대했으나, 결국 이 법은 2003년 7월 1일부터 발효되어 인천의 송도·영종·청라지구는 일찌감치 경제자유구역으로 승인을 받았고, 2003년 10월 15일 인천경제자유구역청이 개청되었다. 광양도 10월 18일 정부에 의해 경제자유구역으로 지정되었고, 부산도 준비가 한창이다.

과거 우리나라의 성장동력은 국가가 값싼 자본을 제공하고 저임금의 노동력을 보장해줌으로써 상대적으로 낮은 가격으로 국제시장에서 경쟁력을 갖춘 제조업이었다. 그러나 90년대 중후반 국제시장 경제질서의 변화와 외환위기와 IMF 구제금융 이후 이러한 방식의 경제성장이 한계에 봉착하였고, 인접한 중국의 부상으로 제조업의 우위도 점하기 어렵게 되면서 산업구조 개편을 통한 추가적인 성장을 모색하게 되었다. 이에 21세기 생존전략의 일환으로 동북아 비즈니스 중심국가라는 방안을 내놓게 된다. 물류와 금융 중심국가의 건설, 생산 위주의 제조업에서 하이테크 위주의 제조업으로의 재편을 통해 21세기 성장엔진을 구축한다는 것이다. 이를 위한 시도가 바로 경제자유구역을 설치하여 외국인투자를 유치하는 것이다.

경제자유구역법은 일정한 요건을 갖춘 지역을 경제자유구역으로 지정하고 그 안에 입주하는 외국기업에 대해 세금 감면, 토지임대료 및 입주에 필요한 각종 비용의 감면, 노동·교육·의료 등의 분야에서 규제완화 혜택을 준다는 것을 골자로 한다. 새로운 행정기관을 설치하여 경제자유구역 내의 모든 행정업무를 담당하도록 하고 있고, 외국인이 정주할 수 있도록 외국인학교를 설립할 수 있는 등의 내용도 포함되어 있다.

경제적인 측면에서, 외국기업이 투자를 하면 일단은 자본이 유입되는 것이기 때문에 정(+)의 효과를 가진다고 볼 수 있다. 하지만 배후단지 조성과 외국인 생활환경 개선에 들어가는 비용과 외국기업에 돌아가는 직접적인 혜택은 오히려 자본이 나가는 것으로 볼 수 있기 때문에 부(-)의 효과를 가진다. 특히 세금 감면 같은 직접적인 현금 혜택은 투자의 양과 질, 투자기업의 성격 등을 다면적으로 고려한 조치가 아닌 투자규모에 따른 포괄적인 혜택을 주는 것이기 때문에 문제의 소지가 크다.

경제적 혜택 외에도 노동법 적용이 제외되는 부분의 사회적 비용이 생겨난다. 월차나 생리휴가가 없어도 되고 장애인이나 노인고용을 안해도 되며 파견근로도 기존 노동법이 적용되지 않기 때문에 내국인, 특히 노동자들의 삶의 질은 저하될 것이고 그것도 그 구역 내에서만 그렇게 될 것이다. 30여 가지에 달하는 국내의 각종 토지 및 환경규제들이 구역 내에서는 면제되고 각종 부담금도 면제됨으로써, 여러가지 환경파괴로 이어질 우려가 있다. 또한 외국인학교와 의료기관이 설립되면 한국의 공교육과 의료씨스템이 밑둥부터 흔들릴 공산이 크다.

저임금과 정부의 무조건적인 지원으로 운영되어온 한국 경제와 기업은 이제 신자유주의가 횡행하는 글로벌시대에 직면하여, 더이상 저임금을 유지할 수도 없고 정부의 무조건적인 지원도 기대할 수 없게 되었다. 21세기에 살아남기 위한 국가의 거시적 경제전략을 쇄신할 필요와 이유는 충분하다. 하지만 지금의 동북아중심국가론은 동북아중심국가로 부상하고 싶은 열의만을 보여줄 뿐, 물류든 금융이든 한국은 경쟁력을 갖추고 있지 못한 것이 현실이다. 그것을 직시하지 못하고 외국의 투자에 의존함으로써 해결될 수 있다는 지금의 발상은 결국 한국 민중과 국토 환경의 희생만 강요하게 될 것이다.

참고자료
「경제자유구역의지정및운영에관한법률」 (법제처 싸이트 www.moleg.go.kr에서 검색가능)
인천광역시 경제자유구역청 홈페이지 (http://uda.inpia.net)

myth

식량이냐 자유냐

열 두 번 째 신 화 12

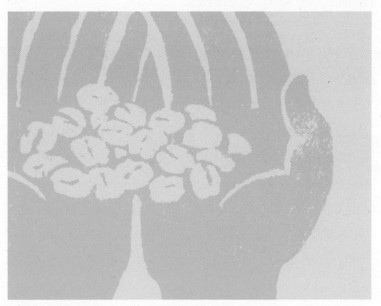

신화

굶주림을 끝내려면 사회에 급진적인 변화가 일어나야 한다는 것은 분명하다. 그런데 그런 변화가 일어나면 많은 사람들의 자유가 줄어들 것이다. 자유와 식량이 서로 충돌한다는 것은 불행하지만 현실인 것 같다. 우리는 둘 중에 하나를 선택해야만 한다.

자유가 시민적 자유를 의미하는 것이라면, 이것을 굶주림을 끝내는 것과 함께 이루어낼 수 없다는 어떠한 이론적·현실적 이유도 찾기 힘들다. 실제로 시민적 자유가 보호되는 사회에서 더 쉽게 굶주림을 끝낼 수 있다. 예를 들어 언론의 자유와 결사의 자유는 정부가 시민들의 요구를 책임지도록 만들거나 그렇게 변화시킬 수 있는 결정적인 수단들이다.

문제는 자유에 대한 정의에 있다. 가장 기본적인 질문 하나로 시작해보자. 누구를 위한 자유이고, 무엇을 위한 자유인가? 자유는 우리의 생각을 말하고, 함께 뭉치고, 억압과 착취, 부당한 차별에서 벗어나고, 굶주림에서 해방되는 것 아닌가? 아니면 자유라는 것이 다른 사람은 아랑곳하지 않고 하고 싶은 대로 하는 것을, 그리고 서른 가지의 씨리얼과 스무 가지의 샴푸 중에서 선택할 수 있는 자유를 뜻하는가?

굶주림을 끝내는 것은 절대로 첫번째 유형의 자유와 대립되지 않는다. 하지만 두번째 유형의 자유를 제한할 필요는 있다.

먹을 것과 자유가 양립할 수 없다는 신화에는 논쟁과 검토가 필요한 근본적인 가치판단의 문제가 깔려 있다. 한편에서 보면 이러한 신화가 전제하는 가정은 절대적으로 옳은 것이다. 자유에 대한 한 정의는 이론적으로도 실제적으로도 자유가 굶주림을 해결하는 것과 나란히 있을 수 없다. 이것은 미국의 건국 선조들이 설명한 자유가 아니라, 기업의 이익과 전지전능한 돈에 결박되어 있는 정치지도자들이 숭배하는 자유이다. 이는 종교적 전통에 들어 있는 자유가 아니라, 소수의 목소리 큰 부유한 사람들의 자유이다.

무제한적 • •
　　측적으로서의 자유　　　1980년대 초반 미국 대통령 레이건은, 미국사회의 특징은 누구도 자유롭게 백만장자가 될 수 있는 것이라고 선언한 바 있다. 무엇이든 가질 수 있는 권리는 자유에 대한 한 정의이다. 이러한 자유는 부를 낳는 자산을 무제한적으로 축적할 수 있는 권리와 언제든지 그 자산을 사용할 수 있는 권리가 있어야 언제라도 유지할 수 있다. 자유에 대한 이러한 정의는 근본적으로 굶주림의 종식과 갈등을 빚는다는 게 우리의 생각이다.

　사회가 자유를 무제한적인 개인 축재의 권리로 이해해서 돌아가기 시작하면, 따라올 결과는 분명하다. 돈이 돈을 만들고 부가 부를 낳는 까닭에 경제력은 점차 집중된다. 1970년대 후반부터 1990년대 중반까지 미국에서 고소득층 가구의 평균소득은 30%(물가상승률 감안) 상승했다. 같은 기간에 중산층 가구는 700달러 감소했고, 아이가 있는 저소득층 가구는 20% 이상 감소했다.[1] 1990년대 경기회복 기간에도 빈곤은 줄어들지 않았고, 하위 20% 가구의 소득은 더욱 줄어들었다. 1996년 말까지 미국 인구의 상위 20%만이 불황 이전보다 많은 소득을 올렸다. 소득 상위그룹이 국가 전체 소득의 49%를 차지하는데, 이는 나머지 80%의 가구 전체가 벌어들이는 액수와 비슷하다.[2] 앞장에서 언급했듯이, 미국에서 소득의 집중은 몇몇 제3세계 국가들 만큼이나 상황이 좋지 않다. 그런데 소득은 사태의 일부에 지나지 않는다. 가장 부유한 270만명의 미국인들—1인당 235만 달러 이상의 재산을 가진—이 현재 2억 4천만명의 미국인들—1인당 34만 6천 달러 이하의 재산을 가진—의 재산을 합한 것에 상당하는 부를 축적하고 있다.[3]

굶주림의 종식은 왜 이러한 경제적 집중과 양립하지 못할까? 그에 대한 대답은 농지 같은 유한자원을 통해 이해하면 가장 쉬울 것이다. 이 책 전체에 걸쳐 설명했듯이 소수가 광대한 면적의 땅을 차지할 수 있는 곳에서 대다수는 스스로를 부양할 수 있는 농지를 갖지 못한다.

더욱 중요한 것은 정치권력과 경제력은 같이 가기 때문에, 굶주림의 종식은 경제적 집중과 양립하지 못한다는 점이다. 소득이 적거나 아예 없는 가구들은 정치적인 영향력이 없다. 시민들이 의식주같이 생명과 직결되는 필수품들을 구할 수 있도록 보장해주는 것이 점점 어려워지고 있다. 경제생활에서 이러한 사실이 지난 몇십년만큼 극명했던 적도 아마 없었을 것이다. 이 기간에 부유층의 세율은 거의 절반으로 줄어들었다.[4] 사회보장세의 변화 때문에 3만 7800달러를 벌어들이는 가구는 사회보장세의 7.65%를 분담하는 반면에, 이보다 10배의 소득을 올리는 가구는 1.46%를, 그리고 100배 더 많은 소득을 올리는 가구는 0.1%만을 분담한다.[5] 게다가 1996년 통과된 복지법 때문에 미국 전체 가구의 10%에 달하는 1100만 가구—그중 800만 가구 이상이 자녀가

있는 가구——의 소득이 절대가치 기준으로 줄어들었다.[6]

많은 미국인들은 무제한적 축적의 권리가 자유의 보증수표라고 믿고 있다. 예일대 경제철학자 찰스 린드블롬(Charles Lindblom)이 자신의 고전 『정치와 시장』(*Politics and Markets*)에서 잘 표현한 대로, 미국인들은 "소득을 만들어내는 자산은 이를 갖고 있는 사람들에게만 자유의 성채"[7]라는 사실을 이해하지 못하고 있다. 제3세계에서는 극소수의 사람만 자신들의 자유를 지킬 성채를 갖고 있고, 앞장에서 살펴보았듯이 미국인 대부분은 이를 갖고 있지 못하다.

자유의 ● ●

　　　토대로서의 안정　　다행스럽게도 자유를 모두가 이렇게만——무제한적으로 축적할 수 있는 자유로——이해하는 것은 아니다. 이것이 미국 건국자들의 시각과 일치하는 것도 아니다. 이들 또한 재산과 자유 사이의 연관성을 인식하긴 했지만, 사회적으로 생산성 있는 재산의 소유권이 널리 분산될 때에만 그러한 연관성이 긍정적이라고 믿었다.

홀몸으로 자기 땅 없이 두 아이를 키우는 찢어지게 가난한 여인과 시골길에서 대화를 나눈 토머스 제퍼슨(Thomas Jefferson)은 1785년 제임스 매디슨(James Madison)에게 "입법자들은 재산을 분할하는 장치를 얼마든지 고안해도 좋다"라고 썼다. 그는 유럽의 참상은 토지소유의 엄청난 불평등 때문이라고 결론내렸다.[8] 벤자민 프랭클린(Benjamin Franklin)은 남아도는 부를 재분배할 수 있는 공동체의 권리를 옹호했고,[9] 제퍼슨은 더 나아가 토지가 모든 세대에 재분배되어야 한다고 믿었다. "인간이 대지를 만들지 않았다. 그러므로 인간은 토지를 일부라도 자신의 재산처럼 영구히 소유할 권리가 없다"라고 톰 페인(Tom Paine)은 선언하였다.[10]

많은 사람들이 소농 중심의 민주주의에 대한 제퍼슨의 시각은 순진한 것이며 현대 미국에는 부적절하다고 폄하한다. 그러나 이러한 전제는 시민의 경제적 안정이 자유를 보증한다는 제퍼슨과 프랭클린의 비판적 통찰을 놓친 것이다. 오늘날 제3세계의 많은 사람들처럼 당시에 경제적 안정은 당연히 땅 한 뙈기를 갖는 것이었다. 그러나 이들의 통찰은 산업사회에도 똑같이 적용된다. 20세기 후반에 경제적 안정은 보수가 주어지는 일자리에 대한 권리를, 그리고 노동이 불가능하다면 생활필수품에 대한 권리를 의미할 것이다.

제퍼슨 시대와 17세기의 많은 정치이론가들은 사람들이 경제적으로 독립—먹을거리에 대한 접근을 포함한 경제적 안정—되지 않는 한 완전한 민주사회의 시민이 될 수 없다고 믿었다. 예를 들어 17세기 영국의 올리버 크롬웰(Oliver Cromwell)과 수평파들은 "자유의 토대라고 말할 수 있는 무언가가 있다면 그것은 바로, 입법가를 선택하는 사람은 다른 사람에 대한 의존에서 벗어난 사람이라는 사실이다"라는데 동의했다.[11] 여기서 우리는 자유의 본질은 스스로 결정할 수 있는 것이라는 플라톤의 시각과 일치한다는 것을 확인할 수 있다.

비록 현대로 오면서 그러한 개념이 많이 상실되긴 했지만, 이 오래된 통찰은 그래도 여전히 유효할까? 예를 들자면 고용에 대한 권리를 보호받지 못하는 무기생산기업 노동자들은 얼마나 독립적으로 군사예산에 대해 생각할 수 있을 것인가 하는 질문이 나올 수 있다. 다른 일자리를 구할 자신이 없기 때문에 군비 경쟁에 대해서는 부정적인 생각을 갖고 있음에도, 의원들이 군비 지출을 결정하도록 압력을 넣어야 하는 것은 아닌가? 일자리가 더욱 모자라고 노동자들의 권리가 잘 보호되지 않는 제3세계에서 자신의 생각을 지키기란 더욱 힘든 것이다.

경제적 불안정은 시민적 행위의 자유뿐 아니라 사적인 자유도 제약한다. 프랭클린 로우즈벨트(Franklin Roosebelt)는 "궁핍한 사람들은 자유로운 사람들이 아니다"라는 선언으로 이러한 통찰을 요약했다. 1944년에 그는 보수가 있는 일자리에 대한 권리에 초점을 둔 두번째 권리법안을 요청했다.

더 최근에 메릴랜드대학의 철학자 헨리 슈(Henry Shue)는 왜 정확하게 생계권——특히 적절한 식사와 보건의료를 받을 권리——이 자유의 기본이 되는지에 대해 도움이 될 만한 설명을 제시했다. 슈는 생계권을 육체적 안전에 대한 권리——살인, 고문, 상해, 강간 또는 폭행을 받지 않을 권리——에 비유한다. 육체적 안전에 대한 권리를 우리는 왜 정당화하는가? 부분적으로는 다른 어떤 권리도 그것 없이는 누릴 수 없기 때문이다. 슈는 생계권도 그와 같은 기초적인 것이라고 주장한다.

건강하고 활력있는 삶을 위해 필요한 필수품이 없다면 누구도 어떤 권리를 완전히 누릴 수 없다. 생계수단의 결핍은 육체적 안전의 침해만큼이나 치명적이며 사람을 무능력하게 하고 고통스럽게 한다. 그에 따르는 피해나 사망은 개인의 안전이 침해될 때만큼이나, 다른 권리를 누리는 것을 결정적으로 방해할 수 있다.[12]

슈는 더 나아가 생존 필수품들에 대한 권리는 물리적 공격에서 보호받을 권리보다도 훨씬 더 기본적인 것이라고 주장한다. 왜냐하면 먹을 것에 접근하지 못하게 하는 사회질서의 구조 자체에 도전하는 것보다는 육체적인 가해자에 맞서 싸우는 것이 훨씬 쉽기 때문이다.

자유에 대한 이러한 시각——인간으로서 온전히 기능할 수 있게 해주는 안전에 토대를 두고 있는——은 종교적·문화적 유산에 근거한 것이라고 우리는 믿고 있다. 이는 자유를 무제한적인 재산축적으로 규정하는 훨씬 최근의 시각과는 크게 대비된다. 다시 한번 강조하건대, 전자의 정의는 분명히 굶주림의 종식과 부합하며 이에 필수적이다. 그러나 후자는 그렇지 않다.

자유는 유한한가, 무한한가

이 신화에 대해 좀더 알아보자. 이런 생각의 배경에는 자유는 제로썸(zero-sum) 게임이라는 공포가 깔려 있다. 즉 자유는 유한하기 때문에 모든 사람에게 먹을 수 있는 권리를 보장하면 어떤 사람들의 자유는 확대되겠지만, 다른 사람들의 자유는 축소된다는 것이다.

자유를 마음대로 재산을 소유하거나 통제할 수 있는 것으로 정의한다면 이러한 시각은 틀리지 않은 것이다. 그렇지만 이런 식으로 자유를 한 개인이 재산을 무제한 통제할 수 있는 것으로 축소해서 정의하게 되면 우리의 시각은 엄청나게 좁아지게 된다. 여기서 우리는 곧잘 잊고 지내는 질문을 먼저 던져봄으로써 자유의 개념을 깊고 넓게 이해할 수 있을 것이다. 자유의 목적은 과연 무엇인가?

많은 사람들에게, 그리고 대부분의 종교 전통에서 자유는 그 자체로 목적이 아니다. 오히려 자유의 목적은 인간만이 지닌 독특한, 특히 개인 하나하나가 가진 독특한 잠재력——지적·육체적·예술적·정신적——을 발전시키는 것이다.[13] 표현의 자유, 종교와 참여의 자유, 그리고 더욱 기본적인 것으로서 물리적 공격(직접적인 공격과 생활필수품들의 박탈 모두)에서 벗어날 자유는 이러한 발전에 필수 선결조건이다.

이러한 자유는 유한하지 않다. 내가 예술적으로 발전한다고 해서 다른 사람의 발전을 막는 것은 아니다. 당신의 지적 발전이 내 지적 능력을 발전시킬 수 있는 잠재력을 감소시키는 것은 아니다. 그리고 (생계에 대한 권리까지 포함하여) 물리적 공격에서 자신을 보호한다고 해서 다른 사람이 똑같은 보호를 받는 것을 방해하지 않는다. 이 책을 통해 보았듯이 사실상 거의 모든 나라가 국민의 생계권을 보장해줄 수 있는 충분한 자원을 가지고 있기 때문에 이것은 진실이다.

자유는 제로썸 게임으로 규정되는 것이 아닐뿐더러, 총합이 부분들의 합보다 더 큰 경우도 있다. 타인이 독특한 재능을 발전시킬 수 있는 자유가 나의 표현을 제약하지 않을 뿐 아니라, 나의 발전이 부분적으로는 다른 사람들의 자유에 의존하고 있기 때문이다. 예를 들면 음악에 재능이 더 뛰어난 당신이 자유롭게 능력을 발전시키지 않는데 내가 어떻게 음악의 감상·향유능력을 발전시킬 수 있겠는가? 또 과학과 의학에 재능을 지닌 사람들이 자유롭게 재능을 개발하지 않으면 어떻게 다른 사람들이 잠재적인 육체 건강을 최대한 발전시킬 수 있겠는가?

이제 굶주림에 초점을 맞춰보자. 미국에서 빈민들은 빈곤과 굶주림 탓에 자유를 누리지 못하고 있으며, 이 때문에 잘 먹을 수 있는 사람들의 자유 또한 침해받고 있다. 우리 사회가 생계권을 보호하지 못한다는 것은 사회의 모든 구성원들이 빈곤과 굶주림으로 고통받고 있는 사람들의 지적 발전, 정신적 통찰, 음악적 재능, 육체적 성취를 박탈하고 있다는 것을 뜻한다. 직접 박탈되고 있는 자들의 잠재적인 영감, 지식, 모범 사례, 그리고 지도력이 무시되면서, 우리 모두는 최대한의 잠재력을 실현할 수 있는 자유가 줄어들고 있음을 경험한다.

이러한 넓은 의미에서 우리는 먹을 권리를 보호하는 것은 자유와 갈등을 빚지 않으며 오히려 사회 전체를 통해 자유가 최대한으로 실현되는 데 필수적인 것이라고 결론내릴 수 있다.

우리의 책임 ● ●

우리는 자유가 한 가지 이상의 정의를 지니고 있다는 점을 분명히함으로써 이 장의 신화에 대해 충분히 답했다고 본다. 이는 자신들의 정의를 다른 사람들에게 강요하려는 사람들을 경계해야 한다는 것이다. 미국 대통령이 미국국민들에게 외국에 있는 '자유의 전사들'을 지원할 것을 요청할 때, 우리는 그들이 싸워서 지켜야 할 자유가 어떤 자유인지를 물어봐야 한다.

진정한 자유는 민중 스스로가 성취할 수 있다는 생각 때문에, 우리가 다른 사람들에 대한 우리의 책임을 앞서 두 장에서 다루었던 문제들에 국한하는 것은 아니다. 우리는 우리가 내는 세금과 정부의 영향력이 자국 국민들의 권리를 부정하는 외국 정부들을 지지하는 데 이용되지 않도록 할 수 있다. 그리고 지식의 교환, 재정 지원, 공통 관심사에 대한 공동 캠페인 등을 통해 미국국민들은 더 큰 자유를 갈망하는 다른 사회 사람들과 협력할 수 있다.

우리가 자유를 위해 헌신하려면 현재 사회에서 이해되고 있는 자유에 대한 다른 정의들을 공적인 토론장으로 끌고 나와야 한다. 동시에 현재의 재산축적에 관한 정의가 전통적인 것과 얼마나 많이 동떨어져 있는가를 밝혀야 한다. 그러한 논쟁에서 경제적 안정과 자유가 긍정적으로 연관된 것임을 인식하는 데 이 책이 기여하기를 바란다. 그래서 자유를 사랑하는 모든 사람들이 존엄하게 사는 데 필요한 자원에 대한 권리를 확립하고 나아가 자유를 더 확산시키기를 희망한다.

굶주림에 대한 신화를 넘어서

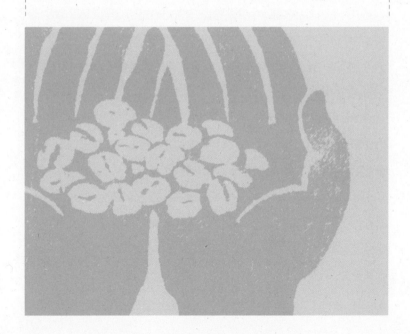

세계의 기아 문제에 대한 몇몇 접근방식들은 (우리가 많이 갖고 있다는) 죄책감이나 (우리에게서 빼앗아갈 것이라는) 공포를 이끌어낸다. 또 몇몇 방식들은 양자택일을 의미하기도 한다. 환경을 보호할 것이냐, 아니면 필요한 식량을 재배할 것이냐? 공정한 식량 생산-소비 체제를 만들 것이냐, 아니면 효율적인 체제를 만들 것이냐? 자유를 선택할 것이냐, 굶주림의 종식을 선택할 것이냐?

그러나 사람들이 굶주리게 되는 근본 원인을 찾고자 하는 노력을 통해 우리는 몇가지 긍정적인 원칙들을 갖게 되었다. 다음의 원칙들을 금과옥조가 아니라 작업가설로 삼아 경험을 통해 검증해보자.

• 굶주림은 인간의 선택에서 비롯되었기 때문에 굶주림의 종식이라는 목표는 실현이 가능하다. 이는 그리 오래되지 않은 노예제 철폐가 그랬던 것처럼 유토피아적인 이상이 아니다.

• 인구증가의 완화로는 굶주림을 종식시키지 못한다. 굶주림을 끝내는 데 필요한 변화, 그중에서도 경제생활의 민주화와 특히 여성의 권리 신장은 출생률을 감소시켜 인구와 자연세계의 균형을 맞추도록 하는 핵심이다.

• 굶주림을 종식한다고 해서 환경이 파괴되지는 않는다. 오히려 그 반대로 생태적으로 지속가능하면서 빈민도 이용할 수 있는 농업 수단을 쓰면 환경을 보호하는 데 도움이 된다.

• 공정성을 강화한다고 해서 필요한 식량을 생산하지 못하게 되는 것은 아니다. 생산을 증가하면서 굶주림을 끝내기 위한 유일한 길은 일하는 사람들이 할말을 하면서 더 많은 보상을 받는 식량 생산-소비 체제를 만드는 것이다.

• 제3세계 빈민들의 생활이 향상된다고 불안해할 필요는 없다. 이들의 복지가 증진되면 우리의 복지도 증진될 것이다.

이것들과 또 그밖의 다른 기아 해결의 원칙들을 고려한다면 환경, 인구증가, 기아 문제를 우려하는 사람들 사이에 종종 나타나는 인식의 차이를 좁힐 수 있다.

민주주의와 ● ●
      자유에 대한 이해   미국인들은 그들의 나라가 항상 전세계의 억압받는 사람들에게 희망의 등대였다고 생각해왔다. 그러나 제3세계를 여행해본 결과 우리는 변화를 감지했다. 미국식 방법이 갈수록 외국의 빈민에게 부적절해지고 있다고 느꼈다.

미국 정부는 민주주의와 자유의 덕목을 찬양하고 있지만, 미국은 현재 이러한 두 가치를 굶주린 사람들의 관심사—식량과 토지에 대한 접근, 그리고 일자리—와 연관지어 생각하지 않는 것처럼 보인다.

놀랄 만큼 먹을 것이 남아도는데도 가난한 미국 어린이들이 영양실조로 고통받고 있다면, 제3세계의 어린이들에게 과연 무슨 희망을 줄 수 있단 말인가? 다른 나라와 비교할 수 없을 정도로 우월한 산업과 써비스 경제를 갖고 있으면서도 수백만의 사람들이 경제성장기에도 일자리를 구하지 못하고 수백만의 사람들이 전일제로 일하면서도 빈곤에 허덕이고 있다면, 제3세계의 가난하고 일자리 없는 민중들에게 도대체 무슨 희망을 줄 수 있단 말인가?

미국인들이 민주주의와 자유를 빈민들의 핵심문제와 연관지어 이해하지 못한다면 그에 대한 대답은 부정적일 것이다.

이러한 인식을 통해 우리는 제3세계에서 변화를 가로막는 장애물들을 제거하는 것을 도울 수 있다. 또 각자의 지역에서 올바른 일을 함으로써 전세계의 굶주림을 없애는 데 기여할 수 있다. 앞장에서 우리는 생계권——우리가 경제적 권리라고 부르는——이 물리적 공격에서 안전할 권리만큼이나 자유의 핵심이라고 주장하는 철학자 헨리 슈의 말을 인용한 바 있다.

일할 수 있는 모든 사람들은 일자리를, 그렇지 못한 사람들은 존엄성과 함께 소득을 보장하는 경제적 권리를 주는 방향으로 민주주의와 자유에 대한 이해를 확장하기 전까지는, 미국이 제3세계 빈민들의 눈에 희망의 상징으로 비치지 않을 것이라는 점을 덧붙이고자 한다.

게다가 미국인들이 민주주의에 대한 이해의 폭을 넓히지 않는 한 미국 정부가 제3세계에서 일어나는 변화를 위한 시도를 이해하거나 용인할 거라고 믿지 않는다.

경제적 ●● 독단을 넘어서

미국 내에서 굶주림을 끝내고 동시에 제3세계의 변화를 위해 미국이 길을 터주려면 자유와 민주주의에 대한 미국인들의 이해를 넓히는 일이 필수다. 이를 위해 무엇이 필요한가?

우선 무엇보다도 경제적 독단에 도전하려는 의지가 필요하다. 이 책 서문에서 우리는 굶주림의 근원——경제자원, 특히 토지와 식량에 대한 반민주적인 권력 집중——에 대해 지적했다.

그러나 왜 인간들은 고통이라는 댓가를 치르면서까지 이러한 권력 집중을 계속 용인했는가? 신화가 우리의 이해를 가로막고 있다는 것이 일차적 해답일 것이다. 하지만 여기서 우리는 좀더 깊이 탐색하려 한다. 경제적 독단 앞에서 내외적인 요인 때문에 생겨난 무력함이 권력 집중에 대한 더 정확한 답이 될 수 있을 것이다.

17세기 이래 지식의 발전으로 우리는 신이라는 개념을 버렸다. 그 후 우리는 얼마나 놀라운 공허감에 직면했던가? 사회가 주는 고통을 오직 인간이 책임져야 한다는 견딜 수 없이 무거운 짐에서 벗어나기 위해, 인간은 신을 대체할 수 있는 개념을 간절히 추구해왔다. 우리는 인간의 통제 위에 둘 수 있는 최상위의 법칙을 찾았고, 그로 인해 도덕적인 책임을 벗어던졌다.

뉴턴이 물리적 세계를 지배하는 법칙을 발견하고 다윈이 자연계에서 그에 필적하는 발견을 하면서 우리는 사회세계를 지배하는 법칙이 정말로 존재한다고 확신하게 되었다. 여기서 우리는 가장 직접적으로 굶주림의 원인과 관련되어 있는 두 가지 '절대존재'를 언급할 것이다. 이것들은 인간의 창조물이지만 사회는 이를 신성한 것으로 만들었다.

첫번째는 시장이다. 시장이 재화를 분배하는 데 유용한 도구라는 점을 그 누가 부정하겠는가? 7장에서 언급했듯이 시장을 철폐하고자 했던 사회들은 심각한 장애에 직면했다. 그러나 일단 이러한 편리한 장치가 독단으로 바뀌게 되면 엄청난 고통의 근원이 될 수 있다. 이처럼 우리는 시장이 갖고 있는 가장 명백한 결점, 즉 민중들의 필요가 아니라 부자들의 수요에만 반응할 수 있다는 점, 생산에 필요한 자원의 진정한 비용을 알아차리지 못한다는 점, 그리고 점점 더 소수의 손에 권력을 집중시키는 경향에 대해 눈을 감게 되었다.

이러한 결점들 때문에 시장을 버리고 상명하달식 국가 통제 같은 또 다른 독단을 추구해야 한다는 뜻은 아니다. 시장을 유용한 장치로 보면서, 어떤 상황에서 시장이 우리의 가치에 봉사할 수 있는가를 물어야 한다는 것이다. 7장에서 우리는 구매력이 널리 분산될수록 시장이 사람들의 실제 필요에 더 잘 반응할 것이라는 매우 간단한 전제를 세운 바 있다.

토지, 먹을 것, 기술 등 모든 것을 아무런 제약 없이 사고파는 시장체제에서 구매력이 더 평등하게 분산되도록 어떻게 노력할 수 있을까? 답은 우리가 할 수 없다는 것이다. 그럼에도 시장을 버리는 것은 어리석인 일이라는 것에 동의한다면 과연 무엇을 해야 하는가?

이 질문에 대답하면서 우리는 두번째 장애물과 마주치게 된다. 생산에 필요한 자산을 무제한으로 개인이 통제할 수 있다는, 널리 받아들여지고 있는 경제적 독단 말이다.

생산에 필요한 자산에 대한 무제한적인 사적 통제를 경제원칙으로 여기게 되면서 제3세계 국가 대부분에서 볼 수 있는 것과 마찬가지로 많은 미국인들도 농지가 점점 더 소수의 손에 집중되고 기업농장들로 대체되는 것을 공정하고도 필연적인 것이라고 받아들이게 되었다.

많은 미국인들이 그러한 통제권을 미국적인 방식의 핵심이라고 믿고 있지만, 앞장에서 언급했듯이 이는 분명 미국 건국 선조들의 생각은 아니었다. 이들은 소유권이 널리 분산되어 있을 때만 재물이 개인의 자유를 지키는 데 기여할 것이라고, 또 재산권은 사회 전체의 이해관계에 봉사할 때만 유효한 것이라고 여겼다. 이러한 시각은 19세기까지도 널리 통용되었다. "남북전쟁 후까지도 사실 이러한 가정은 보편적이었으며, 그래서 기업 허가장은 분명하게 공익에 합치되는 목적으로 허가된 일종의 특권이었다"라고 역사가 알랜 트래치텐버그(Alan Trachtenberg)는 쓰고 있다.[1]

그러나 1986년 포드자동차의 이사 로버트 루츠(Robert A. Lutz)는 회사의 투자결정으로 수만명의 일자리가 없어진 것을 애석해하면서도 정작 사과는 하지 않고 자신의 '기본 의무'는 주주에 대한 것이라고 선언했다.[2] 기업은 주주들에게만 책임을 지면 되고 노동자들이나 사회 전체에 대해서는 책임이 없다는 생각이 사실은 아주 새로운 것이라는 점을 그는 모르는 것 같다.

좀더 정확히 말하면, 그의 시각은 한때는 폐기되었던 생각이 다시 부활한 것이다. 미국 건국 선조들이 군주제를 거부했을 때 주장했던 것은 대표 없이는 과세도 없다는 것이었다. 이는 곧 지배구조의 책임을 요구하는 것이었다. 그때와는 많이 달라진 현재의 경제세계에서는 이러한 요구를 특히 거대 기업들에게 적절하게 적용할 수 있을 것이다. 기업들은 이제 수많은 시와 군, 도, 주 정부들보다도 사람들에게 더 큰 영향을 미칠 수 있다고 예일대학의 정치학자 로버트 달(Robert A. Dahl)은 언급한다.[3] 그리고 우리 모두가 만든 부를 배분할 때 기업들이 갖는 무소불위의 권력은 민주주의의 원칙보다는 오히려 왕의 권력에 더 가깝다고 봐야 한다.[4]

책임이 있는 소유

굶주림에 맞서 싸우려면 소유권의 의미에 대해, 특히 소유권이 인류 전체가 의존하고 있는 생산자원에 적용될 경우의 의미에 대해 근본적으로 다시 생각해야 한다. 그러한 노력이 독단의 제약에서 벗어나는 첫번째 단계가 될 것이다.

우리는 우리의 근원으로, 즉 미국인들은 건국 선조들이 갖고 있었던 책임있는 재산권의 개념으로, 그리고 대지에 먼저 뿌리박고 살았던 미국 인디언들이 갖고 있던 개념으로 되돌아가야한다. 그래야만 도움이 될 것이라고 믿는다. 공동체는 한 개인의 생애보다 더 오래 지속되는 것이고, 따라서 토착 미국 인디언들의 공동체 소유개념에는 미래 세대에 대한 의무도 수반되어 있다.[5]

생산자원의 소유권은 다른 가치들의 위에 군림하는 절대적인 것이 아니라, 권리와 함께 책임 또한 동반된 형태로 우리의 가장 중요한 가치들에 봉사해야 한다. 엄격한 무제한적인 사적 소유권도, 엄격한 국가주의적인 공공 소유권 개념도 추구해서는 안된다.

우리가 재산권에 대해 논의한 것은 다음과 같은 질문, 즉 경제적 권력을 분산해 시장이 부의 필요가 아니라 사람들의 필요를 반영할 수 있도록 하려면 어떻게 해야 하는가에 대답하기 위해서였다. 그에 대한 대답의 일부는 재산권을 목적이 아니라 좀더 숭고한 가치에 봉사하는 도구로 여겨야 한다는 게 우리의 생각이다.

무엇을 할 수 있을까 ● ●
　　　　　　가장 개인적인 질문으로 내려오자　　굶주림을 끝낼 수 있다고 믿는 것은 진정한 변화의 가능성을 믿는다는 뜻이다. 역설적으로 가장 큰 걸림돌은 미국에서 할 수 있는 최상의 것을 성취하였다는──아무리 결점투성이인 것으로 보인다 하더라도──대부분의 미국인들이 갖고 있는 생각이다. 왜 이것이 역설적인가? 미국인들이 가진 전통 때문이다. 미국 헌법의 아버지인 제임스 매디슨은 죽기 직전에 신생국 미국이 "이전에는 불가능한 것처럼 여겨졌던 일들이 가능하다는 것을 증명해내는 데 기여했다"라고 말했다.[6] 따라서 정말로 새로운 것이 항상 가능하다는 신념은 바로 미국인들의 천부적 권리이다.

가난하고 짓밟히는 사람들──지금까지 그토록 일했지만 오히려 행복에서 멀어지기만 한 사람들──이 더 나은 삶을 개척해나갈 수 있다고 믿는 것이 어떻게 가능한가? 우리 자신과 다른 사람들을 관찰하면서, 우리들은 스스로 변하는 경험을 하기 전에 다른 사람들이 변할 수 있다고 믿는 것이 얼마나 어려운가 알게 되었다. 이러한 인식을 갖게 되면 전세계 굶주림의 위기는 개인적인 차원의 문제가 될 것이다. 나의 새로운 지식을 어떻게 이용하여 스스로 변하고 또 굶주림을 없애는 데 기여할 수 있을 것인가? 답은 우리가 매일매일 하게 되는 평범한 수많은 선택들 속에 있다.

이러한 선택들은 우리가 세계의 굶주림을 끝내는 데 기여하느냐, 아니면 이를 영속화하는 데 기여하느냐를 좌우할 것이다. 신중하게 선택을 내릴 때만, 우리는 세상의 희생자들이 아니라 세상의 창조자들이 될 것이다. 우리가 추구하는 세상에 대한 비전을 갖고 의식적으로 삶을 선택해갈수록, 우리는 점점 더 힘을 갖게 될 것이다. 그러면 스스로에게, 그리고 다른 사람들에게 점점 더 확신을 주게 될 것이다.

어떻게 ● ●
시작하나 첫번째 단계는 대안적인 새로운 정보원을 찾는 것이다. 텔레비전과 주류 방송들에서만 세계뉴스를 얻게 되면 우리의 시야는 신화로 가려지게 될 것이다. 다양한 독립적인 정보원이 없으면 국익에 대한 정부의 정의나 제3세계와 미국 내의 빈민들에 대한 정책을 바로잡는 데 도움을 주는 시민의 역할을 다할 수 없다.

다음으로는 새로운 지식을 이용해야 할 것이다. 우리 모두 교육자들이다. 친구를, 동료를, 그리고 가족을 가르칠 수 있다. 많은 지식에서 얻은 확신을 갖고서, 결국 자멸하고 말 신화에 얽매여 있는 사람들에 효과적으로 대응할 수 있다. 언론인, 국회의원, 기업의 의사결정자들에게 편지를 보내는 것도 중요하다.

하지만 우리가 전세계의 굶주림을 없애는 데 일조할 수 있느냐 여부를 좌우하는 아마도 가장 중요한 단계는 직업의 선택—선택의 여유가 있는 사람들에게—일 것이다. 굶주림과 빈곤이 필연적이라는 현상을 받아들이기보다 이에 맞서는 일자리에서 우리의 능력을 어떻게 발휘할 수 있을까 생각해보는 것은 커다란 도전이다.

진정한 직업 선택이나 사회 변화에 대한 참여를 결정하기 앞서 우리는 행복해지려면 얼마만큼의 부가 필요한지 정해야 한다. 수많은 미국인들이 물질적 소유가 삶을 만족시키는 열쇠라는 생각이 얼마나 공허한 것인가를 깨닫고 있다. 이들은 필요하다고 생각했던 것을 버릴수록 어디서 일할 것인지, 어디서 살 것인지에 대한 선택의 자유가 더 커진다는 것을 경험을 통해 알아가고 있다.

미국의 거의 모든 지역사회에서 사람들은 굶주려가고 있고 쉴 곳이 부족하다. 교회·지역단체·노동조합·지방정부를 통해 우리는 즉각 그 사람들에게 필요한 것들을 제공하고 민주주의를 새롭게 이해하도록 하는 대열에 동참할 수 있다. 몇년마다 한번씩 던지는 한 표로서가 아니라, 더 많고 더 나은 일자리, 주택, 환경보호 등을 위한 지역사회의 계획에 능동적으로 참여하면서 말이다. 굶주림을 근본적으로 다루기 위해 헌신하는 사람을 선출하도록 노력하는 일도 그러한 변화에 필수적이다.

어디서, 그리고 어떻게 우리의 돈을 쓰느냐—또는 쓰지 않느냐—하는 것 또한 우리가 창조하고 싶어하는 세상을 위한 한 표의 역할을 한다. 예를 들어 대부분의 지역사회에서 우리는 이제 대기업이 소유한 수퍼마켓보다는 덜 가공되고 포장재를 덜 쓰는 식품을 파는, 그리고 노동자들 스스로 관리하는 식품점을 선택하여 쇼핑할 수 있다. 그리고 우리는 특정 상품 불매운동에 동참함으로써 소비자들의 돈이 다른 곳으로 흘러가도록 할 수도 있다. 남아프리카에 다수결 원칙을 세우는 데 기여한 투자 철회 운동, 제3세계에서 기업들의 분유 판촉으로 인해 발생한 유아 사망에 눈을 돌리게 만든 네슬레(Nestlé)에 대한 불매운동, 그리고 기업으로 하여금 미국 중서부 농장 노동자조합과 역사적인 계약을 맺도록 한 캠벨 수프(Campbell Soup) 불매운동이 그런 것들이다.

그러나 혼자서는 할 수 있는 일은 거의 없다. 우리가 엄청난 문제들에 주눅들어 있을 때 우리들을 밀어주고 위로해줄 수 있는 누군가가 필요하다. 9장에서 가난한 사람들은 아무것도 할 수 없다는 신화에 대해 우리가 내놓은 대답은 빈민이 아닌 '수동적인' 사람들에게도 똑같이 적용된다. 우리 또한 다른 사람들의 사례가 필요하다. 『미국 되살리기』(*The Quickening of America*)는 변화를 위해 지역에서 할 수 있는 일들에 대해 영감을 주는 좋은 책이다.[7] 우리는 활동가가 될 수 있고, 활동가 단체에 참여할 수 있다. 이런 활동가들과 함께한다면 더욱 강해질 것이다. 사회운동은 여성들에게 투표권을, 모든 미국인들에게 획기적인 시민권 입법을, 또 베트남에서는 전쟁을 종식시키는 데 기여하였다. 우리가 에너지와 노력을 보태준다면 사회운동 또한 굶주림을 종식시킬 수 있다.

필수적인 ● ●
　요소들　우리는 어떤 방식으로든 굶주림을 없애는 것을

도울 수 있다. 굶주림의 근원이 어디서 일하는지, 아이들에게 무엇을 가르치는지, 시민으로서 우리의 역할을 어떻게 이행하는지, 어디서 쇼핑하고 저축하는지 등등 우리 삶의 거의 모든 측면들과 관련되어 있기 때문이다. 그러나 이러한 가능성들을 포착하기 위해서는 한 가지 요소가 필수이다. 굶주리고 있는 수백만의 사람들에 대한 동정 아니냐고 물을지도 모르겠다. 앞서 지적한 대로 동정은 진정 가슴속 깊은 곳에서 동기를 유발하는 감정이다. 하지만 그것은 너무 쉽게 생긴다. 우리를 진정 인간으로 만들어주는 것은 처지를 바꿔 생각할 수 있는 능력이다. 어떤 사람들은 그것이 우리 유전자 안에 있으며, 우리의 감정 전체에 커다란 위험이 될 때에만 거부할 수 있는 것이라고 말한다. 그러나 그보다 지니기 어려운 다른 요소가 있다. 그것은 바로 **도덕적인 용기**이다.

낡은 '이념'이 분명히 실패하고 있지만, 많은 사람들은 오히려 더욱 고집스럽게 그것에 집착하고 있다. 따라서 "세상은 먹을 것으로 넘쳐나고, 이러한 고통은 모두 인간의 결정이 빚은 결과이다!"라고 외치는 데는 용기가 필요하다.

굶주림을 없애는 데 기여하려면 어느정도 물리적인 위험을 감수해야 한다. 세상에 뿌리박힌 그러나 잘못된 이해에 대해 목소리를 높여 아니라고 말하려면 친구나 선생님에게서 무안을 당하거나 무시당할 위험을 감수해야 한다. 그러려면 우리가 숨쉬는 공기처럼 지금까지 당연하게 여겨온 것들을 비판적으로 생각하도록 사람들에게 요청할 용기가 필요하다.

그리고 또다른 위험이 있다. 오류의 위험이다. 낡은 틀을 버린다는 것은 새로운 생각과 접근방식을 가지고 씨름한다는 것을 뜻한다. 용기

있는 사람은 실수를 두려워하기보다 세상에 대해 더 많이 배울수록 계속 새로운 개념들을 시험해보려 할 것이다. 실수를 저지를 각오를 하고 진로를 수정해가면서 앞으로 나아가는 것이다.

그러나 그러한 용기는 어디서나오는 것일까? 이는 분명 우리 사회가 무시하는 것들——타고난 도덕적 감수성, 그리고 타인의 삶과 우리의 삶이 서로 연결되어 있다는 직관——을 믿게 되면서 나오는 것이다. 그것은 동정과 같은 뿌리에서 나온 것이다. 이러한 굳건한 토대 위에서만 우리는 인간 생명의 가치가 최고라고 여기며 모든 독단에 대해 도전할 용기를 가질 수 있다. 이러한 새로운 믿음을 가져야만 수백만의 인류가 굶어죽어가는 동안 우리의 가치가 왜곡되고 경제적 독단이 지속되는 것을 막을 수 있다.

출처와 참고문헌

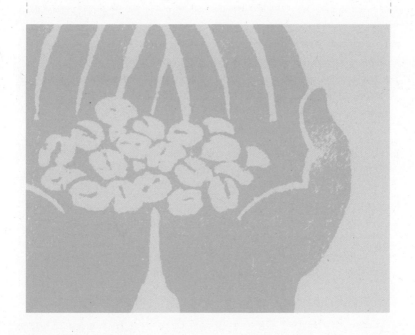

1 Peter Uvin, "The State of World Hunger," *The Hunger Report: 1995*, eds. Ellen Messer and Peter Uvin (Amsterdam: Gordon and Breach Publishers, 1996), 1~17면, 표 1.6; 추정치는 차이가 있다. 이 책의 1장과 5장 참조.

2 유엔아동구호기금(UNICEF), *The State of the World's Children 1993* (Oxford: Oxford University Press and UNICEF, 1993), "statistical note"; Richard A. Hoehn, "Introduction," *Hunger 1997: What Governments Can Do* (Silver Spring, MD: Bread for the World Institute, 1996), 1면 참조.

3 Charles Clements, *Witness to War* (New York: Bantam, 1984), 104면.

4 성과 식량생산에 대한 논의는 Judith Carney, "Contracting a Food Staple in the Gambia," 5장, *Living Under Contract: Contract Farming and Agrarian Transformation in Sub-Saharan Africa*, eds. Peter D. Little and Michael J. Watts, (Madison: University of Wisconsin Press, 1994); Beverly Grier, "Pawns, Porters and Petty Traders: Women in the Transition to Export Agriculture in Ghana," African Studies Center, Boston University, *Working Papers in African Studies*, no. 144, 1989; Gita Sen and Caren Grown, *Development, Crises and Alternative Visions: Third World Women's Perspectives* (New York: Monthly Review Press, 1986); Carmen Diana Deere and Magdalena Leon, eds., *Rural Women and State Policy: Feminist Perspectives on Latin.American Agricultural Development* (Boulder: Westview Press, 1987) 등 참조.

5 Rehman Sobhan, *Agrarian Reform and Social Transformation* (London: Zed Books, 1993), 표 1.

6 Mark S. Langevin and Peter Rosset, "Land Reform from Below: The Landless Workers Movement in Brazil," *Food First Backgrounder* (Institute for Food and Development Policy) no. 3, vol. 4 (1997), 1~4면, 3면.

7 United Nations Conference on Trade and Development, *Handbook of International Trade and Development Statistics 1994* (New York and Geneva: United Nations, 1995), 표 A2.

8 Michael E. Conroy, Douglas L. Murray, and Peter M. Rosset, *A Cautionary Tale: Failed U.S. Development Policy in Central America* (Boulder: Lynne Rienner, Food First Development Studies, 1996), 그림 4.4.

9 예를 들어 *Structural Adjustment and the Spreading Crisis in Latin America* (Washington, DC: Development Gap for Alternative Policies, 1995); Walden Bello with Shea Cunningham and Bill Rau, *Dark Victory: The United States, Structural Adjustment and Global Poverty* (London: Pluto Press, Food First Books, Transnational Institute, 1994, 한국어판 월든 벨로『어두운 승리: 신자유주의, 그 파국의 드라마』, 이윤경 옮김, 삼인 1998) 참조.

1 FAO, *FAO Production Yearbook 1992*, vol. 46 (Rome: FAO, 1993)에서 계산. 전세계 곡물 공급량의 38%는 가축사료용이다(World Resources 1996~97, [New York: Oxford University Press,

1996], 표 10.3). 현재 사료곡물을 생산하는 데 이용되는 대부분의 토지와 자원들이 식용곡물과 식량들을 재배하는 데 사용될 수 있을 것이다. 소득수준이 높은 소비자들이 축산물을 선호하기 때문에 식량곡물보다 사료곡물이 수익성이 높고 이 때문에 사료곡물이 재배된다. 1일 칼로리 필요량이 상당히 달라서 추정하는 것이 극히 어렵긴 하지만, 1인당 일평균 2450칼로리라는 FAO 수치는 타당해 보인다. (R. Payne, "Measuring Malnutrition," *IDS Bulletin 21*, no. 3, July 1990을 보라). 에너지를 내는 데 필요한 칼로리는 단백질이 적은 뿌리작물에 의존하는 사람들(특히 어린아이)을 제외하고는 일반적으로 단백질 필요량을 채우기에 충분하다.

2 FAO, *FAO Production Yearbook 1995*, vol. 49 (Rome: FAO, 1996).

3 *FAO Time Series for State of Food and Agriculture* (Rome: FAO, 1994)에서 계산.

4 Donald O. Mitchell and Merlinda D. Ingco, *The World Food Outlook* (Washington, DC: World Bank, 1993).

5. Merlinda D. Ingco, Donald O. Mitchell, and Alex F. McCalla, *Global Food Supply Prospects*, World Bank Technical Paper no. 353, 1996.

6 FAO, *FAO Production Yearbook 1966, 1974, 1984, 1995* (Rome: FAO), 표 9. Philip Raikes, *Modernising Hunger: Famine, Food Surplus & Farm Policy in the EEC & Africa* (London: Catholic Institute for International Relations, 1988) 참조. 라이크스는 FAO의 통계가 아프리카의 생산량을 심각하게 과소집계하고 있다고 주장한다. 무엇보다도 공식적인 시장경로를 통해 판매되는 생산물만 통계에 잡히기 때문이다. 농민들이 인위적인 저가정책 때문에 다른 곳에서 농산물을 파는 경우가 늘고 시장경로를 통해 판매하는 생산비중은 감소하고 있다는 것이다.

7 Lisa C. Smith, Science, Engineering and Diplomacy Fellow, American Association for the Advancement of Science, *The FAO Measure of Chronic Undernourishment: What Is It Really Measuring?* (Washington, DC: U.S. Agency for International Development, Office of Population, Health and Human Development, June 1997), 6~7면.

8 Thomas T. Poleman, "Quantifying the Nutrition Situation in Developing Countries," *Food Research Institute Studies* 18, no. 1: 9. 이 논문은 대부분의 농업 및 영양통계가 갖고 있는 여러가지 문제들을 논의하고 있다(Donald McGranahan et al., *Measurement and Socioeconomic Development* [Geneva: United Nations Research Institute for Social Development, 1985] 참조).

9 *Handbook of International Trade and Development Statistics* (New York and Geneva: United Nations, 1995), 표 3.2. 여기서 식량 항목에는 음료 · 담배 · 식용종자가 포함되어 있다.

10 FAO, *FAO Trade Yearbook 1994*, vol. 48 (Rome: FAO, 1994), 표 7, 8에서 계산. 최저소득 국가들의 분류는 *World Development Report, 1992* (Washington, DC: World Bank)를 따랐다.

11 FAO에 따르면, 인도 국민의 21%에 해당하는 1억 8500만명이 영양결핍상태이다. (*Mapping Undernutrition: An Ongoing Process*, poster, 1996, FAO, Rome). 하지만 리사 스미스(Lisa Smith)는 앞에서 인용한 FAO 수치가 실제 조사를 통해 계산된 것이 아니라 식량생산과 수입량에 근거한 추정치여서 상당히 과소집계되었으며, 따라서 식량의 분배와 접근을 신빙성 있게 설명하지 못한다

고 주장한다. 그는 굶주림을 더 잘 보여주는 지표는 실제 조사에 근거했으며 이용 가능한 식량과 그 식량을 구할 수 있는 정도를 반영하는 영양실조 아동의 비율이라고 지적한다. 인도에서 5세 미만 영양실조 아동비율을 FAO는 61%로 추정하고 있는데, 이는 세계에서 두번째로 높은 것으로(*The Sixth World Food Survey*, FAO, 1996, appendix 2, 표 8), 굶주린 사람의 전체 수는 아마도 공식 보고된 21%(1억 8500만명)보다 훨씬 높을 것임을 알 수 있다.

12 FAOSTAT Database (Rome: FAO, 1990~97).

13 James K. Boyce, "Agricultural Growth in Bangladesh, 1949-50 to 1980-81: A Review of the Evidence," *Economic and Political Weekly* 20, no. 13 (March 30, 1985), A31~A43.

14 FAOSTAT Database.

15 World Bank, *Bangladesh: Economic and Social Development Prospects*, report no. 5409 (Washington, DC: World Bank, April 1985), 18면.

16 FAO, *FAO Production Yearbook 1995*, vol. 49 (Rome: FAO, 1996), 표 17.

17 Steve Jones, "Agrarian Structure and Agricultural Innovation in Bangladesh: Panimara Village, Dhaka District," *Understanding Green Revolutions*, eds. Tim Bayliss-Smith and Sudhir Wanmali (New York: Cambridge University Press, 1984), 194면.

18 UNDF, *Human Development Report 1994* (New York: United Nations Development Program, 1994), 표 2.

19 FAO, *FAO Trade Yearbook 1995*, vol. 49 (Rome: FAO, 1996), 13면; UNDF, *Human Development Report 1994*, 134면 참조.

20 Lisa Smith, *The FAO Measure*, appendix A, 표 A1; *Food Security in Africa*, GAO testimony, United States General Accounting Office, Statement of Harold J. Johnson, associate director, International Relations and Trade Issues, National Security and international Affairs Division, Washington DC, 1996 참조.

21 Per Pinstrup-Andersen, "World Trends and Future Food Security," *Food Policy Report* (Washington, DC: International Food Policy Research Institute, March 1994), 9~10면.

22 FAO, *FAO Trade Yearbook 1994*, 표 8에서 계산. 모든 농업생산물들이 포함되면 이 수치는 20개국으로 증가한다(앞의 책 표 7). 특정 국가에서의 수입 증가가 식량원조의 증가를 반영할 수도 있다는 사실을 주목할 필요가 있다. 워싱턴 D.C.에 위치한 UN FAO 북아메리카사무소에서 근무하는 경제학자 제임스 힐(James Hill)에 따르면, 수입량 산출에는 식량원조도 포함된다(1986년 5월 조지프 콜린스Joseph Collins의 인터뷰 결과).

23 *FAO Trade Yearbook 1984*에서 계산. 차드·니제르·모리타니·말리·부르키나파소·쎄네갈은 1980, 1982, 1983년 자료임. 1981년과 1984년에는 쎄네갈과 니제르의 수입량이 이례적으로 많았던 탓에 순수입량이 더 많았다.

24 사헬지역 국가인 니제르와 부르키나파소 두 나라에 대한 보고서는 곡물업자들이 다른 곳에서 더 비싸게 팔기 위해 생산된 곡물의 절반에 달하는 양을 밀반출하는 것으로 추정하고 있다(부르키나파

소의 와가두구Ouagadougou에 위치한 미국 국제개발기구의 수석 경제학자와 1977년 1월 17일 가진 인터뷰 자료).

25 비교적 덜했던 1982년에서 85년까지의 가뭄 동안, 이들 국가들이 수출한 식량가액은 수입한 식량가액의 3/4에 달했다. 차드 · 말리 · 니제르는 순수출국이었다(*FAO Trade Yearbook 1985*, 표 7에서 계산).

26 *FAO Production Yearbook 1966, 1974, 1984, 1990*, 표 9와 표 10.

27 FAOSTAT Database의 1995년 곡물 생산물 생산, 소비, 가용량, 수입량에서부터 1997년 9월 17일 계산함.

28 Sara S. Berry, "The Food Crisis and Agrarian Change in Africa: A Review Essay," *African Studies Review* 27, no. 2 (June 1984), 59~97면; Jane Guyer, "Women's Role in Development," *Strategies for African Development*, eds. Robert J. Berg and Jennifer Seymour Witaker (Berkeley: University of California Press, 1986), 그중에서도 393~96면 참조. 그리고 *Modernising Hunger* 참조.

29 Lisa Smith, *The FAO Measure*, 15~16면. FAO는 아프리카 사하라 이남지역의 만성 영양실조 비율은 43%로 추정하고 있는—자주 인용되지만 그는 부정확하다고 주장하는—반면에, 남아시아는 22%에 불과하다. 하지만 굶주림을 보여주는 더 좋은 지표인 5세 미만 영양실조 아동비율(주 8 참조)은 남아시아가 53%인데, 이는 아프리카 사하라 이남지역(30%)의 거의 두 배에 달하는 수치이다.

30 Donald L. Plucknett, "Prospects of Meeting Future Food Needs through New Technology," *Population and Food in the Early Twenty First Century: Meeting Future Food Demand of an Increasing Population*, ed. Nurul Islam (Washington, DC: International Food Policy Research Institute, 1995).

31 Gerhard K. Heilig, "How Many People Can Be Fed on Earth?" *The Future Population of the World: What Can We Assume Today?* ed. Wolfgang Lutz (Laxenburg, Austria: International Institute for Applied Systems Analysis, 1996, 개정판).

32 Stephen K. Commins et al., eds., *Africa's Agrarian Crisis: The Roots of Famine* (Boulder: Lynne Rienner, 1985); Nigel Twose, *Fighting the Famine* (San Francisco: Food First Books, 1985); Michael Watts, "Entitlements or Empowerment? Famine and Starvation in Africa," *Review of African Political Economy*, no. 51 (1991), 9~26면 참조.

33 Paul Harrison, *The Greening of Africa: Breaking Through in the Battle for Land and Food* (Nairobi: Academy Science Publishers, 1996); Eric R. Wolf, *Europe and the People Without History* (Berkeley: University of California Press, 1982); Barbara Dinham and Colin Hines, *Agribusiness in Africa: A Study of the Impact of Big Business on Africa's Food and Agricultural Production* (Trenton, NJ: Africa World Press, 1984) 참조.

34 Paul Richards, "Ecological Change and the Politics of African Land Use," *African Studies Review* 26, no. 2 (June 1983). Paul Richards, *Indigenous Agricultural Revolution* (Boulder: Westview Press, 1985) 참조.

35 Bill Rau, *Feast to Famine* (Washington, DC: Africa Faith and Justice Network, 1985), 특히 6 장 참조. 그리고 Bonnie K. Campbell, "Inside the Miracle: Cotton in the Ivory Coast," *The Politics of Agriculture in Tropical Africa*, ed. Jonathan Barker (Beverly Hills: Sage, 1984), 154~68면 참조.

36 World Resources Institute, *World Resources*, 1994~1995 (New York: Oxford University Press, 1994), 48~49면. 성, 정책, 투자와 식량생산에 관한 사례들로는 Judith Carney, "Contracting a Food Staple in the Gambia," *Living under Contract: Contract Farming and Agrarian Transformation in Sub-Saharan Africa*, eds. Peter D. Little and Michael J. Watts (Madison: University of Wisconsin Press, 1994); Beverly Grier, "Pawns, Porters and Petty Traders: Women in the Transition to Export Agriculture in Ghana," African Studies Center, Boston University, *Working Papers in African Studies*, no.144, 1989 등 참조.

37 Independent Commission on International Humanitarian Issues, *Famine: A Man-Made Disaster?* (New York: Vintage Books, 1985), 85~89면.

38 *Africa, Make or Break: Action for Recovery* (London: Oxfam UK, 1993); John Mihevc, *The Market Tells Them So: The World Bank and Economic Fundamentalism in Africa* (Penang, Malaysia, and Accra, Ghana: Third World Network, 1995) 참조.

39 Mihevc, 앞의 책: Manfred Bienefeld, *Structural Adjustment and Rural Labor Markets in Tanzania* (Geneva: International Labor Organization, 1991).

40 Mihevc, 앞의 책.

41 FAOSTAT 기초자료에서 계산.

42 1970년대 초반 아프리카 신문에 등장했던 전형적인 광고. Jean-Yves Carfantan and Charles Condamines, *Vaincre la Faim, C'est Possible* (Paris: L'Harmattan, 1976), 63면에서 인용.

43 Gunilla Andrae and Björn Beckman, *The Wheat Trap: Bread and Underdevelopment in Nigeria* (London: Zed Books, 1985).

44 Joel E. Cohen, *How Many People Can the Earth Support?* (New York: W. W. Norton, 1995), 특히 appendix 3.

45 Ben Wisner, "The Limitations of Carrying Capacity," *Political Environments* (Winter/Spring 1996): 1면, 3~6면.

46 Cohen, *How Many People Can the Earth Support?* appendix 3면 참조.

47 UN Department for Economic and Social Information and Policy Analysis, Population Division, *World Population Prospects: The 1996 Revision. Annex 1: Demographic Indicators*, 표 A2.

48 1994년 미국은 1인당 농지면적이 1.6ha였고, 중국은 0.4ha였다(FAOSTAT 기초자료에서 계산).

49 UNDP의 *1994 Human Development Report* (UNDP New York and Oxford University Press, 1994)에 따르면, 1990년대 초반 중국의 1인당 평균 칼로리 공급량은 최소 필요량보다 12% 많았다. Elizabeth Croll, *The Family Rice Bowl: Food and the Domestic Economy in China* (Geneva: UN Research Institute for Social Development, 1982) 참조. 레스터 브라운의 월드워치연구소는 중국의

곡물 소비량이 나머지 전세계의 가용식량을 바닥낼 것이라고 주장하면서 최근 매스컴의 큰 관심을 불러일으키고 있다(Lester R. Brown, *Who Will Feed China? A Wake-Up Call for a Small Planet*, New York: W. W. Norton, 1995, 한국어판 레스터 브라운『중국을 누가 먹여살릴 것인가』, 지기환 외 옮김, 따님 1998). 그에 대해 전문가들은 침착한 태도로 중국이 미래에 필요한 곡물을 생산할 수 있는 능력이 있음을 분명히 보여주는 자료들을 제시하는 한편 그의 자료를 재계산하여 반박하였다. Vaclav Smil, *Who Will Feed China? Concerns and Prospects for the Next Generation* (Fourth Annual Hopper Lecture, University of Guelph, 1996); Jikun Huang et al., *China's Food Economy to the Twenty-First Century: Supply, Demand, and Trade* (Washington, DC: International Food Policy Research Institute, Food, Agriculture and the Environment Discussion Paper no. 19, 1997); Feng Lu, *Grain versus Food: A Hidden Issue in China's Food Policy Debate* (China Center for Economic Research, Peking University, Working Paper no. E1996003); Lester R. Brown의 *Who Will Feed China?* (Chinese Academy of Sciences, Research Center for Eco-Environmental Sciences, Department for the Study of National Conditions, 1997)에 대한 응답인 Xiaoguang Kang, *"How Chinese Feed Themselves"* 일부 참조.

50 *Hunger, 1997. What Governments Can Do*, Seventh Annual Report on the State of World Hunger (Silver Spring, MD: Bread for the World Institute, 1996), 114~15면, 표 5, 6.

51 World Food Programme. INTERFAIS Internet information system, 1997. 9. 19.

52 1994년 12세 미만의 굶주린 아동 수에 근거한 계산. Hunger, 1997, 114면, 표 5.

두번째 신화: 자연 탓이다

1 *Church Perspective*, San Francisco Council of Churches (February 1986).

2 아일랜드 감자 대기근에 대한 훌륭한 분석을 보려면 Rick Crawford, *"The Laws of Nature, or the Limitations of Ideology: Why Starvation Killed One Million in the Richest Nation on Earth,"* *Voices: Sierra Club Journal of the Environmental Justice Network 2*, no. 3 (Autumn 1997): 15, 19, 32, 36면 참조.

3 John MacHale, *Letter to Lord Russell* (1846), Cecil Woodham-Smith, The Great Hunger: Ireland 1845-9 (New York: Harper & Row, 1962)에서 재인용. 좀더 최근 문헌으로는 Joel Mokyr, *Why Ireland Starved: A Quantitative and Analytical History of the Irish Economy, 1800-1850* (Boston: Allen & Unwin, 1983); Cormac O'Grada, *Ireland Before and After the Famine: Explorations in Economic History 1800-1925*, 2nd edition (Manchester: Manchester University Press, 1993).

4 Anders Wijkman and Lloyd Timberlake, *Natural Disasters: Acts of God or Acts of Man?* (London and Washington, DC: Earthscan, 1984).

5 *Disaster History Report* (Washington DC: U.S. Office of Foreign Disaster Assistance, April 1997).

6 옥스팸 아메리카에서 일하는 마이클 스코트(Michael Scott)와의 인터뷰(미국 보스턴, 1979).

7 Amartya Sen, *Poverty and Famines* (Oxford: Clarendon Press, 1981).

8 앞의 책 151면, 표 10.1.

9 Betsy Hartmann and James Boyce, *A Quiet Violence: View from a Bangladesh Village* (San Francisco: Food First Books, 1983), 189면.

10 우간다 캄팔라(Kampala)에 있는 마케레레(Makerere)대학 사회과학대학장 마무드 만다니(Malmood Mandani)의 말(1985. 3. 19). 그 이후 그는 시민권을 박탈당하고 추방되었다. 이 글은 요약되어 Dollars and Sense, no. 109 (September 1985), 6, 7, 15면에 실렸다.

11 경작에 적합한 토지가 거의 없었던 광산 부국 모리타니아(Mauritania)는 예외였다. FAO 식량정책 및 영양국 국장 마르쎌 간진(Marcel Ganzin)의 말(이딸리아 로마, 1975년 12월 18일).

12 FAO, *FAO Trade Yearbook 1975* (Rome: FAO, 1975)에서 계산. 사헬지역의 기근에 대한 좀더 상세한 배경은 Richard Franke and Barbara Chasin, *Seeds of Famine* (Totowa, NJ: Rowman and Allenheld, 1980); Rolando V. Garcia, *Nature Pleads Not Guilty: Drought and Man: The 1972 Case History* (New York: Pergamon Press, 1981), 181~95면; Michael Lofchie, "Poiitical and Economic Origins of African Hunger," *Journal of Modern African Studies* 13, no. 4 (1975), 551~67면 참조.

13 Michael Watts, *Silent Violence: Food, Famine and Peasantry in Northern Nigeria* (Berkeley: University of California Press, 1983).

14 조지프 콜린스(Joseph Collins)가 포드재단의 농촌빈곤 프로그램 직원 존 써터(John Sutter)와 한 전화 인터뷰(쎄네갈 다카르, 1986. 2).

15 지난 30년 동안 사헬지역의 강수량은 이전보다 20~40% 적었다. M. B. K. Darkoh, "Desertification: Its Human Costs," *Forum for Applied Research and Public Policy* 11, no. 3 (Fall 1996), 13면.

16 앞의 책 13~14면. 그리고 Tesfaye Teklu, Joachim von Braun, and Elsayed Zaki, *Drought and Famine Relationships in Sudan: Policy Implications*, Report no. 88 (Washington, DC: International Food Policy Research Institute, 1991); Peter Rosset, John Gershman, Shea Cunningham and Marilyn Borchardt, "Myths and Root Causes: Hunger, Population and Development," *Food First Backgrounder* 1, no. 1 (Institute for Food and Development Policy, 1994), 1~8면 참조.

17 Nigel Twose, *Fighting the Famine* (San Francisco: Food First Books, 1985), 18면.

18 마이클 와츠(Michael Watts)의 편지(1986. 5. 21).

19 John Scheuring, International Crops Research Institute for the Semi-Arid Tropics (ICRISAT), Bamako, Mali(저자의 편지, 1986. 1. 8). Watts, *Silent Violence*, 373~465면 참조.

20 이 지역의 기근과 환경문제에 대한 소개는 Jeremy Swift, "Disaster and a Sahelian Nomad Economy," *Drought in Africa*, eds. David Dalby and R. J. Harrison (London: Centre for African

Studies, 1973), 71~79면; Douglas L. Johnson, "The Response of Pastoral Nomads to Drought in the Absence of Outside Intervention," UN 사헬지역 특별사무국에서 작성한 보고서(1973년 12월 19일); F. Fraser Darling and M. Taghi Farvar, "Ecological Consequences of Sedentarization of Nomads," *The Careless Technology*, eds. M. Taghi Farvar and John P. Milton (Garden City, NJ: Natural History Press, 1972); Wijkman and Timberlake, *Natural Disasters*, 23면 참조.

21 Independent Commission on International Humanitarian Issues, *Famine: A Man-Made Disaster?* (New York: Vintage, 1985), 86~87면.

22 앞의 책.

23 FAO, *FAO Trade Yearbook 1984* (Rome: FAO, 1985)에서 계산.

24 Michael Watts, "Entitlements of Empowerment? Famine and Starvation in Africa," *Review of African Political Economy* 51 (1991), 9~26면 참조.

25 에티오피아 관련 정보원들 대부분은 여전히 자국에서 일하고 있고, 그에 대한 정부의 보복을 두려워하기 때문에 익명으로 해줄 것을 요구하였다.

26 국제아프리카축산센터(International Livestock Center for Africa)의 부쎈터장인 귀도 그리실즈 (Guido Gryseels)와의 인터뷰(에티오피아 아디스아바바Addis Ababa, 1985. 1. 21).

27 *Facts on File* 45, no. 2303 (January 1985): 1~11면

28 Rene Lefort, *Ethiopia: An Heretical Revolution?* (London: Zed Press, 1983), 특히 18~36면; Jason Clay and Bonnie Holcomb, *Politics and the Ethiopian Famine, 1984-1985* (Cambridge, MA: Cultural Survival, 1985), 5~23면; Pranab Bardhan, "Method in the Madness? A Political Economy Analysis of the Ethnic Conflicts in Less Developed Countries," *World Development* 25, no. 9 (1997), 1381~98면.

29 Eiichi Shindo, "Hunger and Weapons: The Entropy of Militarization," *Review of African Political Economy 33* (August 1985), 6~22면.

30 Robin Luckham and Dawit Bekele, "Foreign Powers and Militarism in the Horn of Africa," *Review of African Political Economy* 30 (September 1984), 16면 (U.S. Arms Control and Disarmament Agency, *World Military Expenditures and Arms Transfers, 1971-1980*에서 재인용). 몇몇 에티오피아 분석가들은 무기 수입과 관련해 더 높은 수치를 인용하기도 한다. 예를 들어 Hailu Lemma, "The Politics of Famine in Ethiopia," *Review of African Political Economy* 33 (1985. 8), 51면 참조.

31 1980년에서 81년 사이에 국영농장은 농업대출의 80%, 비료 수입의 82%, 개량종자의 73%를 차지했으며, 3500여대의 트랙터 운용을 위해 엄청난 양의 수입 석유를 사용했다. World Bank, *Ethiopia: Agricultural Sector*, 20~21면 참조.

32 1984년 자료. Graham Hancock, *Ethiopia* (London: Victor Gollancz, 1985), 52면 참조. 다른 국가들과 비교하려면 *South* (September 1985)에 실린 제3세계 국가들의 표 참조. 이 수치들은 분명 에티오피아 공군 가운데 상당수를 포함시키지 않고 있다.

33 Clay and Holcomb, *Politics and the Ethiopian Famine*, 8면에서 추정치를 인용.

34 갈등의 역사를 잘 보여주는 책으로는 Rodolfo Stavenhagen, *Ethnic Conflicts and the Nation-State* (New York: St. Martin's Press and UNRISD, 1996) 참조.

35 미국 콜로라도 볼더의 대기연구쎈터(Center for Atmospheric Research)에서 일하는 마이클 글란츠(Michael Glantz)의 편지(1986. 5. 6). 1986년 3월 UN 아프리카 긴급구호사무국(Office for Emergency Operations in Africa)은 아직도 기근의 영향을 받고 있는 아프리카 5개국 중 4개 나라(에티오피아·앙골라·모잠비크·수단)에서는 무장 갈등을 해결하는 것이 기근 종식의 필수 조건이라고 언급하였다. *Status Report on the Emergency Situation in Africa*, Report no. OEOA/3/7 (New York: United Nations, March 1986); Patrick Webb, Joachim von Braun, and Yisehac Yohannes, *Famine in Ethiopia: Policy Implications of Coping Failure at National and Household Levels*, Report no. 92 참조.

36 1994년 석달 동안 50만에서 80만에 달하는 사람들이 죽고 200만명이 넘는 사람들이 인접국으로 탈출하였으며, 거의 절반의 국민들이 르완다 국내의 보금자리를 떠나게 되었다는 추정이 있다(Steering Committee of the Joint Evaluation of Emergency Assistance to Rwanda, *Joint Evaluation of Emergency Assistance to Rwanda* [Copenhagen, March 1996], 4면.

37 예를 들어 대중매체에 실린 거의 수백개에 달하는 기사들 중 Nicholas D. Kristoff, "Rwandans, Once Death's Agents, Now Its Victims" *New York Times* (1997); James C. McKinley, Jr., "New Rwanda Killings Dim Hopes for Amity" *New York Times* (1997). 종족 갈등이 인간 본성에서 비롯된다는 개념은 *Reconstructing Biology: Genetics and Ecology in the New World Order* (New York: John Wiley & Sons, 1996)에서 존 밴더미어가 자세히 검토했다.

38 *Joint Evaluation*, 4면.

39 *Joint Evaluation*, 17면.

40 1990년 정부 추정은 농촌 가구의 81%가 "벽돌제조, 목수일, 바느질 등과 같은 비공식적인 활동으로 소득을 얻고 있으며, 거의 모든 사람들이 비록 비정규적이긴 하지만 그와 유사한 '지하'경제에서 활동하고 있다"는 것을 보여준다. 여기에는 이웃나라와의 국경무역과 물물교환, 밀수 등이 포함된다(The Economist Intelligence Unit, 1995, *Joint Evaluation*, 16면에서 재인용).

41 1995년 경제활동인구의 91.3%가 농업부문에 속해 있었다(*FAO Production Yearbook 1995* [Rome: FAO, 1996], 표 3). 대혼란 이전 경제는 수출작물인 커피와 차를 중심으로 구축되어 있었다. 중요한 산업부문에는 음식료, 세제, 섬유, 그리고 괭이와 칼 같은 농기구 등이 있었다(세계은행 자료, *Joint Evaluation*, 18면).

42 커피는 르완다 외환수입의 2/3 이상을 차지했다(앞의 책 36면).

43 앞의 책.

44 1980년대(적어도 87년경까지는) 사하라 이남지역의 그리 많지 않은 부채와 그리 높지 않은 인플레율, 그리고 평균보다 높은 성장률 등에 비추어 세계은행을 비롯한 기관들은 아프리카 경제를 성공적인 것으로 평가했다(앞의 책 33면).

45 앞의 책 37면.

46 앞의 책.

47 G. Vassall-Adams, *Rwanda: An Agenda for International Action* (Oxford: Oxfam Publications, 1994); S. Marysse and T. de Herdt, *L'Ajustement Structurel en Afrique: Les Expériences du Mali et du Rwanda* (Antwerp: UFSIA/Centre for Development Studies, 1993); S. T. Marysse, T. de Herdt, and E. Ndayambaje, *Rwanda: Appauvrissement et Ajustement Structurel* (Brussels: CEDAF/L'Harmattan, 1994) 참조. *Joint Evaluation*에서 재인용.

48 하루에 1000칼로리 미만 섭취하는 것으로 정의한다(*Joint Evaluation*, 36면).

49 J. Maton, *Développement Économique et Social au Rwanda entre 1980 et 1993, le Dixième Dicile en Face de l'Apocalypse* (Gent: UG/Unité d'Enseignement et de Recherche au Développement, 1994), *Joint Evaluation*에서 재인용.

50 Marysse and de Herdt, 앞의 책.

51 *Joint Evaluation*, 4면; Pranab Bardhan, "Method in the Madness?" 1384면 참조.

52 사망자 추산이 50만에서 80만까지 서로 다름(*Joint Evaluation*).

53 1990년대 초반 생산물가격의 하락, 그리고 화폐가치 하락과 적자재정으로 인한 인플레 때문에 농민들의 실질임금은 감소했다. 그런데 화폐가치 하락의 '혜택'은 커피 재배 농민들에게 돌아가지 않았다(*Joint Evaluation*). Marysse, et al. Rwanda, 1994; World Bank, *Rwanda: Country Strategy Paper* (Washington, DC, 1992); World Bank, *Implementation Completion Report: Rwandese Republic: Structural Adjustment Credit* (Washington, DC, 1995) 참조.

54 구조조정정책은 공공부문의 임금에 영향을 끼쳤으며, 고용인들 가운데 일부는 민간부문 활동에 참가함으로써 보상받을 수 있었던 반면 나머지는 자신들의 경제적·정치적 상황이 앞으로 더 나빠질 것을 두려워했다(*Joint Evaluation*, 38면).

55 국내에서 고향을 떠난 난민(대부분은 캠프에 있는)의 수는 약 1백만명으로 추정되었으며, 국외 르완다 난민의 수는 약 2백만명으로 추정되었다(UNHCR [U.N. High Commission for Refugees], Special Unit for Rwanda and Burundi, March 1995, *Joint Evaluation*, 54면에서 재인용).

56 *Joint Evaluation*, 19면.

57 예를 들어 관광이 번창하는 소득원이었다. 르완다는 관광수입에서 아프리카 3위를 차지했다 (*Joint Evaluation*, 19, 47면).

58 Vassall-Adams, *Rwanda*, 1994 참조.

59 Ellen Messer, "Hunger as a Weapon of War in 1994," *The Hunger Report: 1995*, eds. Ellen Messer and Peter Uvin (Amsterdam: Gorand Breach Science Publishers, 1996), 19~48면.

세번째 신화: 인구가 너무 많다

1 Ben J. Wattenberg, "The Population Explosion Is Over," *The New York Times Magazine* (1997), 60~63면.

2 인구감소와 중년 무자녀 부부 증가에 따라 고령인구가 다수인 연령분포가 생길 수 있다.

3 명시하지 않는 이상 이 장에서 나오는 모든 인구증가와 출산력 수치는 *World Population Prospects: The 1996 Revision*——UN 경제사회정보정책분석부 인구담당실에서 정기적으로 생산되며, 보수적인 입장에서 가장 널리 채택되는 인구 자료와 예측——에서 인용한 것들이다. 이 예측은 'UN 예측'으로 널리 알려져 있다.

4 Thomas Merrick et al., "Population Dynamics in Developing Countries," *Population and Development: Old Debates, New Conclusions*, ed. Robert Cassen (Transaction Publishers, New Brunswick, NJ, 1994), 79~105면.

5 *World Population Prospects*에 실린 다양한 예측치들.

6 Merrick et al., "Population Dynamics," 82면.

7 *World Population Prospects*, annex 1, 10~11면.

8 Tomas Frejka, "Long-Range Global Population Projections: Lessons Learned," *The Future population of the World*, ed. Wolfgang Lutz (London: Earthscan Publications, 1996), 5면, 표 1.1.

9 "End of World Population Growth Projected for 21st Century," *International Institute for Applied Systems Analysis News Release* (October 9, 1996), 1면.

10 Paul Ehrlich, *The Population Bomb* (New York: Sierra Club/Ballantine, 1968).

11 계속해서 비슷하게 반복되는 주장들——하지만 그 이후 전혀 타당성이 입증되지 않고 있는——은 레스터 브라운의 많은 책들 중에서도 Lester R. Brown, "The World Outlook of Conventional Agriculture," *Science* 158 (1967), 604~11면; *By Bread Alone* (New York: Praeger, 1974); *State of the World 1990* (New York: W. W. Norton); *Tough Choices: Facing the Challenge of Food Security* (New York: W. W. Norton, 1996)에서 볼 수 있다.

12 Paul Ehrlich, *The Population Explosion* (New York: Simon and Schuster, 1990).

13 출산력 감소의 증거를 잘 정리해놓은 자료로는 *The Future Population of the World: What Can We Assume Today?* ed. Wolfgang Lutz (London: Earthscan Publications, 1996)가 있다.

14 예를 들어 www.popcouncil.org에서 찾아볼 수 있는 인구위원회(Population Council)에서 발간한 간행물 참조. Rockefeller Foundation, *High Stakes: The United States, Global Population and Our Common Future* (New York: Rockefeller Foundation, 1997) 참조.

15 1990년의 1인당 ha 가치는 트리니다드 토바고가 0.09, 과떼말라가 0.20(World Resources Institute, *World Resources 1992-93* [New York: Oxford University Press, 1992], 표 18.2)이었다. 1987년의 자료는 트리니다드 토바고가 5.0, 과떼말라가 57.9였다(Food and Agricultural Organization, *The Sixth World Food Survey* [Rome: FAO, 1996], 표 8, appendix 2).

16 1인당 농지 면적 자료는 *World Resources 1992-93* 표 18.2에서 인용. 기대수명은 World Bank, *Human Development Report 1994* (New York: Oxford University Press, 1994), 표 2에서 인용.

17 1인당 농지 면적 자료는 *World Resources 1992-93*, 표 18.2에서 인용.

18 *World Resources*, 표 18.2; Bread for the World Institute *Hunger, 1997: What Governments*

Can Do (Silver Spring, MD, 1996), 표 4; World Bank, *Human Development Report*, 1994, 표 13 을 통해 계산.

19 네덜란드의 1인당 농지 면적은 미국의 1/13에 불과하다. 하지만 네덜란드국민들이 자국에서 생 산한 것만 소비하더라도 (즉 식량을 수입하지 않는다 하더라도) 1인당 거의 5000칼로리를 섭취할 수 있다. Food and Agriculture Organization, *FAO Food Balance Sheets*, 1992–1994 (Rome: FAO, 1995)에서 계산.

20 Frederick H. Buttel and Laura T. Raynolds, "Population Growth, Agrarian Structure, Food Production, and Food Distribution in the Third World," *Food and Natural Resources*, eds. David Pimentel and Carl W. Hall (New York: Academy Press, 1989), 325~61면.

21 John Vandermeer, *Reconstructing Biology: Genetics and Ecology in the New World Order*, (New York: John Wiley & Sons, 1996), 14장. 1980년의 고전적인 연구에서 또다른 생태학자 윌리 엄 머독William W. Murdoch은 같은 사실, 즉 불평등이 인구증가의 핵심요인이라는 것을 발견했다. *The Poverty of Nations: The Political Economy of Hunger and Population* (Baltimore: Johns Hopkins University Press, 1980).

22 Planned Parenthood Federation of America, *Echoes from the Past* (New York: Planned Parenthood, 1979), 181면.

23 M. T. Cain, "The Economic Activities of Children in a Village in Bangladesh," *Population and Development Review* 3 (1977), 201~28면. Murdoch, *Poverty of Nations*, 26면에서 재인용.

24 M. Nag, B. White, and R. C. Peet, "An Anthropological Approach to the Study of the Economic Value of Children in Java and Nepal," *Current Anthropology* 19 (1978), 293~306면.

25 Murdoch, *Poverty of Nations*, 45면.

26 Frances Moore Lappé and Rachel Schurman, *Taking Population Seriously* (San Francisco: Food First Books, 1990), 26~27면.

27 Lant H. Pritchett, "Desired Fertility and the Impact of Population Policies," *Population and Development Review* 20, no. 1 (March 1994), 1~55면 참조. Paul Schultz, "Human Capital, Family Planning, and Their Effects on Population Growth," *American Economic Review* 84, no. 2 (May 1994), 255~60면 참조. 몇몇 산아제한 옹호자들은 이러한 시각을 비판하고 있는데(예를 들어 James C. Knowles et al., "The Impact of Population Policies: Comment," *Population and Development Review* 20, no. 3 [1994], 611~15면; John Bongaarts, "The Impact of PopulaPolicies: Comment," 앞의 책 616~20면), 각종 증거들은 대다수 상황에서 사람들은 자신들이 원하는 만큼의 아이를 갖는 다는 입장을 지지해준다(Lant H. Pritchett, 앞의 책 621~30면 참조). 몇몇 연구들은 가족계획 프로그 램 때문에 출산력이 줄어든다는 점을 보여주고자 한다. 그럼에도 이 자료들은 경제발전과 여성에 대 한 교육 및 경제적 기회의 확대에 걸맞은 수의 아이를 갖기 위해 일반적으로 사람들이 이 프로그램 을 이용한다는 견해에 동의한다(예를 들어, Paul J. Gertler and John W. Molyneaux, "How Economic Development and Family Planning Programs Combined to Reduce Indonesian

Fertility," *Demography* 31, no. 1 (1994), 33~63, 57~58, 60면 참조). 출산력 감소의 네 가지 사례를 비교하는 최근 간행물의 편집자들은 "출산력의 변화는 현대적인 피임법을 이용할 수 있건 없건 간에 일어나고 있다"라고 결론내리고 있다(*Understanding Reproductive Change: Kenya, Tamil Nadu, Punjab, Costa Rica*, eds. Bertil Egerö and Mikael Hammarskjöld (Lund, Sweden: Lund University Press, 1994), 20면).

28 Lappé and Schurman, *Taking Population Seriously*, 26면.

29 앞의 책 29면.

30 U.S. Agency for International Development, *Sri Lanka: The Impact of PL 480 Title I Assistance, AID Project Impact Evaluation*, Report no. 39 (Washington, DC: U.S. Agency for International Development, October 1982), C-8.

31 *World Population Prospects: The 1996 Revision*, 378면, annex 2 and 3.

32 Medea Benjamin, Joseph Collins, and Michael Scott, *No Free Lunch: Food and Revolution in Cuba Today* (New York: Grove Press/Food First Books, 1986), 26면.

33 앞의 책 92면. 사실 1983년 국가기구(Organization of American States)는 꾸바의 1인당 식량확보 가능성이 라틴아메리카에서 2위라고 보고하고 있다. Peter Rosset and Medea Benjamin, eds., *The Greening of the Revolution: Cuba's Experiment with Organic Agriculture* (Melbourne: Ocean Press, 1994), 10면, 표 1 참조.

34 *World Population Prospects: The 1996 Revision*, 154면, annex 2 and 3.

35 S. Kumar, *The Impact of Subsidized Rice on Food Consumption in Kerala*, Research Report no. 5 (Washington, DC: International Food Policy Research Institute, 1979).

36 A. V. Jose, "Poverty and Inequality: The Case of Kerala," *Poverty in Rural Asia*, eds. Azizur Rahman Khan and Eddy Lee (Bangkok: International Labour Organization, Asian Employment Programme, 1983), 108면.

37 John Ratcliffe, "Social Justice and the Demographic Transition: Lessons from India's Kerala State," *Practicing Health for All*, eds. D. Morley, J. Rohde, and G. Williams (Oxford: Oxford University Press, 1983), 65면; John Ratcliffe, "Toward a Social Justice Theory of Demographic Transition: Lessons from India's Kerala State," *Janasamkhya* (Kerala University, June 1983), 1면 참조.

38 Lappé and Schurman, *Taking Population Seriously*, 58~59면.

39 Richard W. Franke and Barbara H. Chasin, *Kerala: Radical Reform as Development in an Indian State*, 2nd ed. (Oakland: Food First Books, 1994), ii.

40 World Bank, *World Development Report 1984*, 표 28.

41 U.S. Agency for International Development, *Women of the World: A Chartbook for Developing Regions* (Washington, DC: Bureau of the Census, 1985), 30~33면.

42 Paul Schultz, "Human Capital, Family Planning, and Their Effects on Population Growth," *American Economic Review 84*, no. 2 (May 1994), 255~60면.

43 Matthew Lockwood, "Development Policy and the African Demographic Transition: Issues and Questions," *Journal of International Development* 7, no. 1 (1995): 1~23면, 표 1, 3.

44 앞의 책. 그리고 Gilbert Arum and Wahida Patwa Shah, *Towards a Comprehensive Population Policy. A Review of Population Policies in Kenya* (Nairobi: KENGO Policy Study Series, 1994) 참조.

45 Lockwood, "Development Policy," 15면.

46 Lockwood, "Development Policy," 16면에서 Locoh 재인용.

47 예를 들어 Jonathon Porritt, "Birth of a Brave New World Order," *Manchester Guardian*, September 11, 1994 참조.

48 Wim Dierckxsens, "Costa Rica-The Unfinished Demographic Transition," 135~63면 *Understanding Reproductive Change* (Lund, Sweden: Lund University Press, 1994), 137~38면.

49 이러한 사고의 예는 Porritt, "Birth of a Brave New World Order"에서 찾아볼 수 있다.

50 D. J. Hernández, *Success or Failure? Family Planning Programs in the Third World* (Westport, CT: Greenwood Press, 1984), 133면. Interdisciplinary Communications Program, "The Policy Relevance of Recent Social Research on Fertility," *Occasional Monograph Series*, no. 2 (Washington, DC: Smithsonian Institution, 1974) 참조.

51 W. Parker Mauldin, Bernard Berelson, and Zenas Sykes, "Conditions of Fertility Decline in Developing Countries, 1965-1975," *Studies in Family Planning* 9, no. 5 (1978), 121면; W. Parker Mauldin and Robert J. Lapham, "Contraceptive Prevalence: The Influence of Organized Family Planning Programs," *Studies in Family Planning* 16, no. 3 (1985) 참조.

52 Pritchett, "Desired Fertility," and Schultz, "Human Capital."

53 Murdoch, *Poverty of Nations*, 56~57면에 실린 논의 참조.

54 World Health Organization, *Injectible Hormonal Contraceptives: Technical Aspects and Safety* (Geneva: WHO, 1982), 17~23면; WHO Collaborative Study of Neoplasia and Steroid Contraceptives, "Invasive Cervical Cancer and Depot-medroxy-progesterone Acetate," *Bulletin of the World Health Organization* 63, no. 3 (1985), 508면; L. C. Powell and R. J. Seymour, "Effects of Depot-Medroxyprogesterone Acetate as a Contraceptive Agent," *American Journal of Obstetrics and Gynecology* 110 (1971), 36~41면. 그리고 Asoka Bandarage, *Women, Population and Global Crisis. A Political-Economic Analysis* (London: Zen Books, 1997), 83~84면; Betsy Hartmann, *Reproductive Rights and Wrongs: The Global Politics of Population Control*, revised edition (Boston: South End Press, 1995), 200~207면.

55 Bandarage, *Women, Population and Global Crisis*, 84면.

56 앞의 책 86면.

57 앞의 책 70~80면.

58 앞의 책 71면.

59 Asoka Bandarage, "A New and Improved Population Control Policy?" *Sojourner: The*

Women's Forum 20, no. 1 (1994), 17~19면.

60 Hartmann, *Reproductive Rights and Wrongs*, 247~48면.

61 앞의 책. 그리고 Vandermeer, *Reconstructing Biology*, 370면 참조.

62 Vandermeer, *Reconstructing Biology*, 370면.

63 *La Operación*, produced by Ana María García, CINGLD, 1982.

64 Bandarage, *Women, Population and Global Crisis*; Hartmann, *Reproductive Rights and Wrongs*.

65 마낄라도라 공장들은 수입 부품들을 조립하여 재수출상품을 만들고 아주 낮은 임금을 지불한다. Laura Eggertson, "It's Pregnancy Tests—or Else—in Mexico: Women Undergo Forced Exams, and If the Result Is Positive, Goodbye," *San Francisco Examiner*, November 16, 1997 참조.

66 Bandarage, *Women, Population and Global Crisis*, 85~86면.

67 앞의 책 163~67참조.

68 Population Council, "Do Family Planning Programs Affect Fertility Preferences?" *Population Council News Release* (1997).

69 Hartmann, *Reproductive Rights and Wrongs*, 235~41면.

70 Pritchett, "Desired Fertility," 35~39면.

71 앞의 책 38면.

72 앞의 책 37면.

73 Hartmann, *Reproductive Rights and Wrongs*, 236면.

74 앞의 책 224면.

75 Bandarage, *Women, Population and Global Crisis*, 78~80면 참조.

76 John Ratcliffe, "China's One Child Policy: Solving the Wrong Problem?" (미출간 자료, 1985), 38면.

77 1960년대에서 80년대까지 총 출산율은 한해 평균 0.12%씩 감소했다. 1980년 이후에는 한해 평균 0.09%씩 감소하고 있다. *World Population Prospects*, 140~41면, annex 2, 3에서 계산.

78 예를 들어 Mary Tiffen, Michael Mortimore, and Francis Gichuki, *More People, Less Erosion: Environmental Recovery in Kenya* (New York: John Wiley & Sons, 1994) 참조.

네번째 신화: 식량이냐 환경이냐

1 Staff of the Interim Secretariat for the UN Convention to Combat Desertification, "The Convention to Combat Desertification: Actions to Date in Africa and the Mediterranean," *The Arid Lands Newsletter*, no. 40 (Fall/Winter 1996).

2 John Vandermeer and Ivette Perfecto, *Breakfast of Biodiversity: The Truth About Rain Forest Destruction* (Oakland: Food First Books, 1995), 20면. 표 2.1.

3 활성요소 47억톤; Natural Resources Defense Council (NRDC), *Summary of EPA Data* (1996. 5).

4 WHO 추정치로 계산. David Pimentel and Anthony Greiner, "Environmental and Socio-

Economic Costs of Pesticide Use," in *Techniques for Reducing Pesticide Use. Economic and Environmental Benefits*, ed. David Pimentel (Chichester: John Wiley and Sons, 1997), 52면에서 재인용.

5 아프리카 농업과 식민주의의 영향에 대한 배경 설명을 위해서는 Paul Richards, *Indigenous Agricultural Revolution: Ecology and Food Production in West Africa* (Boulder: Westview Press, 1985), 1~3장; Robert Chambers, *Rural Development: Putting the Last First* (London: Longman, 1983), 3~4장; Walter Rodney, *How Europe Underdeveloped Africa* (Washington, DC: Howard University Press, 1981); Bill Rau, *From Feast to Famine* (Washington, DC: Africa Faith and Justice Network, 1985) 등 참조.

6 Richard Franke and Barbara Chasin, "Peasants, Peanuts, Profits and Pastoralists," *The Ecologist* 11, no. 4 (1981), 162면. 같은 저자의 더욱 완벽한 묘사를 보려면 *Seeds of Famine: Ecological Destruction and the Development Dilemma in the West African Sahel* (Totowa, NJ: Rowman and Allanheld, 1980) 참조.

7 Randall Baker, "Protecting the Environment Against the Poor," *The Ecologist* 14, no. 2 (1983), 56면.

8 Franke and Chasin, *Seeds of Famine*, 3장.

9 W. P. Pritchard, "Veterinary Education in Africa, Past, Present and Future," *Journal of Veterinary Medical Education* 15 (1988), 13~16면.

10 Aggrey Ayuen Majok and Calvin W. Schwabe, *Development Among Africa's Migratory Pastoralists* (Westport, CT: Bergin & Garvey, 1996), 4면.

11 Majok and Schwabe, *Development*, 5면.

12 Majok and Schwabe, *Development*, 8면; J. L. Dodd, "An Assessment of the Desertification/Degradation Issue in Sub-Saharan Africa," *BioScience* 44 (1994), 28~34면 참조.

13 Mary Tiffen, Michael Mortimore, and Francis Gichuki, *More People, Less Erosion: Environmental Recovery in Kenya* (New York: John Wiley & Sons, 1994); Tiffen, Mortimore and Gichuki, "Population Growth and Environmental Recovery: Policy Lessons from Kenya," International Institute for Environment and Development, *Gatekeeper Series*, no. 45 (1994), 1~26면.

14 Colin Maher, 1937. Tiffen, Mortimore, and Gichuki, *More People, Less Erosion* (Rhodes House Library, Oxford), 3면에서 재인용.

15 *World Population Prospects: The 1996 Revision* (New York: Population Division of the Department for Economic and Social Information and Policy Analysis, United Nations), annex 2 and 3, 표 A.32.

16 Tiffen, Mortimore, and Gichuki, *More People, Less Erosion*, 272면, 그림 16.2.

17 "Convention to Combat Desertification," 1면.

18 David Pimentel, "Environmental and Economic Costs of Soil Erosion and Conservation Benefits," *Science* 267 (1995), 1117~23면.

19 앞의 책 1119면.

20 앞의 책 1117면.

21 Paul Faeth and John Westra, "Alternatives to Corn and Soybean Production in Two Regions of the United States," *Agricultural Policy and Sustainability: Case Studies from India, Chile, the Philippines and the United States*, ed. Paul Faeth (Washington, DC: World Resources Institute 1993), 74면.

22 U.S. Department of Agriculture 1996 Farm Bill, "Regulatory File," *Farm Chemicals Handbook* '97 (Willoughby, OH: Meister Publishing Company, 1997), D-68.

23 Vandermeer and Perfecto, *Breakfast of Biodiversity*, 3면.

24 *Tropical Forests: A Call for Action, Part I: The Plan, Report of an International Task Force of the World Resources Institute, the World Bank and the United Nations Development Program* (Washington, DC: World Resources Institute, 1985), 3면; John Vandermeer and Ivette Perfecto, "Re-thinking Rain Forests," *Food First Backgrounder* (Summer 1995) 참조.

25 Vandermeer and Perfecto, *Breakfast of Biodiversity*, 20면.

26 앞의 책 20면, 표 2.1.

27 앞의 책.

28 앞의 책.

29 Susanna Hecht and J. C. Tucker, "Sacred Groves and Sacrifice Zones" (미출간 자료, 1998). Susanna Hecht and Alexander Cockburn, *The Fate of the Forest: Developers, Destroyers and Defenders of the Amazon* (New York: Harper Perennial, 1990) 참조.

30 예를 들어 "Multilateral Banks and Indigenous Peoples," *Cultural Survival Quarterly* 10, no. 1 (1986) 참조. 이 호 전체는 대규모 개발 프로젝트──대부분이 거대 벌목계획──가 토착민에게 미치는 영향을 다루고 있다. "Statement of Brent H. Millikan before the Subcommittee on Natural Resources, Agricultural Research, and Environment" of the Committee on Science and Technology, U.S. House of Representatives, Washington, D.C., September 19, 1984, 12~14면; Teresa Hayter and Catherine Watson, *Aid: Rhetoric and Reality* (London: Pluto Press, 1985), 192면; Patricia Adams and Lawrence Solomon, *In the Name of Progress* (Toronto: Energy Probe Research Foundation, 1985), 20~21면 참조.

31 Brent Millikan, *Políticas públicas e Desenvolvimento em Rondônia* (Report to the World Bank, Washington, D.C., 1997).

32 Susanna Hecht, "Colonist Attrition in Amazonia," *World Development* (in press, 1998).

33 피터 로쎗(Peter Rosset)이 UCLA 공공정책 및 사회연구학부 쑤재너 헤치트 박사와 한 인터뷰 (1997. 12. 6)

34 앞의 인터뷰.

35 World Resources Institute, *World Resources 1994-95: A Guide to the Global Environment*

(New York: Oxford University Press, 1994), 294~95면, 표 18.2.

36 비교는 1985 IBGE (Instituto Brasilero do Geografia e) Agricultural Census and the *Atlas Fundiário Brasileiro*에 근거하고 있음.

37 *Atlas Fundiário Brasileiro*, 1996.

38 앞의 책.

39 Instituto Brasileiro de Geografia e Estatistica (IBGE), Censo Agricola, 1985의 자료.

40 *Boletim da Commissão Pastoral da Terra-CPT*, no. 136 (August 1996), 7면, 1996년 자료는 *Comissão Pastoral da Terra*의 문서 부분에서 인용.

41 Mark S. Langevin and Peter Rosset, "Land Reform from Below: The Landless Workers Movement in Brazil," *Food First Backgrounder* (Fall 1997), 1~4면.

42 *Boletim da Commissão Pastoral da Terra-CPT*, no. 7.

43 Langevin and Rosset, "Land Reform," 1면.

44 Susanna Hecht and J. C. Tucker, "Who Clears Forests in Bolivia?" (미출간 자료 1998).

45 Vandermeer and Perfecto, *Breakfast of Biodiversity*.

46 예를 들어 Nicholas D. Kristoff, "Asian Pollution Is Widening Its Deadly Reach," *New York Times* (November 29, 1997); John Stackhouse, "Indonesia's Forest-Clearing Policy Backfires," *Toronto Globe and Mail* (November 13, 1997); Lawrence Pintak, "New Fires Add to Pall over Indonesia," *San Francisco Chronicle* (February 27, 1998) 등 참조.

47 Kristoff, "Asian Pollution."

48 Stephen Schwartzman, *Fires in the Amazon: An Analysis of NOAA-12 Satellite Data, 1996-1997* (Washington, DC: Environmental Defense Fund, December 1, 1997).

49 Kristoff, "Asian Pollution."

50 앞의 책.

51 쑤재너 혜치트 인터뷰. 화재가 아니더라도 이런 벌목이 숲을 보존하기 어렵게 하고 있으며, 브라질에서는 벌목의 80%가 불법으로 이루어지고 있다.

52 Stackhouse, "Indonesia's Forest-Clearing Policy."

53 Leslie Weiss, "Burning for Your Dollar: You Might Be Partly Responsible for the Forest Fires in Indonesia—and What You Can Do about It," *MoJo Mother Jones Newswire* (November 18, 1997; www.mojones.com/news_wire/indofires.html).

54 Leslie Weiss, "A Timber Tycoon's Trophies," *MoJo Mother Jones Newswire* (November 18, 1997; www.mojones.com/news_wire/hasan. html).

55 Schwartzman, *Fires in the Amazon*.

56 FAO, *FAO Trade Yearbook 1995*, vol.49 (Rome: FAO, 1996), 160면, 표 12.

57 Weiss, "Burning for Your Dollar."

58 Susanna Hecht and Alexander Cockburn, *Amazon's End* (Verso Books, London 1998, in press).

59 주 3 참조.

60 1995년 12억 5천만 파운드의 활성성분이 미국 내에서 판매되었다(NRDC, *Summary of EPA Data*, May 1996, National Resource Defense Council). 하지만 다른 농약 사용량 추정치는 10억 파운드에 조금 못 미친다(David Pimentel and David Khan, "Environmental Aspects of 'Cosmetic Standards' of Foods and Pesticides," *Techniques for Reducing Pesticide Use. Economic and Environmental Benefits*, 414면 참조). 추정치가 낮다는 점을 고려하더라도 여전히 이는 1인당 3파운드가 넘는 농약을 사용한다는 것을 보여준다.

61 Californians for Pesticide Reform (CPR) and Pesticide Action Network(PAN), *Rising Toxic Tide: Pesticide Use in California 1991-1995* (San Francisco: Californians for Pesticide Reform and Pesticide Action Network 1997), v.

62 앞의 책.

63 Charles M. Benbrook, *Pest Management at the Crossroads* (Yonkers, NY: Consumers Union, 1996), 1면, 그림 1.

64 1990~91년 자료. 그리고 우리는 1990년대 들어 사용량이 급속하게 증가하고 있다는 것을 알고 있다(EPA, *Pesticide Industry Sales and Usage: 1990 and 1991 Market Estimates*).

65 J. Jeyarathum, "Acute Pesticide Poisoning: A Major Health Problem," *World Health Statistics Quarterly* 43, no. 3 (1990), 139~44면. 추정치는 조금씩 다르다. 대부분의 경우들은 보고되지 않는데, 이는 생산자들이 알려지는 것을 적극적으로 막고 있기 때문이다. 예를 들어 과떼말라 정부는 23%만 보고되는 것으로 추정하고 있다. 공식 수치들은 정말 빙산의 일각에 불과하다. 많은 사람들이 심각하게 중독되고 있고 더 많은 사람들은 즉각적이지는 않지만 역시 심각한 영향을 끼칠 소량의 농약에 노출될 것이다.

66 W. G. Hauserman, "The Legal Response to the Widespread Poisoning of Farmworkers from Pesticide Exposure," *Journal of Products and Toxics Liability* 17, no 1 (1995), 47~65면.

67 W. S. Pease et al., *Preventing Pesticide Illness in California Agriculture: Strategies and Priorities* (Berkeley: California Policy Seminar, 1993).

68 U.S. Environmental Protection Agency, *Pesticide Question: National Pesticide Survey* (Washington, DC: EPA, 1990).

69 실제 수치에는 빠진 것이 많다. 미국 밖으로 선적되는 농약의 74%는 선적기록에 드러나지 않기 때문이다. *Exporting Risk: Pesticide Exports from U.S. Ports*, 1992-1994 (Los Angeles: Foundation for Advancements In Science and Education, Spring 1996) 참조. 1991년 6월 5일 상원 증언에서 전 미농화학연합(NACA) 대표인 제이 브룸(Jay Vroom)은 NACA 회원사가 수출하는 농약 총량의 35% 가량은 미국 내에서 사용이 허가되지 않은 것들이라고 진술했다(U.S. Senate, Committee on Agriculture, Nutrition and Forestry, "The Circle of Poison: Impact on American Consumers," hearing on September 20, 1991, FASE, 5면에서 재인용). 여기에는 금지되었거나 사용이 중지되고 또는 사용이 엄격히 제한된 생산물의 수출량이 포함되지 않는다는 점이 중요하다.

70 Michael E. Conroy, Douglas L. Murray, and Peter M. Rosset, *A Cautionary Tale: Failed U.S. Development Policy in Central America* (Boulder: Lynne Rienner, 1996), 146면, 표 6.3.

71 Vasanthi Arumugam, *Victims Without Voice: A Study of Women Pesticide Workers in Malaysia* (Penang, Malaysia: Tenaganita and Pesticide Action Network Asia and the Pacific, 1992), 서문.

72 Conroy, Murray, and Rosset, *A Cautionary Tale*, 139면, 표 6.1.

73 Angus Wright, "Where Does the Circle Begin? The Global Dangers of Pesticide Plants," *Global Pesticide Campaigner* 4, no. 4 (1994), 1, 10~11면 참조.

74 David Weir, *The Bhopal Syndrome: Pesticide Manufacturing and the Third World* (Penang, Malaysia: International Organization of Consumers Unions, 1986).

75 Philip Shabecoff, "Pesticide Control Finally Tops EPA's List of Most Pressing Problems," *New York Times* (March 6, 1986).

76 증거에 대한 요약을 보려면 Martin Bourque and Ingrid Bekkers, "Silent Spring II? Recent Discoveries of New Threats of Pesticides to Our Health," *Food First Backgrounder* (1997), 1~8면 참조. 또 Sandra Steingraber, *Living Downstream: An Ecologist Looks at Cancer and the Environment* (New York: Addison-Wesley, 1997); Theo Colborn, Dianne Dumanoski, and John P. Meyers, *Our Stolen Future: Are We Threatening Our Fertility, Intelligence and Survival? A Scientific Detective Story* (New York: Penguin USA, 1996—한국어판 테오 콜본 『도둑 맞은 미래』, 권복규 옮김, 사이언스북스 1997); Ted Schettler, Gina Solomon, Paul Burns, and Maria Valenti, *Generations at Risk: How Experimental Toxins May Affect Reproductive Health in Massachusetts* (Boston: GBPSR and Mass PIRG, 1996; Dan Fagin, Marianne Lavelle, and the Center for Public Integrity, *Toxic Deception: How the Chemical Industry Manipulates Science, Bends the Law and Endangers Your Health* (New Jersey: Birch Lane Press, 1996) 등 참조.

77 Benbrook, *Pest Management at the Crossroads*, 1면.

78 David Pimentel and Hugh Lehman, eds., *The Pesticide Question: Environment, Economics, and Ethics* (New York and London: Chapman & Hall, 1993), 226면.

79 David Pimentel and Lois Levitan, "Pesticides: Amounts Applied and Amounts Reaching Pests," *Bioscience* 36, no. 2 (February 1986), 90면.

80 David Pimentel, Jason Friedman, and David Khan, "Reducing Insecticide, Fungicide and Herbicide Use on Vegetables and Reducing Herbicide Use on Fruit Crops," *Techniques for Reducing Pesticide Use*, ed. David Pimentel, 379면.

81 게리 발라드(Gary Ballard)와의 인터뷰(EPA Economic Analysis Branch, 1986. 4).

82 David Pimentel et al, "Benefits and Costs of Pesticides in U.S. Food Production," *Bioscience* 28 (1978), 772, 778~83면.

83 David Pimentel and David Khan, "Environmental Aspects of 'Cosmetic Standards' for Foods and Pesticides," *Techniques for Reducing Pesticide Use*, ed. David Pimentel, 415면.

84 John Scheuring의 편지(International Crops Research Institute for Semiarid Tropics, 말리 바마코, 1986. 1. 8).

85 Clara Ines Nicholls and Miguel A. Altieri, "Conventional Agricultural Development Models and the Persistence of the Pesticide Treadmill in Latin America," *International Journal of Sustainable Development and World Ecology* 4 (1997), 93~111, 94면.

86 Douglas L. Murray, *Cultivating Crisis: The Human Costs of Pesticides in Latin America* (Austin: University of Texas Press, 1994).

87 Food and Agriculture Organization, *FAO Trade Yearbook 1995*, vol. 49 (Rome: FAO, 1995), 305면, 표 132.

88 이야기 전체를 보려면 Murray, *Cultivating Crisis*, 2장과 3장.

89 Murray, *Cultivating Crisis*, 18면, 표 2-1.

90 Robert G. Williams, *Export Agriculture and the Crisis in Central America* (Chapel Hill: University of North Carolina Press, 1986) 참조.

91 Ramachandra Guha, "The Malign Encounter: The Chipko Movement and Competing Visions of Nature," *Who Will Save the Forest? Knowledge, Power and Environmental Destruction*, eds. Tariq Banuri and Frédérique Apfell Marglin (London: Zed Books, 1993), 80~113면; 그리고 Anumpam Mishra, "The Forest Cover 'Chipko Movement' in North India," *Readings on Poverty and Development* (Rome: FAO, 1980); Pandurang Ummayya and J. Bandyopadhyay, "The Trans-Himalayan Chipko Foot March," *The Ecologist* 13, no. 5 (1983) 참조.

92 Anthony Hall, "Did Chico Mendes Die in Vain? Brazilian Rubber Tappers in the 1990s" *Green Guerrillas: Environmental Conflicts and Initiatives in Latin America and the Caribbean*, ed. Hellen Collinson (London: Latin America Bureau, 1996), 93~101면; Susanna Hecht and Alexander Cockburn, *Fate of the Forest* 참조.

93 Californians for Pesticide Reform, 49 Powell St. 5th floor, San Francisco, CA 94102, www.igc.org/cpr.

다섯번째 신화: 녹색혁명이 해결책이다

1 Yrju Halla and Richard Levins, *Humanity and Nature: Ecology, Science and Society* (London: Pluto Press, 1992); Christopher J. Baker, "Frogs and Farmers: The Green Revolution in India, and Its Murky Past," *Understanding Green Revolutions*, eds. Tim Bayliss-Smith and Sudhir Wanmali (New York: Cambridge University Press, 1984), 40면 참조. 예를 들어 인도 뿐잡지방에서 첫번째 주요한 녹색혁명은 100년도 더 전에 일어났다. 이때 뿐잡 농민들은 세 가지 새로운 사탕수수 품종을 채택했고, 그 결과는 놀라운 것이었다.

2 Bruce H. Jennings, *Foundations of International Agricultural Research: Science and Politics in Mexican Agriculture* (Boulder: Westview Press, 1988); John H. Perkins, "The Rockefeller

Foundation and the Green Revolution, 1941-1956," *Agriculture and Human Values* 7, no. 3/4 (1990), 6~18면.

3 이 과정에서 국제적인 지원을 받은 농업연구가 어떤 역할을 했는지 보려면 Shripad D. Deo and Louis E. Swanson, "Structure of Agricultural Research in the Third World," *Agroecology*, eds. C. Ronald Carroll, John H. Vandermeer, and Peter M. Rosset (New York: McGraw-Hill, 1990) 참조.

4 P.L. Pingali, M. Hossain, and R. V. Gerpacio, *Asian Rice Bowls: The Returning Crisis* (Wallingford, UK: CAB International, 1997), 4면.

5 Peter A. Oram and Behjat Hojjati, "The Growth Potential of Existing Agricultural Technology," *Population and Food in the Early Twenty First Century: Meeting Future Food Demand of an Increasing Population*, ed. Nurul Islam (Washington, DC: International Food Policy Research Institute, 1995), 167~89면, 표 7.8.

6 Christopher R. Dowsell, R. L. Paliwal, and Ronald P. Cantrell, *Maize in the Third World* (Boulder: Westview Press, 1996), 137면.

7 Michael Lipton and Richard Longhurst, *New Seeds and Poor People* (Baltimore: Johns Hopkins University Press, 1989), 3면.

8 Food and Agriculture Organization of the United Nations, "Lessons from the Green Revolution: Towards a New Green Revolution" *World Food Summit: Technical Background Documents*, vol. 2 (Rome: FAO, 1996).

9 Agriculture and Rural Development Department, World Bank, "Agricultural Biotechnology: The Next 'Green Revolution'?" *World Bank Technical Papers* no. 133, 1991.

10 예를 들어 Frances Moore Lappé and Joseph Collins, *Food First: Beyond the Myth of Scarcity* (New York: Ballantine Books, 1977)의 제4부; Susan George, *How the Other Half Dies* (London: Penguin, 1976); George Kent, *The Political Economy of Hunger: The Silent Holocaust* (New York: Praeger, 1984); Keith Griffin, *The Political Economy of Agrarian Change: An Essay on the Green Revolution*, 2nd ed. (London: Macmillan, 1979); Keith Griffin and Jeffrey James, *Transition to Egalitarian Development: Economic Policies for Structural Change in the Third World* (New York: St. Martin's Press, 1981); Andrew Pearse, *Seeds of Plenty, Seeds of Want: Social and Economic Implications of the Green Revolution* (New York: Oxford University Press, 1980); Vandana Shiva, *The Violence of the Green Revolution: Third World Agriculture, Ecology and Politics* (Penang, Malaysia: Third World Network, 1991) 등 참조.

11 후사인은 국제농업연구자문단(Consultative Group on International Agricultural Research)의 의장이었다. *Bank's World* vol. 4 (1985) no. 12, 1면에서 재인용.

12 World Bank, *Poverty and Hunger: Issues and Options for Food Security Developing Countries* (Washington, DC: World Bank, 1986), 49면.

13 Lappé and Collins, *Food First*, 121면.

14 Peter Uvin, "The State of World Hunger," *The Hunger Report*: 1995, 1~17면, 표 1.6.

15 Paul Lewis, "The Green Revolution Bears Fruit," *New York Times*, 1985. 6. 2.

16 World Bank, *Poverty and Hunger*, 1면.

17 Uvin, "The State of World Hunger," 표 1.6.

18 Nikos Alexandratos, "The Outlook for World Food and Agriculture to Year 2010" in Islam, *Population and Food in the Early Twenty-First Century*, 25~48면의 표 3.2를 통해 계산.

19 앞의 책.

20 예를 들어 Gregg Easterbrook, "Forgotten Benefactor of Humanity," *The Atlantic Monthly* 279, no. 1 (1997. 1), 75~82면 참조.

21 Uvin, "The State of World Hunger," 표 1.6을 통해 계산. 중국은 굶주린 인구를 53% 감소시킨 반면, 사하라 이남, 남아시아, 라틴아메리카에서는 그 수가 총 27% 증가했다.

22 앞의 책.

23 앞의 책. 공정하기 위해서는 굶주린 사람의 수가 동아시아와 중동에서도 줄어들고 있다는 점을 지적해야 한다(물론 중국에서만큼 극적으로 감소하진 않았지만). 중국의 기아정책은 의심의 여지 없이 1960년대 초반 있었던 끔찍한 기근의 영향을 강하게 받았다는 것 또한 기억해둘 만하다.

24 John E. Pluenneke and Sharon Moshavi, "A Revolution Comes Home to Roost… Leaving Hunger in the Midst of Plenty," *Business Week*, November 6, 1994.

25 녹색혁명 논쟁에 대해 균형잡힌 역사적 접근을 하는 논의는 Frederick H. Buttel and Laura T. Raynolds, "Population Growth, Agrarian Structure, Food Production, and Food Distribution in the Third World," *Food and Natural Resources*, eds. David Pimentel and Carl W. Hall (New York: Academic Press, 1989), 341~51면; Anthony Bebbington and Graham Thiele, *Non-Governmental Organization and the State in Latin America: Rethinking Roles in Sustainable Agricultural Development* (London: Routledge, 1993), 4장 등이 있다.

26 예를 들어 Clifton R. Wharton, Jr., "The Green Revolution: Cornucopia or Pandora's Box," *Foreign Affairs* 47 (1969), 464~76면; K. Griffin, *The Political Economy of Agrarian Change: An Essay on the Green Revolution* (London: Macmillan, 1974) 참조.

27 녹색혁명의 지지자였던 월터 팰콘(Walter Falcon)은 1970년에 몇몇 지역에서 녹색혁명이 성공 하더라도 한계지역의 나쁜 결과 때문에 그 효과가 상쇄될 수도 있으며, 새로운 품종과 관련 기술들은 해충의 증가, 작물 병해, 잡초 문제 등이 따른다고 경고했다(그는 개선된 농약 프로그램이 해결책이라고 생각했다). 이는 '단기적인 이슈'가 될 것이라고 그는 주장했지만, 이러한 문제들은 30년이 지난 지금까지도 여전히 해결되지 않고 있다. Walter P. Falcon, "The Green Revolution: Generations of Problems," *American Journal of Agricultural Economics* 52 (1970): 698~710면; Magnus Jirström, *In the Wake of the Green Revolution: Environmental and Socio——Economic Consequences of Intensive Rice Agriculture——The Problems of Weeds in Muda, Malaysia* (Lund, Sweden: Lund University Press, 1996), 35면 참조.

28 예를 들어 M. Perelman, *Farming for Profit in a Hungry World* (Montclair, NJ: Allanheld, Osmun, 1977); W. Ophuls, Ecology and the Politics of Scarcity (San Francisco: Freeman, 1977); P. R. Mooney, Seeds of the Earth (Ottawa: Inter Pares, 1979) 참조.

29 Lipton and Longhurst, *New Seeds and Poor People*, 118면.

30 Bebbington and Thiele, *Non-Governmental Organizations and the State*, 64; J. Rigg, "The New Rice Technology and Agrarian Change: Guilt by Association?" *Progress in Human Geography* 13, no. 2, 374~99면.

31 Buttel and Raynolds, "Population Growth, Agrarian Structure," 345~47면에서 녹색혁명 옹호자 이 내놓은 '무서운 반박'에 대해 정리하고 있다. FAO, "Lessons from the Green Revolution" 참조.

32 FAO, "Lessons from the Green Revolution"; Bebbington and Thiele, *Non-Governmental Organizations and the State*, 64~67면.

33 앞의 책.

34 Buttel and Raynolds, "Population Growth, Agrarian Structure," 345~47면; Peter Hazell and James L. Garrett, "Reducing Poverty and Protecting the Environment: The Overlooked Potential of Less-Favored Lands," International Food Policy Research Institute, *2020 Vision Brief*, no. 39, 1996; FAO, "Lessons from the Green Revolution" (Washington, DC: IFPRI, 1996).

35 K. Griffin, *Alternative Strategies for Economic Development* (New York: St. Martin's Press, 1989), 147면.

36 녹색혁명을 이용해 생산물을 판매하기 위해 농화학산업이 어떻게 개발기구들과 같이 일해왔는 가에 대해 역사적으로 접근하는 문헌으로는 Perelman, *Farming for Profit*이 있다.

37 International Food Policy Research Institute, "Donors to the 2020 Vision Initiative," *A 2020 Vision for Food, Agriculture and the Environment: The Vision, Challenge and Recommended Action* (Washington, DC: IFPRI, 1995), 51면.

38 국제비료산업협회 대외관계부장 잭 휄란(Jack Whelan)이 개발도상국 농업지속가능성위원회 로 버트 블레이크(Robert O. Blake) 위원장(외교관)에게 보내는 편지(1996. 5. 7). 이 편지의 사본을 저 자들이 입수했다.

39 예를 들어 Robert Chambers, "Farmer-First: A Practical Paradigm for the Third Agriculture," *Agroecology and Small Farm Development*, eds. Miguel A. Altieri and Susanna B. Hecht (Ann Arbor: CRC Press, 1990), 237~44면; Eric Holt-Gimenez, "The Campesino a Campesino Movement: Farmer-led, Sustainable Agriculture in Central America and Mexico," Institute for Food and Development Policy *Food First Development Report*, no. 10 (Oakland: Institute for Food and Development Policy, 1996) 참조.

40 Buttel and Raynolds, "Population Growth, Agrarian Structure," 345, no. 7; F. Bray, *The Rice Economies* (Oxford: Blackwell, 1986) 참조.

41 George A. Collier with Elizabeth Lowery Quaratiello, *Basta! Land and the Zapatista Rebellion*

in Chiapas (Oakland: Food First Books, 1994); Peter Rosset with Shea Cunningham, "Chiapas: Social and Agricultural Roots of Conflict," *Global Pesticide Campaigner* 4, no. 2 (1994), 1, 8~9, 16면 참조. 이러한 봉기 이전의 문제들을 지적하면서 쓴 문헌으로는 George A. Collier, "Seeking Food and Seeking Money: Changing Productive Relations in a Highland Mexican Community," United Nations Research Institute for Social Development *Discussion Paper*, no. 10, 1990.

42 Donald K. Freebairn, "Did the Green Revolution Concentrate Incomes? A Quantitative Study of Research Reports," *World Development* 23, no. 2 (1995), 265~79면. 녹색혁명의 '성숙'에도 불구하고 최근 연구들 또한 녹색혁명 초기 연구들처럼 불평등이 증대되었다는 점을 보여주는 것들이 많다. 불평등이 증대되었다는 주장을 반박하기 위해 1990년대에 녹색혁명 지지자들이 세 권의 '기념비적인' 책을 출간하였다. 그중에서 가장 널리 인용되는 것 중 하나가 여러 지역의 연구를 담고 있는 *The Green Revolution Reconsidered: The Impacts of High-Yielding Rice Varieties in South India*, eds. P. B. R. Hazell and C. Ramasamy (Baltimore and Washington: Johns Hopkins University Press and the IFPRI, 1991)이다. 이 책의 편집자들은 자신들이 연구한 마을에서 "총 산출량의 증대"와 "전반적인 소득, 고용, 그리고 식사의 질 증대"를 포함하여 "녹색혁명이 긍정적인 영향을 가져왔다"고 결론내린다(251면). 그럼에도 이 팀의 인류학자인 존 해리스(John Harriss)는 "연구기간 동안 상당한 사회적 이동—대개는 상향보다는 하향—이 있었는데도 사회의 계급관계는 상당히 안정적이었음"을 관찰하였다(73면). Rita Sharma and Thomas T. Poleman, in *The New Ecoof India's Green Revolution: Income and Employment Diffusion in Uttar Pradesh* (Ithaca: Cornell University Press, 1993)는 녹색혁명이 농가 외에 미친 경제적 영향을 살펴보고 있다. 녹색혁명 기간에 이루어진 엄청난 규모의 농업 투자는 농산물의 저장·수송·가공·판매 등과 연관된 다양한 농가 외 고용기회를 창출하였다. 따라서 이들은 녹색혁명이 생산량 증대와 농가 외 고용을 제공했다는 점에서 "녹색혁명이 인도에는 모호한 축복일 수 있다"라고 결론내리고 있다(254면). 이들의 주장에서 약점은 녹색혁명에 기반하고 있건 없건 간에 어떠한 농업 성장도 경제 내의 다른 부문에 긍정적인 영향을 미칠 것이라고 인식한 점이다. 저자들은 대안적인 발전전략이 더 많은—혹은 더 나은—농가 외 영향을 창출할 것인가에 대해 고려하지 않았다. 이 책의 다음장에서 우리는 사회적 형평성에 근거한 다른 형태의 농촌개발, 즉 한국·일본·타이완의 경험이 가치가 있다면 인도에서의 녹색혁명보다도 훨씬 더 큰 긍정적인 영향을 농가 외 경제에 창출할 수 있다고 주장할 것이다. *Modern Rice Technology and Income Distribution in Asia* (Boulder and Manila: Lynne Rienner and IRRI, 1994)의 편집자인 크리스티나 데이비드(Cristina C. David)와 오츠카 케이지로(Keijiro Otsuka)는 지역간의 형평성 문제를 다루고 있다. 이들은 "유리한 벼농사지역의 기술변화가, 신기술이 그냥 지나쳐버린 불리한 지역 사람들의 복지에 어떤 영향을 미쳤는가"라고 질문을 던진다(7면). 또한 녹색혁명의 채택은 "관개되고 물을 얻기에 유리한 환경으로 제한되었으며, 따라서 벼농사에 유리한 지역과 불리한 지역 간의 수확량 격차가 확대되었다"는 조금은 미온적인 결론을 내리고 있다. 이러한 결론이 우려를 낳지 않게 하기 위해 "노동, 토지, 생산물 시장 조정을 통해 간접적인 영향들을 다룰 수 있으면, 생산환경에 따라 신품종을 채택했을 경우의 효과에 차이가 있더라도 소득분배가 그다지 악화

하지는 않는다"라고 말하고 있다(427면, 강조는 저자). 이러한 주장은 굶주림과 빈곤의 구조적인 뿌리를 공격하기 위해 필요한 광범위한 발전을 달성하려면 소득분배를 상당히 개선해야 한다는 문제를 안고 있다.

43 Bebbington and Thiele, *Non-Governmental Organizations and the State in Latin America*, 4장에 요약되어 있다.

44 Roy L. Prosterman, Mary N. Temple, and Timothy M. Hanstad, eds., *Agrarian Reform and Grassroots Development: Ten Case Studies* (Boulder: Lynne Rienner, 1990), 머리말, 1면.

45 예를 들어 Michael Lipton, "Inter-Farm, Inter-Regional and Farm Non-Farm Income Distribution: The Impact of the New Cereal Varieties," *World Development* 6, no. 3 (1978): 319~37면; 그리고 R. Barker and V. G. Cordova, "Labor Utilization in Rice Production," *Economic Consequences of the New Rice Technology*, eds. R. Baker and Y. Hayami (Los Banos, Philippines: IRRI, 1978) 참조. 좀더 최근의 연구로 P. B. R. Hazell et al., "Economic Changes Among Village Households," Hazell and Ramasamy, *The Green Revolution Reconsidered* 29~56면에서 저자들은 "연구결과는 녹색혁명이 농업고용 전체를 거의 증가시키지 못했다는 것을 보여주고 있지만" 새로운 농업 외 고용에서 임금수준이 높다는 것을 발견했다(37면). 결론부에서 편집자들은 "마을에서 도시로의 이주" 때문에 토지 없는 농민들의 절대적 빈곤이 증대되었다는 점을 발견하지 못했을지도 모른다고 인정하고 있다(252면). 다른 말로 하면, 토지 없는 농민들이 일자리를 찾지 못하면 지역을 떠났고 따라서 농촌에서 도시로의 이주가 가속화됐던 것이다.

46 Lipton and Longhurst, *New Seeds and Poor People*, 401, 415면. 그리고 Michael Lipton, "Successes in Anti-Poverty," International Labour Office, Development and Technical Cooperation Department, *Issues in Development Discussion Paper*, no. 8, (Geneva: ILO, 1996), 66~71면 참조.

47 예를 들어 Y. Hayami and V. W. Ruttan, *Agricultural Development: An International Perspective* (Baltimore: Johns Hopkins University Press, 1985), 341면 참조.

48 그럼에도 1980년에서 94년 사이에 제3세계의 트랙터 수는 계속 급격히 늘어났다(*FAO Production Yearbook 1990*, 표 118 and *1995*, 표 106).

49 Lipton, "Successes in Anti-Poverty," 63면.

50 Lappé and Collins, "Food First," 174~77면; 미국 사례를 보려면 John H. Vandermeer, "Mechanized Agriculture and Social Welfare: The Tomato Harvester in Ohio," *Agriculture and Human Values* 3, no. 3 (Summer 1986): 21~25면; Peter M. Rosset and John H. Vandermeer, "The Confrontation Between Processors and Farm Workers in the Midwest Tomato Industry and the Role of the Agricultural Research and Extension Establishment," *Agriculture and Human Values* 3, no. 3 (Summer 1986): 26~32면 참조.

51 Azizur Rahman Khan and Eddy Lee, *Poverty in Rural Asia*, International Labour Organization and the Asian Employment Programme (Bangkok: International Labour Office, 1984), 126~30

면; Richard W. Franke and Barbara H. Chasin, *Kerala: Radical Reform as Development in an Indian State*, 2nd edition (Oakland: Food First Books, 1994) 참조.

52 Martin Ravallion, "Poverty and Growth: Lessons from 40 Years of Data on India's Poor," Development Economics Vice Presidency of the World Bank, *DEC Notes Research Findings* No. 20, 1996, 그림 3 (Washington DC: World Bank, 1996).

53 D. P. Singh, "The Impact of the Green Revolution," *Agricultural Situation in India* 13, no. 8 (1980), 323면.

54 Lipton and Longhurst, *New Seeds and Poor People*, 128~33면.

55 앞의 책 121~25면.

56 Manfred Zeller, Gertrud Schrieder, Joachim von Braun, and Franz Heidhues, "Rural Finance and Food Security for the Poor: Implications for Research and Policy," *Food Policy Review* (International Food Policy Research Institute) 4 (1997), 3장. 보조를 통해 농업금융을 얻을 수 있는 가능성이 1970년대에 어떻게 성장했고 1980년대 들어 어떻게 축소되었는가를 살펴보려면 Willem C. Beets, *Raising and Sustaining Productivity of Smallholder Farming Systems in the Tropics* (Alkmaar, Holland: AbBé Publishing, 1990), 594~98면 참조.

57 Yujiro Hayami and Masao Kikuchi, "Directions of Agrarian Change: A View from Villages in the Philippines," *Agricultural Change and Rural Poverty*, eds. John W. Mellor and Gunvant M. Desai (Baltimore: Johns Hopkins University Press, 1985), 132면 이하.

58 Lipton and Longhurst, *New Seeds and Poor People*, 42~51면.

59 앞의 책 2장.

60 1970년 인도는 평균 1ha당 비료 12.7kg을 사용하였다. 1995년에는 76.6kg으로 늘어났다. 농업 생산량과 비료 사용과의 비율은 FAO 농업생산량수치를 인도의 비료 사용량(백만 입방톤)으로 나눈 수치인데, 1970년 24.4에서 1995년 8.15로 줄어들었다. 데이터는 *Global Data Manager 3.0*, CD-ROM (Philadelphia: World Game Institute, 1996)에서 인용.

61 Pingali et al., *Asian Rice Bowls*, 표 4.5.

62 농약 의존에 대한 논의는 이 책 4장을 참조. Hugh McGuinness, *Living Soils: Sustainable Alternatives to Chemical Fertilizers for Developing Countries* (Yonkers, NY: Consumer Policy Institute, 1993)는 비료를 사용할 때 드는 드러나지 않는 비용에 대해 논의하고 있다.

63 예를 들어 John Harriss, "What Happened to the Green Revolution in South India? Economic Trends, Household Mobility and the Politics of an 'Awkward Class,'" IFPRI/TNAU Workshop on Growth Linkages, IFPRI, Washington DC, 1986, 29~30면 참조. 1971년에서 86년 사이에 필리핀 벼 농사 농민의 순수익을 아주 대략적으로 비교하려면 Pingali et al, *Asian Rice Bowls*의 표 3.1과 3.7을 비교하면 된다. 이 표를 보면 ha당 농민의 순수익은 미화 481달러에서 296달러로 38% 감소했다.

64 P. L. Pingali, "Diversifying Asian Rice Farming Systems: A Deterministic Paradigm," *Trends in Agricultural Diversification: Regional Perspectives*, paper no. 180, eds. S. Barghouti, L. Garbux,

and D. Umali (Washington, DC: World Bank, 1992).

65 Rosset and Altieri, "Agroecology versus Input Substitution," 그림 3a-d.

66 앞의 책 그림 2에서 계산.

67 A. V. Krebs, *The Corporate Reapers: The Book of Agribusiness* (Washington DC: Essential Books, 1992), 29면.

68 이 점에 대한 좀더 광범위한 논의를 보려면 Marty Strange, *Family Farming: A New Economic Vision* (San Francisco: Food First Books, 1988)과 이 책의 다음장 참고.

69 거대 농장들은 대량 구매에 따른 할인의 이점과 대량 판매로 인한 가격의 이점을 누릴 수 있을 뿐 아니라, 가공업자와의 계약, 그리고 대규모 자본투자에 유리한 조세정책 등의 특혜를 본다.

70 Rosset and Altieri, "Agroecology versus Input Substitution," 그림 1.

71 Linda M. Lobao, *Locality and Inequality: Farm and Industry Structure and Socioeconomic Conditions* (Albany: State University of New York Press, 1990), 표 2.1.

72 P. L. Pingali, M. Hossain, and R. V. Gerpacio, *Asian Rice Bowls: The Returning Crisis?* (Wallingford, UK: CAB International, 1997), 4장, 5장.

73 예를 들어 Clara Ines Nicholls and Miguel A. Altieri, "Conventional Agricultural Development Models and the Persistence of the Pesticide Treadmill in Latin America," *International Journal of Sustainable Development and World Ecology* 4 (1997), 93~111면; Peter M. Rosset and Miguel A. Altieri, "Agroecology versus Input Substitution: A Fundamental Contradiction of Sustainable Agriculture," *Society & Natural Resources* 10 (1997), 283~95면; Douglas L. Murray, *Cultivating Crisis: The Human Cost of Pesticides in Latin America* (Austin: University of Texas Press, 1994); McGuinness, *Living Soils*, 1~3장 참조.

74 K. G. Cassman and P. L. Pingali, "Extrapolating Trends from Long-Term Experiments to Farmers' Fields: The Case of Irrigated Rice Systems in Asia," *Agricultural Sustainability: Economic, Environmental and Statistical Considerations*, eds. Vic Barnett, Roger Payne, and Roy Steiner (London: John Wiley & Sons, 1995), 1: 67~68면.

75 앞의 책 그림 5.6과 5.7; Pingali et al., *Asian Rice Bowls: The Returning Crisis?* 그림 4.1과 4.2 참조.

76 K. G. Cassman and R. R. Harwood, "The Nature of Agricultural Systems: Food Security and Environmental Balance," *Food Policy* 20, no. 5 (1995), 439~54, 447~48면; K. K. M. Nambiar, "Long-Term Experiments on Major Cropping Systems in India," *Agricultural Sustainability*, eds. Vic Barnett et al., 133~70면; D. Byerlee, "Technical Change, Productivity and Sustainability in Irrigated Cropping Systems of South Asia: Emerging Issues in the Post-Grain Era," *Journal of International Development* 4, no. 5, 477~96면.

77 Cassman and Harwood, "The Nature of Agricultural Systems"; Cassman and Pingali, "Extrapolating Trends"; and Pingali et al., *Asian Rice Bowls*.

78 Pluenneke and Moshavi, "A Revolution Comes Home to Roost."

79 Pingali et al., *Asian Rice Bowls*, 26면.

80 Michael Hansen, *Escape from the Pesticide Treadmill: Alternatives to Pesticides in Developing Countries* (Mount Vernon, NY: Institute for Consumer Policy Research, 1987), 8장, 134면.

81 앞의 책 137~38면.

82 앞의 책 138면.

83 벼농사에서 농약을 사용했을 때 생기는 건강 문제에 대한 논의를 보려면 Pingali et al, *Asian Rice Bowls*, 110~18면 참조.

84 Hansen, *Escape from the Pesticide Treadmill*, 139면.

85 앞의 책 143~48면; PANUPS, "Farmer First: Field Schools Key to IPM Success," Pesticide Action Network North America Updates Service, August 16, 1994, San Francisco, CA: www.panna.org/panna; Peter E. Kenmore, *Indonesia's Integrated Pest Management: A Model for Asia* (Manila: FAO Intercountry IPC Rice Programme, 1991).

86 PANUPS, "Farmer First."

87 Pingali et al., *Asian Rice Bowls*, 267면.

88 예를 들어 Monica Moore, *Redefining Integrated Pest Management: Farmer Empowerment and Pesticide Use Reduction in the Context of Sustainable Agriculture* (San Francisco: Pesticide Action Network, 1995) 참조.

89 Holt-Gimenez, "The Campesino a Campesino Movement."

90 핑갈리(Prabhu Pingali) 박사가 'The Keystone Center Workshop on Critical Variables and Long-Term Projections for Sustainable Global Food Security'(Warrentown, VA, 1997년 3월 10~13일)에서 한 지적.

91 Rosamond Naylor, "Herbicide Use in Asian Rice Production," *World Development* 22, no. 1 (1994), 55~70면.

92 Jirström, *In the Wake of the Green Revolution*, 226~29면. 이 현상에 대한 1996년의 연구는 "집약적인 녹색혁명 농업은 토지 규모에 따라 그 효과가 다르게 나타나는 일련의 지속가능성 문제들과 연관되어 있다"라고 결론내렸다. 녹색혁명의 옹호자인 저자는 "현재의 기술이 주는 분배효과에 대해서는 만족할 만한 구석이 거의 없다. 게다가 직파농법이나 제초제같이 현재 널리 보급되어 있는 노동대체 기술들은 상황이 제대로 돌아가지 않는 한 빈곤한 농민들에게는 커다란 위협이 될 것"이라고 경고했다.

93 예를 들어 Chambers, "Farmer-First"; and Holt-Gimenez, "The Campesino a Campesino Movement" 참조.

94 Hiromitsu Umehara, "Green Revolution for Whom?" *Second View from the Paddy*, eds. Antonio J. Ledsma, S. J. et al. (Manila: Institute of Philippine Culture, Ateneo de Manila University), 37면.

95 Marty Strange, "Family Farming: Faded Memory or Future Hope?" *Food First Action Alert*,

Institute for Food and Development Policy, 1989.

96 Jack Doyle, "The Agricultural Fix," *Multinational Monitor* 7, no. 4 (1986), 3면.

97 이 점에 대한 역사는 Perelman, *Farming for Profit* 참조.

98 Ravallion, "Poverty and Growth," 2면, 그림 1.

99 Frederick H. Buttel and Randolph Barker, "Emerging Agricultural Technologies, Public Policy, and Implications for Third World Agriculture," *American Journal of Agricultural Economics* 67, no. 5 (1985), 1170~75면; Jack R. Kloppenburg, *First the Seed: The Political Economy of Plant Biotechnology, 1492-2000* (Cambridge: Cambridge University Press, 1988).

100 Martin Kenney and Frederick Buttel, "Biotechnology: Prospects and Dilemmas for Third World Development," *Development and Change* 16 (1985), 61~91면; Henk Hobbelink, *Biotechnology and the Future of World Agriculture: The Fourth Resource* (London: Zed, 1991); Vandana Shiva, *Monocultures of the Mind: Perspectives on Biodiversity and Biotechnology* (London: Zed and Third World Network, 1993).

101 Kristin Dawkins, *Gene Wars: The Politics of Biotechnology* (NewYork: Seven Stories Press, 1997), 31면.

102 World Bank, "Agricultural Biotechnology: The Next 'Green Revolution'?"

103 Kenney and Buttel, "Biotechnology," 68면. 세계에서 가장 큰 농약 및 생명공학 기업이 설립한 자선재단인 시바-가이기(Ciba-Geigy) 개발협력재단의 클라우스 라이징어에 따르면 몇몇 특허받은 유전자가 기부나 아니면 적어도 '호의적인' 특허권의 형태로 제3세계 국가들에 공급될 가능성이 있다고 한다(Klaus M. Leisinger, "Sociopolitical Effects of New Biotechnologies in Developing Countries," International Food Policy Research Institute, *2020 Vision Brief* no. 35, 1996, Washington, DC). 뉴욕에 있는 소비자정책연구소의 생명공학산업 전문가 마이클 핸슨(Michael Hansen)은 어떤 기업들은 이윤율이 높은 시장을 만들어낼 만한 자원이 충분히 없는 것으로 판단되면 몇몇 국가의 빈농들에게 순전히 광고성, 대중선전용으로 유전자를 무료로 제공할 것이라고 말했다.

104 Jane Rissler and Margaret Mellon, *Perils Amid the Promise: Ecological Risks of Transgenic Crops in a Global Market* (Cambridge, MA: Union of Concerned Scientists, 1993).

105 Bette Hileman, "Views Differ Sharply Over Benefits, Risks of Agricultural Biotechnology," *Chemical & Engineering News*, August 21, 1995 (http://pubs.acs.org).

106 Shiva, *Monocultures of the Mind*.

107 이러한 정신세계의 역사에 대한 훌륭한 철학적 논의를 보려면 Edmund P. Russell III, "'Speaking of Annihilation': Mobilizing for War Against Human and Insect Enemies, 1914-1945," *Journal of American History* 82, no. 4, 1505~29면 참조.

108 Shiva, *Monocultures of the Mind*, 67면.

109 앞의 책 80면.

110 Miguel A. Altieri, *Agroecology: The Science of Sustainable Agriculture*, 2nd edition (Boulder:

Westview Press, 1995); Carroll et al, *Agroecology*; Jules N. Pretty, *Regenerating Agriculture: Policies and Practices for Sustainability and Self-Reliance* (London: Earthscan, 1995).

111 Miguel A. Altieri, "Why Study Traditional Agriculture?" 20장. Carroll et al., *Agroecology*에서 인용.

112 Rosset and Altieri, "Agroecology versus Input Substitution."

113 Tim P. Bayliss-Smith, "Energy Flows and Agrarian Change in Karnataka: The Green Revolution at Micro-scale," Bayliss-Smith and Wanmali, *Understanding Green Revolutions*, 169~70면. 에너지 형태란 엄밀하게 비교할 수 있는 것이 아니지만, 이러한 비교는 농민들이 에너지 원에 다양하게 접근할 수 있는 적절한 농업씨스템을 고안하도록 한다는 점에서 의미가 있다.

114 John Vandermeer, *The Ecology of Intercropping* (Cambridge, UK: Cambridge University Press, 1989); Donald Q. Innis, *Intercropping and the Scientific Basis of Traditional Agriculture* (London: Intermediate Technology Publications, 1997).

115 Vandermeer, *The Ecology of Intercropping*.

116 Miguel A: Altieri and M. Kat Anderson, "An Ecological Basis of the Development of Alternative Agricultural Systems for Small Farmers in the Third World," *American Journal of Alternative Agriculture* I, no. 1 (1986), 33~34면; Altieri, *Agroecology*.

117 Chambers, "Farmer-First"; Holt-Gimenez, "The Campesino a Campesino Movement."

118 Shiva, *The Violence of the Green Revolution*.

119 Doyle, "The Agricultural Fix."

120 Innis, *Intercropping*.

121 유용한 논의를 보려면 Paul Richards, "Ecological Change and the Politics of African Land Use," *African Studies Review* 26, no. 2 (1983). Kurt G. Steiner, *Intercropping in Tropical Smallholder Agriculture with Special Reference to West Africa* (Eschborn, Germany: GTZ, 1984); Lloyd Timberlake, *Africa in Crisis: The Causes, the Cures of Environmental Bankruptcy* (London: Earthscan, 1985); Sustainable Agriculture Networking and Extension, *An Agroecology Reader for Africa* (New York: UNDP-SANE, 1995) 참조.

122 Peter H. Freeman and Tomas B. Fricke, "Traditional Agriculture in Sahelia: A Successful Way to Live," *The Ecologist* 13, no. 6 (1983), 210~12면.

123 FAO, "Lessons from the Green Revolution."

124 "Challenging the 'New Green Revolution'," Institute for Food and Development Policy, (Oakland, CA: *Food First News & Views* 19, no. 65, 1997. 1, 3면); 이 모델의 에티오피아 사례를 보려면 같은 호에 실린 편집자에 보내는 편지(Dr. Mario Pareja, food & livelihood security coordinator, CARE-East Africa) 참조.

125 Nigel Dudley, John Madeley, and Sus Stolton, eds., *Land Is Life: Land Reform and Sustainable Agriculture* (London: Intermediate Technology Publications, 1992).

126 최근에 몇몇 옹호자들은 녹색혁명이 환경보호를 위한 최선책이라고 주장하고 있다(예를 들어

Dennis Avery, *Saving the Planet with Pesticides and Plastic: The Environmental Triumph of High-Yield Farming*, Indianapolis: Hudson Institute, 1995를 보라). 이들은 유리한 경작지에서 수확량을 늘리게 되면 좋지 않은 경작지를 경작할 필요가 없으며, 그러면 이 땅들은 야생동물의 서식지나 숲으로 더욱 중요하게 보전될 수 있을 것이라고 말한다. 이러한 주장은 몇가지 이유에서 빛 좋은 개살구나 마찬가지다. 생산을 증진하는 방법은 사실 여러가지가 있음에도 이들은 자신들의 한 가지 방식만을 인정한다. 그리고 산업형 농업에 의한 환경파괴와 대안 영농법이 제공하는 생태친화성을 고려하지 못한다. 이러한 주장을 반박하는 보고서로는 Tracy Irwin Hewitt and Katherine R. Smith, *Intensive Agriculture and Environmental Quality: Examining the Newest Agricultural Myth* (Greenbelt, MD: Henry Wallace Institute for Alternative Agriculture, 1995) 참조.

127 National Research Council, *Alternative Agriculture* (Washington, DC: National Academy Press, 1989), 8, 10, 17면.

128 Erik van der Werf, "Agronomic and Economic Potential of Sustainable Agriculture in South India," *American Journal of Alternative Agriculture* 8, no. 4 (1993), 185~91면.

129 Robert Collier, "Cuba Turns to Mother Earth: With Fertilizers and Fuel Scarce, Organic Farming Is In," *San Francisco Chronicle*, February 21, 1998, A1, A6.

130 Peter Rosset and Medea Benjamin, *The Greening of the Revolution: Cuba's Experiment with Organic Agriculture* (Melbourne: Ocean Press, 1994).

131 Peter Rosset, "Alternative Agriculture and Crisis in Cuba," *Technology and Society* 16, no. 2 (1997), 19~25면.

132 꾸바 정부는 1980년대에 잠깐 농민시장 실험을 시도했는데, 지도층에서 상인이 중간에서 이윤의 대부분을 가져갈 것이라고 판단해 결국 중단했다. 80년대의 이 문제와 다른 식품 관련 사안들에 대한 논의를 보려면 Medea Benjamin, Joseph Collins, and Michael Scott, *No Free Lunch: Food and Revolution in Cuba Today* (San Francisco: Food First Books, 1989) 참조.

133 N. Companioni, A. A. Rodriguez Nodals, Mariam Carrión, Rosa M. Alonso, Yanet Ojeda, and Ana María Viscaíno, "La Agricultura Urbana en Cuba: Su Participación en la Seguridad Alimentaria," 9~13면 in Asociación Cubana de Agricultura Urbana (ACAO), *III Encuentro Nacional de Agricultura Orgánica 14 al 16 de mayo de 1997*, Universidad Central de las Villas, Villa Clara, Cuba. Conferencias (Havana: ACAO, 1997). 도시농업이 전세계적으로 갖고 있는 엄청난 잠재력에 대한 탁월한 논의를 보려면 Jac Smit, Annu Ratta, and Joe Nasr, *Urban Agriculture: Food, Jobs and Sustainable Cities* (New York: UNDP, 1996) 참조.

여섯번째 신화: 정의냐 생산이냐

1 Instituto Brasileiro de Geografia e Estatística (IBGE), Brazil: *Censo Agrícola*, 1985.

2 Rehman Sobhan, *Agrarian Reform and Social Transformation* (London: Zed, 1993), 78면; William C. Thiesenhusen, *Broken Promises: Agrarian Reform and the Latin American Campesino*

(Boulder: Westview Press, 1995), 8, 10, 12, 13, 26, 64, 76, 81, 155면 참조.

3 소농은 2ha보다 작은 농지를 소유한 곳으로 정의된다. Giovanni Andrea Cornia, "Farm Size, Land Yields and the Agricultural Production Function: An Analysis for Fifteen Developing Countries," *World Development* (April 1985), 518면 참조.

4 앞의 책 531면.

5 Christopher B. Barret, "On Price Risk and the Inverse Farm Size–Productivity Relationship," *University of Wisconsin–Madison, Department of Agricultural Economics Staff Paper Series* no. 369, 1993; Frank Ellis, *Peasant Economics: Farm Households and Agrarian Development*, 2nd edition (Cambridge: Cambridge University Press, 1993), 10장; Thomas P. Tomich, et al., *Transforming Agrarian Economies: Opportunities Seized, Opportunities Missed* (Ithaca: Cornell University Press, 1995), 124~36면; R. Albert Berry and William R. Cline, *Agrarian Structure and Productivity in Developing Countries* (Baltimore: Johns Hopkins University Press, 1979); Michael R. Carter, "Identification of the Inverse Relationship between Farm Size and Productivity: An Empirical Analysis of Peasant Agricultural Production," *Oxford Economic Papers*, no. 36, 1984, 131~45면. Gershon Feder, "The Relationship between Farm Size and Farm Productivity," *Journal of Development Economics* 18 (1985), 297~313면; Roy L. Prosterman and Jeffrey M. Riedinger, *Land Reform and Democratic Development* (Baltimore: Johns Hopkins University Press, 1987), 그중에서도 특히 2장.

6 Tomich, Kilby, and Johnston, *Transforming Agrarian Economies*, 133면 그림 4.6, 126면 그림 4.1.

7 Robert Netting, *Smallholders, Householders* (Stanford: Stanford University Press, 1993); Gene Wilken, *Good Farmers: Traditional Agricultural Resource Management in Mexico and Central America* (Berkeley: University of California Press, 1987); Miguel A. Altieri, *Agroecology.*

8 Sobhan, *Agrarian Reform*; Thiesenhusen, *Broken Promises*; Tomich, Kilby, and Johnston, *Transforming Agrarian Economies.*

9 Michael Lipton, "Successes in Anti–Poverty," Development and Technical Cooperation Department, ILO, Geneva, *Issues in Development Discussion Paper* no. 8, 1996, 62~69면.

10 1985년 미 의회예산국의 수치에 따르면 미국에서 최소규모 농장들이 최대규모 농장들보다 면적당 94% 더 많은 총 수확량(달러 기준)과 면적당 85% 더 높은 순이익을 냈다(Marty Strange, *Famtly Farming: A New Economic Vision*, San Francisco: Food First Books, 1988 5장의 표 3에 나온 자료를 통해 계산).

11 일반적인 주장들은 Marty Strange, *Family Farming*, and A. V. Krebs, *The Corporate Reapers: The Book of Agribusiness* (Washington: Essential Books, 1991) 참조. 그리고 Desmond A. Jolly, "The Small Farm: It's Innovative and Persistent in a Changing World," *California Agriculture* 47, no. 2, 1993, 19~22면 참조.

12 Netting, *Smallholders, Householders*, 124면.

13 대부분의 토지에서는 전체 또는 부분적으로 소작인이나 일용노동자들이 일을 해낸다. F. Tomasson Jannuzi and James T. Peach, "Report on the Hierarchy of Interests in Land in Bangladesh," University of Texas, Austin, for U.S. Agency for International Development, Washington DC, September 1977 참조.

14 앞의 책을 보면 방글라데시 소작인들은 일반적으로 지주들에게 수확의 1/3에서 2/3를 주어야 한다. 지주들이 종자와 비료의 구입을 도와주는 경우는 드물다.

15 North Central Farm Management Research Committee, *Conservation Problems and Achievements on Selected Midwestern Farms* (Wooster: Ohio Agricultural Experiment Station, July 1951), R. Burnell Held and Marion Clawson, *Soil Conservation in Perspective* (Baltimore: Johns Hopkins University Press, 1965)에서 재인용.

16 아이오와대학의 존 티몬스(John F. Timmons)와 웨이드 하우저(Wade Hauser)의 연구. Erik Eckholm, *Dispossessed of the Earth: Land Reform and Sustainable Development*, Worldwatch Paper 30 (Washington, DC: Worldwatch Institute, 1979)에서 재인용. 아이오와대학 팀은 임대 농지에서는 연간 에이커당 21톤의 손실이 일어나지만, 자작 농지에서는 16톤의 손실이 일어난다는 사실을 밝혔다.

17 U.S. Department of Commerce, Bureau of the Census, and U.S. Department of Agriculture, Economic Research Service, *Farm Population of the United States: 1981* (Washington, DC: U.S. Department of Agriculture, Farm Population Series P-27, no. 55, 1981), 4면.

18 Peter M. Rosset, "Alternative Agriculture and Crisis," *Technology and Society Magazine* 16, no. 2, 1997, 19~25면.

19 Radha Sinha, *Landlessness: A Growing Problem* (Rome: FAO, 1982), 73면.

20 더욱 자세한 내용을 보려면 Betsy Hartmann and James Boyce, *Needless Hunger: Voices from a Bangladesh Village*, 그리고 *A Quiet Violence: View from a Bangladesh Village* (Oakland: Food First Books, 1982, 1983) 참조.

21 퍼센트는 *FAO Production Yearbook* 1978, vol. 32를 통해 계산. 1969~78년 평균치.

22 A. C. Delgado, "Determinacion de Pesticidas Clorinados en Leche Materna del Departamento de Leon," Monografia, Departmento de Biologia, Facultad de Ciencias y Letras, Universidad Nacional Autonoma de Nicaragua, León, 1978.

23 Steve O'Neil, "Hancock Is Willing to Meet the LSP," *Land Stewardship Letter* (St. Paul, MN, The Land Institute, 1985), 1면.

24 Keith Schneider, "As More Family Farms Fail, Hired Managers Take Charge," *New York Times*, 1985, 1면.

25 Food and Agriculture Organization, *High Level Mission on the Follow-up to the World Conference on Agrarian Reform and Rural Development in Sri Lanka* (Rome: FAO, 1984), 21면.

26 Foro Emaús, "The Price of Bananas: The Banana Industry in Costa Rica," *Global Pesticide Campaigner* 8, no. 1 (March 1998), 3~7면.

27 *Bargaining Position and Distribution of Gains in the Banana Exporting Countries, Especially Honduras and Panama* (Santiago de Chile: CEPAL, 1982)에서 자료 인용. Tom Berry, *Roots of Rebellion: Land & Hunger in Central America* (Boston: South End Press, 1987), 77면에서 재인용.

28 Walter Goldschmidt, "160-Acre Limitation: It's Good for Farmers—and the Nation," *Los Angeles Times*, December 4, 1977. 두 개의 캘리포니아지역을 비교한 1940년대의 고전적인 연구는 Walter Goldschmidt, *As You Sow* (Totowa, NJ: Rowman and Allanheld, 1978)에 재수록되어 있다. 1970년대 수행된 연구도 결과가 비슷하다. Isao Fujimoto, "The Communities of the San Joaquin Valley: The Relationship between Scale of Farming, Water Use, and the Quality of Life," testimony before the House Subcommittee on Family Farms, Rural Development, and Social Studies, Sacramento, CA, October 28, 1977 참조.

29 *Food and Agriculture Organization Yearbook: Production 1990, 1995* (Rome: FAO), 표 6을 통해 계산.

30 농지에 많이 투자한 미국 기업들로는 다우 케미컬(Dow Chemical), 몬싼토, 유니언 카바이드, 굿이어(Goodyear), 코카콜라 등이 있다. Tracey Clunies-Ross and Nicholas Hildyard, "The Politics of Industrial Agriculture," *The Ecologist* 22, no. 2 (March-April 1992) 참조.

31 총 농장수는 1992년이 1,925,300개로 1850년 이래 가장 적었다. 가장 많았던 것은 1935년 680만개였다. 1980년에서 86년 사이에 거의 23만 5천개의 미국 농장들이 퇴출되면서, 6만여개에 달하는 농촌의 주요 사업들도 같이 줄어들었다 ("Farm count at lowest point since 1850: just 1.9 million," *New York Times*, November 10, 1994).

32 U.S. Bureau of Census, *1987 Census of Agriculture*, vol. 3, Related Surveys, part 2, *Agricultural Economics and Land Ownership Survey 1988, Change Sheet* (Washington, DC: U.S. Government Printing Office, 1988), 225면, 표 66; "Intercountry Comparisons of Agricultural Output and Productivity, *FAO Economic and Social Development Paper*, no. 112를 통해 계산.

33 R. Albert Berry and William R. Cline, *Agrarian Structure and Farm Productivity in Developing Countries* (Baltimore: Johns Hopkins University Press, 1979), 132~33면, 표 5-1.

34 앞의 책. 이 사안들에 대한 좋은 개관은 Eckholm, *Dispossessed of the Earth* 참조.

35 Sobhan, *Agrarian Reform*, 117면.

36 Tania Krutscha, "Brazil's Large Landowners Brace to Resist Reform," *Latin America Press*, September 19, 1985, 1면.

37 니까라과에서 개혁에 저항하는 대지주들의 행태에 대한 깊이있는 통찰을 보려면 Collins et al., *Nicaragua: What Difference Could a Revolution Make?* 참조. 다른 라틴아메리카 국가들의 반혁명 사례들을 보려면 Thiesenhusen, *Broken Promises* 참조.

38 World Bank, *Land Reform: Rural Development Series* (Washington, DC: World Bank, July

1974, 62). 훌륭한 개관을 보려면 Sobhan, *Agrarian Reform*; Jeffrey D. Sachs, "Trade and Exchange Rate Policies in Growth Oriented Adjustment Programs," *Growth-Oriented Adjustment Programs*, eds. Vittorio Corbo, Morris Goldstein, and Moshin Khan (Washington, DC: International Monetary Fund & World Bank, 1987), 291~325면 참조.

39 ha당 kg으로 측정. *FAO Production Yearbook 1995*, vol. 49 (Rome: FAO, 1996), 표 15를 통해 계산.

40 World Bank, *Land Reform*, 62. 훌륭한 개관을 보려면 Sobhan, *Agrarian Reform*; Sachs, "Trade and Exchange Rate Policies" 참조.

41 *FAO Production Yearbook 1995*, 표 15.

42 World Bank, *Land Reform*, 61. Eckholm, *Dispossessed of the Earth*, 22면 참조.

43 World Bank, *Land Reform*, 61. 그리고 Sobhan, *Agrarian Reform*, 88~89면과, Sachs, "Trade and Exchange Rate Policies" 참조.

44 Elizabeth Croll, *The Family Rice Bowl* (Geneva: Institute for Social Development, 1982). 그리고 Croll's "Food Supply in China and the Nutritional Status of Children" (미간행 원고, 1985); Paul B. Trescott, "Incentives Versus Equality: What Does China's Recent Experience Show?" *World Development* 13, no. 2 (1985), 205~17면; Tomich et al., *Transforming Agrarian Economies*, 296~304면 참조.

45 U.S. Department of Agriculture, Economic Research Service, "China's Agricultural Revolution," *Agricultural Outlook* (December 1985), 19면 참조.

46 1980년에서 1990년까지 1인당 수확량은 거의 40% 증가했으며, 1990년에서 1995년까지는 거의 25% 증가했다 (*FAO Production Yearbook, 1990, 1995*, vols. 44, 49, 표 10).

47 "Zimbabwe Success Holds Out Hope for Others in Africa," *Africa Emergency* 4 (September-October 1985), 3면.

48 Sobhan, *Agrarian Reform*, 73~74면. Peter Rosset, John Gershman, Shea Cunningham, and Marilyn Borchardt, "Myths and Root Causes: Hunger, Population and Development," *Food First Backgrounder* (Winter 1994), 5면 참조.

49 Ronald Herring, "Explaining Anomalies in Agrarian Reform: Lessons from South India," *Agrarian Reform and Grassroots Development: Ten Case Studies*, 73면 참조.

50 Richard Franke and Barbara Chasin, *Kerala: Radical Reform as Development in an Indian State* (Oakland: Food First Books, 1994), 58면 참조.

51 최근 연구로는 Sobhan, *Agrarian Reform*; Lipton, "Successes in Anti-Poverty"; and Tomich et al., *Transforming Agrarian Economies*. 그리고 Folke Dovring, "Economic Results of Land Reforms," *Spring Review of Land Reform* (Washington, DC: U.S. Agency for International Development, June 1970); Schlomo Eckstein et al., *Land Reform in Latin America: Bolivia, Chile, Mexico, Peru and Venezuela*, World Bank Staff Working Paper no. 275 (Washington, DC: World Bank, April 1978) 참조.

52 Lipton, "Successes in Anti-Poverty," 62면.

53 앞의 책과 Sobhan, *Agrarian Reform*에서 이것을 분명히 알 수 있다.

54 Roger Burbach and Peter Rosset, "Chiapas and the Crisis of Mexican Agriculture," Institute for Food and Development Policy, *Food First Policy Brief* no. 1, 1994; Tom Barry, *Zapata's Revenge: Free Trade and the Farm Crisis in Mexico* (Boston: South End Press, 1996). 그리고 James D. Cockcroft, *Mexico: Class Formation, Capital Accumulation, and the State* (New York: Monthly Review Press, 1983), 177, 195면 참조.

55 Diskin, *Agrarian Reform in El Salvador*.

56 이러한 '가짜' 개혁을 가장 잘 개관하고 있는 것이 Sobhan의 *Agrarian Reform*이다.

57 Peter White, "A New Kind of Mexican Land Reform," *In These Times*, May 2, 1994.

58 Mariana Mora, María Elena Martínez, and Peter Rosset, "Report from the Front: Building Local Economy in Zapatista Territory," *Food First Backgrounder* (Winter 1997), 1~5면.

59 Mark S. Langevin and Peter Rosset, "Land Reform from Below: The Landless Workers Movement in Brazil," *Food First Backgrounder* (Fall 1997), 1~4면.

60 Michael E. Conroy, Douglas L. Murray, and Peter M. Rosset, *A Cautionary Tale: Failed U.S. Development Policy in Central America* (Boulder: Lynne Rienner/Food First Development Studies, 1996), 41, 59면, 표 2.5.

61 Sobhan, *Agrarian Reform*; Lipton, "Successes in Anti-Poverty," 62~66면.

일곱번째 신화: 자유시장이 굶주림을 끝낼 수 있다

1 World Bank, *World Development Report 1992* (New York: Oxford University Press, 1992), 표 11. 정부지출은 미국에서는 GNP의 24%, 네덜란드는 53%, 노르웨이는 46%, 벨기에는 49%이다.

2 Mark Zepenzauer and Arthur Naiman, *Take the Rich off Welfare* (Tucson: Odonian Press, 1996), 6면.

3 Donald J. Puchala and Jane Stavely, "The Political Economy of Taiwanese Agricultural Development"; Young Whan Kahn, "Politics and Agrarian Change in South Korean Rural Modernization by Induced Mobilization" *Food, Politics and Agricultural Development: Case Studies in the Public Policy of Rural Modernization*, ed. R. Hopkins et al. (Boulder: Westview Press, 1979).

4 꾸바가 하나의 사례이다. 꾸바는 서반구에서 굶주림을 끝낸 유일한 국가이다. 하지만 그 사례에서 굶주림을 종식하기 위해서는 시장 메커니즘을 없애야 한다는 증거를 발견할 수 없다. 1980년대에 농민시장이 시도되었다가 다시 폐지되었을 때 농민과 소비자들은 고통을 받았다(Medea Benjamin, Joseph Collins, and Michael Scott, *No Free Lunch*).

5 칠레 '자유시장' 정책의 영향에 대한 자세한 분석은 Joseph Collins and John Lear, *Chile's Free Market Miracle: A Second Look* (Oakland: Food First Books, 1995) 참조.

6 Matt Moffett, "Flour Power: Mexico's Campaign to Modernize Sparks Battle over Tortillas," *Wall Street Journal*, September 9, 1993, 1면. Joel Millman, "Mexico's Billionaire Boom," *Washington Post*, November 27, 1994, 1C 참조.

7 *New York Times*에 실린 자료. Noam Chomsky, "Rollback II: 'Civilization' Marches On," *Z Magazine* 8, no. 2 (February 1995), 20~31면에서 재인용.

8 *FAO Production Yearbook* 1995 (Rome: FAO, 1995).

9 David Pimentel et al., "The Impact of Energy Use on the Environment," *Food, Energy, and Society*, revised edition, eds. David Pimentel and Marcia Pimentel (Niwot, CO: University of Colorado Press, 1996), 270면.

10 Mort Hantman, *Export Agriculture: An Energy Drain*, Research Report (San Francisco: Institute for Food and Development Policy, 1984).

11 David Pimentel et al., "Environmental and Economic Costs of Soil Erosion and Conservation Benefits," *Science* 267 (February 1995), 1117, 1120면. Pierre Crosson, "Soil Erosion Estimates and Costs," *Science* 269 (July 1995), 261~64면, 그리고 같은 호에서 이에 대한 피멘텔의 답 참조.

12 Pimentel, et al., "Environmental and Economic Costs," 1120면, 표 4.

13 A. V. Krebs, *The Corporate Reapers*, 특히 1장과 2장 참조. 또 James Wessel, Mort Hantman, *Trading the Future* (San Francisco: Food First Books, 1983); Marty Strange, *Family Farming: A New Economic Vision* (San Francisco: Food First Books, 1988) 참조.

14 1979년 자료를 보면 450ha 이상을 소유한 4%가 토지의 65%를 소유하고 있는 반면 3.5ha 이하를 소유한 81%는 토지의 10%만을 차지하고 있다. 미국 수출을 위한 미국 소유의 대농장과 목장은 여전히 대규모 소유자들이 운영한다. Rehman Sobhan, *Agrarian Reform and Social Transformation: Preconditions for Development* (London: Zed Books, 1993), 53면 참조.

15 U.S. Census of Agriculture, 1992의 자료. Rick Welsh, *The Industrial Reorganization of U.S. Agriculture: An Overview and Background Report*, Policy Studies report no. 6 (Greenbelt, MD: Henry A. Wallace Institute for Alternative Agriculture, April 1996), 2면에서 재인용.

16 Marc Cooper, Peter Rosset, and Julia Bryson, "Warning: Corporate Meat and Poultry May Be Hazardous to Workers, Farmers, the Environment and Your Health," *Food First Backgrounder* 4, no. 1 (Spring 1997), 2면.

17 Bill Turque, Deborah Rosenberg, and Todd Barrett, "Where the Food Isn't," *Newsweek* (February 24, 1992).

18 앞의 책.

19 Judy Heany and Tamara Hayes, "Redlining Food: How to Ensure Community Food Security," *FIAN Fact Sheet* (Oakland: Institute for Food and Development Policy, 1996).

20 Turque et al., "Where the Food Isn't"; David Dante Trout, *The Thin Red Line: How the Poor Still Pay More* (San Francisco: West Coast Regional Office, Consumers Union, 1993).

21 Walden Bello, Shea Cunningham, and Bill Rau, *Dark Victory: The United States, Structural Adjustment and Global Poverty* (London: Pluto Press/Food First/Transnational Institute, 1994), 4장과 8장.

22 앞의 책 6장; Duncan Green, *Silent Revolution: The Rise of Market Economics in Latin America* (London: Cassell/LARB, 1995) 참조.

23 Alicia Korten, "A Bitter Pill: Structural Adjustment in Costa Rica," *Food First Development Report* no. 7 (1995), 46면.

24 앞의 책 30면, 표 4.1.

25 현재 꾸바에서 구매력의 불평등이 일어나고 있는 주된 원인은 달러를 구할 수 있는 기회의 차이 때문이다.

26 Rosset, "Alternative Agriculture and Crisis in Cuba."; Peter Rosset and Medea Benjamin, *The Greening of the Revolution: Cuba's Experiment with Organic Agriculture* (Melbourne: Ocean Press, 1994).

27 John Ratcliffe, "Social Justice and the Demographic Transition: Lessons from India's Kerala State," *Practicing Health for All*, ed. D. Morley et al. (Oxford: Oxford University Press, 1983), 7~71면; Richard W. Franke and Barbara H. Chasin, *Kerala: Radical Reform as Development in an Indian State*.

28 Roger Burbach and Peter Rosset, "Chiapas and the Crisis of Mexican Agriculture," *Food First Policy Brief*, no. 1 (1994); Krebs, *The Corporate Reapers*; Strange, *Family Farming*.

29 UN Department of Public Information, *Universal Declaration of Human Rights* (New York: United Nations, 1993), 13면.

30 A. V. Jose, "Poverty and Inequality: The Case of Kerala," *Poverty in Rural Asia*, eds. Azizur Rahman Khan and Eddy Lee (Bangkok: International Labour Organization, Asian Employment Programme, 1983), 107면 이하; Franke and Chasin, *Kerala* 참조.

31 Mark B. Lapping and V. Dale Forster, "Farmland and Agricultural Policy in Sweden: An Integrated Approach," *International Regional Science Review* 7, no. 3 (1982), 297, 299면.

32 프랜씨스 무어 라페(Frances Moore Lappé)가 스웨덴농민연합의 토르 요한슨(Tore Johansson)과 한 인터뷰(1982년 9월 스톡홀름).

33 Michael Lipton and Martin Ravallion, "Poverty and Policy," *Policy Research Working Papers, Poverty and Human Resources*, no. 1130 (Washington DC: World Bank, Policy Research Department, 1993), 5장.

여덟번째 신화: 자유무역이 해답이다

1 Latin America Commodities Report. CR-81-15, July 31, 1981.

2 브라질경제연구소가 미국 농무부의 협조를 얻어 브라질 가구들을 대상으로 수행한 조사. *The IMF*

and the Impoverishment of Brazil (Rio de Janeiro: IBASE, December 1985), 17면에서 인용.

3 *FAO Trade Yearbook 1995* (Rome: FAO, 1995), 표 6; *FAO Production Yearbook 1990, 1995* (Rome: FAO, 1990, 1995), 표 3, 17, 37면을 통해 계산.

4 *FAO Trade Yearbook 1995* (Rome: FAO, 1995), 표 12를 통해 계산.

5 앞의 책 1면.

6 Walden Bello, Shea Cunningham, and Li Kheng Poh, *A Siamese Tragedy: Development and Disintegration in Modern Thailand* (London and Oakland: Zed Books and Food First Books, 1998).

7 Bread for the World Institute, *Hunger 1998: Hunger in a Global Economy* (Silver Spring, MD, 1997), 표 4.

8 International Fund for Rural Development, *The State of World Rural Poverty: A Profile of Latin America and the Caribbean* (Rome: IFAD, 1993), 표 4, 4면.

9 *FAO Trade Yearbook 1990*, 표 7. Development GAP, *Structural Adjustment and the Spreading Crisis in Latin America* (Washington, DC: Development Group for Alternative Policies, 1995), part 5.

10 Joseph Collins and John Lear, *Chile's Free-Market Miracle: A Second Look* (Oakland: Food First Books, 1994), 185면.

11 찬사를 받았던 '칠레의 기적'은 1975년과 82년의 엄청난 불황으로 1990년에는 1인당 GNP가 1970년대 수준까지 떨어졌다. 칠레의 기적에 대한 충분한 설명은 Collins and Lear, *Chile's Free-Market Miracle.* 또 Stephanie Rosenfeld, "The Myth of the Chilean Miracle," *Multinational Monitor* (July–August 1994), 30~32면 참조.

12 앞의 책 7면.

13 Belinda Coote, *The Trade Trap: Poverty and the Global Commodity Markets* (London: Oxfam, 1992), 11장, 144면.

14 George Kent, *The Political Economy of Hunger* (New York: Praeger, 1984), 4장.

15 광고는 "Comparative (Dis)Advantage," *Dollars and Sense* 114 (March 1986), 15면에 재수록되었다.

16 G. A. Zepp and R. L. Simmons, *Producing Fresh Tomatoes in California and Baja California: Costs and Competition*, USDA, ESCS Report, February 1980, 32, 37면; Steven E. Sanderson, *The Transformation of Mexican Agriculture, International Structure and the Politics of Rural Change* (Princeton: Princeton University Press, 1986), 79면에서 재인용.

17 Bernard Wideman, "Dominating the Pineapple Trade," *Far Eastern Economic Review* (1974).

18 *Report on Multinationals and Human Rights*, FoodFirst Information and Action Network–FIAN International, Heidelberg, Germany, and *FIAN USA Hotline*, 1997. 6. 17. FoodFirst Information and Action Network–USA, Oakland, CA.

19 앞의 책.

20 David Bacon, "Bitter Strike in Philippine Banana Lands: Dispute Reveals Downside of Market

Reforms," *San Francisco Chronicle*, February 16, 1998, A10, A12.

21 앞의 책.

22 Dr. Walden Bello, Bacon, "Bitter Strike in Philippine Banana Lands," A12에서 재인용.

23 FIAN, Heidelberg, 14. ha당 1뻬쏘의 임차요금은 1938년부터 1956년까지 지속되었으며 그후 갱신되어 25년 동안 유지된 새 계약에서도 그 임차비율은 비슷했다.

24 1995년 11월 10일 나이지리아에서 행한 셸의 환경파괴에 반대하는 시위를 주동했던 켄 사로위와 (Ken Saro-Wiwa)와 다른 8명은 정부에 의해 교수형에 처해졌다. "Oil, Shell and Nigeria," editorial, *The Ecologist 25*, no. 6 (November-December 1995), 210~13면 참조.

25 Laura Eggertson, "It's Pregnancy Tests-or Else-in Mexico," *San Francisco Examiner*, 1997. 11. 16, A-26. 한 기업은 여성 노동자들에게 생리의 확실한 증거를 제출하도록 요구했고, 임신의 경우에도 눈으로 확인할 수 있는 조사를 강요했다.

26 Alan Oxley, *The Challenge of Free Trade* (New York: St. Martin's Press, 1990), 그리고 Jerry M. Rosenberg, *The New American Community* (New York: Praeger, 1992); *Free Trade in the Western Hemisphere*, Special Issue of *Annals of the American Academy of Political and Social Sciences* (March 1993), 526면; Joseph Grunwald et al, *Latin American Economic Integration and U.S. Policy* (Washington, DC: Brookings Institution, 1972) 등 참조.

27 세계화와 그 영향에 대한 훌륭한 논의는 *The Case Against the Global Economy: And for a Turn Toward the Local*, eds. Edward Goldsmith and Jerry Mander (San Francisco: Sierra Club Books, 1996) 참조.

28 예를 들어 Conroy, Murray, and Rosset, *A Cautionary Tale*, 91~92면 참조.

29 Don Villarejo, "Labelling Dole: Some Thoughts on Dole Food Company's Expansion in World Agriculture," Fresh Fruit & Vegetables Globalization Network, University of California at Santa Cruz, Working Paper no. 6, 1991, 1면.

30 앞의 책 3~4면.

31 Conroy, Murray, and Rosset, *A Cautionary Tale*, 98면.

32 José Gabriel López, "Agrarian Transformation and the Political, Ideological and Cultural Responses from the Base: A Case Study from Western Mexico," Ph.D. dissertation, University of Texas at Austin, 1990.

33 Conroy, Murray, and Rosset, *A Cautionary Tale*, 99면.

34 앞의 책.

35 Jeff Faux, "NAFTA's Rules Don't Work: So Why Rush Down a Track to Extend Them to All of Latin America?" *EPI Journal* (Economic Policy Institute, Fall 1997), 1, 6면.

36 Peter Rosset, "Bringing It All Back Home: Mexico, the USA, Chiapas and Oklahoma City," *Food First New & Views* 17, no. 57 (Institute for Food and Development Policy, Summer 1995), 1~2, 4면.

37 NAFTA 산하 미국 노동사무국위원회가 의뢰해 이루어진 조사에 따르면 이 나라의 절반이 넘는 기업이 문을 닫겠다고 위협한 것으로 나타났다. Public Citizen, et al., "The Failed Experiment: NAFTA at Three Years," *Report by the Public Citizen Economic Policy Institute* (Washington, DC: Public Citizen, 1997) 참조.

38 Faux, "NAFTA's Rules."

39 앞의 책.

40 앞의 책.

41 Walden Bello with Shea Cunningham and Bill Rau, *Dark Victory: The United States, Structural Adjustment and Global Poverty* 참조.

42 Conroy, Murray, and Rosset, *A Cautionary Tale*, 3장 참조.

43 Martha Honey, *Hostile Acts: U.S. Policy in Costa Rica in the 1980s* (Gainesville: University Press of Florida, 1994), 172~73면.

44 앞의 책.

45 *FAO Trade Yearbook 1990*, 표 5.

46 Honey, *Hostile Acts*, 174면, 176~77면.

47 앞의 책 176~77면.

48 Conroy, Murray, and Rosset, *A Cautionary Tale*, 표 4.2.

49 앞의 책.

50 Conroy, Murray, and Rosset, *A Cautionary Tale*의 그림 2.1에서부터 추정.

51 앞의 책 표 4.1.

52 앞의 책 그림 4.4.

53 충분한 논의는 Bello, et. al., *Dark Victory* 참조.

54 Chakravarti Raghavan, "Uruguay Round Accord Threatens South's Food Security," Third World Network Features, 1315/95, Penang, Malaysia, 1995를 보라.

55 Myriam Vander Stichele, "The Democratic Deficit in the Uruguay Round Negotiations," Working Paper of the Common Agricultural Policy/Third World Working Group of the EECOD (Brussels: European Ecumenical Organisation for Development, 1992).

56 이러한 사안들에 대한 논의는 Coote, *The Trade Trap*, 9장과 David Korten, *When Corporations Rule the World* (West Hartford: Kumarian Press/Berrett-Koehler Publishers, 1995), 13장 참조.

57 Jeffery D. Sachs, "Trade and Exchange Rate Policies in Growth-Oriented Adjustment Programs," *Growth-Oriented Adjustment Programs*, eds. Vittorio Corbo, Morris Goldstein, and Moshin Kahn (Washington, DC: IMP and World Bank, 1987); Oxfam International, *Growth with Equity: An Agenda for Poverty Reduction*, Oxford: Oxfam International 1997. www.caa.org.au/oxfam/advocacy/equity/index.html 참조.

58 미국의 압력이 어떻게 이 경제들을 위태롭게 했는가를 이해하려면 Bello, et al., *Dark Victory*, 8

장을 보라. 이러한 변화들이 1997년 말 시작된 아시아의 경제위기에 어떻게 작용했는가에 대한 논의
는 Walden Bello, "The End of the Asian Miracle," *The Nation*, (January 12-19, 1998), 16면,
18~21면 참조.

59 Frances Moore Lappé and Joseph Collins, *Food First: Beyond the Myth of Scarcity* (New
York: Ballantine, 1977).

60 Rone Tempest, "China Stands on Sideline of Asian Financial Chaos," *Los Angeles Times*,
November 25, 1997 참조.

아홉번째 신화: 너무 굶주려서 저항할 힘도 없다

1 Medea Benjamin and Rebecca Buell, *Coalition of Ejidos of the Valleys of Yaqui and Mayo,
Sonora State, Mexico* (San Francisco: Institute for Food and Development Policy, 1985).

2 Frances Moore Lappé and Joseph Collins, *Now We Can Speak: A Journal Through the New
Nicaragua* (San Francisco: Food First Books, 1982), 106~11면.

3 EZLN, *Documentos y Comunicados* (Mexico City: Ediciones Era, 1994), 36면.

4 Peter Rosset, "Understanding Chiapas," *First World, Ha Ha Ha! The Zapatista Challenge*, ed.
Elaine Katzenberger (San Francisco: City Lights Books, 1995), 158면. 사빠띠스따운동의 배경에
대해 더 알아보려면 George A. Collier, Elizabeth Lowery Quaratiello, *Basta! Land and the
Zapatista Rebellion in Chiapas* (Oakland: Food First Books, 1994) 참조.

5 Mark S. Langevin and Peter Rosset, "Land Reform from Below," *Food First Backgrounder* (Fall
1997), 1면.

6 AWEPON, *Women Standing Up to Adjustment in Africa*, A Report of the African Women's
Economic Policy Network, July 1996 (The Development GAP, Washington, DC,
www.igc.apc.org/dgap/index.html, November 4, 1997), 19면.

7 앞의 책 34면.

8 Rachel Szego, "Cargill, Incorporated: Controlling the World's Food Supply," FoodFirst
Information and Action Network, *FIAN FACT SHEET*, Institute for Food and Development Policy,
1997, 4~5면.

9 앞의 책 5면.

10 Anuradha Mittal, "KFC's Cultural Colonialism," *Food & Water Journal* (Spring 1996), 21면.

11 앞의 책.

12 Wahidul Haque et al, *An Approach to Micro-Level Development: Designing and Evaluation of
Rural Development Projects* (UN Asian Development Institute, February 1977), 15면.

13 Lasse Berg and Lisa Berg, *Face to Face* (Berkeley: Ramparts Press, 1971), 154면.

14 Willy Randia, *Signes d'Espérance* (Lausanne, 1981), 65~76면.

15 Daniel T. Spencer, "Eye Witness: A Week that Shook Port-au-Prince," *Christianity in Crisis*

(March 17, 1986), 81~83면; George S. Johnson, "Haiti and Lazarus: The Bible Comes Alive in Port-au-Prince," *Seeds* 9, no. 4 (April 1986), 18~19면.

16 좀더 완전한 설명은 *Kuala Juru: A People's Cooperative* (Penang, Malaysia: Institute Masyarakat Berhad and Consumer's Association of Penang, undated) 참조.

열번째 신화: 미국의 원조가 굶주림 해결에 도움이 된다

1 World Bank, *World Development Report 1995* (New York: Oxford University Press, 1995), 표 18.

2 부유한 21개 OECD 국가들은 원조예산을 상당폭 감축하였고, 급기야 1994년에는 지난 20년간 최저를 기록하였다. Earthscan, *The Reality of Aid: An Independent Review of International Aid*, (London: Earthscan Publications, 1996), 17면.

3 U.S. Agency for International Development, *Congressional Presentation Fiscal Year 1996* (Washington, DC: USAID, 1995), 표 AFD_CP.XLS.

4 George Shultz, "Foreign Assistance Request for FY 1986," *Current Policy*, no. 656 (U.S. Department of State, Bureau of Public Affairs, Washington, DC, February 19, 1985).

5 냉전시대 미국의 원조정책에 대한 논의는 이 책의 초판 Frances Moore Lappé and Joseph Collins, *World Hunger: 12 Myths* (New York: Grove Weidenfeld, 1986) 10장, 그리고 Frances Moore Lappé, Rachel Schurman, and Kevin Danaher, *Betraying the National Interest: How U.S. Foreign Aid Threatens Global Security by Undermining the Political and Economic Stability of the Third World* (New York: Grove Press, 1987); Frances Moore Lappé, Joseph Collins, and David Kinley, *Aid as Obstacle: Twenty Questions about Our Foreign Aid and the Hungry* (San Francisco: Institute for Food and Development Policy, 1981) 참조.

6 Peter Rosset, "Overseas Rural Development Policy," *Global Focus: A New Foreign Policy Agenda 1997–1998*, eds. Tom Barry and Martha Honey (Albuquerque and Silver City: Interhemispheric Resource Center and Institute for Policy Studies, 1997), 55~56면; Conroy, Murray, and Rosset, *A Cautionary Tale*, 3장 참조.

7 *USAID Developments* (Summer 1997), 4면.

8 앞의 책 1면.

9 U.S. Agency for International Development, *Congressional Presentation Fiscal Year 1996*.

10 앞의 책, 그리고 U.S. Central Intelligence Agency, *World Fact Book 1995* (Washington, DC: Central Intelligence Agency, 1995)에 실린 국가순위로 계산.

11 Rosset, "Overseas Rural Development," 54면.

12 Conroy, Murray, and Rosset, *A Cautionary Tale*, 70~79면.

13 앞의 책 표 3.1.

14 앞의 책 76면.

15 앞의 책 77면.

16 Rosset, "Overseas Rural Development" ; Walden Bello, Shea Cunningham, and Bill Rau, *Dark Victory: The United States, Structural Adjustment and Global Poverty*.

17 *USAID Congressional Presentation Fiscal Year 1996*.

18 U.S. Department of Agriculture, U.S. State Department, and U.S. Agency for International Development, *The U.S. Contribution to World Food Security: The U.S. Position Paper Prepared for the World Food Summit* (Washington, DC: U.S. Department of Agriculture, 1996), 4면.

19 U.S. Agency for International Development, *USAID Annual Food Assistance Report, 1996* (Washington, DC: USAID, 1996), Budget Annex A-1.

20 Li Kheng Poh and Peter Rosset, "New Food Aid: Same as the Old Food Aid?" *Food First Backgrounder* (Winter 1995) 참조. 다양한 식량원조의 정의에 대해서는 Lappé, Collins, and Kinley, *Aid as Obstacle* 참조.

21 Rachel Garst and Tom Barry, *Feeding the Crisis: U.S. Food Aid and Farm Policy in Central America* (Lincoln: University of Nebraska Press, 1990), 53면.

22 USAID, *USAID Annual Food Assistance Report, 1996*, 53면.

23 Rachel Szego, "Cargill, Incorporated: Building a Worldwide Presence," *FIAN Fact Sheet* (FoodFirst Information Action Network, 1997), 2~3면.

24 Lappé, Schurman, and Danaher, *Betraying the National Interest*; Lappé, Collins, and Kinley, *Aid as Obstacle*에 실린 논의 참조.

25 Lappé, Collins, and Kinley, *Aid as Obstacle*, 12장, 95면.

26 Garst and Barry, *Feeding the Crisis*, 54면.

27 Food Security Act of 1985, 앞의 책 210~11면, n. 50에서 인용.

28 USAID, *USAID Annual Food Assistance Report, 1996*, Budget Annex, A-9-10.

29 앞의 책 A-1.

30 앞의 책.

31 Lappé, Collins, and Kinley, *Aid as Obstacle*, 113면.

32 Rehman, Subhan, *Agrarian Reform and Social Transformation: Preconditions for Development*, 113~14면.

33 Program on Peacekeeping Policy, *United Nations Operations in Somalia, Part II* (Washington, DC: Institute of Public Policy, George Mason University, 1994), 2면.

34 Li Kheng Poh and Peter Rosset, "New Food Aid: Same as the Old Food Aid?"; Michael Maren, *The Road to Hell: The Ravaging Effects of Foreign Aid and International Charity* (New York: Free Press, 1997) 참조.

35 Poh and Rosset, "New Food Aid: Same as the Old Food Aid?" 5면.

36 *USAID Annual Food Assistance Report, 1996*, 3, 20, 26장.

37 Michael Maren, "Good Will and Its Limits in Somalia," *New York Times*, August 27, 1993,

A29; 리 컹 포가 마이클 매런과 한 인터뷰(1995. 5. 12).

38 Lappé, Collins, and Kinley, *Aid as Obstacle*, 15장.

39 Poh and Rosset, "New Food Aid: Same as the Old Food Aid?" 4면; Tony Jackson, Deborah Eade, *Against the Grain: The Dilemma of Project Food Aid* (Oxford: OXFAM, 1982), 8장.

40 Michael Maren, "Good Will," A29. Michael Maren, *The Road to Hell* 참조.

41 "Military Aid Legislation," *Arms Sales Monitor*, no. 36 (February 1998), 1면; U.S. Agency for International Development, *The USAID FY 1998 Congressional Presentation, Summary* (Washington, DC: USAID, 1998).

42 의원 맥키니(MacKinney)의 발언. "Joint Hearing Before the Committees on International Security, International Organizations and Human Rights and International Operations," House of Representatives, Committees on Foreign Affairs, 103rd Congress, November 9, 1993 (Washington, DC: U.S. Government Printing Office, 1994), 4면.

43 "Introduction: A Second Chance," 1~7면; Barry and Honey, *Global Focus*, 5면.

44 앞의 책.

45 David Isenberg, "Arms Trade" in Barry and Honey, *Global Focus*, 94.

46 Douglas L. Murray, *Cultivating Crisis: The Human Costs of Pesticides in Latin America* (Austin: University of Texas Press, 1994), 110~112면 참조.

47 Joseph Collins with Frances Moore Lappé, Nick Allen, and Paul Rice, *What Difference Could a Revolution Make? Food and Farming in the New Nicaragua*, 2nd edition (San Francisco: Food First Books, 1985); Peter Rosset and John Vandermeer, *Nicaragua: Unfinished Revolution: The New Nicaragua Reader* (New York: Grove Press, 1986) 참조.

48 Conroy, Murray, and Rosset, *A Cautionary Tale*, 1장과 3장 참조.

49 Joint Ministerial Committee of the Boards of Governors of the World Bank and the International Monetary Fund on the Transfer of Real Resources to Developing Countries (also known as the Development Committee), *Aid for Development: The Key Issues* (Washington; DC: World Bank, 1985), 41면. 이 보고서의 "Aid and the Poor"라는 제목이 붙은 부분에서 개발위원회는 "농촌개발 프로그램이 보통 '가장 극빈한 사람들'——즉 농촌소득 분포의 하위 20% 가량——에게 혜택을 주지 못했음을 인정하고 있다."

50 "A Synthesis of AID Experience: Small-Farmer Credit, 1973-1985," USAID Evaluation Special Study no. 41, (Washington, DC, October 1985), 11면.

51 Conroy, Murray, and Rosset, *A Cautionary Tale*, 2장.

52 앞의 책 37면과 Peter Rosset, "Sustainability, Economies of Scale and Social Instability: Achilles Heel of Non-Traditional Export Agriculture?" *Agriculture and Human Values* 8, no. 4 (1991), 30~37면 참조.

53 Conroy, Murray, and Rosset, *A Cautionary Tale*, 39면.

54 앞의 책 41면.

55 앞의 책.

56 Marc J. Cohen, "United States" *The Reality of Aid 1996: An Independent Review of International Aid*, eds. Judith Randel and Tony German (London: Earthscan, 1996), 194면.

57 Erik Leaver and John Cavanagh, "Controlling Transnational Corporations" in Barry and Honey, *Global Focus*, 41면.

58 앞의 책.

59 World Bank, *World Debt Tables*, 1994-95 (Washington, DC: World Bank, 1996).

60 앞의 책.

61 Richard Lawrence, "Clinton's New Plan for Africa," *Journal of Commerce* (February 15, 1996), 6-A.

62 *Comprehensive Trade and Development Policy for the Countries of Africa*라는 제목의 미국 정책 문서에서 그렇게 불리고 있다. Tetteh Hormeku, "US-Africa Trade Policy: In Whose Interest?" *African Agenda* (Accra, Ghana: Third World Network Africa Secretariat, 1997)에서 재인용.

63 미 의회의 성장 및 기회법안(The Growth and Opportunity Bill)은 한 국가가 '자유시장' 개혁의 성과에 따라 '혜택'을 받을 수 있는 일련의 기준들을 세워두고 있다. 이러한 기준에는 WTO 회원가입, 재화, 써비스, 생산요소의 자유로운 국내외 이동 증진, 그리고 재산권 보호 등이 있다(Hormeku, "US-Africa Trade Policy," 6면).

64 앞의 책 4, 5면 참조.

65 예를 들어 John William Templeton, "Africa Needs a Seat at the World's Economic Table," *San Francisco Examiner*, 1997 참조.

66 George Kourous and Tom Barry, "Export-Import Bank" in Barry and Honey, *Global Focus*, 33면.

67 Cohen, "United States," 194면.

68 Kourous and Barry, "Export-Import Bank," 34~35면.

69 Janice Shields, "Overseas Private Investment Corporation" in Barry and Honey, *Global Focus*.

70 제3세계에서 선진국으로 흘러가는 자본 흐름의 크기(반대의 흐름을 훨씬 상회하는)를 추정하려는 최근 시도는 Martin Khor, "South-North Resources Flows and Their Implications for Sustainable Development," *Third World Resurgence*, no. 46 (1994), 14~25면 참조.

71 United Nations, *World Economic and Social Survey 1997* (New York: United Nations, 1997), 표 A. 36.

72 Susan George, *A Fate Worse Than Debt: The World Financial Crisis and the Poor*, revised and updated edition (New York: Grove Weidenfeld/Food First Books, 1990) 참조.

73 Oxfam International, "Oxfam International Calls for Action on Multilateral Debt," press release (Washington, DC: Oxfam International, February 20, 1996).

74 외채지불 수치는 United Nations, *World Economic and Social Survey 1997*, 표 A. 37에서 인용.

외국직접투자와 개발원조 수치는 World Bank, *World Debt Tables 1995* (Washington, DC: World Bank, 1995), 표 1에서 인용.

75 *50 Years Is Enough*, 1025 Vermont Avenue, NW, Suite 300, Washington, DC, 20005, USA, wb50years@igc.apc.org.

열한번째 신화: 그들이 굶주리면 우리가 이득을 본다

1 Holly Sklar, *Chaos or Community? Seeking Solutions, Not Scapegoats for Bad Economics* (Boston: South End Press, 1995), 36면.

2 *Business Week*, November 18, 1994, 164면.

3 Sklar, *Chaos or Community?* 41면.

4 Andrew Marshall, "Hunger at Home: The Growing Epidemic," *FIAN Fact Sheet* no. 3 (November 1996), FoodFirst Information Action Network, Institute for Food and Development Policy, Oakland, CA 참조.

5 Admiral Eugene Carroll, "Peace and Security, Introduction," *Global Focus: Foreign Policy Agenda*, 1997~1998, eds. Tom Barry and Martha Honey (Albuquerque and Silver City: Interhemispheric Resource Center and Institute for Policy Studies, 1997), 77면.

6 앞의 책.

7 "Military Aid Legislation," *Arms Sales Monitor*, no. 36 (February 1998), 1면.

8 Carroll, 78면 참조. 멕시코에 대한 군사지원이 쟁점이다. Peter Rosset, "Let Mexico Decide Its Own Future," *San Francisco Chronicle*, 1998, A19 참조.

9 엘쌀바도르 두아르떼(Duarte) 정권의 민간인 학살에 대해서는 미국 하원 서반구문제 소위원회, 이른바 Subcommittee on Western Hemisphere Affairs, U.S. House of Representatives에서 행한 증언(1986. 5. 14) 참고. 중앙아메리카 국가들에서 민간인의 죽음에 대한 더 일반적인 논의는 Richard Garfield and Pedro Rodriguez, "Health and Health Services in Central America," *Journal of the American Medical Association* 254, no. 7 (1985. 8. 16), 936~43면 참조. 가필드와 로드리게 스에 따르면 1980년과 85년 사이 니까라과, 과떼말라, 엘쌀바도르의 국가 통계에는 가장 흔한 사인 이 폭력이었던 것으로 나와 있다(939면). 엘쌀바도르에서만 1979년에서 85년 사이 미국이 지원한 전쟁으로 4만여명의 민간인이 죽었다. Ruth Leger Sivard, *World Military and Social Expenditures 1985* (Washington, DC: World Priorities, 1985), 10면 참조.

10 예를 들어 Reed Brody, *Contra Terror in Nicaragua: Report on Fact Finding Mission* (Boston: South End Press, 1985) 참조. 그리고 "Affidavit of Former Contra Leader Edgar Chamorro to the International Court of Justice: Case Concerning Military and Paramilitary Activities in and against Nicaragua," *Congressional Record* (January 30, 1986), 1~4면; Joseph Collins, with Frances Moore Lappe, Nick Allen, and Paul Rice, *Nicaragua: What Difference Could a Revolution Make?* (New York: Grove Press/Food First Books, 1986), 14장 참조.

11 Kim Moody and Simone Sagovac, *Time Out! The Case for a Shorter Work Week* (Detroit: Labor Education & Research Project, 1995), 8면; Robert B. Reich, *The Work of Nations* (New York: Vintage Books, 1992).

12 Bennett Harrison and Barry Bluestone, *The Great U-Turn: Corporate Restructuring and the Polarizing of America* (New York: Basic Books, 1988), 71면.

13 Robert Greenstein and Scott Barancik, *Drifting Apart: New Findings on Growing Income Disparities Between the Rich and the Poor, and the Middle Class* (Washington, DC: Center on Budget and Policy Priorities, 1990), 6면.

14 Center on Hunger, Poverty and Nutrition Policy, *Statement on Key Welfare Reform Issues: The Empirical Evidence* (Medford, MA: Center on Hunger, Poverty and Nutrition Policy, 1995), 13면.

15 *San Francisco Chronicle*, March 7, 1995. '복지' 지출(즉 미국에서 기업과 부유층을 보조하는 세금)에 대한 비교연구에 대해서는 Mark Zepezauer and Arthur Naiman, *Take the Rich off Welfare* (Tucson: Odonian Press, 1996) 참조.

16 National Urban League, *The State of Black America 1995* (New York: National Urban League, 1995), 78면.

17 Marc L. Miringoff, *1995 Index of Social Health: Monitoring the Social Well-Being of the Nation* (Tarrytown, NY: Fordham Institute for Innovation in Social Policy, 1995), 5면.

18 Sklar, *Chaos or Community?* 25~26면.

19 *San Francisco Chronicle*, March 20, 1995.

20 *San Francisco Examiner*, September 17, 1995.

21 Moody and Sagovac, *Time Out!* 10면.

22 *New York Times*, March 31, 1995.

23 Anthony B. Atkinson, Lee Rainwater, and Timothy M. Smeeding, *Income Distribution in OECD Countries: Evidence from the Luxembourg Income Study* (Paris: Organisation for Economic Co-operation and Development, 1995), 44, 49면.

24 Edward N. Wolff, *Top Heavy: A Study of the Increasing Inequality of Wealth in America* (New York: Twentieth Century Fund Press, 1995), 10면.

25 앞의 책 2면. 그러나 제페조어(Zepezauer)와 나이만(Naiman)은 이와는 다른 비율을 찾아내었다. 즉 상위 1%의 순가치 총합은 하위 90%의 것과 같다(*Take the Rich off Welfare*, 11면).

26 Sklar, *Chaos or Community?* 8면.

27 앞의 책 91면.

28 National Urban League, *State of Black America*, 306면.

29 Frank Levy, "Incomes and Income Inequality," *State of the Union: America in the 1990s*, ed. Reynolds Farley (New York: Russell Sage Foundation, 1995), 42면.

30 John Cavanagh and Sarah Anderson, "Ten Lessons and Opportunities from the Fast Track

Victory," handout from the Institute for Policy Studies, Washington, DC, November 13, 1997 참조.

31 경쟁력 담론으로의 이동에 대해서는 Marc J. Cohen, "From National Security to Competitiveness," *Hunger 1998: Hunger in a Global Economy*, 24~25면, box 참조.

32 Susan George, *A Fate Worse Than Debt: The World Financial Crisis and the Poor* 참조.

33 Carlos Marichal, "The Vicious Cycles of Mexican Debt," *NACLA Report on the Americas* 31, no. 3 (November–December 1997), 25~31면 참조.

34 컨티넨탈 일리노이의 경험이 강력한 증거이다. 로버트 레커맨(Robert Lekachman) 또한 이러한 예견을 확인시켜주는 금융전문가 펠릭스 로하틴(Felix Rohatyn)과의 대화에 대해 쓰고 있다. Robert Lekachman, "The Debt Balloon," *Dissent* (Spring 1986), 136면 참조.

35 Marichal, "The Vicious Cycles of Mexican Debt"; Walden Bello, "The End of the Asian Miracle," *The Nation* (January 12~19, 1998), 16면, 18~21면.

36 *Handbook of International Trade and Development Statistics 1994* (New York and Geneva: United Nations Conference on Trade and Development, 1995), 표 3.2. 식료품 항목에는 음료, 담배, 식용유 종자가 들어 있다.

37 *FAO Trade Yearbook 1995* (Rome: FAO, 1996), 표 6.

38 Alessandro Bonanno, Lawrence Busch, William Friedland, Lourdes Gouveia, and Enzo Mingione, eds., *From Columbus to ConAgra: The Globalization of Agriculture and Food* (Lawrence: University of Kansas Press, 1994) 참조.

39 Steven Suppan and Karen Lehman, "Food Security and Agricultural Trade Under NAFTA," Institute for Agriculture and Trade Policy, Minneapolis, MN, July 11, 1997 (IATP webpage www.iatp.org).

40 Reggie Brown of the Florida Fruit and Vegetable Association의 국제무역위원회 증언 내용. Suppan and Lehman, "Food Security and Agricultural Trade Under NAFTA."

41 Ana de Ita, "Impunidad Local en el Mercado Global: Los Maiceros entre el Filo del Gobierno Mexicano y el Libre Comercio," Latin American Studies Association이 연례회의에서 제출한 보고서, April 17~19, 1997, Guadalajara, Mexico.

42 Katherine Buckley, "Competitive Advantage in Producing Winter Fresh Vegetables in Florida and West Mexico," *Vegetable Outlook and Situation Report* (Washington, DC: USDA, February 1986), 15면 참조.

43 David Weir and Mark Schapiro, *Circle of Poison: Pesticides and People in a Hungry World* (San Francisco: Food First Books, 1981).

44 Jeffe Gerth and Tim Weiner, "Imports Swamp U.S. Food Safety Efforts," *New York Times*, September 29, 1997, A1, A8 참조.

45 Suppan and Lehman, "Food Security and Agricultural Trade Under NAFTA."

46 Center on Budget and Policy Priorities, *Poverty Rate Fails to Decline as Income Growth in*

1996 Favors the Affluent (Washington, DC: Center on Budget and Policy Priorities, 1997).

47 Interagency Council on the Homeless, Department of Housing and Urban Development, *Priority: Home! The Federal Plan to Break the Cycle of Homelessness* (Washington, DC: Department of Housing and Urban Development, 1994).

48 United States Conference of Mayors, *A Status Report on Hunger and Homelessness in America's Cities: 1994* (Washington, DC: United States Conference of Mayors, 1994), 2면.

49 앞의 책 2면.

50 *Second Harvest 1993 National Research Study* (Chicago: Second Harvest, 1993), 24면.

51 앞의 책 66, 70면.

52 United States Conference of Mayors, *A Status Report*, 1면.

53 Food Research and Action Center, *Community Childhood Hunger Identification Project: A Survey of Childhood Hunger in the United States* (Washington, DC: Food Research and Action Center, 1995), 14면; California Budget Project, *Working, But Poor, in California* (Sacramento: California Budget Project, 1996) 참조.

54 앞의 책 11면.

55 FIAN-USA에 연락하려면 Institute for Food and Development Policy-Food First에 먼저 연락해야 한다. 398 60th Street, Oakland, CA 94618, USA, fianusa@igc.apc.org/ www.foodfirst.org. FIAN의 국제본부는 독일에 있으며, fian@fian.org로 연락하면 된다.

열두번째 신화: 식량이냐 자유냐

1 Kathryn Larin and Elizabeth McNichol, *Pulling Apart: A State-by-State Analysis of Income Trends* (Washington, DC: Center on Budget and Policy Priorities, 1997), i.

2 Center on Budget and Policy Priorities, "Poverty Rate Fails to Decline as Income Growth in 1996 Favors the Affluent," *Analysis of 1996 Census Bureau Poverty, Income, and Health Data* (Washington, DC: Center on Budget and Policy Priorities, revised October 14, 1997), 인터넷 www.cbpp.org/povday97.htm.

3 Mark Zepezauer and Arthur Naiman, *Get the Rich off Welfare*, 7면.

4 앞의 책 10면.

5 앞의 책 36면.

6 Peter Edelman, "The Worst Thing Bill Clinton Has Done," *The Atlantic Monthly* (March 1997).

7 Charles Lindblom, *Politics and Markets* (New York: Basic Books, 1977), 49~50면.

8 Thomas Jefferson, *Democracy*, ed. Saul K. Padover (New York: D. Appleton-Century, 1939), 215면.

9 Page Smith, *Dissenting Opinions: The Selected Essays of Page Smith* (San Francisco: North Point Press, 1984), 39면.

10 앞의 책 40면.

11 C. B. MacPherson, *The Political Theory of Possessive Individualism* (New York: Oxford University Press, 1962), 128면. 여기서 맥퍼슨은 크롬웰의 동료 헨리 아이어튼(Henry Ireton)을 인용하고 있다.

12 Henry Shue, *Basic Rights: Subsistence, Affluence, and U.S. Foreign Policy* (Princeton: Princeton University Press, 1980), 24~25면.

13 비슷한 주장을 따라 자유의 개념을 도발적으로 논의하고 있는 책은 C. B. MacPherson, *Democratic Theory: Essays on Retrieval* (Oxford: Clarendon Press, 1973).

굶주림에 대한 신화를 넘어서: 우리가 할 수 있는 일들

1 Robert Bellah et al, *Habits of the Heart* (Berkeley: University of California Press, 1985), 289면.

2 *Business Week*, March 3, 1986, 62면.

3 Robert A. Dahl, *Dilemmas of Pluralist Democracy: Autonomy Versus Control* (New Haven: Yale University Press, 1982). 또 Robert A. Dahl, *A Preface to Economic Democracy* (Berkeley: University of California Press, 1985); David C. Korten, *When Corporations Rule the World* (West Hartford, CT: Kumarian Press, 1995); Kevin Danaher, ed., *Corporations Are Gonna Get Your Mama: Globalization and the Downsizing of the American Dream* (Monroe, ME: Common Courage Press, 1996).

4 북아메리카에서는 기업들의 활동 규칙을 바꾸고자 하는 운동이 벌어지고 있다. 다른 많은 전술과 함께 각 주에서 법인 관련 법률을 철폐하거나 개정하는 운동을 벌임으로써 기업들로 하여금 새로운 규칙을 따르게 하고 그렇지 못한 기업은 퇴출시킬 수 있을 것이다. Richard L. Grossman and Frank T. Adams, eds., "Exercising Power over Corporations through State Charters," *The Case Against the Global Economy and for a Turn Toward the Local*, ed. Jerry Mander and Edward Goldsmith (San Francisco: Sierra Club Books, 1996); Tony Clarke, *Dismantling Corporate Rule: Towards a New Form of Politics in an Age of Globalization* (San Francisco: International Forum on Globalization, 1997) 참조.

5 예를 들어 William Cronon, *Changes in the Land: Indians, Colonists, and the Ecology of New England* (New York: Hill and Wang, 1983) 참조.

6 Robert A. Dahl, *Democracy in the United States* (Boston: Houghton Mifflin, 1981), 32면.

7 Frances Moore Lappé and Paul Martin Du Bois, *The Quickening of America: Rebuilding Our Nation, Remaking Our Lives* (San Francisco: Jossey-Bass Publishers, 1994).

참고도서 및 관련단체

참고도서

국제NGO포럼 외 『50년이면 충분하다』, 최봉실 옮김, 아침이슬 2000.

권영근 엮음 『위험한 미래: 유전자조작식품이 주는 경고』, 당대 2000.

김종덕 『슬로푸드 슬로라이프』, 한문화 2003.

김종덕 『원조의 정치경제학』, 경남대학교 출판부 1997.

몰간(D. Morgan) 『곡물메이져』, 이규창·김행엽 옮김, 단국대학교 출판부 1984.

반다나 시바 『누가 세계를 약탈하는가』, 류지한 옮김, 울력 2003.

반다나 시바 『자연과 지식의 약탈자들』, 한재각 외 옮김, 당대 2000.

세계화국제포럼 『더 나은 세계는 가능하다: 세계화, 비판을 넘어 대안으로』, 이주
    명 옮김, 필맥 2003.

쓰노 유킨도 『소농 ─ 누가 지구를 지켜왔는가』, 성삼경 옮김, 녹색평론사 2003.

월드워치연구소 「제3장: 모두를 위한 농업」, 남원석 외 옮김, 『지구환경보고서
    2002』 도요새 2002.

조지 리처 『맥도날드 그리고 맥도날드화』, 김종덕 옮김, 시유시 1999.

존 페이지 외 『모든 것은 땅으로부터: 산업적 농업을 다시 생각한다』, 정영목 옮김,
    시공사 2003.

한국농어촌사회연구소 『누구나 알아야 할 농업문제 90문 90답』, 창비 1993.

관련단체

국내

길동무(우리쌀지키기 100인 100일 걷기운동)　www.refarm.or.kr

녹색평론사 www.greenreview.co.kr

생활협동조합전국연합회 www.co-op.or.kr

슬로푸드 코리아 www.slowfoodkorea.com

우리농촌살리기운동본부 www.wrn.or.kr

인드라망생명공동체 www.indramang.org

전국귀농운동본부 www.refarm.org

전국농민회총연맹 www.junnong.org

투자협정 · WTO 반대 국민행동 http://antiwto.jinbo.net

학교급식전국네트워크 www.schoolbob.org

한국가톨릭농민회 www.kcfm.or.kr

한국농어촌사회연구소 www.agri-korea.or.kr

한살림 www.hansalim.or.kr

국외

WTO 워치(WTO 감시쎈터) www.wtowatch.org

ZNET www.zmag.org/weluser.htm

글로벌 익스체인지 www.globalexchange.org

기업감시쎈터 www.corporatewatch.org

농업감시쎈터 www.agobservatory.org

농업무역정책연구소(IATP) www.iatp.org

뉴 인터내셔널리스트 www.newint.org

무역감시쎈터 www.tradeobservatory.org

비아 깜뻬씨나(국제농민운동연합) www.viacampesina.org

세계화국제포럼 www.ifg.org

제3세계 네트워크 www.twnside.org.sg

푸드퍼스트(식량과발전정책연구소) www.foodfirst.org

1

요즘 비외론 롬보르(Byørn Lomborg)의 『회의적 환경주의자』(*The Skeptical Environmentalist*)가 국내에서 화제다. 환경주의자들이 실체도 없는 위협으로 거짓말하고 있다는 것을 통계학자인 저자가 각종 통계와 그래프를 통해 주장한 책이다. 이 책에서 중요한 부분을 차지하고 있는 것이 '식량과 인구 문제'이다. 그동안 월드워치연구소 소장이자 『지구환경보고서』를 해마다 집필해온 레스터 브라운(Lester Brown)이 통계자료를 자의적으로 해석하여 '식량과 인구 문제'를 과장해서 사람들에게 겁을 주어왔다는 것이다. 전세계적으로 인구증가 추세에 비추어보아 식량은 충분하며, 각국의 식량안보도 자유무역을 통해 개선되어가고 있다고 한다. 이 책에 의하면, 앞으로도 계속 발전하는 과학기술이 있어서 미래에도 걱정할 것이 없다. 저자의 말대로 걱정할 것 하나 없는 "아름다운 세상"이다.

결론적으로 말해서, 롬보르의 말은 반은 맞고 반은 틀렸다. 식량은 충분하며 가격도 계속 낮은 수준으로 유지되어왔고, 인구증가 추세도 한풀 꺾이고 있는 상황을 보더라도 레스터 브라운이 지적하는 전세계적인 '식량대란'(신맬서스주의의 냄새가 자못 농후한 주장)이 일어날 가능성은 희박해 보인다. 미국 한 나라에서만 생산되는 밀과 쌀, 콩, 옥수수를 갖고서도 전세계 사람들의 주식을 책임질 수 있을 정도이기 때문이다. 그런데도 미국과 다국적 농업자본은 이러한 상황에서 세계 각국의 시장을 개방시키려 혈안이 되어 있다. '목구멍'을 장악해서 정치적·경제적 영향력을 확대할 심산이다. 이것이 롬보르의 말처럼 찬양해야 마땅할 상황인가? 만약 그들이 그토록 바라는 대로 한국 농산물시장이 완전 개방되면(현재도 한국은 세계 3위의 미국 농산물 수입국이다) 국내 식량작물 생산량은 점점 줄어들고 현재 25%선인 식량자급도는 0%에 근접할 것이다. 다른 나라들도 마찬가지이다.

신자유주의적 세계화와 시장만능주의와 함께 점점 더 국가간, 국가 내의 빈부격차가 커지고 전세계적으로 식량에 대한 독점구조가 더욱 심해지고 있는 현 상황에서, 과연 앞으로 먹지 못해 굶주리는 사람은 늘어날까 줄어들까? 결국 먹을거리가 충분히 있느냐 없느냐가 문제의 핵심이 아니라 그것을 살 수 있는 돈, 그리고 그 돈과 식량을 지배하는 독점구조가 핵심이다. 롬보르의 주장에서 이득을 보는 사람은 현 상태가 계속 유지되길 바라는 보수 기득권자와 시장을 맹신하는 신자유주의 옹호자들뿐이리라. 이 책『굶주리는 세계: 식량에 관한 열두 가지 신화』는 이 점을 직시하고 있다.

2

이 책의 저자들이 활동하고 있는 푸드퍼스트(식량과발전정책연구소)는 지난 30년 동안 미국을 비롯한 전세계에 '식량과 환경, 그리고 그에 대한 민주적 통제'라는 연구주제로 그 능력과 명성을 검증받았으며, 먹을거리 문제와 관련하여 전세계적인 농민·소비자운동, 반세계화운동에 탄탄하고도 구체적인 논거를 제공해주고 있다. 이 책은 1986년 같은 제목으로 초판이 나온 후에 1998년에 완전개정판이 출간되었다. 연구소 창립 이후 그동안 축적한 각종 자료를 바탕으로 공동 작업한 결과의 총체가 바로 이 책인 것이다. 그리하여 미국을 비롯한 서구에서 이미 식량문제에 관해 가장 영향력 있는 대중용 소개서로 자리잡았다.

 영문판으로 이 책이 나온 지 이제 5년이 흘렀지만, 상황은 별로 달라지지 않았거나 오히려 악화되고 있는 것 같다. 그런 점에서 이 책이 우리나라에 소개되는 의의가 있다. 더군다나 90년대 초반까지 봇물처럼 쏟아져 나오던 한국 농업의 실상에 대한 대중서들이, 우리 사회의 철저한 농업 외면풍조와 함께 한 순간 완전히 자취를 감춘 지금 상황에서는 더욱 그러하다. 다만 이 책이 미국인을 대상으로 씌어져 있어서 미국에 대한 이야기들이 많이 나온다는 점은 독자들이 염두에 두고 접하길 바란다. 하지만 그 메씨지만큼은 미국인뿐 아니라 모든 선진국의 국민들에게 해당되는 것이다. 물론 '착취받는 사회'에서 '착취하는 사회'로 이미 전환된 한국도 예외일 수는 없을 것이다. 옮긴이의 소망이 있다면, 한국의 독자들이 우리의 먹을거리를 둘러싸고 벌어지는 현재 상황의 심각성을 인식하고 이를 바꿔나가는 데 이 책이 작은 기여를 했으면 하는 것이다. 우리 농민들을 살리고 농업과 농촌을 살리고 더 나아가 우리의 먹을거리에 관한 전세계적인 질서를 조금씩 조금씩 민주적으로 바꾸어갈 수 있는 길은 희미하긴 하지만 분명 존재하기 때문이다.

3

이 책은 옮긴이가 출판사에 소개한 것이 아니라, 출판사에서 먼저 번역작업을 주선해주었다. 이런 기회를 준 창비에, 그리고 여러모로 격려해주신 성공회대 조효제 교수님께 고마움의 말씀을 전한다. 또한 편집작업을 맡아주신 창비 편집팀에도 고마운 마음을 이 짧은 글로 대신한다. 아울러 이 책이 설명하고 있는 메씨지에 대한 독자들의 이해를 돕기 위해서는 한국 상황에 대한 부연이 필요할 듯하여 장이 끝나는 뒤에 몇가지 주제를 통계자료와 함께 덧붙였다. 나름대로 노력은 했으나 옮긴이도 아직 공부를 계속하는 중이니 아무래도 부족한 측면이나 오류도 있을 듯하다. 이 점에 대해선 독자 여러분들의 질정을 바란다. 물론 번역상의 오류도 마찬가지이다.

무엇보다도 지난 추석 멕시코 깐꾼 WTO각료회의장에서 날아온 고 이경해 선생님의 비보는 그동안 나태했던 나 자신에게 이번 작업을 한시 바삐 완성시키게 하는 커다란 자극이 되었다. 다시 한번 선생님의 명복을 빈다.

2003년 10월 초순의 청명한 가을날에
허남혁 씀
http://hurjeong.zetyx.net

381